INDICATEUR

DU GRAND

ARMORIAL GÉNÉRAL

DE FRANCE

Paris. Imp. PILLET fils aîné, rue des Grands-Augustins, 5.

INDICATEUR

DU GRAND

ARMORIAL GÉNÉRAL

DE FRANCE

Recueil officiel dressé en vertu de l'édit de 1696

(34 volumes de texte et 35 volumes d'armoiries)

PAR

CHARLES D'HOZIER

JUGE D'ARMES

ou

TABLE ALPHABÉTIQUE

DE TOUS LES NOMS DES PERSONNES, VILLES, COMMUNAUTÉS ET CORPORATIONS
DONT LES ARMOIRIES ONT ÉTÉ PORTÉES, PEINTES ET BLASONNÉES
AUX REGISTRES INÉDITS DONT SE COMPOSE L'ARMORIAL GÉNÉRAL DE FRANCE
CONSERVÉ AU CABINET DES TITRES A LA BIBLIOTHÈQUE IMPÉRIALE DE PARIS
AVEC INDICATION DES PROVINCES
OÙ LES FAMILLES ONT FAIT OFFICIELLEMENT RECONNAÎTRE LEURS BLASONS

Publié sous la direction de

M. LOUIS PARIS

ON Y A JOINT

Une table générale des généalogies comprises dans le *Grand Armorial de France,*
imprimé en 1738, par MM. d'Hozier, et publié en 10 volumes in-folio,
ainsi qu'une liste des Familles qui ne se trouvent mentionnées que
dans l'*Indicateur nobiliaire* de d'Hozier comme pouvant
être enregistrées dans une réimpression de
l'*Armorial général.*

TOME SECOND

PARIS

LIBRAIRIE NOBILIAIRE DE Mme BACHELIN-DEFLORENNE

RUE DES PRÊTRES SAINT-GERMAIN L'AUXERROIS, 14
Au premier, près du Louvre.

—

M.D.CCC.LXV

ARMORIAL GÉNÉRAL DE FRANCE

TABLE

DES NOMS INSCRITS DANS CE RECUEIL

H

Hagueneau. *Als.*, 37. *V.*
Haguenback. *Als.*, 147, 179, 693, 706, 874, 921, 941.
Haguener *ou* Haguerner. *Bourg.*, I, 331.
— *Par.*, I, 1299.
Haguenot. *Montp.-Mont.*, 792, 810.
Hagues (des). *Soiss.*, 276, 277.
Haguet. *Bret.*, II, 1020.
— *Dauph.*, 563.
— *Pic.*, 895.
Hai. *Dauph.*, 329.
— *Poit.*, 251, 1271.
Haicault. *Bret.*, II, 802.
Haie (de). *Lorr.*, 210, 649.
Haie (la). *Al.*, 18, 22, 82, 87, 155, 193, 371, 551, 588, 676, 773, 1030, 1127.
— *Caen*, 250, 301, 432, 758.
— *Fland.*, 32, 60, 113, 146, 151, 162, 517, 546, 547, 568, 572, 580, 618, 808, 938, 1165, 1278, 1483, 1494.
— *Guy.*, 120.
— *Lorr.*, 152, 166.
— *Poit.*, 226, 244, 270, 271, 274, 277, 374, 635, 708, 794, 796, 826, 1026, 1285, 1421, 1430, 1556.
— *Prov.*, II, 412.
— *Soiss.*, 26, 77, 775.
Haies (des). *Al.*, 2, 17, 36, 81, 136, 217, 242, 300, 306, 315, 321, 324, 376, 439, 542, 561, 578, 617, 710, 752, 846, 847, 869, 1021, 1176, 1210.
— *Caen*, 130.
— *Champ.*, 840.
— *Fland.*, 1338.
— *Guy.*, 40.
— *Lyon*, 233, 336.
— *Poit.*, 650, 715, 1001, 1300, 1312, 1317.
— *Prov.*, II, 486.
— *Rouen*, 46, 349, 861, 1396.
— *Soiss.*, 524.
Haigne (la). *Caen*, 592.
Haillet. *Rouen*, 590, 725.
Hailly. *Fland.*, 155, 842.
Haillot. *Bret.*, II, 214.
Hainal (de). *Lorr.*, 442 bis.
Hainault. *Caen*, 370.
Hainaut. *Orl.*, 29.
Haincque. *Par.*, I, 724.
Hainfrai. *Rouen*, 142, 909.
Hainier. *Fland.*, 387.
Hainin *Fland.*, 76, 107, 113, 120

137, 243, 344, 351, 361, 624, 841, 870, 893, 1381, 1444.
— *Pic.*, 166, 682, 795.
— *Soiss.*, 149.
Haire (de). *Tours*, 535.
Haireau. *Tours*, 1487.
Hairet (de). *Bourg.*, II, 179.
Haïs. *Al.*, 37, 174, 192.
— *Rouen*, 528, 1190.
Hais (de). *Bourges*, 286.
Haiselin. *Lorr.*, 524.
Haitze. *Guy.*, 269.
Haitze (de). *Prov.*, I, 447.
Haize (la). *Fland.*, 871.
Haizer. *Als.*, 980.
Hal (du). *Soiss.*, 365.
Halbout. *Al.*, 777, 810, 866.
— *Bret.*, II, 842.
— *Rouen*, 376.
Haldat. *Lorr.*, 99.
— *Par.*, I, 365.
Halde (du). *Bourges*, 232.
— *Par.*, II, 869.
— *Par.*, III, 455.
Halegon. *Bret.*, II, 744.
Halenc. *Toul.-Mont.*, 260.
Halencourt (de). *Lorr.*, 480.
Halemal (de). *Pic.*, 140.
Halet (du). *Bourb.*, 509.
Halen (de). *Orl.*, 940.
Halgan. *Bret.*, II, 197.
Halgoet (du). *Bret.*, I, 357, 619.
— *Bret.*, II, 544, 710.
— *Par.*, II, 477, 742.
Halgoet. *Vers.*, 5.
Halgrain. *Orl.*, 691.
Halgrin. *Al.*, 988.
Halin. *Tours*, 552.
Hallai. *Al.*, 1204.
— *Rouen*, 294.
Hallai (du). *Caen*, 257, 374, 576.
Hallay (du). *Bret.*, I, 210.
Halle (du). *Fland.*, 1362.
— *Lyon*, 47.
Halle (le). *Caen*, 559.
Hallé. *Al.*, 1191.
— *Bourg.*, II, 623.
— *Bret.*, II, 947, 997.
— *Par.*, I, 40, 146, 1330.
— *Par.*, II, 91, 217, 683, 1175.
— *Par.*, III, 259, 511.
— *Rouen*, 68, 496, 724.
— *Tours*, 488, 1001.
Hallé (du). *Tours*, 866.
Hallena. *Bret.*, II, 222.
Hallenault. *Bret.*, II, 222.

Hallencourt. *Soiss.*, 147.
Hallencourt (d'). *Pic.*, 406.
Hallet. *Fland.*, 63.
Halley (du). *Vers.*, 135.
Halli. *Al.*, 453, 614, 615.
— *Par.*, i, 395.
Hallier. *Fland.*, 1178.
— *Par.*, i, 1327.
— *Pic.*, 523.
Halloi. *Fland.*, 1472.
Hallot. *Caen*, 725.
— *Guy.*, 295, 688.
— *Lorr.*, 666, 674, 678.
— *Orl.*, 334, 396, 594, 600.
— *Par.*, i, 445.
— *Par.*, ii, 196, 919, 1241.
— *Par.*, iii, 65.
— *Par.*, iv, 378, 385, 395.
Hallou. *Poit.*, 24.
Hallouin. *Bret.*, i, 177, 309, 310.
Halloury. *Bret.*, ii, 992.
Halloy. *Par.* i, 513.
— *Pic.*, 59, 550.
Halluin. *Pic.*, 269, 317, 355.
Hallwin. *Fland.*, 773, 1125.
Hally (du). *Fland.*, 20.
Halna. *Bret.*, i, 710.
Halouze (la). *Bret.*, ii, 751.
Halper (le). *Bret.*, ii, 681.
Halter. *Als.*, 657.
Halvack. *Als.*, 607.
Halverne (ou Halveruc). *Als.*, 995.
Haly. *Montp.-Mont.*, 1182.
Ham. *Als.*, 479, 688, 1043.
Ham (de). *Pic.*, 710.
Ham (du). *Bret.*, ii, 106, 1052.
Hamaide (la). *Fland.*, 18, 55, 58, 73, 99, 263, 282, 298, 314, 1319.
— *Pic.*, 159.
Hamal (de). *Fland.*, 1306, 1442.
— *Lorr.*, 335, 442 *bis.*
— *Pic.*, 137, 682.
Hamard. *Al.*, 1109.
Hamars (de). *Bret.*, i, 376.
Hamart. *Bret.*, ii, 418.
— *Par.*, ii, 1203.
Hamay. *Bret.*, ii, 507.
Hamberger. *Als.*, 854.
Hambi. *Soiss.*, 246.
Hambize. *Fland.*, 723.
Hameau. *Tours*, 88, 559, 880, 1184.
Hamel. *Soiss.*, 730.
Hamel (du). *Al.*, 149, 171, 329, 354, 398, 441, 455, 642, 651, 762, 764, 956, 1011, 1105, 1108, 1211.
— *Bret.*, i, 506, 921.

— *Bret.*, ii, 429, 803.
— *Caen*, 25, 32, 33, 37, 200, 204, 205, 229, 264, 286, 432, 532, 537, 622, 716, 718, 736, 790.
— *Champ.*, 199, 372, 779, 887.
— *Fland.*, 1260, 1337.
— *Guy.*, 14, 73, 86, 89,
— *Orl.*, 131.
— *Par.*, i, 406.
— *Par.*, ii, 208, 441.
— *Par.*, iii, 151, 397.
— *Pic.*, 716, 717.
— *Prov.*, i, 558, 639.
— *La Roch.*, 67, 319.
— *Rouen*, 64, 77, 135, 661, 684, 688, 1017, 1152.
— *Tours*, 274.
— *Vers.*, 294.
Hameleau. *Tours*, 272.
Hamelin. *Al.*, 581, 1229, 1234.
— *Caen*, 441.
— *Lorr.*, 437.
— *Par.*, i, 1197, 1283.
— *Par.*, ii, 198, 205, 307.
— *Rouen*, 150, 152.
— *Tours*, 500, 1034, 1257, 1276, 1295, 1297, 1300, 1515.
Hameline. *Al.*, 472.
Hamelot. *Tours*, 898.
Hamers. *Als.*, 636, 664.
Hames (de). *Par.*, iv, 125.
Hamet. *Bourg.*, ii, 286.
Hamilton. *Vers.*, 64.
Hammerel. *Als.*, 305, 670, 836.
Hamon. *Al.*, 85, 145, 474.
— *Bret.*, i, 318, 422, 627, 641, 925, 978.
— *Bret.*, ii, 94, 498, 575, 587, 1132.
— *Par.*, iii, 301.
— *Rouen*, 103, 815.
— *Tours*, 1199.
Hamonnou. *Bret.*, i, 630.
Hampel. *Als.*, 185.
Han (de). *Champ.*, 145, 527.
— *Fland.*, 1443.
— *Lorr.*, 49, 122, 155, 486.
Han (du). *Bret.*, i, 279.
— *Orl.*, 610, 637.
Hanapier. *Orl.*, 444.
Hanaw. *Als.*, 48.
Hance. *Vers.*, 55.
Handanger. *Champ.*, 144.
Handré. *Orl.*, 481.
Handresson (d'). *Champ.*, 607.
Hanecart. *Fland.*, 57.

Harduineau. *La Roch.*, 204.
Hardume. *Fland.*, 702.
Hardy. *Bourb.*, 72.
— *Bret.*, I, 385, 909.
— *Bret.*, II, 455, 456, 551, 899, 1061.
— *Orl.*, 315.
— *Par.*, I, 344, 882, 1088, 1161.
— *Par.*, II, 168, 1210, 1211.
— *Par.*, III, 369, 385.
— *Par.*, IV, 7.
Hardy (le). *Par.*, II, 289, 1030.
— *Par.*, IV, 408, 417.
Harel. *Al.*, 709, 712, 796, 961.
— *Bret.*, I, 804.
— *Bret.*, II, 420.
— *Rouen*, 917.
Haremberg. *Als.*, 376, 995.
Harembert. *Bret.*, II, 9.
Haren. *Caen*, 417.
Harenc. *Al.*, 438.
— *Lyon*, 265, 331.
Harene. *Par.*, III, 281.
Harengen. *Als.*, 924.
Harent. *Par.*, I, 205, 248.
Hargenvilliers. *Par.*, I, 237, 320.
Harias. *Toul.-Mont.*, 521.
Haribel (le). *Par.*, III, 403.
Hariette (d'). *Béarn*, 143, 163.
Harivel. *Bret.*, II, 501.
Harivel (le). *Al.*, 249, 465, 482, 568, 797.
— *Caen*, 157, 363, 364, 541, 596, 708, 709.
Harington. *Bret.*, II, 435.
Harismandi. *Béarn*, 142.
Harlai. *Al.*, 785.
— *Par.*, I, 433, 774, 865, 876, 884.
Harlan. *Par.*, III, 144, 318.
Harlau. *Par.*, I, 1264.
Harlay. *Par.*, II, 943.
— *Par.*, III, 70, 73.
Harlebeck. *Fland.*, 427. **V.**
Harlet. *Fland.*, 262, 1373, 1478.
— *Soiss.*, 403.
Harleux. *Fland.*, 1259.
Harlon. *Par.*, IV, 11.
Harlus. *Lorr.*, 437.
— *Par.*, II, 1080.
— *Soiss.*, 187, 208.
Harman. *Bret.*, I, 90.
Harment. *Par.*, I, 1242.
— *Soiss.*, 113.
Harmonville (d'). *Al.*, 106.
Harnas. *Pic.*, 616.
Harnault. *Orl.*, 539.

— *Tours*, 1047.
Arnitscht. *Als.*, 875.
Harnoir. *Rouen*, 1242.
Harnois. *Fland.*, 180.
Harnoncourt. *Lorr.*, 340.
Harosteguy. *Vers.*, 184.
Harou. *Al.*, 870.
— *Fland.*, 289.
Harouard. *Par.*, I, 984.
— *Par.*, II, 98.
— *Par.*, III, 380, 385.
— *Tours*, 911, 1244.
Harouis. *Par.*, I, 772.
Harquay. *Bret.*, I, 207.
Harquel. *Lorr.*, 393, 413, 604.
Harquin. *Bret.*, I, 360.
— *Lorr.*, 631.
Harriage. *Guy.*, 1148.
Harsant. *Dauph.*, 532.
Harscoet. *Bret.*, I, 615.
Harsent. *Soiss.*, 170, 379, 787.
Harson. *Caen*, 576.
Hart (du). *Béarn*, 143, 148.
Hartman. *Als.*, 87, 416.
Hartongue. *Champ.*, 719.
Hartschin. *Als.*, 86, 440.
Harville. *Par.*, I, 101, 153, 216, 1056, 1145.
— *Par.*, II, 987, 1110.
Harzelle. *Rouen*, 874.
Harzillemont. *Soiss.*, 98, 32, 81, 243, 394, 159.
Hasco. *Als.*, 715.
Haslaver. *Als.*, 811.
Hason. *Par.*, II, 1250.
Hasselt. *Als.*, 270, 275.
Hastcha. *Als.*, 662.
Hasté. *Al.*, 994.
Haste. *Poit.*, 1029.
Haste (le). *Bret.*, I, 185.
Hasteriau. *Tours*, 1463.
Hastier. *Bourb.*, 145.
Hastrel. *La Roch.*, 40.
— *Soiss.*, 4, 26, 641, 643.
Hatier. *Par.*, II, 602.
Haton. *Tours*, 146, 1117.
Hatte. *Fland.*, 208.
— *Montp.-Mont.*, 308.
— *Par.*, III, 224.
Hatté. *Par.*, II, 280, 320, 366, 375.
Hattin. *Par.*, II, 535.
Hatton. *Orl.*, 741.
Hattu. *Fland.*, 145.
Hau. *Als.*, 457.
Hau (de). *Fland.*, 704.
Hau (du). *Béarn*, 112.

Hauart. *Par.*, i, 1265.
Haubois. *Bret.*, ii, 417.
Haubourdin. *Pic.*, 795.
Hauchemail. *Caen*, 66.
Haud. *Par.*, i, 1358.
Haudart. *Al.*, 866.
Haudemond. *Tours*, 865.
Haudessens. *Montp.-Mont.*, 43, 97, 656.
— *Par.*, i, 16, 27, 1005, 1073.
Haudique. *Vers.*, 137.
Haudicquer. *Par.*, i, 1249.
Haudiquetz. *Fland.*, 184.
Haudion. *Fland.*, 993.
Haudion (de). *Pic.*, 164.
Haudouart. *Pic.*, 176.
Haudouin (de). *Champ.*, 429, 430, 564.
Haudry. *Par.*, ii, 1009.
Hauetel. *Par.*, i, 126, 501.
Hauge (du). *Béarn.*, 92.
Haugel. *Als.*, 658.
Haugoubart. *Fland.*, 259, 317, 1039.
Haugoumart. *Bret.*, ii, 178.
Haulebert. *Tours*, 970.
Haulin. *Fland.*, 616.
Haulle (la). *Caen*, 67.
— *Par.*, iv, 607.
Haulles (des). *Al.*, 110.
— *Par.*, i, 1132.
Haulmesnil. *Par.*, iii, 122.
Hault (de). *Champ.*, 727.
Hault (du). *Fland.*, 1024, 1338, 704.
Hault (de). *Lorr.*, 2, 127.
Hault (le). *Pic.*, 130.
— *Tours*, 1086.
Haultoi (du). *Champ.*, 894.
Haultpoul. *Toul.-Mont.*, 399.
Haumeinel. *Als.*, 597.
Haumeisser. *Als.*, 677.
Haumont. *Toul.-Mont.*, 1236.
Haumont (de). *Pic.*, 491.
Haumonté. *Champ.*, 528.
Haun. *Als.*, 420.
Haupineau. *Tours*, 1472.
Haupoul. *Montp.-Mont.*, 763.
Haurech. *Pic.*, 192, 422.
Haurel. *Prov.*, i, 44.
Hauri. *Tours*, 1031, 1051.
Hausen (de). *Lorr.*, 416.
Hauss. *Als.*, 302.
Haussai (du). *Caen*, 27, 61, 623, 648, 650, 691.
Hausse (la). *Lorr.*, 155.
Haussei. *Al.*, 76, 91, 101, 210, 231, 601.

Haussi. *Soiss.*, 119.
Haussonville. *Par.*, i, 769.
Haut (le). *Soiss.*, 564, 565, 612.
Hautance. *Vers.*, 259.
Hautbourdin. *Fland.*, 563. V.
Hauteclaire. *Lim.*, 270.
Hautecourt. *Par.*, iii, 557.
Hautefaie. *Poit.*, 111, 114, 1017.
Hautefaye. *Par.*, i, 1299.
— *Par.*, iii, 7.
Hautefle (la). *Poit.*, 1381.
Hautefois (de). *Poit.*, 158, 1040.
Hautefont. *Poit.*, 1521.
Hautefort. *Lim.*, 168.
— *Par.*, ii, 441.
Hautefort (d'). *Pic.*, 107.
Hautefort. *Poit.*, 600.
— *Prov.*, ii, 585.
— *Toul.-Mont.*, 1019.
— *Vers.*, 232.
Hautemaison (la). *Fland.*, 1356.
Hautement. *Rouen*, 841, 850.
Hauterive. *Bret.*, i, 337.
Hauteroque. *Par.*, iv, 136.
Hauteroque (la). *Al.*, 615.
Hauterüe (la). *Bret.*, ii, 756.
Hautes (des). *Orl.*, 361.
Hauteseille (de). *Lorr.*, 455.
Hautesvignes. *Guy.*, 512.
Hauteville. *Caen*, 531, 789.
— *Par.*, i, 530.
Hauteville (de). *Dauph.*, 314.
Hautie (d'). *Pic.*, 823.
Hautier. *Par.*, i, 1053.
Hautier (le). *Par.*, iv, 542.
Hautier. *Rouen*, 1184.
Hautin. *Par.*, iii, 296.
Hautoi (du). *Lorr.*, 124, 355, 363, 370, 390, 576.
Hauton. *Al.*, 775, 806.
Hautonnière (la). *Par.*, i, 1250.
— *Tours*, 415.
Hautport. *Fland.*, 56, 1338.
Hautvigney. *Caen*....
Hauvel. *Rouen*, 292.
Hauzen. *Champ.*, 634.
Havard. *Al.*, 710.
— *Orl.*, 970.
— *Toul.-Mont.*, 890.
— *Tours*, 355, 1340.
Havart. *Bret.*, i, 174.
— *Fland.*, 1204.
— *Par.*, iii, 360, 436.
— *Soiss.*, 145, 732.
Havé. *Par.*, iv, 518, 744, 745, 749.
Havel. *Soiss.*, 727.

Havery. *Orl.*, 316.
Haveskerke. *Fland.*, 1098.
Havet. *Fland.*, 973, 996.
— *Soiss.*, 813.
Havetel. *Champ.*, 414.
Havis. *Par.*, I, 359.
Havoil. *Bret.*, I, 551.
— *Bret.*, II, 161.
Havon. *Tours*, 1111.
Hay. *Bret.*, I, 4, 244, 166, 170, 436, 467, 728.
— *Bret.*, II, 96.
Hay (le). *Par.*, III, 364.
Hayard. *Par.*, I, 605.
Haye (la). *Bret.*, I, 20, 83, 86, 87, 239, 307, 316, 357, 385, 638, 722, 724, 725, 733, 846, 948.
— *Bret.*, II, 170, 292, 510, 597, 755, 756, 767.
— *Orl.*, 416.
— *Par.*, I, 1398.
— *Par.*, III, 327, 446.
— *Par.*, IV, 213, 507.
— *Pic.*, 185, 220, 320, 322, 333, 342, 353, 590, 664, 793, 794, 831, 894,
— *Rouen*, 27, 266, 274, 277, 285, 287, 296. 311, 792, 848, 917, 1112, 1151, 1166, 1219, 1242, 1363.
— *Tours*, 21, 320, 334, 372, 427, 428, 749, 897, 960, 1073, 1153, 1347, 1372, 1376, 1401, 1410, 1462. V.
— *Vers.*, 206.
Hayer (le). *Al.*, 198, 219, 220, 273, 349, 412, 494, 650, 918, 1141, 1248.
Hayer. *Als.*, 548.
Hayer (le). *Par.*, II, 421, 925.
— *Tours*, 207, 1316.
Hayers (des). *Bret.*, II, 5, 447.
— *Bret.*, I, 418.
Hayes (des). *Bret.*, II, 393, 434, 435, 508.
— *Orl.*, 562.
— *Par.*, II, 335, 499.
— *Par.*, III, 191.
— *Tours*, 340, 427, 1012, 1411, 1438.
— *Vers.*, 100.
Hayet. *Prov.*, I, 39.
— *Guy.*, 1142.
Hayettes (des). *Par.*, I, 1191.
— *Par.*, III, 220, 483.
Hayeux (des). *Bret.*, II, 194.
Haynière (de). *Orl.*, 198.

Haynin. *Pic.*, 167, 682, 795.
Hayot. *Al.*, 1008, 1012, 1022, 1048.
— *Par.*, II, 940.
Haz (du). *Soiss.*, 157.
Hazard. *Orl.*, 352, 417, 432.
— *Par.*, III, 444.
— *Rouen*, 897.
Hazardière (la). *Caen*, 99, 101.
Hazart. *Fland.*, 842.
Hazebaert. *Fland.*, 696.
Hazebrouck. *Fland.*, 718. V.
Hazon. *Orl.*, 417.
— *Par.*, III, 123.
Héard. *Tours*, 114, 115, 691, 1385.
Heaume. *Par.*, IV, 557.
Heauville (d'). *Soiss.*, 56.
Hébert. *Al.*, 196, 437, 438, 467, 702, 800, 809, 827, 832, 848, 1186.
— *Caen*, 23, 31, 114, 115, 116, 118, 418, 421, 427, 564, 655, 667, 697, 733, 736, 762.
— *Champ.*, 704.
— *Fland.*, 1016.
— *Montp.-Mont.*, 832.
— *Par.*, I, 305, 372, 754, 795, 796, 1065, 1160, 1203, 1275.
— *Par.*, II, 853, 1247.
— *Par.*, III, 125, 342.
— *Par.*., IV, 180, 220, 502.
— *Rouen*, 29, 125, 325, 499, 508, 513, 542, 554, 575, 693, 719, 720, 785, 789, 797, 847, 889, 951, 1266, 1376.
— *Soiss.*, 109, 186, 201, 223, 409, 459, 564, 697.
— *Tours*, 853, 1179, 1181, 1245.
Hebrais. *Dauph.*, 270.
Hébrail. *Par.*, III, 432.
Hébrail. (d'). *Montp.-Mont.*, 1072, 1073.
— *Toul.-Mont.*, 857.
Hébrard. *Dauph.*, 135, 580.
— *Guy.*, 301, 312, 877, 993, 1035.
— *Montp.-Mont.*, 622, 1100.
— *Toul.-Mont.*, 57, 969, 1177.
Hécart. *Champ.*, 337.
— *Par.*, II, 482.
Heck. *Als.*, 657.
Heckel. *Als.*, 622.
Hecker. *Als.*, 495, 897.
Heckman. *Fland.*, 179, 788.
Hecquart. *Par.*, I, 535.
Hecquet (du). *Caen*, 266, 284.
— *Rouen*, 31.
Hecquin. *Fland.*, 1233.
Hector de Marle. *Champ.*, 372.

Hector. *Fland.*, 1144.
— *Voy.* Marle. *Par.*, I, 2.
— *Par.*, II, 160, 444.
— *Tours*, 323.
Hebdebaut. *Fland.*, 343.
Hedehou. *Al.*, 242.
Hedelin. *Bret.*, I, 179.
— *Lyon*, 237, 545.
Hédival. *Lorr.*, 29.
Hédouis. *Prov.*, II, 119.
Hédouville. *Soiss.*, 50, 137, 464.
Hédouville (d'). *Champ.*, 203.
— *Lorr.*, 8.
Héduin. *Pic.*, 706.
— *Soiss.*, 716.
Hée. *Al.*, 1091.
Heemskerk. *Bret.*, I, 342.
Heère (de). *Par.*, II, 9, 383, 431, 1088.
Heffler. *Als.*, 506.
Hegelin. *Als.*, 73.
Hégobure (d'). *Béarn*, 129, 139.
Hegret. *La Roch.*, 286.
Heguelin. *Als.*, 914, 921.
Héguy. *Guy.*, 837.
Héguy (d'). *Toul.-Mont.*, 693.
Hegwant. *Als.*, 1055.
Heideler. *Als.*, 621.
Heiden. *Lorr.*, 338.
Heidet. *Als.*, 728.
Heimburger. *Als.*, 757.
Heims (de). *Fland.*, 1238, 1443.
Hein. *Als.*, 568.
Heindel. *Als.*, 1028.
Heinderien. *Fland.*, 52, 469.
Heindrick. *Fland.*, 1158.
Heingiart. *Fland.*, 200, 717, 721.
Heisgen. *Lorr.*, 315.
Heinglé. *Fland.*, 1166, 1169.
Heinius. *Als.*, 882.
Heisch. *Als.*, 92, 914.
Heisne. *Fland.*, 1313.
Heiss. *Par.*, II, 243, 740.
Heitel. *Als.*, 650.
Heitz. *Als.*, 949.
Heizingre. *Als.*, 1046.
Hélande. *Rouen*, 1185.
Helderick. *Als.*, 243.
Heldin. *Bourb.*, 409.
Heldre (de). *Fland.*, 1153.
Heleck. *Als.*, 461.
Héliand (d'). *Tours*, 424, 433, 674, 1194.
Heliant. *Vers.*, 20.
Hélias. *Auv.*, 147.
Helick. *Als.*, 627, 629, 796.

Helie. *Par.*, II, 678.
— *Poit.*, 33.
— *La Roch.*, 448.
— *Voy.* Elie. *Rouen*, 235, 844, 852.
— *Toul.-Mont.*, 585.
— *Tours*, 1261.
Hélie (d'). *La Roch.*, 209.
Helier. *Poit.*, 1061.
Helies. *Al.*, 578, 819, 822, 860, 1166, 1184.
— *Caen*, 2, 5, 6, 7, 9, 17.
— *Bret.*, II, 233, 234, 360, 519.
— *Guy.*, 33.
Heligon. *Bret.*, II, 456.
Helin. *Bret.*, I, 40.
— *Par.*, IV, 166.
Helinge. *Als.*, 623.
Héliot. *Bourg.*, II, 14, 75, 484, 624.
— *Par.*, II, 50, 227.
— *Par.*, III, 170, 488, 518.
— *Toul.-Mont.*, 135, 193.
Hélis. *Dauph.*, 114.
Hélissant. *Par.*, II, 1255.
Helissent. *Par.*, I, 1122, 1304.
— *Par.*, III, 171.
Hellault (de). *Tours*, 119.
Hellavet. *Tours*, 548.
Helle. *Fland.*, 1004.
Hellemant. *Pic.*, 678.
Hellevai. *Poit.*, 784.
Hellies. *Prov.*, I, 1104.
Helliot. *Par.*, I, 174.
Hellot. *Par.*, III, 152.
— *Par.*, IV, 393.
— *Rouen*, 675, 791, 812, 839, 1244.
Hellouin. *Al.*, 787, 1012.
— *Rouen*, 70, 91, 592, 673, 1233.
— *Tours*, 413.
— *Caen*, 8, 54, 428, 431, 755.
Helmaigre. *Als.*, 805.
Helminger. *Lorr.*, 444.
Helmster. *Als.*, 638.
Helmus. *Als.*, 566.
Helnesse. *Soiss.*, 806.
Helo. *Bret.*, I, 523, 784.
Helpock. *Als.*, 455.
Helsberger. *Als.*, 562.
Heltien. *Al.*, 197.
Heltzelback. *Als.*, 860.
Helvetius. *Par.*, I, 1199.
Helviesterz. *Als.*, 1053.
Helwick. *Als.*, 462.
Hem. *Par.*, I. 248.
— *Rouen*, 143.
Hem (de) *Soiss.*, 129, 581.
Hemant. *Par.*, II, 207.

Hemard. *Lorr.*, 537.
— *Par.*, IV, 21, 27, 234, **699.**
Hémart. *Par.*, II, 263.
— *Pic.*, 2, 379, **405, 431, 445,** 703.
Hembois (des). *Fland.*, 1009.
Hemeri. *Rouen*, 320.
Hemeri (d'). *Champ.*, 743.
Hemery. *Bourg.*, II, 39, 63, **72.**
— *Bret.*, II, 1014, 1074.
— *Montp.-Mont.*, 288.
Hemery (de). *Poit.*, 96.
Hemmaud. *Als.*, 1033.
Hemon. *Bret.*, II, 872.
— *Pic.*, 317, 318, 854.
— *Rouen*, 412, 437, 441, 442.
Hémot. *Lyon*, 622.
Hempf. *Als.*, 654.
Hemricourt. *Lorr.*, 342.
Hen (de). *Pic.*, 385, 594.
Hénart. *Lorr.*, 47.
— *Rouen*, 779.
Hénaud. *Prov.*, I, 1180, 1181.
Hénault. *Bourges,* 262.
— *Bourg.*, I, 70.
— *Champ.*, 424.
— *Guy.*, 47.
— *Par.*, I, 188, 1057, 1109.
— *Par.*, II, 330, 380, 558, 624, 1055.
— *Par.*, III, 200, 279.
— *Par.*, IV, 333.
— *Rouen*, 869, 895.
— *Soiss.*, 860.
— *Tours*, 325, 1203, 1204.
Hendrixen. *Fland.*, 192, 226.
Henerick. *Als.*, 111.
Henier. *Par.*, I, 887, 1206.
— *Par.*, II, 393, 475, 560, 657, 735
Hénin. *Champ.*, 724.
— *Fland.*, 5, 12, 165, 281, 319, 356, 1492.
— *Lyon*, 751.
— *Par.*, III, 451.
— *Poit.*, 1448.
Henin-Liétart. *Champ.*, 473.
Hennault (de). *Pic.*, 832.
Hennebon. *Bret.*, I, 688.
Hennebuise. *Fland.*, 1010.
Hennecart. *Soiss.*, 818.
Hennegrave. *Soiss.*, 732.
Henneman. *Fland.*, 686.
Hennequin. *Bourg.*, I, 202.
— *Bret.*, I, 350.
— *Champ.*, 182.
— *Lorr.*, 332, 523, 534, 594, 653, 678, 679.

— *Par.*, I, 165, 873, 1094, 1132.
— *Par.*, II, 450, 549, 550, 586.
— *Par.*, III, 128.
— *Poit.*, 491.
— *Prov.*, I, 634.
— *Soiss.*, 348, 381, 482, 508.
— *Rouen.* 369, 372, 374, 375.
Henner. *Als.*, 98.
Hennest. *Champ.*, 316.
Hennet. *Fland.*, 1269, 1303, 1352, 1498, 1500.
Hennezel. *Fland.*, 1312.
Hennezel (de). *Lorr.*, 133, 474 ter, 475, 476, 479.
Hennin. *Soiss.*, 594.
Henning. *Als.*, 480.
— *Lorr.*, 404.
Henninger. *Als.*, 1016.
Hennion. *Fland.*, 509.
Hennot. *Caen*, 243, 273, **274, 275,** 281, 291, 302.
Hennuyer. *Soiss.*, 489, **491.**
Hénon. *Tours*, 1241.
Henonville. *Rouen*, 1162.
Henri. *Als.*, 947, 1095.
— *Caen*, 437, 736.
— *Champ.*, 203.
— *Prov.*, I, 240, **1121, 1129, 1130,** 1306, 1336, 1340.
— *Prov.*, II, 104.
— *Soiss.*, 164.
— *Tours*, 159, 532, **1157.**
Henrici. *Als.*, 432, 439, **565.**
Henriet. *Bourg.*, I, 1177.
— *Prov.*, I, 940, 1127.
— *Tours*, 952.
Henriette. *Champ.*, 335.
— *Par.*, I, 39.
— *Par.*, III, 229.
Henrion. *Bourg.*, I, 73, **1152, 1153.**
— *Bourg.*, II, 52.
— *Lorr.*, 122.
— *Par.*, III, 532.
Henriot. *Bourg.*, II, 3, 63, 90.
Henriqués, *Guy.*, 136, 825.
Henriquez. *Lorr.*, 280.
— *Rouen*, 654, 680.
Henry. *Bourg.*, I, 159, 652, **707.**
— *Bourg.*, II, 241, 340, 366, **575,** 576.
— *Bret.*, I, 199, 228, 249, 364, 381, 382, 401, 602, 603, 614, 632, 704, 797.
— *Bret.*, II, 11, 273, 854.
— *Fland.*, 1066, 1303.
— *Lorr.*, 476, 612.

Hérissent. *Fland.* 599.
Hérissi. *Caen.* 11, 25, 32.
Hérisson. *Bret.*, i, 96.
— *Bret.*, ii, 14, 504.
— *Champ.*, 566.
— *Toul.-Mont.*, 341, 407, 442, 1311.
Hérisson (d'). *La Roch.*, 206.
Hérisson (le). *Al.*, 833.
Héritier (l'). *Guy.*, 909.
— *Par.*, i, 205, 979, 1060.
— *Rouen*, 886.
— *Tours*, 1378.
Héritte. *Orl.*, 742, 762.
Herlau. *Par.*, ii, 1032, 1245.
— *Par.*, iv, 692.
Herlaut. *Par.*, i, 358.
Herlesheim. *Als.*, 207. V.
Herleville. *Pic.*, 719.
Herm (l'). *Toul.:Mont.*, 207.
Herman. *Als.*, 149, 201, 336, 381, 402, 403, 502, 658, 758, 826, 1013, 1045.
Hermand *Soiss.*, 821.
Hermant. *Fland.*, 1269.
— *Pic.*, 458, 761.
Hermant (d'). *Champ.*, 32, 35, 86, 101, 835.
Hermeaux (des). *Lyon*, 665.
Hermenc. *Toul.-Mont.*, 931.
Herment. *Par.*, ii, 65, 298, 928, 965, 978.
— *Par.*, iv, 267.
— *Rouen*, 854.
Hermerel. *Caen*, 5, 8, 82, 670.
Hermes. *Als.*, 828.
Hermier. *Bourg.*, i, 1180.
Hermieu. *Al.*, 1142.
Hermille. *Bourg.*, i, 993, 1258.
Herminal. *Al.*, 1210.
Hermine (St-). *Vers.*, 163.
Hermine (Ste-). *Lim.*, 43, 44, 226, 232.
— *Par*, ii, 1215, 1239.
Hermite (d'). *Prov.*, ii, 373, 422.
Hermite (l'). *Guy.*, 429.
Hermitte. *Lyon*, 668.
— *Prov.*, i, 39, 138, 456, 604, 1107, 1146.
Hermitte (l'). *Al.*, 89, 90, 91, 104, 121, 211, 261, 273, 312, 442, 469, 532, 568, 576, 600, 1021.
— *Fland.*, 769, 770.
— *Lim.*, 192.
— *Orl.*, 240.
— *Par.*, iv, 16, 23, 25, 323, 648, 656.
— *Rouen*, 84, 508.

Hermitte (Ste-). *Par.*, ii, 89.
Hernault. *Orl.*, 556.
— *Tours*, 979, 1481.
Hernem. *Als.*, 819.
Hernet. *Bourges*, 265.
Hernezel. *Lorr.*, 132.
Hernigen. *Als.*, 163.
Hernot. *Rouen*, 914.
Hernoton (d'). *Par.*, i, 792.
Hernoux. *Bourg.*, i, 166.
— *Bourg.*, ii, 154.
Héron. *Al.*, 570, 584, 808, 817, 819, 1191.
— *Bourb.*, 7, 277.
— *Fland.*, 64.
— *Par.*, i, 65, 118, 304, 325, 378, 441, 442, 477, 535, 1171.
— *Par.*, ii, 236, 287, 534, 660, 684, 774, 784.
— *Par.*, iii, 6, 114, 197, 223.
— *Par.*, iv, 729.
— *La Roch.*, 28.
— *Rouen*, 439, 452, 454, 534.
— *Soiss.*, 856.
— *Vers.*, 50.
Héron (du). *Orl.*, 615.
Herou. *Bret.*, i, 353.
— *Par.*, ii, 774.
Hérouard. *Al.*, 762.
— *Bourges*, 303.
Hérouet. *Rouen*, 16.
Hérouf. *Caen*, 447.
Héroult. *Al.*, 920.
— *Caen*, 559, 569, 593.
— *Bourg.*, i, 199.
— *Par.*, ii, 84.
Héroys. *Bourb.*, 3, 8, 267, 440.
Herpilleau. *Bourges*, 519, 520.
Herpin. *Bret.*, i, 330.
— *Par.*, iv, 631.
— *Poit.*, 583.
— *Tours*, 562.
Herpont. *Fland.*, 768.
Herquin. *Fland.*, 1479.
Herr. *Als.*, 115, 231, 1015, 1056.
Herre (de). *Orl.*, 334, 341, 352.
Herré. *Tours*, 1203.
Herreau. *Bret.*, i, 161.
Herrier (le). *Fland.*, 1167.
Herry. *Fland.*, 1203.
Hersant. *Caen*, 678.
— *Poit.*, 153, 503, 1253.
— *Tours*, 1111.
Hersé. *Tours*, 1122, 1358.
Hersemberg. *Als.*, 424.
Hersens. *Par.*, i, 767, 1279.

Hersent. *Al.*, 200, 967, 1029
— *Par.*, II, 478.
— *Rouen*, 927.
— *Vers.*, 61.
Hersin. *Pic.*, 785.
Hersinger. *Als.*, 714.
Herstenstein. *Als.*, 1050.
Hert (de). *Pic.*, 563.
Hertaing. *Fland.*, 278, 293, 295.
Hertault. *Pic.*, 825.
Hertes (de). *Pic.*, 18, 37, 66, 398, 763, 849.
Hertfelt. *Bret.*, I, 164.
Hertzock. *Als.*, 83, 349, 408, 489, 695.
Hervache. *Bret.*, II, 384.
Hervagault. *Bret.*, II, 382.
Hervart. *Par.*, I, 9, 434.
Hervault (d'). *Tours*, 6, 540.
Hervé. *Al.*, 708, 1053.
— *Bourges*, 385.
— *Bret.*, I, 547, 662.
— *Bret.*, II, 20, 235, 397, 576, 960, 962, 963, 965, 995, 1105.
— *Par.*, I, 553, 588.
— *Par.*, II, 981.
— *Par.*, IV, 173.
— *Poit.*, 764, 1022, 1215.
— *La Roch.*, 138.
— *Tours*, 980, 1013.
Hervet. *Orl.*, 831.
Hervi. *Pic.*, 468, 752.
Hervier. *Par.*, II, 622.
Hervieu. *Al.*, 723.
— *Bret.*, II, 200. 251.
— *Caen*, 267, 288, 306, 307.
Hervieux. *Rouen*, 262, 1162.
Hevillard. *Bret.*, II, 1105.
Hervillé (d'). *Pic.*, 116.
Hervilli. *Soiss.*, 129, 290.
Hervilliers (d'). *Fland.*, 28, 404, 970, 971.
Hervilly. *Par.*, II, 1233.
— *Pic.*, 869.
Hevin. *Bret.*, II, 403.
Hervin. *Fland.*, 475, 809, 964.
— *Lyon*, 1020.
Hervot. *Bret.*, II, 439.
Hervouet. *Bret.*, II, 379, 478, 844.
Hervy. *Fland.*, 25.
— *Lim.*, 323.
Hervy (d'). *Bourg.*, I, 170.
Héry. *Lyon*, 617.
Hesdin. *Fland.*, 1161.
— *Pic.*, 493. V.
Hesnard. *Al.*, 803, 1092.

Hesnault. *Al.*, 1091.
Hespel. *Fland.*, 105, 119, 122, 166, 378, 540, 541, 761.
Hespitalier. *Toul.-Mont.*, 235.
Hesri. *Al.*, 648.
Hessau. *Poit.*, 460.
Hesse, prieuré. *Lorr.*, 660.
Hesse. *Pic.*, 614.
Hesseler. *Lyon*, 20, 38, 69, 211, 282, 951.
Hesselin. *Par.*, II, 782.
— *Par.*, III, 319.
— *Soiss.*, 245, 380.
Hestellet. *Guy.*, 273.
Heu. *Bourb.*, 39.
Heu (le). *Caen*, 734.
Heuch. *Als.*, 394, 410.
Heude. *Par.*, I, 1194.
Heude (de). *Champ.*, 194.
Heudebert. *Al.*, 313, 325, 1204.
— *Caen*, 22, 560.
— *Par.*, I, 775.
Heudel. *Par.*, III, 408.
Heudelot. *Champ.*, 751, 752, 757.
— *Bret.*, I, 228.
— *Fland.*, 31.
— *Par.*, II, 848.
Heudes (de). *Orl.*, 276.
Heudi. *Al.*, 33.
Heudiart. *Pic.*, 707.
Heudier. *Rouen*, 864.
Heudine. *Caen*, 130, 612.
Heudricey. *Pic.*, 423.
Heüe. *Fland.*, 223, 683.
Heuger. *Soiss.*, 32, 212, 216.
Heugin. *Als.*, 399.
Heugleville (d'). *Rouen*, 25, 209, 277, 1015.
Heulant. *Par.*, II, 888.
Heulard. *Bourb.*, 385.
Heulart. *Par.*, I, 823.
Heullin. *Tours*, 1272.
Heumont. *Champ.*, 259.
Heupel. *Als.*, 458.
Heurard. *Dauph.*, 260.
Heureux (d'). *Prov.*, I, 601.
Heureux (l'). *Rouen*, 117, 787.
Heurlebout. *Fland.*, 223.
Heurtault. *Bourges*, 4, 22, 33, 38, 45, 128, 129, 133, 135, 163, 198, 330, 339.
— *Bret.*, I, 93, 127.
— *Par.*, II, 232, 538, 747.
— *Par.*, III, 415.
— *Poit.*, 1261, 1302.
— *Rouen*, 59, 144, 666, 1103.

Hoccart. *Champ.*, 8, 21, 195, 219, 232, 238, 239, 342, 446, 679, 737.
Hocdoffer. *Als.*, 656.
Hocdt. *Pic.*, 738.
Hochard. *Bret.*, II, 454.
— *Fland.*, 1335.
— *Pic.*, 356.
— *Rouen*, 119.
Hochede. *Pic.*, 384, 546.
Hochoser. *Als.*, 756, 768.
Hocourt. *Par.*, IV, 130.
Hocquart. *Als.*, 749.
— *Vers.*, 175.
Hocquet. *Champ.*, 210.
— *Fland.*, 26, 415, 849.
— *Pic.*, 178, 760.
Hodeau. *Bourges*, 254.
— *Par.*, I, 1153.
— *Par.*, III, 482.
Hodebert. *Tours*, 1182.
Hodebourg. *Par.*, II, 411.
Hodencq. *Par.*, I, 952.
Hodeneq. *Par.*, II, 535.
— *Pic.*, 394.
Hodenger. *Champ.*, 144.
Hodet. *Par.*, I, 1247.
Hodic. *Par.*, I, 796.
— *Par.*, II, 437.
Hodoart. *Orl.*, 28, 42.
Hodoul. *Prov.*, I, 91, 415.
Hoen (d'). *Als.*, 161, 923.
Hoën. *Lorr.*, 282.
Hofderbruck. *Als.*, 1069.
Hoffelize (d'). *Lorr.*, 47, 225, 293, 459, 460 *bis*, 687.
Hofman. *Als.*, 82, 384, 642, 1029.
Hofsmit (d'). *Lorr.*, 307.
Hofter. *Als.*, 10.
Hogu. *Par.*, I, 1097.
Hoguais. *Al.*, 724.
Hogue (la). *Al.*, 576.
— *Orl.*, 651, 787.
— *Par.*, II, 1064.
— *Par.*, III, 374.
— *Rouen*, 154, 679, 810.
— *Vers.*, 148.
Hoguet. *Poit.*, 275, 276.
Hoïlde Ab. (St-). *Lorr.*, 153.
Hoisnard. *Tours*, 1459.
Holbach. *Lorr*, 325.
Holier. *Toul.-Mont.*, 940.
Holick. *Als.*, 1021.
Hollain. *Fland.*, 66.
Hollande. *Lorr.*, 600, 621, 664.
— *Par.*, IV, 249.
Hollande (de). *Pic.*, 26, 688.

Hollebeck. *Fland.*, 1262.
Holler. *Lorr.*, 284.
Hollongue (de). *Fland.*, 1365.
Holsofer. *Als.*, 655.
Holtz. *Als.*, 202, 707, 956.
Holtzapfel. *Als.*, 277.
Homassale. *Lorr.*, 351.
Hombliéren. *Soiss.*, 458.
Homblot. *Soiss.*, 560.
Hombour. *Lorr.*, 238.
Homeau. *Pic.*, 593.
Homerat. *Prov.*, II, 407.
Hommasel. *Pic.*, 633.
Homme (du). *Al.*, 847, 915.
— *Caen*, 511, 746, 773.
Homme (l'). *Dauph.*, 476, 513.
— *Par.*, I, 1332.
— *Par.*, II, 730.
Homme (du). *Rouen*, 92.
Homme (l'). *Vers.*, 196.
Hommeau. *Poit.*, 1019.
Hommei (de). *Al.*, 156, 893, 908, 1140.
Hommes (des). *Poit.*, 191.
Hommets (des). *Caen*, 319.
Hommets. *Pic.*, 105.
Hommets (des). *Rouen*, 309, 310, 690, 720.
Hommin. *Orl.*, 14.
Homo. *Champ.*, 693.
Honde (la). *Al.*, 138.
Hondis (de). *Prov.*, I, 1359.
Hondrat. *Montp.-Mont.*, 14.
Honfalize, prieuré au comté de Chini. *Lorr.*, 262.
Hongnan. *Par.*, I, 443.
Hongrin. *Par.*, IV, 543.
Honnemer. *Bret.*, II, 909.
Honnet. *Par.*, IV, 98,
Honneur (d'). *Par.*, II, 913.
Honorat (d'). *Prov.*, I, 380, 847, 866, 1092, 1093.
Honorat. *Prov.*, II, 287, 342, 634.
Honorati. *Lyon*, 282, 518, 723.
— *Prov.*, II, 440.
Honoré (l'). *Bret.*, I, 711.
Honoré. *Fland.*, 29, 905, 972.
Honoré (St-) (confrérie). *Lorr.*, 64.
Honoré. *Par.*, I, 1387.
— *Par.*, IV, 404.
Honoré (d'). *Prov.*, I, 458, 496, 526, 961.
Honoré (l'). *Rouen*, 138.
Honoré. *Soiss.*, 714.
Honscotte. *Fland.*, 478. V.
Hontabat. *Guy.*, 373, 1149.

Honte (de). *Pic.*, 328.
Hontoise. *Fland.*, 459.
Hopitau (l'). *Tours*, 1146.
Hopnan. *Als.*, 939.
Hopsemer. *Fland.*, 681.
Hoquelus. *Rouen*, 1057, 1077.
Hoquiquant. *Vers.*, 22.
Hordain. *Fland.*, 1036.
Hordal. *Lorr.*, 592.
Hordosse. *Guy.*, 179.
Horeau. *Al.*, 982.
— *Par.*, I, 1168.
Horgmade. *Fland.*, 1442.
Horguelin. *Champ.*, 12, 335, 336, 337, 355, 855.
Horin. *La Roch.*, 352.
Hornes (de). *Fland.*, 142, 1154, 1441.
Hornet. *Soiss.*, 549.
Horo (le). *Bret.*, II, 1099.
Horoser. *Fland.*, 725.
Horray. *Bourges*, 275.
Horreau. *Par.*, II, 409.
Horrez. *Als.*, 1050.
Horri. *La Roch.*, 110, 322, 323.
Horvoy. *Par.*, III, 372.
Horruin. *Fland.*, 483.
Horry. *Orl.*, 207.
Horsarieu. *Guy.*, 520.
Hortal. *Dauph.*, 331.
Hortscheid. *Als.*, 114.
Hosdier. *Par.*, II, 321.
Hosman. *Als.*, 583, 1026.
Hospital (l'). *Bourb.*, 215, 278.
— *Bourg.*, II, 303.
— *Bret.*, I, 894.
— *Champ.*, 11, 40, 569.
— *Guy.*, 1200.
— *Orl.*, 836.
— *Par.*, I, 35, 675, 1157.
— *Par.*, III, 41, 43, 62, 79, 96, 478.
— *Par.*, IV, 13.
— *Toul.-Mont.*, 4, 1269.
Hospitalières (*couv. Niort*). *Poit.*, 1114.
Hossard. *Tours*, 1098.
Hossart. *Par.*, III, 360.
Hosseure (de). *Lorr.*, 266.
Hossingen (*couvent de religieuses*). *Lorr.*, 567.
Hostagec (d'). *Prov.*, I, 342, 343, 344.
Hoste (l'). *Bourg.*, II, 280.
— *Caen*, 480.
— *Champ.*, 525.
— *Guy.*, 142, 637.

Hoste. *Lorr.*, 620.
— *Lyon*, 179.
Hoste (l'). *Par.*, I, 929.
— *Par.*, II, 550.
— *Par.*, III, 287.
— *Pic.*, 383, 596.
Hoste. *Soiss.*, 490.
Hostel (l'). *Par.*, I, 170.
— *Par.*, II, 202.
Hostel d'Escots (l'). *Champ.*, 588.
Hostellier (l'). *Al.*, 1101.
— *Bret.*, I, 785.
Hostelliers de Verdun (les) (*Comm.*). *Lorr.*, 668.
Hostein. *Guy.*, 100, 1012.
Hostingue. *Caen*, 73, 74, 78, 438, 758.
Hoston. *Fland.*, 805.
— *Pic.*, 186.
Hostun (d'). *Par.*, I, 444, 445.
Hostun. *Par.*, II. 1141.
Hot (du). *Fland.*, 32, 55, 94, 106, 141, 155, 357, 598, 704, 705, 792.
Hotman. *Fland.*, 1339.
— *Orl.*, 27, 399, 413, 837.
— *Par.*, I, 29, 35.
— *Par.*, II, 1138.
— *Par.*, IV, 793.
Hotot. *Caen*, 115, 116.
Hottot. *Rouen*, 855, 1135.
Hou. *Prov.*, I, 659.
— *Tours*, 1054
Houard. *Bourg.*, I, 245.
Houart. *Rouen*, 894.
Houasse. *Prov.*, I, 826, 1044.
Houbrel. *Pic.*, 414.
Houbronne. *Pic.*, 673.
Houchet. *Auv.*, 422.
Houchin. *Pic.*, 799.
Houdault. *Par.*, I, 1270, 1271.
Houdemare (d'). *Rouen*, 551, 678.
Houdemont. *Tours*, 1199, 1206, 1218.
Houdencq. *Soiss.*, 755.
Houdetot. *Par.*, II, 36, 1079.
— *Rouen*, 552, 563, 1131.
Houdiart. *Par.*, I, 1252.
Houdin. *Par.*, I, 51, 476.
— *Par.*, II, 69.
Houdon. *Par.*, II, 985.
Houdon. *Tours*, 1521.
Houdot. *Als.*, 528.
— *Par*, I, 262.
— *Par.*, III, 332.
Houdouard. *Par.*, III, 391.
Houdouart. *Al.*, 358.

Houdreville. *Champ.*, 173, 174.
Houdri. *Poit.*, 996.
Houdry. *Bourg.*, ii, 257.
— *Tours*, 23, 387, 393.
Houe. *Fland.*, 275.
Houël. *Caen*, 584, 615, 737.
— *Orl.*, 188.
— *Par.*, ii, 977, 1204.
— *Rouen*, 207, 309, 313, 356.
Houerlant. *Fland.*, 79, 595, 983.
Houet. *Al.*, 711.
— *Lorr.*, 16, 161.
Houëtteville. *Caen*, 748.
Houetteville (d'). *Al.*, 109, 635, 1132.
Hougue. *Als.*, 126.
— *Fland.*, 68.
Houin. *Fland.*, 899.
Houles. *Toul.-Mont.*, 723.
Houlette. *Al.*, 870.
Houlettes (de). *Prov.*, ii, 727.
Houlier. *Poit.*, 326.
Houline. *Champ.*, 798.
Houllai (du). *Al.*, 231, 234. 295, 298, 304, 317, 359, 427, 646, 638, 910, 911.
— *Rouen*, 24, 606, 651, 668.
Houlle (la). *Bret.*, i, 853, 892.
Houllebec. *Rouen*, 1236.
Houllei. *Prov.*, i, 1368.
Houllet. *Rouen*, 135, 926.
Houllier. *Tours*, 1465.
Houllière. *Tours*, 373, 1453.
Houllin. *Tours*, 894.
Houllon. *Pic.*, 400.
Houmeau. *La Roch.*, 194, 241.
Hounneau (d'). *Tours*, 1452.
Houpigni. *Al.*, 833.
Houppeville. *Rouen*, 129.
Houppin. *Pic.*, 613, 859.
Hourdan. *Prov.*, i, 137.
Hourdebourg. *Al.*, 1105.
Hourdel. *Pic.*, 626, 632, 738.
Houri. *Champ.*, 36.
Hourier. *Par.*, iv, 128.
Hourlet. *Soiss.*, 814.
Hourlier. *Par.*, iii, 116.
— *Soiss.*, 175.
Hours (le). *Bourges*, 98.
Hours. *Montp.-Mont.*, 1412.
Houry. *Orl.*, 435.
Houssaie. *Tours*, 829.
Houssaie (la). *Al.*, 118, 303, 310, 320, 446, 851, 903, 905, 910, 1080, 1081, 1201, 1205, 1218.
— *Caen*, 276, 535.
— *Par.*, i, 996.

— *Rouen*, 101, 104, 305, 306, 576, 801, 1151, 1220, 1222, 1246, 1249.
Houssaye. *Pic.*, 212, 494, 862.
Houssaye (la). *Bret.*, i, 859.
Housse (de). *Champ.*, 626.
Housse (la). *Rouen*, 435.
Housseau. *Fland.*, 854.
— *Tours*, 225.
Houssel. *Montp.-Mont.*, 23.
Housset. *Par.*, i, 552.
— *Par.*, ii, 1158.
— *Par.*, iii, 433.
Houssin. *Tours*, 1263.
Houstet. *Par.*, ii, 153.
Houtin. *Tours*, 1471.
Houtte (van). *Pic.*, 155.
Houtteville (d'). *Al.*, 109, 635, 1132.
Houx. *Al.*, 909.
Houx (du). *Bret.*, i, 283.
— *Champ.*, 564.
— *Lorr.*, 155, 294, 474, 687.
— *Par.*, i, 262.
— *Soiss.*, 73, 371.
Houx (le). *Bret.*, i, 357.
— *Par.*, ii, 667.
— *Par.*, iii, 145, 261.
— *La Roch.*, 259.
— *Tours*, 321, 999, 1503.
Houy. *Orl.*, 136.
— *Par.*, iii, 418.
Houzé. *Fland.*, 1320, 1322, 1469.
— *Orl.*, 351, 477, 487.
— *Soiss.*, 252, 530.
Houzel. *Lorr.*, 608.
Hoyau. *Orl.*, 439.
— *Tours*, 257, 1321, 1449.
Hoyelen. *Fland.*, 1239.
Hozier (d'). *Par.*, i, 1091, 1170.
Hu (du). *Fland.*, 358.
Huard. *Al.*, 724, 793.
— *Bourges*, 260, 277, 279.
— *Caen*, 138, 637, 673.
— *Lyon*, 475.
— *Montp.-Mont.*, 466.
Huart. *Bret.*, i, 124, 379, 436, 471, 473, 474, 728.
— *Bret.*, ii, 899.
— *Champ.*, 838.
— *Fland.*, 1222.
— *Orl.*, 212, 221, 375.
— *Par.* i, 633, 1348.
— *Par.*, ii, 76.
— *Rouen*, 771.
Huau. *Tours*, 522.
Huault. *Caen*, 177.
— *Par.*, i, 148.

3

Humes (de). *Bourg.*, II, 246.
— *Champ.*, 493.
— *Par.*, IV, 444.
Hunet. *Bourg.*, I, 452.
Humière. *Pic.*, 822.
Humières. *Par.*, II, 178.
Hunault. *Bret.*, II, 803.
— *Tours*, 425, 553, 566, 574, 873, 1271.
Hunaut. *Toul.-Mont.*, 101, 420, 869, 1275.
Hunchant. *Bret.*, II, 510.
Hune (la). *Tours*, 1030.
Hunelaye (la). *Bret.*, I, 21.
Hunelstein *ou* Hunolstein. *Lorr.*, 291.
Hunin. *Fland.*, 817.
Huninguc. *Als.*, 170. V.
Huo. *Bret.*, I, 684, 685, 782, 841.
Huon. *Bret.*, I, 45, 288, 295, 297, 319, 355, 657, 669.
— *Bret.*, II, 83, 207, 208, 965.
- *Par.*, III, 173.
— *La Roch.*, 170, 347.
Huost. *Orl.*, 919.
Huot. *Bourb.*, 522.
— *Bourg.*, I, 789, 792, 1054, 1068, 1134, 1136, 1261.
— *Par.*, I, 1125.
— *Par.*, II, 656, 1064, 1166.
— *Par.*, III, 529.
— *Soiss.*, 400.
Huotter. *Soiss.*, 60.
Hupais. *Prov.*, II, 238, 239.
Hupais (d'). *Prov.*, I, 908, 1003.
Hupeau. *Orl.*, 530.
Huppenoir. *Orl.*, 729.
Huproie (la). *Champ.*, 130, 462.
Huquet. *Pic.*, 639.
Hurard. *Rouen*, 25, 112, 532.
Hurault. *Bret.*, I, 277.
— *Lorr.*, 506, 529, 667.
— *Orl.*, 52, 95, 573, 762, 833, 944.
— *Par.*, I, 62, 240.
— *Par.*, II, 203, 715, 1208, 1243.
— *Par.*, III, 408.
— *Par.*, IV, 239.
— *La Roch.*, 146.
— *Rouen*, 399, 1087.
— *Tours*, 1000.
Hure (le). *Al.*, 550, 892, 1146.
— *Rouen*, 329.
Huré. *Par.*, I, 227.

— *Par.*, IV, 528.
Hureau. *Bret.*, II, 1055.
— *Par.*, I, 967, 1368.
— *Par.*, II, 238.
— *Rouen*, 1376.
Hurel. *Caen*, 567.
— *Rouen*, 788.
Hurie. *Prov.*, II, 763.
Hurigny. *Bourg.*, II, 215.
Hurino. *Par.*, II, 797.
Hurion. *Bourb.*, 216.
Hurlot. *Lorr.*, 123.
— *Poit.*, 1257.
Hurol. *Par.*, III, 128, 470.
Hurot. *Caen*, 566.
Hurson. *Par.*, II, 1095.
Hurst. *Als.*, 712, 713.
Hurstel. *Als.*, 402.
Hurstieck. *Als.*, 1046.
Hurtault. *Tours*, 993, 1081.
Hurtrel. *Par.*, I, 668.
Hurtret. *Pic.*, 728.
Huslin. *Fland.*, 293, 295.
— *Poit.*, 1269, 1270, 1275.
Hussancourt. *Pic.*, 849.
Hussard. *Orl.*, 581.
Husseville. *Al.*, 228
Husson. *Al.*, 1168, 1170, 1171.
— *Champ.*, 626.
— *Lorr.*, 247, 414, 437, 529, 625, 681.
— *Par.*, II, 298, 648.
— *Par.*, III, 254.
— *La Roch.*, 24, 137, 163.
Hustenot. *Lorr.*, 645.
Hustin. *Fland.*, 394, 396, 441.
Hustour. *Prov.*, I, 1836.
Hut. *Lyon*, 314.
Huteau (d'). *Toul.-Mont.*, 62.
Hutelier. *Pic.*, 407, 702.
Hutet. *Bourg.*, II, 498.
Huth. *Als.*, 462.
Hutier. *Bourb.*, 23.
Huttin. *Fland.*, 20, 880.
Huvet. *Lyon*, 47.
Huvier. *Pic.*, 706.
Huyer. *Bourg.*, II, 483.
— *Bret.*, II, 1083.
Huz. *Bret.*, I, 210.
Huz (de). *Lorr.*, 41.
Hwecksman. *Als.*, 475.

I

J

— *Montp.-Mont.*, 689.
— *Orl.*, 360, 362, 366.
— *Par.*, I, 375, 751.
— *Par.*, II, 377, 381, 1244.
— *Poit.*, 333, 334, 853, 1504.
— *Prov.*, I, 951.
— *Rouen*, 146.
— *Tours*, 732, 1411.
Jacques (de). *Dauph.*, 301.
Jacques (St-) (*Pri.*). *Poit.*, 1422.
— *Prov.*, I, 565, 581, 603, 666, 694, 757.
Jacquesson. *Al.*, 566.
— *Bourg.*, II, 624.
— *Caen*, 165.
— *Champ.*, 357, 358, 373, 667, 673.
Jacquet. *Al.*, 219, 1142.
— *Bourges*, 379, 530.
— *Bourg.*, I, 299, 435, 441, 572.
— *Lyon*, 147, 222, 223, 229, 230, 343, 534.
— *Montp.-Mont.*, 24, 133, 372, 587, 633.
— *Orl.*, 466, 763.
— *Par.*, I, 368.
— *Par.*, III, 370.
— *Poit.*, 476, 479.
— *Rouen*, 196, 427.
— *Vers.*, 242.
Jacquier. *Champ.*, 211.
— *Fland.*, 1318, 1326, 1461.
— *Lorr.*, 40.
— *Lyon*, 393, 463, 609, 710, 728, 737, 977.
— *Par.*, I, 199, 861.
— *Par.*, II, 646, 655.
— *Prov.*, II, 311.
— *Toul.-Mont.*, 623.
Jacquin, *Bourg.*, I, 273, 807.
— *Lyon*, 552, 638, 948, 1026.
— *Par.*, I, 281.
— *Poit.*, 1150.
Jacquinet. *Lyon*, 954.
Jacquinot. *Als.*, 382.
— *Bourg.*, I, 248, 298, 555, 787.
Jacquot. *Als.*, 830.
— *Bourg.*, I, 246, 1060, 1061, 1073, 1218.
— *Par.*, I, 516.
— *Poit.*, 819, 826.
Jactet. *Bourg.*, I, 166.
Jadon. *Auv.*, 80, 240, 383.
Jadon (de). *Bourb.*, 388, 628.
Jafeu. *Auv.*, 148.
Jaffin. *Guy.*, 831.
Jagault. *Bourges*, 277, 377.

— *Par.*, I, 272.
Jager. *Als.*, 165, 266, 403.
Jagher. *Fland.*, 445.
Jagonnai. *La Roch.*, 102.
Jagre. *Als.*, 241, 253, 619.
Jagu. *Bret.*, I, 116.
— *Bret.*, II, 548, 1139.
Jagueu. *Soiss.*, 708.
Jahan. *Poit.*, 771, 1287, 1453.
— *Tours*, 829, 832, 1037.
Jahouen. *Bret.*, II, 518.
Jai. *Dauph.*, 70.
— *Guy.*, 431, 863.
— *Prov.*, I, 472, 972.
— *Prov.*, II, 684.
Jai (du). *Par.*, I, 1096.
Jai (le). *Al.*, 1250.
— *Par.*, I, 83, 248, 885, 1286.
— *Poit.*, 990.
— *Tours*, 251.
Jailla. *Toul.-Mont.*, 739.
Jaillant. *Par.*, I, 1072.
Jaille (la). *Bret.*, I, 230.
— *Tours*, 220, 397, 1164.
Jaillé. *Montp.-Mont.*, 1279.
Jaillot, *Par.*, III, 325.
Jaillumier. *Lorr.*, 653.
Jaine. *Prov.*, I, 788.
Jaisse. *Prov.*, II, 84, 109, 688.
Jajollet. *Al.*, 704.
Jal (du). *Montp.-Mont.*, 744.
Jal (St-). *Auv.*, 360.
Jalabert. *Montp.-Mont.*, 784.
— *Toul.-Mont.*, 896.
Jaladon. *Bourb.*, 600.
— *Par.*, I, 530.
Jalaguière. *Montp.-Mont.*, 858.
Jalamet. *Toul.-Mont.*, 460.
Jalenguer. *Toul.-Mont.*, 1164.
Jali. *Champ.*, 740.
Jalier. *Lyon*, 26.
Jalifer. *Bourg.*, II, 279.
Jaliffier. *Poit.*, 1501.
Jaligny. *Bourb.*, 171.
Jallet. *Bret.*, I, 937.
— *Bret.*, II, 1083.
— *Par.*, I, 1037.
— *Tours*, 572.
Jalli. *Auv.*, 386.
Jallier. *Bourg.*, I, 8.
Jalliot. *Guy.*, 8.
Jallon. *Orl.*, 750.
Jallot. *Auv.*, 357.
— *Caen*, 246, 326, 327.
— *Par.*, III, 277.
Jalon. *Lorr.*, 611.

Jalou. *Par.*, ii, 305.
Jalouaine (de). *Tours*, 819.
Jaloux. *Par.*, i, 104.
Jalras. *Guy.*, 500.
Jamar. *Als.*, 308.
Jamard. *Bourg.*, ii, 629.
— *Par.*, iv, 15.
Jamart. *Fland.*, 1017, 1034, 1315.
— *Par.*, ii, 412, 503.
Jamba (le). *Bret.*, i, 314.
Jambes. *Lim.*, 77.
Jambon. *Al.*, 302.
Jambourg. *Pic.*, 848.
Jambre (le). *Bret.*, ii, 41.
Jame. *Prov.*, i, 737, 1006.
Jame (de). *Tours*, 729.
Jamen. *Lim.*, 368.
— *Par.*, i, 88.
— *Par.*, iii, 202.
Jamerai. *Tours*, 154, 511.
Jameron. *Par.*, iii, 559.
— *Tours*, 509, 1269.
James. *Al.*, 71, 127.
— *Bourg.*, ii, 94.
— *Bret.*, i, 55.
— *Lyon*, 427.
— *Rouen*, 89.
James (de). *Bourb.*, 28, 104.
— *Poit.*, 93.
Jamet. *Bret.*, ii, 418.
— *Caen*, 692.
— *Guy.*, 396.
— *Lyon*, 776, 777.
— *Par.*, i, 77.
— *Par.*, iii, 198.
— *Poit.*, 382, 1209, 1213, 1281.
— *Rouen*, 881, 913.
— *Tours*, 956, 1213.
Jamier. *Lyon*, 997.
Jamigni. *Caen*, 712.
Jamin. *Bourb.*, 173, 433.
— *Bourg.*, ii, 30, 78.
— *Lyon*, 56.
— *Poit.*, 701, 1154, 1197.
— *La Roch.*, 275.
— *Tours*, 327, 329, 1313.
Jamineau. *Tours*, 322.
Jammé. *Prov.*, i, 1354.
Jammet. *Toul.-Mont.*, 395, 662, 1302.
Jamoais. *Bret.*, i, 7, 678, 880.
Jamon. *La Roch.*, 265.
Jamonnet. *Dauph.*, 275.
Jamot. *Al.*, 505, 1182, 1216, 1217.
Janas. *Montp.-Mont.*, 727.
Jandron. *La Roch.*, 260.

Janel. *Lyon*, 1024.
Janesta. *Toul.-Mont.*, 561.
Janet. *La Roch.*, 242.
Janeureau. *Bourges*, 437.
Janguy. *Bret.*, ii, 837.
Jani. *Lyon*, 334.
Janin. *Bourg.*, ii, 404.
— *Lyon*, 140, 618, 673, 723, 1045, 1047.
— *Toul.-Mont.*, 54.
Jannart. *Fland.*, 984.
— *Par.*, i, 512, 1348.
— *Par.*, ii, 556, 1120.
— *Soiss.*, 78.
Janné (St-). *Béarn*, 147.
Janneau. *Par.*, iv, 540, 542.
— *Poit.*, 226, 1188.
Jannel. *Bourg.*, i, 232, 314, 928.
Jannet. *Bourg.*, i, 626, 633, 1158.
Janneteau. *Tours*, 1024.
Janniard. *Bourg.*, ii, 326.
Jannin. *Bret.*, ii, 788.
Jannisson. *Par.*, iii, 368.
Jannod. *Bourg.*, i, 1012.
Jannon. *Bourg.*, i, 69, 247, 320, 326, 345, 589, 908, 1146.
— *Lyon*, 120.
Jannot. *Als.*, 907.
— *Bourg.*, i, 334.
— *Lyon*, 933.
— *Par.*, iii, 354, 415.
Janols. *Toul.-Mont.*, 967.
Janon. *Bourg.*, ii, 64, 110, 392, 507
— *Prov.*, i, 1079.
Janotan. *La Roch.*, 380.
Jansan. *Lyon*, 654.
Jansat. *Fland.*, 864.
Janselme. *Dauph.*, 460, 556.
— *Lyon*, 164.
Jansenne. *Fland.*, 214.
Jansens. *Fland.*, 491.
Janson. *Bourg.*, i, 849.
— *Lorr.*, 360, 537.
Jantal. *Poit.*, 1556.
Jantet. *Bourg.*, i, 11.
— *Bourg.*, ii, 630.
Janthial. *Bourg.*, i, 449.
— *Bourg.*, ii, 160.
Janton. *Lyon*, 134, 151.
— *Toul.-Mont.*, 515.
Jantot. *Bourg.*, i, 916.
Janure. *Poit.*, 123, 153, 162, 163, 1040.
Januret. *Als.*, 224.
— *Poit.*, 515.
Janvei. *Auv.*, 584.

Janvelle. *La Roch.*, 186, 196.
Janveret. *Orl.*, 595.
Janvier. *Al.*, 993.
— *Bourg.*, I, 1172.
— *Lyon*, 691.
— *Orl.*, 70, 608, 614.
— *Par.*, II, 368.
— *Par.*, III, 31.
Janville. *Al.*, 858.
Japie. *La Roch.*, 377.
Japin. *Par.*, II, 295.
Jappin. *Lorr.*, 531.
— *Par.*, I, 1160.
Jaquelenet. *Bourg.*, II, 501.
Jaquemier. *Par.*, IV, 52.
Jaquemin. *Bourg.*, II, 3, 12.
— *Par.*, IV, 528.
Jaquet. *Bourg.*, II, 268, 283.
— *Pic.*, 723.
— *Prov.*, II, 307, 308.
Jaquin. *Prov.*, I, 274.
Jaquinet. *Guy.*, 925.
Jaquinot. *Bourg.*, II, 88, 91, 106, 414.
— *Par.*, IV, 56.
Jaquotot. *Bourg.*, II, 1.
— *Par.*, III, 289.
Jarbie. *Lyon*, 1026.
Jarcelas. *Bourg.*, I, 427.
Jard. *Poit.*, 1116.
Jard (du). *Poit.*, 933. Ab.
Jarday. *Vers.*, 138.
Jardé. *Par.*, II, 1153.
Jardel. *Poit.*, 803.
— *Soiss.*, 836.
Jardi (de). *Champ.*, 376.
Jardin. *Bourges*, 413.
— *Poit.*, 1116.
— *Toul.-Mont.*, 1298.
Jardin (du). *Al.*, 111.
— *Bret.*, II, 416.
— *Fland.*, 782, 995, 1136.
— *Par.*, I, 780, 878, 1289.
— *Par.*, III, 61, 416.
— *Soiss.*, 773.
Jardiner (de). *Par.*, I, 828.
Jardins (des). *Al.*, 290, 619, 905.
— *Par.*, II, 574.
— *Par.*, III, 379.
— *Pic.*, 519, 693, 717.
— *Tours*, 210, 238, 633.
Jardon. *Champ.*, 276.
Jardons (des). *Bourb.*, 326.
Jardrin. *Tours*, 918.
Jarente. *Prov.*, I, 452, 534, 536, 813
— *Prov.*, II, 148.

Jaretz. *Lyon*, 688.
Jari. *Tours*, 868, 892, 1209, 1318, 1473, 1521.
Jarie (la). *Poit.*, 845, 1047, 1251.
— *Tours*, 1524.
Jariel (du). *Bret.*, II, 911.
Jariel (le). *Par.*, I, 172, 276.
— *Par.*, II, 529.
— *Tours*, 386, 396.
Jarière (la). *Poit.*, 664.
Jarige. *Lim.*, 160, 470.
Jarin. *Lorr.*, 156.
Jariot. *Bourb.*, 555.
Jarisse (la). *Bourges*, 477.
Jarit. *La Roch.*, 165.
Jarlai. *Poit.*, 667.
Jarlaud. *Montp-Mont.*, 815.
Jarnac. *Lim.*, 359.
Jarnage (de). *Bourges*, 189.
Jarnigan. *Bret.*, I, 165.
Jarno. *Bret.*, II, 421, 548.
— *Poit.*, 33.
Jarosson. *Par.*, III, 420.
Jarreau. *Orl.*, 882.
Jarret. *Tours*, 161, 309, 425, 1030, 1200.
Jarri. *Poit.*, 106, 831, 878, 1055.
Jarriau. *Poit.*, 494.
Jarrie (du). *Guy.*, 1181.
Jarrie (la). *Par.*, II, 314.
Jarrier (le). *Tours*, 1162.
Jarrige. *Guy.*, 798.
Jarrige (la). *Bourb.*, 533.
Jarron. *Orl.*, 368, 478.
Jarry. *Al.*, 750.
— *Bourg.*, I, 151, 246.
— *Bourg.*, II, 236.
— *Bret.*, II, 389.
— *Par.*, I, 568, 817, 1333.
Jars. *Par.*, II, 66.
Jarsaillan. *Bourg*, II, 189.
Jarsan. *La Roch.*, 176.
Jart (le). *Bret.*, I. 708.
— *Tours*, 48.
Jarulat. *Bourg.*, II, 632.
Jary. *Als.*, 41.
— *Lim.*, 346.
Jarzai. *Tours*, 511.
Jarzé. *Tours*, 102, 710.
Jas (de). *Bourb.*, 28.
— *Par.*, I, 327.
— *Par.*, III, 476.
Jas (du). *Toul.-Mont.*, 1278.
Jaseren. *Toul.-Mont.*, 1287.
Jassaud. *Prov.*, I, 428, 868.
— *Toul.-Mont.*, 12.

— *Champ.*, 467.
— *Prov.*, I, 463, 697, 783, 969, 974, 1088, 1390.
— *Prov.*, II, **219**, 303. 518, 552, 600, 642, 779.
— *La Roch.*, 257.
— *Rouen*, 109, 901, 935.
Jean (de). *Béarn.*, 74.
— *Bourges*, 40, 230.
— *Guy.*, 20, 116, 857.
— *Montp.-Mont.*, 119, 387, 398, 421, 543, 629, 783, 806, 1147, 1484.
— *Par.*, I, 34.
— *Par.*, II, 374, 596, 861, 1055, 1175.
— *Par.*, III, 257.
— *Poit.*, 619.
— *Toul.-Mont.*, 19, 86, 90, 115, 198, 206, 456, 519, 557, 643, 703, 789.
— *Vers.*, 145.
Jean (St-). *Al.*, 217.
— *Béarn*, 95.
— *Bourg.*, I, 432.
— *Bourg.*, II, 394.
— *Bret.*, I, 721.
— *Fland.*, 627, 844.
— *Guy.*, 195, 537, **928**.
— *Lorr.*, 57.
— *Montp.-Mont.*, 388, 503, 1341.
— *Par.*, I, 511, 1330, 1337.
— *Poit.*, 654, 932. *Ab.*, 1303. *Rel.*, 1467, 1551.
— *Prov.*, I, 390.
— *Toul.-Mont.*, 297, 523, 689, 861.
— *Vers.*, 65.
— d'Angely. *La Roch.*, 420. V.
— Baptiste. *Poit.*, 126. Ch.
— de Metz. (*Commanderie*). *Lorr.*, 660.
— Pied-de-Port. *Béarn*, **25.** V.
Jeander. *Lorr.*, 411.
Jeandin. *Lorr.*, 674.
Jeanneau. *Tours*, 1129.
Jeannet. *Champ.*, 651.
Jeannin. *Bourg.*, I, 29, 30, 67, 313, 1236, 1237.
— *Bourg.*, II, 148.
— *Par.*, III, 116.
Jeannot. *Bourb.*, 122, 415, 504.
— *Par.*, I, 73.
— *Par.*, IV, 150.
Jeansson. *Champ.*, 342.
Jéard. *Prov.*, II, 86, 295, **318**, 347, 426, 428.
Jeaume. *Prov.*, II, **669.**
Jeger. *Lorr.*, 545.

Jegou. *Bret.*, I, 45, 116, 260, 356.
— *Bret.*, II, 206, 207, 549, 862, 992.
Jéguic. *Bret.*, I, 363, 687.
Jegun. *Guy.*, 148.
Jeguy. *Bret.*, II, 668.
Jehanne. *Bret.*, II, **400.**
Jehé. *La Roch.*, 236.
Jehors. *Bret.*, II, 389.
Jehot. *Lorr.*, 534.
Jëisoff. *Als.*, 283.
Jémois. *Toul.-Mont.*, 990.
Jenin. *Soiss.*, 165.
Jeulis. *Pic.*, 693.
Jensolen. *Prov.*, I, 20.
Jentet. *Poit.*, 257, 365, 1194.
Jentil. *Par.*, III, 397.
Jentot. *Lorr.*, 55.
Jérémie. *Par.*, II, 666.
Jerenon. *Prov.*, I, 1193.
Jerla. *Montp.-Mont.*, 184.
Jerosme. *Prov.*, I, 528.
Jerphanion. *Montp.-Mont.*, 367.
Jesan. *Guy.*, 697.
Jesletten. *Als.*, 929.
Jesse. *Prov.*, I, 1199.
Jessé., *Montp.-Mont.*, 293.
Jesseaume. *Par.*, I, 1285.
Jesson. *Lyon*, 710.
— *Montp.-Mont.*, **925.**
Jeste. *Lyon*, 293.
Jesu. *Soiss.*, 137.
Jésuites (les). *Poit.*, 363, 585. **Rel.**
— de Metz. *Lorr.*, 408.
— de Verdun. *Lorr.*, 566.
Jeudon. *Par.*, II, 901.
— *Tours*, 1079.
Jeudri. *Tours*, 391.
Jeudy. *Par.*, I, 382.
Jeuffronneau. *Orl.*, 344, 349.
Jeulia. *Montp.-Mont.*, 1292.
Jeumin. *Bourg.*, I, 403.
Jeune. *Montp.-Mont.*, 347.
Jeune (le). *Al.*, 77, 573, 784.
— *Als.*, 2.
— *Bourg.*, II, 38, 99.
— *Bret.*, I, 335, 548.
— *Bret.*, II, 492.
— *Champ.*, 129, 305, 915.
— *Fland.*, 1270, 1354.
— *Lorr.*, 203.
— *Orl.*, 800.
— *Par.*, I, 1138.
— *Par.*, II, 593.
— *Par.*, III, 388, 517.
— *Par.*, IV, 694.
— *Pic.*, 557, 569.

Jolli. *Al.*, 783.
— *Guy.*, 869.
— *Pic.*, 403, 572, 582, 603, 605, 804.
— *Poit.*, 811, 832, 1223, 1357, 1371, 1533.
Jolli (le). *Caen*, 74, 116.
Jolliard. *Bourg.*, ii, 367.
Jolliet. *Par.*, ii, 1242.
Jollis. *Bret.*, i, 810, 813.
Jolly. *Bourb.*, 18, 417.
— *Bourges*, 70, 507.
— *Bourg.*, ii, 20, 23, 33, 43, 46, 53, 55, 56, 64, 65, 98, 107, 138, 145, 147, 156, 202, 227, 291, 494, 502.
— *Bret.*, ii, 186, 419, 732.
— *Fland.*, 1324, 1476.
— *Par.*, iii, 142, 364, 488, 556.
— *Par.*, iv, 236, 653.
— *Vers.*, 68.
Jolo. *Toul.-Mont.*, 1049, 1068.
Joly. *Als.*, 252.
— *Bourg.*, i, 31, 43, 45, 52, 54, 58, 61, 71, 78, 83, 89, 91, 95, 193, 195, 240, 247, 280, 284, 301, 302, 303, 317, 323, 346, 480, 723, 869, 870, 871, 1013, 1061, 1064, 1213.
— *Mont.-Montp.*, 67, 635.
— *Par.*, i, 176, 873.
— *Par.*, ii., 258, 269, 295, 547, 787, 997, 1073, 1153, 1161, 1193.
— *Toul.-Mont.*, 1191.
Jomard. *Bourg.*, i, 57, 617.
— *Bourg.*, ii, 480.
— *Lyon*, 7.
Jomaron. *Dauph.*, 276.
Jomart. *Par.*, ii, 1238.
Jomas. *Par.*, iii, 512.
Jommaïl. *Guy.*, 1077.
Jon. *Lyon*, 628.
— *Tours*, 875.
Jon (du). *La Roch.*, 64.
— *Soiss.*, 53.
— *Tours*, 367.
Jonas. *Al.*, 370.
— *Par.*, ii, 508.
Jonca. *Toul.-Mont.*, 1273.
Jonchat. *Bourg.*, i, 270.
Jonché. *Bret.*, ii, 360.
Joncheray. *Par.*, i, 1348.
Jonchère. *Tours*, 1110.
Jonchère (la). *Fland.*, 284.
Jonchères. *Bourg.*, ii, 183.
Joncheria. *Toul.-Mont.*, 1478.
Jonchié. *Bret.*, i, 95, 911.
Joncourt. *Pic.*, 894, 895.
Jone (le). *Pic.*, 159, 162.

Jongleur. *Soiss.*, 350, 492, 698.
Jongleur (le). *Par.*, i, 305.
Jonguière. *Bret.*, ii, 484.
Jonière (la). *Lim.*, 151, 154.
Jonnart. *Fland.*, 285.
Jonneau. *Bret.*, ii, 63.
Jonnier. *Bourb.*, 513.
Jonquet. *Montp.-Mont.*, 744, 1414.
— *Orl.*, 201, 799.
— *Poit.*, 854, 866.
Jonquiès. *Prov.*, ii, 426, 449.
Jonquière. *Toul.-Mont.*, 139.
Jonquières (la). *Prov.*, i, 65.
Jontière (la). *Lyon*, 164.
Jonvelle. *Bourg.*, i, 1221.
Jonville (de). *Prov.*, i, 10, 83, 251.
Joodtz. *Fland.*, 1230.
Jorant. *Par.*, iii, 3.
Jorda. *Toul.-Mont.*, 1483.
Jordan. *Als.*, 1088.
— *Dauph.*, 592.
— *Montp.-Mont.*, 146.
— *Prov.*, ii, 375.
Jordani. *Prov.*, i, 34, 188, 1346, 1376.
Jordi. *Toul.-Mont.*, 1442.
Jorel. *Par.*, i, 1190.
Joret. *Rouen*, 880, 1117.
— *Tours*, 947.
Jorgain. *Béarn*, 128.
Jori (St-). *Lorr.*, 213, 650.
Jorie (la). *Guy.*, 1072.
Jorieu. *Soiss.*, 106.
Joris. *Guy.*, 831.
Jorix. *Fland.*, 194.
Jornot. *Bourg.*, i, 280, 289, 452.
— *Bourg.*, ii, 75, 151, 347, 556.
Jorre (de). *Poit.*, 702.
Josel. *Rouen*, 191.
Joseph. *Bourg.*, i, 848, 875.
— *Prov.*, ii, 666, 388.
— *Soiss.*, 711.
Josian. *Bourb.*, 102, 116.
— *Bourg.*, i, 278.
Josnai. *Tours*, 1035.
Josne (de). *Fland.*, 394.
Jossan. *Prov.*, ii, 342.
Jossaud. *Prov.*, ii, 124.
Josse. *Bourb.*, 407.
— *Fland.*, 1246, 1300.
— *Lorr.*, 596.
— *Par.*, i, 19.
— *Par.*, ii, 539, 541.
— *Par.*, iv, 219.
— *Pic.*, 467.
— *Soiss.*, 67, 70.

Josse (de). *Toul.-Mont.*, 129, 850.
Josselin. *Bret.*, I, 36.
— *Lorr.*, 434.
— *Poit.*, 1286.
Jossenaz ou Jossenay. *Vers.*, 77.
Josserand. *Bourg.*, I, 162.
— *Lyon*, 128, 658, 743.
— *Prov.*, 1, 118.
Josses. *Guy.*, 735.
Josset. *Bret.*, II, 569.
— *Caen*, 793.
— *Guy.*, 530, 904.
— *Montp.-Mont.*, 465.
— *Par.*, I, 1227.
Josseteau. *Champ.*, 72.
Jossey. *Par.*, IV, 525.
Josset. *Par.*, III, 421.
Jossier. *Fland.*, 1436.
— *Par.*, III, 177.
Jossis. *Guy.*, 740, 1209.
Josson. *Bret.*, II, 131.
— *Fland.*, 991.
— *Par.*, II, 105.
Jossouin. *Montp.-Mont.*, 1442.
Jost. *Als.*, 68, 90, 661, 794.
— *Par.*, II, 606.
— *Par.*, III, 121.
Joüai. *Al.*, 972.
Jouain. *Bourg.*, II, 27.
Jouamin. *Bret.*, II, 916, 954.
Jouan. *Bret.*, II, 93.
— *Caen*, 48, 49, 300, 765.
— *Par.*, I, 173, 1380.
— *Par.*, II, 598.
— *Prov.* II, 459.
— *Rouen*, 562, 847, 883.
— *Tours*, 1242.
— *Vers.*, 103.
Jouaneau. *Bret.*, II, 471.
Jouanique. *Lyon*, 928.
Jouanneau. *Tours*, 973.
Jouanne. *Par.*, III, 455.
— *Poit.*, 756.
Jouanneau. *Poit.*, 1291.
Jouard. *Bourg.*, I, 303.
— *Bourg.*, II, 565.
Jouatre. *Poit.*, 1222.
Jouault. *Al.*, 1004.
— *Bret.*, I, 153, 164, 179.
— *Bret.*, II, 858.
— *Par.*, I, 1228.
— *Par.*, IV, 551.
— *Poit.*, 249, 1393.
Jouax. *Poit.*, 788.
Joubardière (la). *Bourges*, 274.
Joubert. *Als.*, 554.

— *Bourges*, 237, 264.
— *Bret.*, II, 406, 446, 468.
— *Dauph.*, 123, 175, 324, 325, 416.
— *Lim.*, 92, 238, 385.
— *Lyon*, 957.
— *Montp.-Mont.*, 26, 29, 831, 869, 879.
— *Par.*, I, 593, 758.
— *Par.*, II, 279, 529.
— *Par.*, III, 242.
— *Poit.*, 82, 205, 208, 237, 373, 490, 507, 509, 529, 589, 590, 604, 721, 1197, 1246, 1457.
— *Prov.*, II, 783.
— *La Roch.*, 108, 262.
— *Tours*, 4, 295, 327, 1130, 1131, 1260, 1341.
Joubin. *Bret.*, I, 903.
Joucquet. *Par.*, III, 526.
Joudon. *Bourg.*, I, 272.
Joudreville. *Lorr.*, 184.
Joüe. *Al.*, 951.
— *La Roch.*, 226.
Joüen. *Al.*, 317, 832, 861, 888.
— *Bret.*, II, 1108.
— *Dauph.*, 91.
— *Tours*, 521.
Joüenne. *Al.*, 77, 504, 705, 1002, 1092.
— *Caen*, 35, 349, 412, 459.
— *Vers.*, 96.
Jouer. *Als.*, 846, 968.
Jouery. *Toul.-Mont.*, 1114, 1120, 1173.
Joües (des). *Al.*, 107.
Jouet. *Béarn*, 154.
— *Bret.*, II, 408.
— *Caen*, 582.
— *Montp.-Mont.*, 1447.
— *Par.*, I, 709.
— *Prov.*, I, 186.
— *La Roch.*, 306.
— *Soiss.*, 311.
— *Tours*, 135, 893.
Jouffrard. *Poit.*, 1325.
Jouffrault. *Poit.*, 1084.
Jouffrey. *Prov.*, I, 298.
Jouffrez. *Dauph.*, 19, 527.
Jouffroy. *Bourg.*, I, 634, 639, 643, 646, 699, 1006, 1106.
— *Bourg.*, II, 370, 492.
Jougla. *Montp.-Mont.*, 20, 267, 601.
— *Toul.-Mont.*, 113, 129, 475, 638, 972, 993.
Jougleins. *Guy.*, 804.
Jouglet. *Pic.*, 495, 798.

Jouhan. *Bret.*, I, 359, 361, 551, 658, 720.
— *Orl.*, 531, 542.
Jouhanne. *Orl.*, 375.
Jouhannic. *Bret.*, I, 323, 888.
Jouhot. *Poit.*, 170.
Joüi. *Toul.-Mont.*, 700.
Joüi (de). *Dauph.*, 358.
Jouillain. *Tours*, 1258.
Joüin. *Al.*, 885.
Jouin. *Bourges*, 268.
— *Bret.*, I, 182, 343.
— *Par.*, II, 43.
— *Par.*, IV, 74.
Jouin (St-). *Poit.*, 1431.
— *Tours*, 87, 529.
Jouineau. *Poit.*, 1393.
Joulain. *Tours*, 609, 903, 996, 1024, 1369.
Joulaud. *Bret.*, II, 640.
Joulhac. *Par.*, III, 119.
Joulia. *Toul.-Mont.*, 695.
Jouliau. *Bourg.*, II, 540.
Joulienne. *Par.*, III, 447.
Jouliet. *Toul.-Mont.*, 668.
Joulin. *Bourges*, 50, 238.
— *La Roch.*, 5.
Joullan. *Bret.*, I, 499.
Joulliens. *Montp.-Mont.*, 1240.
Joumard. *Orl.*, 1015.
Joumart. *Lim.*, 297.
Joumier. *Bourges*, 280.
Jouneau. *Bret.*, I, 402, 569.
Jouny. *Bret.*, II, 252.
Jouppi. *Lorr.*, 272.
Jouques. *Prov.*, I, 440.
Jour. *La Roch.*, 177.
Jour (du). *Bourg.*, II, 154.
— *Fland.*, 1364.
— *Par.*, I, 880.
— *Toul.-Mont.*, 300.
Jourault. *Bret.*, II, 112.
Jourda. *Montp.-Mont.*, 367, 370.
— *Toul.-Mont.*, 1438, 1440, 1477.
Jourdain. *Al.*, 613, 1179.
— *Als.*, 415.
— *Bourges*, 116, 389.
— *Bourg.*, II, 284, 285.
— *Bret.*, I, 245, 332, 479, 809, 920.
— *Bret.*, II, 455.
— *Caen*, 635, 733.
— *Champ.*, 7, 13, 15, 17, 418, 473, 654, 673, 682, 684.
— *Guy.*, 7.
— *Lim.*, 443.
— *Lorr.*, 535, 679.

— *Par.*, II, 364, 921.
— *Par.*, III, 568.
— *Pic.*, 386.
— *Poit.*, 27, 69, 159, 347, 360, 459, 505, 509, 542, 558, 1128, 1340.
— *Prov.*, I, 321, 599.
— *Rouen*, 852.
— *Toul.-Mont.*, 630, 1230.
Jourdan. *Bourg.*, II, 211.
— *Caen*, 294, 647.
— *Guy.*, 521, 1044.
— *Lyon*, 300, 662, 837.
— *Par.*, II, 452.
— *Par.*, III, 404.
— *Prov.*, I, 412, 616, 662, 800, 927, 973, 1058, 1305.
— *Prov.*, II, 26, 350, 619, 647, 660.
— *Tours*, 920, 951.
Jourdani. *Prov.*, I, 255, 269, 505, 991, 1361.
— *Prov.*, II, 537.
Jourdeuil. *Champ.*, 761, 768.
— *Poit.*, 1505.
Jourdi. *Par.*, I, 1249.
Jourdi (de). *Vers.*, 307.
Jourdieu. *Soiss.*, 318.
Jourdin. *Soiss.*, 18.
Jourin. *Bret.*, II, 543, 547.
Jourland. *Soiss.*, 476, 689.
Jourlant. *Champ.*, 686.
Journa. *Prov.*, I, 946.
Journault. *La Roch.*, 137.
Jonrnée. *Montp.-Mont.*, 1117.
Journet. *Par.*, I, 1206.
— *Prov.*, II, 218.
— *Toul-Mont.*, 733.
Journot. *Bourg.*, I, 657.
Jourvellot. *Poit.*, 439, 701.
Jouslard. *Poit.*, 46, 116, 117, 136, 154, 160, 168, 589.
Joualin. *Orl.*, 753.
Jouslin. *Poit.*, 1023, 1252, 1336.
Joussant. *Poit.*, 54, 806, 838.
Jousse. *Fland.*, 186.
— *Orl.*, 360, 387, 391, 472.
— *Par.*, I, 1201.
Jousse (de). *La Roch.*, 83.
Jousseau. *Poit.*, 875.
Jousseaume. *Bret.*, I, 900.
— *Bret.*, II, 801.
— *Par.*, II, 873.
— *Poit.*, 44, 162, 252, 432, 513, 640, 1197, 1480.
— *Tours*, 298, 321, 322, 328, 330, 331, 1087, 1512, 1525.
Jousselin. *Lim.*, 149.

— *Par.*, II, 1101.
— *Poit.*, 1122.
Juigné. *Bret.*, I, 380.
— *Par.*, II, 262, 378.
Juigné (de). *Tours*, 83, 1194, 1197.
Juignet. *Bourb.*, 274.
— *Par.*, III, 378.
Juillard. *Bret.*, II, 592, 597.
Juilliard. *La Roch.*, 256.
Juillot. *Par.*, IV, 640.
Juin. *Guy.*, 1034.
— *Montp.-Mont.*, 53, 707.
— *Poit.*, 1089.
Juin (de). *Pic.*, 571, 623, 664.
Juines. *Prov.*, II, 364.
Juisard. *Orl.*, 232, 871,
Juissard. *Fland.*, 68.
Juittier. *Tours*, 841.
Julia. *Toul.-Mont.*, 738, 1131.
Juliani. *Toul.-Mont.*, 603.
Julianis. *Prov.*, I, 484.
Juliard. *Par.*, II, 132.
— *Toul.-Mont.*, 24, 40, 124.
Julien. *Al.*, 782.
— *Auv.*, 50, 87.
— *Bourg.*, I, 93, 228, 345, 1147.
— *Bourg.*, II, 93, 204.
— *Fland.*, 438, 1038.
— *Guy.*, 211, 873, 1069.
— *Lim.*, 273.
— *Lorr.*, 564.
— *Lyon*, 918.
— *Montp.-Mont.*, 174, 286, 312, 455, 490, 535, 1350, 1438.
— *Orl.*, 332.
— *Par.*, I, 1168.
— *Par.*, II, 180.
— *Par.*, III, 357.
— *Prov.*, II, 121, 371, 382, 421, 443, 452, 457, 564, 660, 740.
— *Rouen*, 822, 1241.
— *Toul.-Mont.*, 303, 311, 315, 533, 590, 730, 731, 1118, 1185.
Julien (St-). *Bourb.*, 40, 134, 319, 356, 394, 531, 533, 556.
— *Bourg.*, II, 278.
— *Guy.*, 8, 330, 346, 889.
— *Lim.*, 189
— *Lorr.*, 482.
— *Montp.-Mont.*, 305, 1124.
— *Par.*, II, 294.
— *Toul.-Mont.*, 319, 918.
Julienne. *Par.*, IV, 76, 536.
— *Tours*, 1066.
— *Par.*, III, 187.
Julier. *Als.*, 107.

Juliot. *Guy.*, 618.
Julliavi. *Prov.*, I, 1341.
Jullien. *Caen*, 245, 249, 298, 311, 419, 451, 562.
— *Prov.*, I, 120, 774, 820, 1052, 1156, 1170, 1207, 1221, 1237, 1241, 1242, 1447, 1448.
Jullien (St.-). *Caen*, 762.
Jullieron. *Lyon*, 851.
Julliot. *Al.*, 194, 399, 400.
— *Poit.*, 791, 1137.
Jultion. *Pic.*, 15.
Jumeau *Al.*, 1023.
— *Fland.*, 835.
— *Orl.*, 838.
Jumeau (le). *Tours*, 165, 292, 360, 1521.
Jumel. *Bourges*, 357.
— *Par.*, IV, 104.
Jumel (le). *Par.*, II, 1028, 1210.
— *Rouen*, 327, 341.
Jumelais (la). *Bret.*, II, 784.
Jumelet. *Soiss.*, 139.
Jumen. *Lim.*, 415.
Jumentier (le). *Par.*, III, 335.
Jumeray. *Tours*, 579.
Jumilhat. *Guy.*, 419.
Jun. *Bret.*, I, 816.
Junca. *Par.*, I, 52.
Junéa (du). *Guy.*, 328, 551, 803, 810, 846, 987, 1051, 1165, 1200.
Junet. *Bourg.*, I, 875.
Junien (St.-). *Lim.*, 107.
Junier (le). *Guy.*, 228.
Junivet. *Toul.-Mont.*, 634.
Junot. *Bourg.*, I, 1175.
— *Lyon*, 136, 856.
— *Par.*, I, 255.
— *Par.*, III, 471.
Junquières. *Par.*, II, 575, 735.
Jupie. *Guy.*, 308.
Juppeau. *Orl.*, 754, 912.
Jupille. *Tours*, 288.
Jupin. *La Roch.*, 276.
Juqueau. *La Roch.*, 291.
Juquée. *Prov.*, I, 1415.
Jurain. *Bourg.*, I, 60, 1021.
Jurami. *Prov.*, I, 805.
Jurant. *Prov.*, I, 1432.
Jure. *Prov.*, I, 1150
Jurian. *Prov.*, I, 575.
Jurie. *Montp.-Mont.*, 368.
Jurnet. *La Roch.*, 145.
Jurquet. *Montp.-Mont.*, 944.
Jusquin. *Prov.*, I, 1018.
— *Prov.*, II, 359.

Jussac. *Par.*, i, 1095.
— *Vers.*, 214.
Jussan. *Montp.-Mont.*, 1059.
Jusseaume. *Al.*, 618, 1236.
— *Tours*, 1095.
Jussey. *Bourg.*, i, 1220.
Jussieu. *Lyon*, 400, 619, 734.
Jussoi *Lorr.*, 613.
Jusson. *Guy.*, 440.
Jussy. *Par.*, iv, 52, 453.
Just. *Prov.*, ii, 286
Just (St.-). *Al.*, 14, 40.
— *Fland.*, 868.
— *Par.*, i 1128.
— *Poit.*, 909.
Justamon. *Montp,-Mont.*, 824, 1439.
Juste. *Prov.*, i, 759.
Juste (le). *Fland.*, 245, 881, 882, 1505.
Justeau. *Poit.*, 1123, 1440.
— *Tours*, 928, 1073.

Justel. *Par.*, ii, 1194.
Justemont (Ab. de l'ordre de Prémontré). *Lorr.*, 562.
Justetz. *Montp.-Mont.*, 358.
Justice de Clairvaux (la). *Lorr.*, 177.
Justice de Durbai. *Lorr.*, 88, 89.
Justrobe. *Montp. Mont.*, 1293.
Juteau. *Orl.*, 621.
Jutton. *Bret.*, ii, 448, 814.
Juvanckant. *Fland.*, 1230.
Juvels. *Fland.*, 1231.
Juvenal. *Prov.*, ii, 830.
Juvenceau. *Auv.*, 39, 88, 437.
Juvenel. *Montp.-Mont.*, 116.
Juvenis. *Dauph.*, 514.
Juvet. *Champ.*, 604.
Juvigny. *Caen*, 340.
Juvin. *Fland.*, 1085, 1086, 1126.
Juyé. *Lim.*, 172.
Jüyé. *Caen*, 168, 413.

K

Kageneck. *Als.*, 87, 265, 812.
Kalt. *Als.*, 880.
Kann. *Als.*, 668.
Karin. *Als.*, 78.
Kast. *Als.*, 287, 298, 339, 629, 755.
Kastembert. *Par.*, i, 279.
Kastemberger. *Als.*, 481.
Kauffer. *Als.*, 663, 665.
Kaufman. *Als.*, 479.
Kaune. *Als.*, 448.
Keebergh. *Fland.*, 1374.
Keffer. *Als.*, 347, 945, 1033.
Kefferme. *Als.*, 80.
Keifflin. *Als.*, 294, 795, 910.
Keiser. *Als.*, 427.
Keisser. *Als.*, 838.
Keiserver. *Als.*, 203. V.
Keller.*Als.*,62,175,429,730,911,936.
Kellerman, *Als.*, 450, 567.
Kempf. *Als.*, 128, 848, 875, 933, 1069, 1078.
Kempfer. *Als.*, 420, 478.
Keneck. *Als.*, 722.
Kengard. *Par.*, i, 1323.
Kenigoute. *Als.*, 965.
Kennedy. *Fland.*, 1405.
Kenop. *Fland.*, 711.
Kepfel. *Als.*, 49.
Keraldanet. *Bret.*, i, 557.
Keraleau. *Bret.*, ii, 775.

Kerally. *Bret.*, ii, 122, 129, 380, 896.
Keramnoal. *Bret.*, ii, 788.
Kerangard. *Bret.*, ii, 282.
Berano. *Bret.*, ii, 548.
Kerarel. *Bret.*, i, 99.
Kerargrec. *Bret.*, i, 259.
Keraudrain. *Bret.*, ii, 878.
Kerauguen. *Bret.*, i, 949.
Keraulen. *Bret.*, ii, 1138.
Kerautret. *Bret.*, ii, 544, 894.
Keravion. *Bret.*, ii, 761.
Kerbesson. *Bret.*, ii, 682.
Kerbiguet. *Bret.*, ii, 1022.
Kerbisrant. *Bret.*, ii, 524.
Kerblois. *Bret.*, ii, 682.
Kerboudon. *Bret.*, ii, 877.
Kerboul. *Bret.*, ii, 962.
Kerbouric. *Bret.*, i, 118, 259, 715.
— *Bret.*, ii, 548.
Kerbourié. *Bret.*, i, 118, 259, 715.
Kerboutier. *Bret.*, i, 124.
— *Bret.*, ii, 763.
Kerbrunot. *Bret.*, ii, 702.
Kercabin. *Bret.*, i, 763, 862.
Kercabus. *Bret.*, ii, 296.
Kercadie. *Bret.*, ii, 284.
Kercadio. *Bret.*, i, 943.
Kercassia. *Bret.*, ii, 1116.
Kerdandreau. *Bret.*, ii, 525.
Kerdaniel. *Bret.*, i, 102, 114, 970.

— *Bret.*, II, 156, 704, 842.
Kerdroniou. *Bret.*, II, 743.
Keredelleau. *Bret.*, II, 560.
Keredin. *Bret.*, II, 844.
Kereil. *Bret.*, I, 58.
Kerel. *Bret.*, I, 641.
Kerelec. *Bret.*, II, 780.
Kerellant. *Bret.*, II, 560.
Kerellec. *Bret.*, I, 956.
Kerelon. *Bret.*, II, 1011.
Keremar. *Bret.*, I, 322, 642.
Kerempuis. *Bret.*, I, 660.
Kerengar. *Bret.*, I, 290, 537.
Kerennedy. *Bret.*, II, 436.
Kerenor. *Bret.*, II, 221, 544.
Kerer. *Als.*, 835.
Kererault. *Bret.*, I, 55, 207.
Kereseau. *Bret.*, I, 755.
Kerespert. *Bret.*, II, 549.
Kereven. *Bret,*, II, 993.
Kereury. *Bret.*, II, 429.
Kerfaven. *Bret.*, II, 973.
Kergadaran. *Bret.*, I, 953, 958.
— *Bret.*, II, 122.
Kergadiou. *Bret.*, I, 274, 275.
— *Bret.*, II, 955.
Kergaran. *Bret.*, II, 785.
Kergariau. *Bret.*, II, 152.
Kergariou. *Bret.*, I, 99, 285, 951.
— *Bret.*, II, 196, 210, 271, 525.
Kergo. *Bret.*, II, 460.
Kergoet. *Bret.*, I, 282, 320, 657, 663, 709
Kergorlay. *Bret,*, I, 37, 53, 101, 105, 345.
Kergoudel. *Bret.*, I, 38, 39.
Kergouet (du). *Bret.*, II, 161.
Kergoulien. *Bret.*, II, 705.
ergoumar. *Bret.*, II, 892, 1032.
Kergounovern. *Bret.*, I, 291.
Kergozou. *Bret.*, I, 14, 15, 201, 297, 374, 438, 965.
Kergraas. *Bret.*, II, 272.
Kergré. *Bret.*, II, 538.
Kergrist. *Bret.*, I, 255, 837, 949, 961, 962.
Kergroadez. *Bret.*, I, 271, 552.
Kergroas. *Bret.*, I, 651, 835.
Kerguec. *Bret.*, I, 451.
Kerguelen. *Bret.*, I, 274, 900.
— *Bret.*, II, 712.
Kerguern. *Bret.*, I, 981.
Kerguessé. *Bret.*, II, 937.
Kerguezec. *Bret.*, I, 260.
Kerguisio. *Bret.*, I, 47, 274, 278, 544, 548.

— *Bret.*, II, 285.
Kergos. *Bret.*, I, 709.
Kergulec. *Bret.*, II, 698.
Kergus. *Bret.*, I, 52, 656, 664, 718, 719, 824.
— *Bret.*, II, 943.
Kerguyomar. *Bret.*, II, 1032.
Kerhoent. *Bret.*, I, 225.
— *Bret.*, II, 128, 129, 130, 131, 132, 349, 991.
— *Caen*, 526.
Kerhorhan. *Bret.*, II, 786.
Kerhorlay. *Bret.*, I, 841.
Kerhoslay. *Bret.*, II, 1003.
Keridec. *Bret.*, II, 1018.
Kerilly. *Bret.*, II, 993.
Kerimel. *Bret.*, II, 955.
Keringaut. *Bret.*, II, 635.
Kerio. *Bret.*, II, 526, 848.
Keriven. *Bret.*, II, 1035.
Kerivon. *Bret.*, I, 662.
— *Bret.*, II, 785.
Kerjagu. *Bret.*, II, 92, 785.
Kerjan. *Bret.*, I, 290.
— *Bret.*, II, 785.
Kerjavilly. *Bret.*, II, 549.
Kerjoual. *Bret.*, I, 668.
Kerkadavern. *Bret.*, II, 1032.
Kerlan. *Bret.*, I, 937.
Kerleau. *Bret.*, I, 51, 111, 527, 538, 545, 547, 711, 805, 949.
— *Bret*, II, 221.
Kerleck. *Bret.*, I, 346, 541, 712.
Kerleguen. *Bret.*, I, 848.
— *Bret.*, II, 697.
Kerlemendec. *Bret.*, II, 703.
Kerleuguy. *Bret.*, I, 702, 707, 752.
Kerliviou. *Bret.*, I, 951.
Kerleaquen. *Bret.*, I, 53, 654, 655, 700.
Kermabon. *Bret.*, I, 833.
— *Bret.*, II, 668.
Kermadec. *Bret.*, I, 894.
— *Bret.*, II, 149.
Kermahart *Bret.*, II, 698.
Kermalcave. *Bret.*, II, 787.
Kermanoy. *Bret.*, II, 739.
Kermarchon. *Bret.*, I, 942.
— *Bret.*, II, 231.
Kermarec. *Bret.*, I, 133, 605.
Kermareschal. *Bret.*, II, 842.
Kermarquer. *Bret.*, I, 257.
— *Bret.*, II, 526, 845.
Kermasson. *Bret.*, II, 849.
Kermel. *Bret.*, I, 667, 669, 671, 674, 955, 959.

— *Bret.*, ii, 530. 1010.
Kermellec. *Bret.*, i, 288, 645, 946, 976.
— *Bret.*, ii, 545, 733.
Kermen. *Bret.*, ii, 1037.
Kermenan. *Bret.*, ii, 943.
Kermenguy. *Bret.*, i, 553.
Kermeno. *Bret.*, i, 47, 181, 360, 361, 440, 520, 526, 654, 706.
Kermeuff. *Bret.*, ii, 866.
Kermeur. *Bret.*. ii, 535, 703, 787, 1025.
Kermo. *Bret.*, ii, 537.
Kermoel. *Bret.*, i, 746.
Kermoisan. *Bret.*, i, 107.
— *Bret.*, ii, 270.
Kermoler. *Bret.*, ii, 724.
Kermorial. *Bret.*, i, 839.
Kermorvan. *Bret.*, i, 294, 253.
— *Bret.*, ii, 278.
Kernatous. *Bret.*, ii, 53.
Kernavenois. *Bret.*, ii, 343.
Kerneussat. *Bret.*, ii, 559.
Kernezne. *Bret.*, i, 360, 537, 541, 544, 679, 706.
Kernisant. *Brei.*, ii, 398.
Kernotter. *Bret.*, ii, 170.
Kerobezec. *Bret.*, ii, 780.
Kerohatz. *Bret.*, i, 655.
Keroignant. *Bret.*, i, 667.
Kéroual. *Bret.*, ii, 964.
Kerouallan. *Bret.*, i, 250, 642.
Kerouarno. *Bret.*, ii, 846.
Kerouart. *Bret.*, i, 293, 552, 896.
Keroudant. *Bret.*, i, 297.
Keroudet. *Bret.*, i, 282.
Keroulas. *Bret.*, ii, 713.
Keroullas. *Bret.*, i, 283, 292, 295, 335, 544, 545, 787.
Kerousy. *Bret.*, i, 259, 594, 837.
— *Bret.*, ii, 287.
Kerpaen. *Bret.*, i, 684.
Kerpezdron. *Bret.*, ii, 44.
Kerpoisson. *Bret.*, i, 860.
Kerquelen. *Bret.*, i, 361.
— *Bret.*, ii, 290.
Kerqueru. *Bret.*. ii, 733.
Kerquery. *Bret.*, i, 125.
Kerquesec. *Bret.*, ii, 547.
Kerrec. *Bret.*, i, 257.
Kerret. *Bret.*, i, 543, 554, 599, 850, 947.
Kerret. *Bret.*, ii, 89, 226, 1014.
Kerroul. *Bret.*, ii, 93.
Kerrouyaut. *Bret.*, i, 597.
Kersaliou. *Bret.*, ii, 151.

— *Bret.*, i, 605.
— *Bret.*, ii, 225, 554.
Kersant. *Bret.*, ii, 959.
Kersas. *Bret.*, i, 100.
Kersausan. *Bret.*, ii, 153, 236, 285, 709, 965.
Kersauzou. *Bret.*, i, 269, 274, 280, 289, 295, 352, 462; 538, 539, 548, 551.
Kerseau. *Bret.*, i, 338. 944.
— *Bret.*, ii, 54, 59.
Kersengily. *Bret.*, i. 648, 661.
— *Bret.*, ii, 49, 157.
Kersestein. *Bret.*, ii, 543.
Kerstan. *Bret.*, ii, 696.
Kerstle. *Als.*, 638.
Kersuaguen. *Bret.*, ii, 525.
Kersulgas. *Bret.*, ii, 713.
Kersulguen. *Bret.*, i, 273, 556.
Kersulien. *Bret.*,, ii, 785.
Keruclo. *Bret.*, i, 181.
Keruelen. *Bret.*, i, 350.
Keruen. *Bret.*, i, 549, 948.
Keruffé. *Bret.*, ii, 90,
Kerusec. *Bret.*, i, 967.
Kerusingard. *Brét.*, ii, 1028.
Kervain. *Bret.*, ii, 540.
Kervec (le). *Bret.*, ii, 1116.
Kerveder. *Bret.*, i, 956.
Kerveno. *Bret.*, ii, 1019.
Kervenozael. *Bret.*, i, 358, 842.
Kerveno. *Poit.*, 189, 231, 1146, 1227.
Kerver. *Par.*, i, 470.
Kerverien. *Bret.*, i, 391, 747.
Kervern. *Bret.*, ii, 548.
Kerviche. *Bret.*, i, 315.
— *Bret.*, ii, 767.
Kervicher. *Bret.*, i, 359.
Kervilleau. *Bret.*, ii, 152.
Kervilly, *Bret.*, ii, 776.
Kervinozael. *Bret.*, ii, 91.
Keruolez. *Bret.*, i, 487.
Kesmele. *Fland.*, 1161.
Kespertz. *Fland.*, 372.
Kessel. *Als.*, 344, 986.
— *Fland.*, 116, 137, 142, 146.
Kesseler. *Als.*, 84, 409, 475, 634.
Kesselring. *Als.*, 217.
Kessinger. *Als.*, 157, 501, 871, 688.
Ketry. *Fland*, 1212.
Ketterling. *Als.*, 113.
Kent. *Als.*, 983.
Kiebler. *Als.*, 406.
Kiechler. *Lorr.*, 289, 372.
Kieffer. *Als.*, 176, 625.
Kiel. *Als.*, 39.

Kien. *Als.*, 343, 506.
Kiener. *Als.*, 692, 866, 1068.
Kieselstat. *Lorr.*, 546.
Kieuch. *Als.*, 580.
Kieuszheim. *Als.*, 187. V.
Kifferberg. *Als.*, 188.
Kilburger. *Bourg.*, I, 266.
Kim. *Als.*, 639, 981.
Kindel. *Als.*, 431.
Kippenheim. *Als.*, 238,254, 767, 787.
Kips. *Als.*, 465, 466.
Kirch. *Als.*, 459, 1043, 1057.
Kirchkeim. *Als.*, 31.
Kirpatrick. *Par.*, I, 440.
— *Par.*, II, 129, 534.
Kittelard. *Fland.*, 1227.
Kitz. *Als.*, 456.
Kleimbrot. *Als.*, 126.
Klein. *Als.*, 429, 436, 669, 680, 829, 860, 1057, 1070.
— *Lorr.*, 372, 404.
Kleingel. *Als.*, 722.
Kleinger. *Als.*, 888.
Kleinman. *Als.*, 160, 161.
Klié. *Als.*, 194, 1061.
Klim. *Als.*, 1025.
Klinglin. *Als.*, 269, 270, 704, 917.
Klocker. *Als.*, 530.
Klotzlin. *Als.*, 504, 862.
Knechtlin. *Als.*, 855.
Knéel. *Als.*, 156.
Kneen. *Als.*, 40.
Kneppe. *Lorr.*, 328.
Kniébec. *Als.*, 439.
Kniebs. *Als.*, 280.
Knob. *Als.*, 687.
Knœpfer. *Als.*, 752.
Knortz. *Als.*, 834.
Kob. *Als.*, 454.

Kobel. *Als.*, 413.
Koch. *Als.*, 433, 747.
— *Lorr.*, 270.
Kœller. *Als.*, 322.
Kœng. *Als.*, 276, 759.
Kœnich. *Als.*, 403, 1080.
Koffman. *Als.*, 461.
Koll. *Als.*, 458, 567, 637.
Kolman. *Als.*, 673.
Kopff. *Als.*, 221.
Kopp. *Als.*, 376, 395 636, 1017, 1048.
Korneman. *Als.*, 584.
Korvais. *Als.*, 668.
Kouft. *Als.*, 1017, 1048.
Koulignage. *Als.*, 182.
Koupschmid. *Als.*, 624.
Koutz. *Als.*, 611.
Krackau. *Als.*, 844.
Kraff. *Als.*, 77, 355.
Kreb. *Als.*, 19, 38, 640, 811.
Kremer. *Als.*, 808.
Kretzinguen. *Als.*, 729.
Kreyenriedt. *Als.*, 931, 932.
Krigelstein. *Als.*, 1067.
Krien. *Als.*, 617.
Kromer. *Als.*, 607.
Kronnoyer. *Als.*, 1051.
Kuabe. *Als.*, 646.
Kuchel. *Als.*, 464.
Kuelle. *Als.*, 622.
Kuen. *Als.*, 374.
Kunast. *Als.*, 446.
Kunté. *Als.*, 834.
Kuntz. *Als.*, 621.
Kuost. *Fland.*, 218.
Kursner. *Als.*, 276.
Kutter. *Als.*, 500.

L

Labadie. *Poit.*, 155, 158.
Labadie (de). *La Roch.*, 345.
Labaig. *Béarn*, 57.
Labat. *Béarn*, 86, 89.
— *Bret.*, II, 223.
— *Guy.*, 241, 331, 400, 803, 813, 814, 895, 989, 1150, 1167, 1217.
— *Lyon*, 624.
— *Toul.-Mont.*, 185, 419, 864, 1291.
Labat (de). *La Roch.*, 188, 359.
Labatu. *Béarn*, 100.
Labatut. *Guy.*, 1174.

— *Toul.-Mont.*, 1210.
Labaur. *Toul.-Mont.*, 1305.
Labaye. *Auv.*, 390.
Labbé. *Als.*, 322.
— *Bourges*, 23, 24, 26, 32, 39, 60, 163, 338, 339.
— *Lorr.*, 47, 458.
— *Lyon*, 224, 655.
— *Pic.*, 810.
— *Soiss.*, 83.
— *Tours*, 868, 1467.
Labeau. *Toul.-Mont.*, 532.

Labeaubérard. *Lyon*, 51.
Labége. *Toul.-Mont.* 38.
Laben. *Fland.*, 396.
Labesse. *Guy.*, 1110.
Labet. *Bourg.*, I, 600.
Labeur. *Par.*, I, 1165.
Labiron. *Poit.*, 1557.
Labit. *Pic.*, 616.
Lable. *La Roch.*, 167.
Labon. *Pic.*, 448.
Labonne. *Guy.*, 1105, 1111, 1126.
Laboreix. *Bourb.*, 315, 537, 538.
Laborel. *Prov.*, II, 507, 508.
Laborey. *Bourg.*, I, 593, 596, 614, 639, 786, 863, 878, 1113, 1125.
Laboreys. *Vers.*, 226.
Laborie. *Als.*, 754.
— *Dauph.*, 420.
— *Lyon*, 644.
— *Toul.-Mont.*, 1070.
Labories. *Bourg.*, I, 109, 116, 448.
— *Bourg.*, II, 222, 346, 568.
Labory. *Bret.*, II, 385.
Labotière. *Guy.*, 847.
Labotte. *Bourg.*, II. 74.
Labour. *Béarn*, 5.
— *Poit.*, 149.
Labourel. *Toul.-Mont.*, 304, 472.
Labouret. *Soiss.*, 6, 705.
Laboureur (le). *Als.*, 24, 227, 228.
— *Lorr.*, 224, 308, 309, 654.
— *Par.*, II, 350.
Labourieux. *Auv.*, 86.
Labournaix. *Auv.*, 289, 406.
Laboutant. *Par.*, III, 442.
Labre (de). *Fland.*, 786.
— *Soiss.*, 319, 493.
Labrie. *Prov.*, II, 423.
Labriet (le). *Lorr.*, 80, 239 *bis*, 663.
Labro. *Toul.-Mont.*, 1170.
Labruez. *Orl.*, 631.
Lac (du). *Auv.*, 144, 189, 257, 341, 424, 428, 430, 468.
— *Bourges*, 475.
— *Guy.*, 1010.
— *Lim.*, 354.
— *Montp.-Mont.*, 697, 1291.
— *Orl.*, 22, 143, 245, 496, 522, 917.
— *Par.*, I, 314, 1112.
— *Par.*, II, 1125, 1192.
— *La Roch.*, 142.
— *Vers.*, 158.
— *Toul.-Mont.* 30, 546.
Laca. *Lyon*, 734.
Lacam. *Guy.*, 1027.
Lacan. *Toul.-Mont.*, 402.

Lacanal. *Toul.-Mont.*, 963, 964.
Lacant. *Vers.*, 76.
Lacary. *Toul.-Mont.*, 846.
Lacassin. *Toul.-Mont.*, 1265.
Lachard. *Bourg.*, II, 213, 564.
Lacharier. *Lyon*, 657.
Lachat. *Caen*, 629.
Lachau. *Lim.*, 240, 243.
Lachère. *Guy.*, 879.
Lacheron. *Lyon*, 230, 378.
Lachez. *Fland.*, 353.
Lachiver. *Bret.*, I, 618, 668.
Lachoué. *Bret.*, I, 932.
Lachy. *Par.*, III, 473.
Lacolle. *Auv.*, 563.
Lacon. *Lorr.*, 664.
Lacorée. *Par.*, I, 966, 1345.
Lacras. *Lyon*, 672.
Ladan. *Fland.*, 986.
Ladeforet. *Prov.*, II, 377.
Ladic. *Toul.-Mont.*, 1017.
Ladoireau. *Par.*, I, 721.
Ladoux. *Toul.-Mont.*, 1108, 1120.
Ladrix. *Toul.-Mont.*, 1338, 1340.
Ladrigué. *Bret.*, II, 953.
Lafemas. *Par.*, I, 58, 120.
Laffite. *Pic.*, 696.
Laffre (de). *Pic.*, 32.
Lafier. *Poit.*, 1313.
Lafiton. *Poit.*, 1059.
Lagadec (le). *Bret.*, II, 230, 361.
Lagaré. *Toul.-Mont.*, 1122.
Lagasne (la). *Bret.*, II, 795.
Lagasse. *Montp.-Mont.*, 1497.
Lagau. *Par.*, II, 782.
— *Par.*, III, 253, 566.
Lâge (de). *Bourges*, 143, 438.
— *Lim.*, 331, 424.
Lage. *Par.*, I, 272.
— *Prov.*, I, 471.
— *Rouen*, 564.
Lage (de). *La Roch.*, 86, 113, 195.
— *Poit.*, 52, 132, 560, 1546.
— *Soiss.*, 295.
Lageard. *Guy.*, 49, 161, 423, 431. 647.
Lageard. *Lim.*, 270, 350.
Lagel. *Bourb.*, 256.
Lagentie. *Toul.-Mont.*, 1101.
Lager. *Bourg.*, I, 426.
— *Lyon*, 659, 675.
Lagerie. *Montp.-Mont.*, 1016.
Lages. *Montp.-Mont.*, 1254.
Laget. *Dauph.*, 476.
— *Prov.*, I, 145, 463, 497, 501, 524, 743, 971, 1357, 1435.

— *Prov.*, ii, 288.
Lagier. *Prov.*, ii, 37.
Lagier (St·). *Lyon*, 414.
Laglantier. *Bourg.*, i, 241.
Lagneau. *Tours*, 1167.
Lagnel. *Prov.*, ii, 92.
— *Rouen*, 852, 1255.
Laguay. *Montp.-Mont.*, **1168**.
Lagni. *Champ.*, 359.
— *Soiss.*, 751, 752.
Lagny. *Fland.*, 185.
— *Par.*, i, 157, **1161**.
— *Par.*, iii, 31.
Lagon. *Fland.*, 624.
Lagorée. *Toul.-Mont.*, **1102**.
Lagot. *Rouen*, 454.
Lagoust. *Guy.*, 662.
Lagrené. *Pic.*, 46. *Voy.* la Grené.
Lagros. *Bourg.*, ii, 617.
Lague. *Guy.*, 686.
— *Prov.*, i, 701.
Lagueuil. *Guy.*, 1035.
Laguille. *Bourg.*, i, 261.
— *Bourg.*, ii, 183, **188**.
— *Champ.*, 670, 842.
Lahonde. *Montp.-Mont.*, **260**.
Lahou. *Bret.*, ii, 203.
Lai. *Als.*, 267.
— *Rouen*, 550, **551**.
Lai (de). *Lyon*, 104.
— *Poit.*, 805.
Laideguine. *Par.*, iii, 483.
Laidet. *Prov.*, i, 284, 287, 294, 295,
298, 299, 371, 380, 382, 445, 490,
528, 897, 977.
— *Prov.*, ii, 50, 301.
Laidier. *Prov.*, ii, 277.
Laigle. *Bret.*, i, 285.
— *Bret.*, ii, 1029.
— *Par.*, i, 1212.
— *Prov.*, ii, 475.
Laigle (de). *Champ.*, 784.
— *Lorr.*, 13.
— *La Roch.*, 113, **117**.
Laigne (de). *Bourges*, 82, 85, **186**,
423.
Laigne (la). *La Roch.*, 100.
Laigneau. *Champ.*, 36, **37**.
— *Par.*, iii, 369.
— *Poit.*, 721, 1253.
Laignel. *Fland.*, 168.
Laignier. *Champ.*, 718.
Laigre. *Bret.*, ii, 597.
Laigue. *Guy.*, 800.
Laillé. *Poit.*, 1320, 1328.
Laille. *Tours*, 835.

Laillère. *Toul.-Mont.*, 341.
Laillet. *Bourg.*, ii, 338.
Laillier. *Bourg.*, ii, 342.
Laimarie. *Als.*, 7.
Laimé. *Bourg.*, ii, 533.
Laimerie. *Auv.*, 168.
— *Toul.-Mont.*, 453.
Laincourt. *Pic.*, 736.
Lainé. *Lorr.*, 16.
— *Par.*, iii, 127.
— *La Roch.*, 216, 238.
— *Rouen*, 584, 764, 765, 1244.
Laines (de). *Poit.*, 206, 441, 513, 623.
Lains (de). *Toul.-Mont.*, 81.
Lair. *Bret.*, i, 156.
— *Bret.*, ii, 202.
— *Caen*, 251, 365, 502, 745.
— *Par.*, i, 1338.
— *Rouen*, 1153.
— *Tours*, 640.
Lair (de). *Bourb.*, 26.
Lairac. *Tonl.-Mont.*, 174, 1168.
Lairan (de). *Pic.*, 860.
Laire (de). *Al.*, 861.
— *Auv.*, 35, 60, 65, 149, 276, 283,
348, 407, 410, 434, 438.
— *Champ.*, 88, 149, 158, 242.
— *Dauph.*, 295.
— *Fland.*, 179, 955.
— *Soiss.*, 292, 840.
Lairez. *Fland.*, 279, 821.
Lais (du). *Toul.-Mont.*, 17.
Laisant. *Vers.*, 308.
Laisné. *Al.*, 925, 1078.
— *Bourg.*, i, 743.
— *Bret.*, ii, 536.
— *Caen*, 613, 667, 688, 718, 791.
— *Dauph.*, 118.
— *Lim.*, 267, 272.
— *Lyon*, 754, 832.
— *Orl.*, 4, 168, 343, 345, 480, 612,
686.
— *Par.*, i, 159, 791, 1388.
— *Par.*, ii, 93, 135, 404, 693.
— *Poit.*, 161, 871, 1456.
— *Tours*, 1378.
Laisson. *Bourg.*, ii, 303.
Laistre (de). *Als.*, 251.
— *Bourges*, 523.
— *Bret.*, i, 178.
— *Champ.*, 209, 215, 422, 602, 620
— *Lorr.*, 200, 282.
— *Orl.*, 378.
— *Par.*, i, 258, 398, 784, 986, 1014,
1110.
— *Par.*, ii, 618.

— *Par.*, III, 271.
— *Par.*, IV, 399.
— *Rouen*, 459, 769.
— *Soiss.*, 198.
Laisuel. *Fland.*, 800.
Laitour. *Montp.-Mont.*, 1219. V.
Laizeris. *Bret.*, I, 983.
Lajard. *Montp.-Mont.*, 418, 434.
Lajies. *Guy.*, 928.
Lal (de). *Béarn.*, 103.
Lalain. *Champ.*, 205.
— *Fland.*, 416, 417, 787.
Lalaire. *Soiss.*, 490, 532.
Lalanne. *Par.*, I, 196.
Lalbertie. *Toul.-Mont.*, 991.
Laleu. *Fland.*, 1309.
— *Par.*, I, 386.
Lalig. *Par.*, I, 466.
Laliman. *Guy.*, 205, 206.
Lalisse. *Guy.*, 953.
Lalleman. *Toul.-Mont.*, 695.
— *Lyon*, 148.
Lallemand. *Auv.*, 385.
— *Bourg.*, I, 561, 650, 787.
— *Pic.*, 616.
— *La Roch.*, 408.
Lallemant. *Champ.*, 24, 40, 50, 361.
— *Fland.*, 31, 870.
— *Lorr.*, 31, 416.
— *Par.*, I, 202.
— *Par.*, II, 389, 788.
— *Par.*, IV, 276.
— *Prov.*, II, 263, 807.
— *Rouen*, 879.
Lallier. *Al.*, 865.
— *Caen*, 97, 730.
— *Lyon*, 227, 284.
— *Montp.-Mont.*, 1206.
— *Orl.*, 93.
— *Par.*, I, 202, 496, 1108, 1235.
— *Par.*, III, 125, 483.
Lallière. *Pic.*, 86.
Lallo. *Montp.-Mont.*, 1119.
Lallot. *Lim.*, 470.
Lallouette. *Soiss.*, 497, 730.
Lallouette (de). *Lorr.*, 577.
Lalo. *Toul.-Mont.*, 366, 1186.
Laloi. *Par.*, I, 844.
Lalonier. *Poit.*, 576.
Laloue. *Fland.*, 1263, 1490.
Lalun. *Par.*, I, 387, 443.
Lama. *Toul.-Mont.*, 1280.
Lamar. *Prov.*, I, 233.
Lamaudie. *Guy.*, 727.
Lamavec. *Lim.*, 459.
Lamballais. *Tours*, 333.

Lambardière. *Tours*, 1166.
Lambarre. *Tours*, 499, 533.
Lambart. *La Roch.*, 120.
Lambaye. *Béarn*, 91. V.
Lambelin. *Bourg.*, II, 77.
— *Fland.*, 1118.
Lambellain. *Par.*, II, 775.
Lambert. *Al.*, 234, 298, 300, 306, 321, 443, 613, 625, 1032.
— *Als.*, 671, 1071.
— *Bourg.*, I, 68, 70, 127, 240, 322, 922, 1165, 1194.
— *Bourg.*, II, 43, 49, 53, 173, 176, 333, 504.
— *Bret.*, I, 387, 403, 419, 559, 727, 864, 905, 926.
— *Bret.*, II, 232.
— *Champ.*, 567, 595, 597, 620, 636, 752, 774.
— *Dauph.*, 107, 151.
— *Fland.*, 316, 358, 426, 1040, 1115.
— *Guy.*, 212, 1086, 1127.
— *Lim.*, 47, 237, 421, 428.
— *Lorr.*, 148, 579.
— *Orl.*, 3, 11, 18, 194, 259, 316, 345, 347, 408, 409, 463, 477.
— *Par.*, I, 216, 272, 376, 379, 638, 789, 882, 918, 948, 1377, 1378.
— *Par.*, II, 513, 609, 736, 849.
— *Par.*, III, 377, 380, 410, 453, 480.
— *Par.*, IV, 509.
— *Poit.*, 19, 346, 1007, 1031, 1094.
— *Prov.*, I, 215, 525, 624, 650, 720, 725, 825, 939, 1007, 1276, 1282, 1294.
— *Prov.*, II, 285, 445, 785.
— *La Roch.*, 15, 203, 204, 250, 411.
— *Rouen*, 323, 354, 411, 417, 674, 774, 820, 821, 874, 1391.
— *Soiss.*, 167, 463.
— *Tours*, 1146.
— *Vers.*, 62, 75, 181.
Lambert (St-). *Al.*, 898.
— *Champ.*, 887.
— *Lyon*, 1010.
Lamberterie. *Guy.*, 434, 435, 918, 1078.
Lambertie. *Guy.*, 461.
— *Lim.*, 73, 77.
— *Lorr.*, 340, 482, 578.
— *Par.*, II, 1201.
— *Poit.*, 297, 724.
Lambés. *Montp.-Mont.*, 1130.
Lambesc. *Prov.*, I, 475. Bar.
Lambilly. *Bret.*, I, 227.
Lambin. *Als.*, 276.

— *Lorr.*, 369, 648, 681.
Lambinet. *Als.*, 395.
Lambon. *Par.*, II, 483.
Lambot. *Prov.*, II, 190.
Lambotte. *Par.*, III, 458.
Lamboul. *Tours*, 356.
Lambrat. *Toul.-Mont.*, 636.
Lambreck. *Als.*, 71, 616.
Lambron. *Tours*, 824.
Lambry. *Bourg.*, II, 480.
Lamects. *Pic.*, 95.
Lameye. *Guy.*, 396.
Lamelin. *Fland.*, 293, 825, 1213.
Lamenerie. *Bret.*, II, 527.
Lamer. *Par.*, I, 1340.
— *Soiss.*, 336, 484, 499, 502.
Lamet. *Champ.*, 799.
— *Par.*, I, 127, 436.
— *Par.*, II, 271, 665, 1222.
— *Par.*, III, 253, 254, 314, 315.
— *Soiss.*, 155.
Lamezan. *Toul.-Mont.*, 1275.
Lamezas. *Guy.*, 102.
Lamfritte. *Als.*, 1033.
Lami. *Al.*, 177, 282, 878, 1114.
— *Caen*, 591.
— *Champ.*, 637.
— *Guy.*, 906, 913.
— *Lorr.*, 227, 598.
— *Lyon*, 747,
— *Par.*, I, 670, 1152.
— *Rouen*, 580.
— *Sois.*, 47, 492, 710.
— *Tours*, 136, 965.
Lamiable. *Pic.*, 303.
Lamie. *Toul.-Mont.*, 1173, 1482.
Lamin. *Bourg.*, II, 430.
Laminoi. *Prov.*, I, 1217.
Lamiral. *Bourg.*, II, 478, 489.
— *Bret.*, II, 387.
— *Par.*, I, 1151.
— *Poit.*, 1187.
Lamirault. *Orl.*, 20, 122, 332, 334, 335, 343, 346, 349, 352, 453.
— *Par.*, III, 140.
— *Pic.*, 772.
— *Poit.*, 301.
— *Soiss.*, 420.
Lamiré. *Orl.*, 832, 1014.
Lamire. *Pic.*, 111, 240, 248.
Lamiron. *Prov.*, II, 745.
Lamognon. *Lyon*, 731.
Lamoignon. *Montp.-Mont.*, 1.
— *Par.*, I, 863, 875, 1036.
Lamon. *Prov.*, I, 27.
Lamonerie (de). *Lim.*, 142.

Lamont (de). *Lorr.*, 481 *bis*.
Lamoreux. *Béarn*, 159.
Lamour. *Bret.*, I, 44, 933.
— *Soiss.*, 748.
Lamouroux. *Montp.-Mont.*, 798.
Lamourdieu. *Prov.*, II, 443.
Lamoureux. *Als.*, 1059.
— *Béarn.*, 132, 155.
— *Bret.*, I, 179.
— *Bret.*, II, 461.
— *Fland.*, 1320.
— *Lyon*, 750.
— *Poit.*, 44, 814, 845, 1011.
— *Prov.*, II, 232.
— *Guy.*, 381, 396, 397, 518, 810.
Lamperier. *Bret.*, II, 732.
Lampinet. *Bourg.*, I, 590, 612, 768, 787, 898.
Lample (de). *Béarn*, 134.
Lampugnan. *Lorr.*, 288.
Lamre. *Fland.*, 1177.
Lamy. *Bourb.*, 306, 467.
— *Bourg.*, I, 60, 267, 1210.
— *Bourg.*, II, 192, 213.
— *Bret.*, I, 351.
— *Fland.*, 991, 996.
— *Par.*, II, 288, 603.
— *Par.*, III, 435.
— *Vers.*, 128, 149.
Lan. *Poit.*, 1375.
Lan (de). *Bourb.*, 448.
— *Toul.-Mont.*, 1465.
Lana. *Bret.*, I, 240.
Lanapla. *Montp.-Mont.*, 1080.
Lanaspeze. *Toul.-Mont.*, 462.
Lanau. *Béarn*, 110.
— *Guy.*, 36, 1074.
Lanauti. *Prov.*, II, 661.
Lancaube. *Béarn*, 80.
Lancè. *Orl.*, 825.
Lance. *Prov.*, I, 832.
— *Soiss.*, 133.
Lance (la). *Lorr.*, **153**.
Lancefosse. *Toul.-Mont.*, 161.
Lancel. *Fland.*, 829.
Lancelin. *Al.*, 722.
— *Dauph.*, 289.
Lancelongue. *Toul.-Mont.*, 1217, 1265.
Lancelot. *Bourg.*, II, 550.
— *Lorr.*, 343.
— *Tours*, 552.
Lances (des). *Fland.*, 1359.
Lancesseur. *Caen*, 343, 509, 511.
Lancfranque. *Guy.*, 193.
Lanchalz. *Fland.*, 147.
Lanchére. *Lim.*, 377.

6

Landy. *Pic.*, 831.
Laneau. *Prov.*, II, 94.
Lanegrie. *Guy.*, 687.
Lanel. *La Roch.*, 303.
Lanerenon. *Bourg.*, I, 1178.
Lanespede. *Toul.-Mont.*, 1272.
Laneveau. *Tours*, 106, 421, 671, 1257.
Lanevere. *Guy.*, 1020.
Lanfranc. *Montp.-Mont.*, 1220.
Lang. *Als.*, 444, 445, 805, 871.
Langa. *Béarn*, 10.
Langaigne. *Pic.*, 753.
Langan. *Bret.*, I, 25, 566, 693, 760.
— *Bret.*, II, 220, 726.
Langasque. *Prov.*, I, 1395.
Langault. *Champ.*, 16, 24.
Lange. *Al.*, 595, 596.
— *Als.*, 809.
— *Guy.*, 1125.
— *Lyon*, 752.
— *Par.*, I, 408, 1324.
— *Par.*, II, 238, 1170.
— *Par.*, III, 381.
— *Par.*, IV, 78.
— *Prov.*, II, 245.
— *Rouen*, 814.
Lange (de). *Bourb.*, 85.
— *Lorr.*, 87.
— *Poit.*, 385.
— *La Roch.*, 143.
Langeais. *Tours*, 846. V.
Langehai. *Bourg.*, I, 263.
Langelard. *Orl.*, 549.
Langelé. *Par.*, II, 592.
Langelier. *La Roch.*, 303.
Langelevie. *Tours*, 1404.
Langellerie. *Soiss.*, 138, 710.
Langellery. *Par.*, III, 413.
Langer. *Bourg.*, II, 259.
Langeret. *Prov.*, I, 740.
Langerie. *Al.*, 1194.
Langes (de). *Dauph.*, 35, 411, 412, 522.
Langevin. *Caen*, 62.
— *Par.*, I, 1017.
— *Pic.*, 623.
Langevinaye. *Bret.*, II, 1000.
Langhe (de). *Fland.*, 730, 1082.
Langhéac. *Auv.*, 42, 111, 471, 496.
Langhedal. *Fland.*, 231.
Langheté. *Fland.*, 1136.
Langlade. *Bourb.*, 407.
— *Bret.*, I, 344.
— *Guy.*, 381.
— *Lim.*, 395.

— *Lyon*, 729.
— *Montp.-Mont.*, 332, 378.
— *Rouen*, 387, 388.
— *Toul.-Mont.*, 1353.
Langlart. *Fland.*, 776.
Langlas. *Toul.-Mont.*, 1034.
Langle. *Bret.*, I, 216, 409, 429, 443, 521.
— *Bret.*, II, 128, 422.
Langle (de). *Rouen*, 43, 363, 366, 367.
— *Vers.*, 189.
Langlée. *Fland.*, 244, 773.
— *Par.*, I, 194.
— *Par.*, III, 526, 599.
Langlet. *Par.*, I, 432.
Langlier. *Par.*, III, 423.
Langlois. *Al.*, 5, 24, 356, 373, 591, 799, 978.
— *Bourb.*, 77, 190.
— *Bourges*, 105.
— *Bourg.*, I, 596, 841, 1109.
— *Bret.*, I, 154, 172, 178, 483, 603.
— *Caen*, 287, 503, 522.
— *Champ.*, 104, 115, 409, 454, 461, 708.
— *Fland.*, 344, 346, 760.
— *Lorr.*, 210.
— *Lyon*, 113, 384, 583, 602.
— *Par.*, I, 45, 72, 105, 207, 222, 227, 311, 375, 407, 484, 493, 594, 677, 849, 891, 948, 959, 1034, 1282, 1329.
— *Par.*, II, 174, 213, 236, 510, 624, 631, 647, 658, 793, 1006, 1060, 1202.
— *Par.*, III, 14, 66, 115, 123, 329, 362, 434, 549, 566.
— *Par.*, IV, 81, 86, 527.
— *Pic.*, 28, 71, 799.
— *Poit.*, 1406, 1422.
— *Prov.*, I, 486, 571, 1046.
— *Prov.*, II, 489.
— *Rouen*, 3, 19, 69, 224, 282, 307, 334, 419, 423, 439, 531, 532, 539, 566, 647, 699, 700, 799, 804, 854, 864, 878, 1372.
— *Soiss.*, 281.
— *Toul.-Mont.*, 50, 504.
— *Tours*, 253.
— *Vers.*, 10, 114, 138, 139.
Langlumé. *Champ.*, 797.
Langmarc. *Fland.*, 672.
Langon. *Dauph.*, 27.
— *Guy.*, 347.
— *Prov.*, II, 460.

Lappara (de). *Par.*, ii, 885.
Lappeau. *Montp.-Mont.*, 462.
Laprant. *Bourg.*, i, 1037.
Lapré. *Bourg.*, i, 243.
Lapre. *Bret.*, i, 878.
Laragon. *Bret.*, ii, 461.
Larbouillart. *Pic.*, 871.
Larce (de). *Lorr.*, 434.
Larcebault. *Guy.*, 1026.
Larche. *Montp.-Mont.*, 1311.
Larche (de). *Par.*, i, 515.
Larcher. *Bourg.*, i, 78, 337.
— *Bourg.*, ii, 105, 329, 356.
— *Bret.*, i, 226.
— *Bret.*, ii, 179, 600.
— *Caen*, 11, 12, 13, 104, 333, 387, 646.
— *Champ.*, 1, 43.
— *Fland.*, 600, 1322.
— *Par.*, i, 916.
— *Par.*, ii, 13, 382, 690, 737, 1064.
— *Par.*, iv, 21, 522.
— *Prov.*, ii, 454.
— *Rouen*, 306, 414.
— *Vers.*, 100.
Larchevesque. *Bourges*, 137.
Lard. *Guy.*, 300, 318, 684, 685, 808.
Lard (le). *Bourges*, 366.
Lardancher. *Bourg.*, i, 1243.
Lardaret. *Auv.*, 147.
Lardasse. *Béarn*, 161.
Lardé. *Al.*, 988.
— *Orl.*, 630.
— *Pic.*, 247, 361.
Lardeau. *Lim.*, 384.
— *Par.*, i, 79.
— *Par.*, iii, 522.
— *Poit.*, 1091.
Lardenoi. *Lorr.*, 336.
Lardenois. *Champ.*, 241.
Larderet. *Lyon*, 777.
Lardery. *Bourg.*, ii, 580.
Lardeux (le). *Tours*, 1208.
Lardier. *Par.*, iii, 310.
— *Pic.*, 463.
Lardière. *Orl.*, 840.
Lardieu. *Prov.*, ii, 428.
Lardillier. *Lyon*, 685.
Lardillon. *Bourg.*, i, 472.
Lardonnet. *Prov.*, i, 1023.
Lardy. *Par.*, ii, 632.
Lare. *Vers.*, 191.
Laré (de). *Par.*, iii, 387.
Lareillet. *Guy.*, 1208.
Laretegui. *Guy.*, 1147.
Lareur. *Bret.*, ii, 519.

Larey. *Toul.-Mont.*, 604.
Larfeulie. *Auv.*, 138.
Large (du). *Bret.*, i, 259, 952.
Large (le). *Al.*, 895.
— *Bourb.*, 499.
— *Bourges*, 17, 21, 23, 35, 226.
— *Bret.*, i, 335, 385.
— *Bret.*, ii, 508.
— *Champ.*, 143, 182, 894, 879, 880.
— *Orl.*, 653, 938.
— *Par.*, i, 310, 1030.
— *Poit.*, 770, 1177.
— *La Roch.*, 278.
— *Tours*, 377, 848, 1370, 1508.
— *Vers.*, 114.
Largeau. *Poit.*, 1558.
Largenet. *Tours*, 504.
Largentier. *Champ.*, 122, 305, 478, 579, 902.
— *Lorr.*, 648.
Largeois. *Al.*, 968.
Largier. *Montp.-Mont.*, 1246.
Largilla (le). *Lorr.*, 329.
Largillière. *Par.*, ii, 206.
Laridon. *Bret.*, i, 340.
Lariés. *Toul.-Mont.*, 1033.
Lariéu. *Guy.*, 1168, 1207.
Larivé. *Fland.*, 298.
Larivinen. *Bret.*, ii, 231.
Larlan. *Bret.*, i, 221, 432, 447, 628, 637.
Larlat. *Toul.-Mont.*, 324, 1215.
Larmandie. *Guy.*, 922.
Larmavaille. *Guy.*, 195.
Larmellière. *Prov.*, ii, 637.
Larmier. *Bourg.*, ii, 253.
Larminat. *Lorr.*, 688.
Larminière. *Poit.*, 607.
Larmodieu. *Prov.*, i, 129.
Larmusière. *Montp.-Mont.*, 1443.
Larnac. *Montp.-Mont.*, 486, 493.
Larnache. *Poit.*, 1315.
Larnagol. *Toul.-Mont.*, 267.
Larnaudie. *Guy.*, 1178.
— *Toul.-Mont.*, 1031.
Laro. *Toul.-Mont.*, 1257.
Laroire. *Lyon*, 686.
Laron. *Toul.-Mont.*, 606.
Laroudy. *Als.*, 838, 839.
Larque. *Toul.-Mont.*, 1377.
Larquevat. *Fland.*, 1023.
Larquey. *Guy.*, 630, 1030.
Larquier. *Lorr.*, 202.
Larragoyen. *Béarn*, 144.
Larralde. *Guy.*, 375.
Larrat. *Guy.*, 406.

Larravar. *Guy.*, 1216.
Larray. *Bourg.*, I, 993.
Larre. *Guy.*, 376, 939, 1146.
Larré. *Rouen*, 280, 1155.
Larrezet. *Guy.*, 756.
Larrieu. *Béarn*, 84.
— *Guy.*, 505.
— *Toul.-Mont.*, 20, 483, 984, 1214.
Larrio. *Guy.*, 1193.
Larrivez. *Lyon*, 618.
Larrogue. *Guy.*, 1034.
Larroudé. *Guy.*, 682.
Larroux. *Montp.-Mont.*, 1016.
Larroy. *Toul.-Mont.*, 1252.
Lars. *Bret.*, I, 270, 271, 319.
Larsonnier. *Soiss.*, 592.
Larsonnière. *Par.*, II, 78.
Lart. *Pic.*, 741.
Lart (de). *Champ.*, 789.
Lart (le). *Bret.*, I, 717.
Lartesie. *Lim.*, 315.
Lartigaud. *Guy.*, 841.
Lartigolle. *Toul.-Mont.*, 1262.
Lartigue. *Béarn*, 156.
— *Guy.*, 402, 407, 496, 910, 1013, 1151.
— *Montp.-Mont.*, 1115.
— *Toul.-Mont.*, 466, 625, 1267.
Lartiguer. *Fland.*, 9, 10.
Lartois. *Al.*, 977.
Lartre (de). *Bourges*, 429.
Larusse. *Lyon*, 758.
Lary. *Montp.-Mont.*, 1122.
— *Toul.-Mont.*, 1239.
Lary (St-). *Montp.-Mont.*, 1186.
Las (de). *Béarn*, 133, 137.
— *Bourb.*, 90, 195.
— *Fland.*, 455.
— *Guy.*, 138, 1128.
— *Orl.*, 954.
Las (des). *Toul.-Mont.*, 258, 260, 1000.
Lasbros. *Auv.*, 549.
Lascambery. *Fland.*, 280.
Lascor. *Béarn*, 148.
Lascours. *Prov.*, I, 691, 695.
Lascous. *Guy.*, 138.
Lasdalies. *Auv.*, 535.
Lasequetier. *Bret.*, II, 428.
Lasne. *Bourges*, 67, 68, 457.
— *Bret.*, I, 231, 691, 883.
Lasneau. *Tours*, 817, 1296.
Lasnereau. *Tours*, 1276.
Lasnier. *Bourg.*, II, 377.
— *Orl.*, 520.
— *Par.*, III, 277.

— *Tours*, 71, 72, 79, 91, 541, 552, 564.
— *Vers.*, 226.
Laspic. *Bourges*, 328.
Laspoix. *Poit.*, 442, 1412, 1427, 1428.
Lasquier. *Champ.*, 872.
Lassay. *Orl.*, 787.
— *Tours*, 1329. V.
Lassé. *Bourges*, 144.
Lasse (de). *Bret.*, I, 435, 449.
Lasseran. *Bret.*, II, 415.
— *Toul.-Mont.*, 1261.
Lasserre. *Béarn*, 75, 89, 96.
— *Guy.*, 1041.
Lasseré. *Par.*, I, 884.
Lasseret. *Bourg.*, II, 578.
Lasset. *Montp.-Mont.*, 178.
Lasseur (le). *Al.*, 27, 28, 37, 287, 308, 1024, 1179.
— *Bret.*, II, 477, 481.
Lassi. *Guy.*, 847.
Lassolle. *Toul.-Mont.*, 1268.
Lasson. *Champ.*, 650.
— *Fland.*, 1304.
Lassus. *Guy.*, 911.
— *Toul.-Mont.*, 632, 1464, 1487.
Lastallot. *Guy.*, 1193.
Laste (de). *Fland.*, 823.
Lastes. *Guy.*, 1212.
Lastic. *Auv.*, 203, 315.
— *Bourb.*, 312.
— *Dauph.*, 307, 354, 467.
— *Lim.*, 440.
— *Montp.-Mont.*, 327.
— *Par.*, I, 1276.
Lastier. *Auv.*, 538.
Lastor. *La Roch.*, 399.
Lastre. *Par.*, I, 532.
Lastre (de). *Bourges*, 80.
— *Par.*, IV, 79.
— *Poit.*, 68, 88, 264.
— *La Roch.*, 79.
Lastre d'Ayette (de). *Pic.*, 193.
Lata. *Dauph.*, 157.
Latagnan. *Par.*, II, 267.
Latainville. *Par.*, III, 376.
Latger (de). *Toul.-Mont.*, 83, 535, 625, 877.
Latié. *Prov.*, I, 1128.
Latier. *Bourges*, 370.
— *Dauph.*, 93, 291, 292, 309, 321, 333, 460, 462.
Latiffi. *Pic.*, 715.
Latil. *Prov.*, I, 276, 304, 315, 320, 537, 689, 704, 1339, 1376, 1450.
— *Prov.*, II, 362.

Latis (de). *Montp.-Mont.*, 1510.
Latre (de). *Soiss.*, 328.
Lattaignan. *Pic.*, 690.
Lattaignant. *Par.*, I, 803, 909.
Lattay (de). *Bret.*, II, 909.
Lattre (de). *Bret.*, I, 61.
— *Fland.*, 193, 232, 599, 624, 844, 1001, 1128.
— *Pic.*, 123, 143, 225, 302, 319, 340, 387, 591, 752, 768, 772, 779, 814, 815.
Lattu. *Pic.*, 381.
Lau (de). *Béarn*, 106.
Lau (du). *Guy.*, 309, 448, 919, 947, 1189.
— *La Roch.*, 324, 325.
Laubardemont. *Par.*, II, 803.
Laube. *Bourg.*, II, 219.
Laube (de). *Bourg.*, I, 439.
— *Dauph.*, 165, 447.
— *Lyon*, 55.
Lauberge. *Montp.-Mont.*, 1562.
Lauberie. *Caen*, 99, 209, 463.
Laubie. *Vers.*, 78.
Laubier. *Bret.*, I, 176.
— *Poit.*, 1032.
Laubigeois. *Fland.*, 644, 1269.
Laubinière (de). *Tours*, 139.
Laubrai. *Poit.*, 489, 1127.
Laubri. *Soiss.*, 688.
Laubries. *Caen*, 111, 118, 120.
Laubrussel (de). *Lorr.*, 210, 653, 661.
Laubuge. *Poit.*, 665.
Lauche. *Als.*, 1050.
Lauci. *Champ.*, 872.
Laudan (de). *Auv.*, 429, 461.
Laudault. *Bret.*, II, 93.
Laudet. *Par.*, I, 364.
Laudier. *Al.*, 171, 1108.
Laudière. *Rouen*, 375.
Laudin. *Lim.*, 9.
Laudiner (de). *Auv.*, 487, 494.
Laudouin. *La Roch.*, 319.
Laudriau. *Poit.*, 1200.
Laudrière. *Bourb.*, 305.
Laudun. *Montp.-Mont.*, 521, 1415.
— *Toul.-Mont.*, 84.
Lauga. *Fland.*, 1025.
Laugar. *Béarn*, 103, 108.
— *Guy.*, 1188, 1190.
Laugé (de). *Poit.*, 350.
Laugeois. *Orl.*, 64.
— *Par.*, I, 745, 984, 1160, 1216.
— *Par.*, II, 695, 876.
Lauger. *Als.*, 528.
— *Guy.*, 1214.

— *Montp.-Mont.*, 1431, 1432.
— *Rouen*, 231.
Laugié. *Bret.*, II, 710.
Laugier. *Bret.*, I, 353.
— *Prov.*, I, 21, 56, 125, 222, 322, 428, 434, 517, 647, 748, 799, 851, 852, 916, 948, 1009, 1101, 1114, 1150, 1207, 1338, 1376.
— *Prov.*, II, 64, 79, 113, 114, 303, 310, 314, 357, 391, 392, 409, 465, 510, 514, 535, 542, 544, 553, 555, 603, 625, 626, 698, 715.
Laugnac. *Guy.*, 310.
Laugne. *Als.*, 562.
Laumel (de). *Pic.*, 827.
Laumonier. *Soiss.*, 142, 261.
Laumont. *Lorr.*, 481.
Laumosne (de). *Champ.*, 621.
Laumoy. *Orl.*, 290.
— *Par.*, IV, 236, 418.
Launai. *Al.*, 157, 178, 179, 225, 316, 344, 535, 648, 658, 732, 734, 736, 764, 985, 989, 1126.
— *Bourges*, 449.
— *Rouen*, 678, 807, 1188.
— *Soiss.*, 331.
Launai (de). *Lorr.*, 162.
Launay. *Als.*, 89.
— *Bourg.*, I, 434.
— *Bret.*, I, 635, 661, 849, 919, 925.
— *Bret.*, II, 143, 310, 390, 585, 851, 864, 969, 990.
— *Caen*, 17, 712.
— *Fland.*, 602, 1267.
— *Guy.*, 633.
— *Lyon*, 55.
— *Orl.*, 166, 541, 639, 889.
— *Par.*, I, 13, 1117, 1252.
— *Par.*, II, 359, 725, 900.
— *Par.*, III, 354, 412, 553.
— *Par.*, IV, 615.
— *Poit.*, 781, 829, 1134.
Launay (de). *Prov.*, I, 567.
— *Tours*, 116, 164, 299, 314, 315, 373, 516, 525, 552, 569, 615, 757, 833, 908, 996, 1172, 1244, 1247, 1250, 1358, 1436, 1443.
Laune. *Vers.*, 164.
Launoi. *Champ.*, 155, 345, 865.
Launoi (de). *Lorr.*, 18, 309, 313.
Launoy. *Bret.*, I, 117.
— *Orl.*, 554.
Laur (de). *Montp.-Mont.*, 185, 751, 1091, 1092.
— *Toul.-Mont.*, 532, 723, 763, 1482.
Laur (du). *Béarn*, 112.

— *Par.*, III, 122, 471.
— *Prov.*, I, 1326.
— *Prov.*, II, 530, 829.
— *Toul.-Mont.*, 573, 688.
Lautoing. *Auv.*, 211.
Lautrai. *Poit.*, 524.
Lautrec. *Montp.-Mont.*, 277.
— *Toul. Mont.*, 34, 259.
Lauverdy. *Par.*, II, 764, 901.
Lauvergnat. *Poit.*, 310, 312, 869.
Lauvin. *Par.*, I, 1348.
— *Pic.*, 215.
Laux (de). *Prov.*, II, 249, 300.
Laux (du). *Par.*, III, 105.
— *Poit.*, 299.
Lauze. *Par.*, I, 67.
Lauze (de). *Bourg.*, I, 427.
— *Toul.-Mont.*, 161, 1216.
Lauzel. *Auv.*, 378.
Lauzemont. *Bourg.*, I, 920.
Lauzerte. *Montp.-Mont.*, 1160. V.
Lauzières. *Montp.-Mont.*, 1302.
— *Par.*, IV, 171.
Lauzin. *Toul.-Mont.*, 1281, 1287.
Lauzon. *Poit.*, 14, 62, 78, 87, 465, 696, 698, 889.
Lavalere. *Montp.-Mont.*, 1042.
— *Toul.-Mont.*, 717.
Laval. *Auv.*, 26, 387.
— *Bourg.*, I, 433.
— *Bourg.*, II, 142.
— *Champ.*, 73.
— *Fland.*, 145, 347.
— *Guy.*, 450, 730, 889, 1162.
— *Lyon*, 463, 466, 656.
— *Montp.-Mont.*, 476, 1018.
— *Par.*, I, 295, 1080, 1269.
— *Par.*, II, 543, 899, 1237.
— *Par.*, III, 535.
— *Poit.*, 97.
— *Rouen*, 557.
— *Soiss.*, 563, 663.
— *Toul.-Mont.*, 562, 966, 1067, 1164.
— *Tours*, 1440. V.
— *Vers.*, 71.
Lavand. *Pic.*, 880.
Lavandier. *Guy.*, 857.
Lavandio. *Bret.*, I, 397.
Lavandrier. *Bourges*, 88.
Lavanant. *Bret.*, I, 789.
Lavau. *Bourges*, 70, 370, 478.
— *Bret.*, I, 40.
— *Bret.*, II, 1055.
— *Champ.*, 492, 888.
— *Montp.-Mont.*, 1170.

— *Par.*, I, 1262.
— *Poit.*, 39, 256, 485, 506, 527, 559, 815, 1440, 1447.
Lavaud. *Guy.*, 11..... 3, 807, 862, 911, 1057, 1169.
Lavaugar. *Toul.-Mont.*, 1224.
Lavaur. *Auv.*, 459.
Lavaure. *Guy.*, 946.
— *Lyon*, 1009.
Lavaux. *Lim.*, 180.
Lavendier. *Pic.*, 750.
Lavenier. *Bourb.*, 405.
Laverac. *Toul.-Mont.*, 291.
Lavernet. *Bourg.*, I, 257.
— *Bourg.*, II, 553.
Lavernier. *Pic.*, 630.
Laverot. *Bourb.*, 554.
Laviale. *Guy.*, 1124.
Lavignac. *Lim.*, 459.
Lavignat. *Guy.*, 919.
Lavignon. *Lorr.*, 530.
Lavier. *Als.*, 800.
— *Bourg.*, I, 779.
Lavilli. *Champ.*, 889.
Laviol. *Guy.*, 826.
Lavisale. *Guy.*, 917.
Lavisé. *Soiss.*, 188.
Lavit. *Montp.-Mont.*, 292, 715, 908, 1447.
— *Toul.-Mont.*, 541, 1199.
Lavocat. *Bret.*, I, 183.
— *Champ.*, 660.
— *Par.*, I, 51, 182, 808, 923.
— *Par.*, II, 815.
— *La Roch.*, 311.
Lavoine. *Soiss.*, 809, 841.
Lavoir (le). *Poit.*, 553.
Lavois. *Poit.*, 806.
Lavoisé. *Rouen*, 77.
Lavoisier. *Soiss.*, 405.
Lavonde. *Montp.-Mont.*, 467, 469, 1539, 1540.
Layen (de). *Lorr.*, 404.
Layer. *Poit.*, 1518.
Lazaré. *Prov.*, I, 1161.
Lazein. *Toul.-Mont.*, 1313.
Lazenier. *Auv.*, 469.
Lazeri. *Prov.*, I, 1353.
Lazerme. *Montp.-Mont.*, 1368.
Lazert. *Montp.-Mont.*, 142.
Lazure. *Vers.*, 231.
Léa. *Prov.*, I, 258.
Léal. *Lyon*, 101.
Léandre. *Soiss.*, 141.
Léard. *Guy.*, 1130.
Léau. *Lyon*, 932.

— *Toul.-Mont.*, 138, 1282, 1297.
Lespinai (de). *Tours*, 86, 103, 105, 172, 979, 1031, 1147, 1272, 1513.
Lespinard. *Bret.*, I, 20.
— *Lyon*, 583, 602.
Lespinau. *Champ.*, 634.
Lespinay. *Poit.*, 242.
Lespinay (Martiville). *Pic.*, 507.
Lespine. *Als.*, 369.
— *Auv.*, 278.
— *Bourg.*, I, 776.
— *Champ.*, 678.
Lespine (de). *Lorr.*, 323.
Lespinette. *Bourg.*, I, 576.
Lespineu. *Poit.*, 1456.
Lespingale. *Lorr.*, 252, 617.
Lespingneu. *Bret.*, II, 751.
Lespinoi. *Rouen*, 1315.
Lesquelen. *Bret.*, I, 649, 717, 719.
Lesquen. *Bret.*, I, 88, 177, 254, 285, 813, 836, 889.
— *Bret.*, II, 223, 224, 283, 949, 996.
Lesquern. *Bret.*, I, 298.
Lesquevin. *Pic.*, 260, 516.
— *Soiss.*, 562.
Lesrat. *Bret.*, I, 180, 433.
— *Bret.*, II, 331.
Lessard. *Caen*, 566.
— *Bret.*, II, 738.
— *Par.*, I, 1157.
Lessaut. *Bourg.*, I, 1215.
Lesseline. *Caen*, 496, 497.
Lessoré. *Bourg.*, II, 499.
Lestable. *Lim.*, 478.
Lestache. *Champ.*, 412, 413.
Lestaing. *Guy.*, 859.
Lestang. *La Roch.*, 340.
— *Tours*, 180, 194, 198, 1039, 1510.
— *Vers.*, 123.
Lestard. *Par.*, III, 520.
Lestel. *Bret.*, II, 148.
Lestelle. *Guy.*, 954, 1054.
Lestendart. *Pic.*, 342.
Lestenou. *Tours*, 225, 1072.
Lesteve. *Pic.*, 392.
Lestevenon. *Fland.*, 160.
Lestic. *Bret.*, I, 616.
Lestingant. *Orl.*, 279.
Lestobec. *Bret.*, I, 270, 272, 334, 341, 949.
— *Bret.*, II, 1024.
Lestoffé. *Champ.*, 865.
Lestoc. *Par.*, I, 32.
Lestoille. *Pic.*, 85, 323, 460.
Lestoille (de). *Tours*, 531.
Lestonnac. *Guy.*, 248.

Lestorcq. *Pic.*, 56.
Lestoré. *Orl.*, 336.
Lestouard. *Lyon*, 648.
Lestourbillon. *Bret.*, I, 307.
Lestournel. *Toul.-Mont.*, 1047.
Lestrac. *Bourg.*, II, 634.
— *Bret.*, II, 622.
Lestradagat. *Bret.*, II, 778.
Lestrade. *Auv.*, 533.
— *Toul.-Mont.*, 1164.
Lestrade (de). *Prov.*, I, 837.
Lestrange. *Montp.-Mont.*, 436, 446.
Lestrant. *Bret.*, II 869.
Lestrelin. *Pic.*, 224.
Lestrière. *Pic.*, 804.
Lestu. *Vers.*, 121.
Lesuen. *Bret.*, II, 1002.
Lesval. *Bourg.*, I, 478.
— *Bourg.*, II, 489.
— *Guy.*, 806, 902, 903, 938.
Lesvat (de). *Tours*, 506, 508.
Lesvermé. *Lorr.*, 366.
Letiel. *Pic.*, 804, 805.
Leto. *Fland.*, 1208.
Letourmi. *Tours*, 1390.
Letten. *Fland.*, 1237.
Lettet. *Fland.*, 1163.
Lettier (le). *Poit.*, 685.
Lettre (de). *Bourg.*, I, 224, 226, 227.
— *Soiss.*, 175, 319, 495, 502.
Leu (le). *Champ.*, 61, 96, 457.
— *Fland.*, 144, 579, 764, 788, 896, 1225.
— *Orl.*, 583.
— *Par.*, I, 80, 157, 609, 1094, 1149.
— *Par.*, II, 1247.
— *Par.*, III, 510, 533.
— *Soiss.*, 99, 303, 304, 441, 760.
Leu (St-). *Par.*, IV, 4.
Leucourt. *Bourg.*, I, 730.
Leuffer. *Als.*, 375.
Leugard. *Toul.-Mont.*, 510.
Leugerat. *La Roch.*, 393.
Leullier *Par.*, IV, 130.
Leupé *Fland.*, 1153, 1154.
Leura. *Fland.*, 813.
Leurault. *Poit.*, 281, 660.
Leure. *Rouen*, 929.
Leuré. *Fland.*, 993.
— *Orl.*, 696.
Leurie (de). *Lorr.*, 671.
Leuroux. *Bourges*, 286. **V.**
Leury. *Fland.*, 834.
Leusse (de). *Dauph.*, 213, 221, 226
Leutier. *Prov.*, II, 784.
Leuvarde. *Fland.*, 245.

Lhoste. *Soiss.*, 552, 610.
Lhostelier. *Orl.*, 575.
Lhuillier. *Par.*, IV, 358, 559.
— *Prov.*, 210.
— *Tours*, 12, 23, 39, 282, 344, 844.
— *Vers.*, 77.
Lhuissier. *Par.*, III, 306.
Liabé. *Lorr.*, 584.
Liais. *Bret.*, I, 25, 184.
Lialbis. *Prov.*, I, 901.
Lialbissi. *Prov.*, I, 677, 954.
Liard. *Bourg.*, II, 106.
Liardi. *Fland.*, 1451.
Liars (de). *Fland.*, 207.
Liart. *Champ.*, 369.
Liault. *Pic.*, 467.
Libaudière. *Champ.*, 781, 890.
Libault. *Bourges*, 289, 528.
— *Poit.*, 951.
— *Bret.*, I, 176.
Libaut. *Bret.*, II, 1104.
Liberge. *Al.*, 825, 890.
Libert. *Fland.*, 98, 131, 507, 1364.
Libertas. *Prov.*, I, 343, 346.
Libertière. *Bret.*, II, 510.
Libis. *Als.*, 1082.
Libon. *Par.*, III, 300.
Libordière (la). *Soiss.*, 762.
Libourne. *Guy.*, 585.
Licerasse. *Béarn*, 35, 80, 150.
Liceri. *Béarn*, 141, 145.
Lichos. *Béarn*, 84.
Lichteissen. *Als.*, 573.
Lichtenberger. *Als.*, 367, 864, 865.
Lichy. *Bourb.*, 53, 87, 413.
Licques (de). *Pic.*, 260.
Lidroinel. *Als.*, 404.
Lié (de). *Al.*, 302, 327.
Lie (la). *Pic.*, 593, 844.
Liébaut. *Bourg.*, I, 829, 1215.
— *Par.*, III, 149.
Lieblin. *Als.*, 726.
Liégard. *Al.*, 787.
— *Bourges*, 87.
— *Caen*, 571.
— *Rouen*, 843.
Liégave. *Lorr.*, 661.
Liége. *Poit.*, 70, 757, 759, 764, 881, 978, 1461, 1534.
— *La Roch.*, 425.
Liége (de). *Orl.*, 291.
Liégeard. *Pic.*, 332, 359.
Liegeois. *Fland.*, 315.
Liégeois. *Lorr.*, 439, 675, 678.
Lienard. *Als.*, 575.
Liénard. *Bourges*, 302.

— *Champ.*, 793.
— *Fland.*, 577, 624.
Lienart. *Soiss.*, 318, 350, 354.
Liennard. *Par.*, II, 330.
Lienou. *Fland.*, 67, 281, 614.
Liens. *Par.*, III, 273.
Liens (des). *Vers.*, 308.
Liéres (de). *Pic.*, 191, 198, 666.
Liers. *Guy.*, 630.
Lieterie (la). *Guy.*, 97.
Liethervelle. *Pic.*, 660.
Lietrevelt. *Fland.*, 207.
Liettersberguer. *Als.*, 1025.
Lietzelbourg. *Als.*, 246.
Lieu (du). *Dauph.*, 302.
— *Lyon*, 70.
— *Par.*, I, 920.
Lieudé. *Par.*, II, 1013.
Lieur (le). *Champ.*, 470.
Lieura. *Fland.*, 621, 622.
Lieurai. *Al.*, 126, 362, 445, 634, 636, 933, 935.
— *Rouen*, 381.
Lieuron. *Prov.*, I, 469.
Lieuru. *Fland.*, 287.
Lieutard. *Prov.*, II, 229.
Lieutaud. *Prov.*, I, 21, 104, 499, 500, 914, 1172.
— *Prov.*, II, 427, 443, 552.
Lieutaut. *Par.*, II, 1020.
Lieutier. *Prov.*, I, 1451.
Lievin. *Fland.*, 442, 677, 1242.
Lievord. *Als.*, 625.
Liévre. *Bourg.*, I, 1125.
Liévre (du). *Bret.*, II, 402, 423.
— *Lyon*, 310.
Liévre (le), *Bourg.*, II, 611.
— *Bret.*, I, 246.
— *Bret.*, II, 503, 599.
— *Caen*, 50, 58, 60, 342, 411, 499, 578, 782.
— *Champ.*, 893.
— *Dauph.*, 553.
— *Lorr.*, 435, 438.
— *Orl.*, 238, 247, 249, 814.
— *Par.*, II, 217, 257, 308, 380.
— *Par.*, III, 506.
— *Par.*, IV, 418.
— *Pic.*, 145.
— *Poit.*, 580, 982, 1042.
— *Rouen*, 1106, 1223.
— *Tours*, 757, 966, 1526.
— *Vers.*, 174.
Liffargues. *Toul.-Mont.*, 1133.
Ligaire (Saint-). *Poit.*, 348. *Rel.*
Ligarde. *Guy.*, 162.

Linois. *Bret.*, II, 1040.
— *Par.*, IV, 405.
Linon, *Orl.*, 873.
Linon (du). *Poit.*, 476.
Linsoulas. *Montp.-Mont.*, 935.
Linster. *Lorr.*, 347.
Lintal. *Rouen*, 462.
Lintot. *Rouen*, 422, 223.
Liobard. *Bourg.*, II, 289.
Lion. *Bourg.*, II, 98.
— *Fland.* 1361, 1470.
— *Lyon*, 555, 583, 647, 650.
— *Prov.*, II, 396, 625, 803.
Lion (de). *Bourg.*, I, 336.
— *Montp.-Mont.*, 1485.
Lion (du). *Auv.*, 269, 270.
— *Champ.*, 108, 540.
— *Guy.*, 326, 327, 717.
— *Toul.-Mont.*, 214.
Lioncourt. *Champ.*, 301.
Lion d'Angers. *Tours*, 1506. V.
Lioni. *Prov.*, I, 642.
Lionne. *Dauph.*, 263.
— *Fland.*, 589.
— *Par.*, I, 237.
— *Par.*, II, 177. 833, 1099.
Lionnet. *Bret.*, II, 480, 481.
— *Lyon*, 302, 438, 624, 666.
— *Montp.-Mont.*, 440.
— *Poit.*, 1320, 1329.
Lions. *Dauph.*, 418, 565.
— *Prov.*, I, 245, 1123, 1291, 1328.
Lions (des). *Par.*, IV, 10, 247, 681.
— *Pic.*, 127, 140, 142, 159, 171, 206.
— *Soiss.*, 531.
Liot. *Lyon*, 384.
— *Pic.*, 203, 219, 223.
Liotaud. *Dauph.*, 482, 596.
— *Lyon*, 2, 33, 44, 497, 750.
— *Prov.*; II, 164, 735, 800.
Liou. *Dauph.*, 406.
Liouche (le). *Prov.*, I, 421.
Liousse. *Dauph.*, 64.
Lioutard. *Lyon*, 758.
— *Prov.*, I, 1453.
Liouze. *Caen*, 575, 717, 718.
Lipmann. *Als.*, 485.
Lippens. *Fland.*, 90, 343.
Lippi. *Lyon*, 143.
Liquart. *Guy.*, 835.
Liques (de). *Montp.-Mont.*, 363, 364.
Liquet (du). *Fland.*, 199.
Liraudin. *Guy.*, 846.
Lirholas. *Montp.-Mont.*, 480.
Liri. *Soiss.*, 778.
Liris, *Poit.*, 711.

Liron. *Bret.*, II, 25.
Lirot. *Bret.*, 337.
— *Par.*, I, 692.
Lis (de). *Bourges*, 167, 287.
— *Bret.*, I, 200, 381, 392, 746.
— *Dauph.*, 416.
Lis (du). *Al.*, 1193.
— *Par.*, I, 1134.
— *Prov.*, I, 47.
Lisaut. *Bourg.*, II, 351.
Liscoet. *Par.*, I, 259.
Liscoet (du). *Bret.*, I, 621, 678, 966, 967.
— *Tours*, 245, 248.
Lisconet. *Tours*, 1083.
Lisé. *Tours*, 636.
Lisland. *La Roch.*, 72.
Lisle (de). *Pic.*, 710.
— *Prov.*, I, 211, 590, 601, 724, 874.
— *Prov.*, II, 476.
— *Tours*, 36, 397, 881.
Lisle en Barois (Abb.). *Lorr.*, 153.
Lissac. *Bret.*, II, 439.
— *La Roch.*, 226.
Lissalde. *Guy.*, 174, 700.
Lissargue. *Al.*, 1039.
Lissat. *Bourg.*, II, 153.
Lisseche. *Béarn*, 140.
Liste (du). *Fland.*, 1456.
Listel (de). *Bourb.*, 181.
Listenailles. *Lim.*, 392.
Listerie. *Guy.*, 804, 890.
Litaud. *Poit.*, 779.
Lithaire. *Caen*, 79, 81.
Litolfi. *Rouen*, 366.
Littard. *Lorr.*, 87.
Litté. *La Roch.*, 281.
Litteman. *Fland.*, 797.
Littesperger. *Als.*, 489.
Litz. *Als.*, 569.
Livache. *Dauph.*, 68, 69.
Livardie. *Guy.*, 1106, 1114.
Live (la). *Par.*, I, 215.
Livec (le). *Bret.*, I, 362, 677, 680, 892.
— *Bret.*, II, 45, 125, 667, 781.
Livenne. *Lim.*, 41, 48, 226, 431.
— *La Roch.*, 348.
Livennes (de). *La Roch.*, 398.
Livet. *Al.*, 370, 463, 899, 900.
— *Rouen*, 274, 287, 297, 300.
Livet (du). *Poit.*, 745, 1047.
Livier (du). *Guy.*, 757, 961, 962.
Livoire. *Par.*, III, 369.
Livre. *Rouen*, 336.
Livron. *Béarn*, 59, 70, 84.

8

Loire (la). *Bourges*, 107.
— *Par.*, I, 6, 718.
— *Tours*, 838.
Lois. *Fland.*, 1234.
— *Lyon*, 310, 321.
— *Montp.-Mont.*, 5, 27, 77, 590, 609, 617, 644, 875, 887.
— *Par.*, I, 390.
— *Par.*, II, 375, 401.
— *Prov.*, II, 87, 105.
— *Soiss.*, 217.
Loise. *Fland.*, 1260.
Loiseau. *Al.*, 989.
— *Bourb.*, 109, 272.
— *Bourg.*, I, 1257.
— *Bourg.*, II, 537.
— *Par.*, I, 542, 553, 896.
— *Par.*, II, 266.
— *Par.*, III, 121.
— *Par.*, IV, 244.
— *Pic.*, 873.
— *Poit.*, 771, 920, 1254, 1377.
— *Rouen*, 870, 1167.
— *Tours*, 901.
Loisel. *Al.*, 151, 177, 271, 537, 831, 865, 1091.
— *Caen*, 557, 558, 704, 721.
— *Par.*, I, 50.
— *Par.*, II, 227, 1124.
— *Par.*, IV, 137.
— *Pic.*, 479.
— *Soiss.*, 130.
— *Vers.*, 165.
Loisillon. *Bret.*, II, 680.
— *Par.*, I, 1261.
Loisir (le). *Bret.*, II, 623.
Loison. *Al.*, 280, 751, 774.
— *Als.*, 386, 585, 659.
— *Bourg.*, I, 50.
— *Bourg.*, II, 58, 62.
— *Lorr.*, 48.
— *Par.*, I, 392.
— *Rouen*, 887.
Loisson. *Champ.*, 24, 40.
Loistron. *Bret.*, I, 332.
— Loistron. *Par.*, I, 404.
Loisy (du). *Bourg.*, I, 844, 1030.
Loisy. *Bourg.*, II, 150.
Loizé. *Tours*, 1404.
Loizeau. *La Roch.*, 432, 436.
Lolabé. *Rouen*, 319.
Lolanier. *Montp.-Mont.*, 1308.
Lolier. *Auv.*, 38, 49, 437, 561.
— *Montp.-Mont.*, 881.
Lolivier. *Dauph.*, 565.
Lollier. *Lyon*, 308.

Lolmie. *Montp.-Mont.*, 1097.
Lomagne. *Toul.-Mont.*, 1295, 1300.
Lombard. *Als.*, 573.
— *Bourb.*, 199, 200.
— *Bourg.*, I, 469, 941.
— *Bourg.*, II, 334.
— *Champ.*, 723.
— *Dauph.*, 67.
— *Fland.*, 216, 1223.
— *Guy.*, 2, 490.
— *Lorr.*, 30, 480.
— *Lyon*, 654.
— *Montp.-Mont.*, 385, 570.
— *Par.*, I, 1274, 1393.
— *Par.*, 304.
— *Poit.*, 1343.
— *Prov.*, I, 209, 234, 245, 249, 254, 276, 387, 395, 419, 486, 931, 960, 1173, 1228, 1409, 1446.
— *Prov.*, II, 432, 453, 484, 520, 536, 581, 822.
— *Rouen*, 256.
— *Toul.-Mont.*, 69, 790, 1104.
Lombardi. *Prov.*, II, 751.
— *Toul.-Mont.*, 1277.
Lombardon. *Prov.*, I, 582.
Lombart. *Par.*, II, 785, 798, 840, 979, 1214.
— *Pic.*, 142, 866.
Lombelon. *Al.*, 107.
Lombeltérie (de). *La Roch.*, 180.
Lombez. *Toul.-Mont.*, 1269.
Lomblais (le). *Tours*, 876.
Lombrail. *Toul.-Mont.*, 13, 64, 118, 125, 141.
Loménie. *Caen*, 201.
— *Lim.*, 135, 189, 322.
— *Par.*, II, 246, 383, 724, 991.
— *Poit.*, 314,
— *Prov.*, I, 459, 505.
Lomerard. *Pic.*, 780.
Lomet. *Bourb.*, 148.
Lomeron. *Tours*, 227, 667, 1287.
Lomlai. *Al.*, 45, 81, 87, 101, 103, 154, 155, 164, 248, 250, 573, 601, 628, 818.
Lommeau. *Par.*, IV, 369.
Lommeau (de). *Tours*, 912.
Lompré. *Par.*, II, 379.
Lompui. *Guy.*, 18.
Lon (de). *Auv.*, 564.
— *Toul.-Mont.*, 112, 214, 514, 708.
Lonbelon. *Rouen*, 553.
Londe (la). *Bret.*, II, 446.
— *Caen*, 564, 668.
Long. *Prov.*, I, 664, 1040, 1066, 1330.

Loras. *Dauph.*, 202, 226, 234, 240, 241, 446.
— *Lyon*, 6, 607.
Lordat. *Toul.-Mont.*, 585, 697, 862, 887.
Lordau. *Béarn*, 164.
Lordelot. *Bourg.*, II, 497.
— *Par.*, I, 700.
Lorderel. *Prov.*, II, 624.
Lordre. *Poit.*, 1203.
Lore. *Al.*, 1030.
Loré. *Rouen*, 971.
Loreal. *Bret.*, I, 166.
Loreau. *Lyon*, 754.
— *Poit.*, 548.
— *Soiss.*, 718.
Lorel. *Pic.*, 563.
Loremy. *Fland.*, 947.
Lorenchet. *Bourg.*, I, 66, 218, 238, 348, 465, 471.
— *Par.*, II, 1186, 1191.
— *Par.*, III, 244.
Lores. *Poit.*, 463.
Loret. *Bret.*, I, 722.
— *Guy.*, 116.
— *Par.*, IV, 416.
Lorette. *Par.*, I, 390.
Lorgerie. *Poit.*, 1236.
Lorgeril. *Bret.*, I, 573.
— *Rouen*, 1093.
Lorguez. *Prov.*, I, 195. V.
Lorho. *Bret.*, II, 667, 673.
Lori. *Par.*, I, 1020.
— *Poit.*, 1302, 1309, 1351.
Lorie (de). *Lim.*, 150.
Lorières. *Montp.-Mont.*, 1147.
Lorieul. *Par.*, II, 513.
Lorieu. *Orl.*, 718, 722.
Lorigla. *Caen*, 198.
Lorillière. *Al.*, 1063.
Lorimier. *Par.*, II, 1145.
Lorin. *Poit.*, 767.
Lorine (de). *Par.*, II, 330, 1013.
Lorinet. *Champ.*, 683.
Lorinier. *Rouen*, 1240.
Loriol. *Bourg.*, I, 266, 393, 1178.
— *Montp.-Mont.*, 830.
Lorion. *Par.*, II, 401.
Loriot. *Al.*, 1183.
— *Poit.*, 527.
— *Tours*, 1482.
Loris. *Par.*, I, 1204.
Lorman. *Guy.*, 500.
Lormaud. *Al.*, 396.
Lormande. *Toul.-Mont.*, 498.
Lorme. *Rouen*, 409.

— *Par.*, III, 290, 599.
Lorme (de). *Bourb.*, 158.
— *Bret.*, II, 381, 390, 432.
— *Dauph.*, 392.
— *Lyon*, 146, 229, 540, 755.
— *Orl.*, 211, 609, 767, 970.
— *Par.*, I, 516, 747.
— *Prov.*, I, 602, 712, 714.
— *Prov.*, II, 21, 141.
— *Soiss.*, 669.
— *Tours*, 904, 927, 1363, 1382.
Lormeau. *Champ.*, 472.
Lormeille. *Par.*, I, 822.
Lormel. *Rouen*, 914.
Lormelet. *Rouen*, 928.
Lormelin. *Fland.*, 1018.
Lormier. *Al.*, 125.
— *Par.*, I, 110.
— *Soiss.*, 788.
Lornay. *Bourg.*, II, 313.
Lorne. *Par.*, II, 136.
Lorne (de). *Bourb.*, 447.
Lornemar. *Lorr.*, 482.
Lornot. *Bourg.*, II, 534.
Loron. *Orl.*, 395.
— *Tours*, 17.
Lorraine (la province). *Lorr.*, 119.
Lorraine. *Par.*, II, 368.
— *Par.*, III, 31, 44, 55, 67, 83, 103.
— *Poit.*, 1485.
— *Vers.*, 23, 268, 271.
Lorri. *Lorr.*, 98.
Lorry. *Orl.*, 430, 504.
Lort. *Guy.*, 862.
Lort (de). *Lim.*, 167.
— *Montp. - Mont.*, 275, 291, 297, 1269, 1272, 1477, 1493, 1561.
— *Prov.*, I, 593.
— *Toul.-Mont.*, 413, 1062.
— *Vers.*, 53.
Lorteau. *Poit.*, 1207.
Lorthe. *Guy.*, 1116.
Lorthior. (?) *Fland.*, 991.
Lortie. *La Roch.*, 62.
Lorville. *Orl.*, 166.
Lory. *Als.*, 588.
— *Bret.*, I, 179, 773.
— *Bret.*, II, 180, 619.
— *Par.*, II, 131.
— *Par.*, III, 194.
— *Vers.*, 160.
Los (de). *Fland.*, 345, 803.
Loseeh. *Bret.*, II, 963.
Losies. *Auv.*, 501.
Losme. *Als.*, 168.
Losme (de). *Lyon*, 245, 799, 800.

Loyëre (la). *Lorr.*, 654.
Loyez. *Pic.*, 798.
Loynes (de). *Orl.*, 317, 329, 343, 359, 360, 361, 362, 363, 390, 394, 412, 425, 436, 438, 465, 492.
Loynet. *Vers.*, 127.
Loyre. *Par.*, I, 82.
Loys. *Lorr.*, 370 *bis.*
— *Par.*, III, 372.
Loz. *Bret.*, I, 431, 436, 605, 669, 969, 973.
— *Bret.*, II, 526.
Loz (du). *Guy.*, 665.
Lozanne. *Als.*, 6.
Lozannes. *Bourb.*, 310.
Loze. *Toul.-Mont.*, 1310.
Loze (de). *Montp.-Mont.*, 1496.
Lozecart (de). *Pic.*, 186.
Lozenay. *Bret.*, II, 455.
Lozer. *Toul.-Mont.*, 1248.
Lozeran. *Montp.-Mont.*, 835, 889.
Lozeux (de). *Par.*, II, 417.
Lozier. *Al.*, 800.
Lozières. *Montp.-Mont.*, 201.
Lozon. *Guy.*, 455.
Lu. *Par.*, I, 836.
Luant. *Bourg.*, I, 193.
Luat. *Toul.-Mont.*, 1275.
Lubac. *Prov.*, II, 680.
Lubel. *Champ.*, 741.
— *Par.*, I, 245.
Luberssat. *Guy.*, 1079.
Lubert. *Par.*, I, 427.
Lubiare (de). *Prov.*, I, 602.
Lubin. *Bret.*, II, 184, 186, 669.
Lubois. *Caen*, 404, 482, 586.
Lubriat. *Orl.*, 68, 199, 684.
Luc. *Als.*, 810.
— *Prov.*, I, 1020.
— *Rouen*, 777.
Luc (de). *Dauph.*, 296, 450.
Luc (du). *Prov.*, I, 192. C.
Lucador. *Montp.-Mont.*, 1092.
Lucas. *Auv.*, 34.
— *Bret.*, I, 313, 531.
— *Bret.*, II, 433, 558, 609, 771.
— *Caen*, 22, 223, 281, 317, 318, 427, 687.
— *Dauph.*, 206.
— *Fland.*, 631.
— *Guy.*, 1149, 1155.
— *Par.*, I, 446, 581, 897, 909, 1215, 1383.
— *Par.*, II, 110, 1240.
— *Par.*, III, 477.
— *Pic.*, 444, 549, 585, 757, 808.

— *Poit.*, 100, 201, 820, 1432, 1459.
— *Rouen*, 144, 267, 272, 273, 335, 580, 834, 903, 921, 1118.
— *Toul.-Mont.*, 114, 318.
— *Tours*, 248, 1065.
Lucasseau. *Bourb.*, 550.
Lucat. *La Roch.*, 148.
Lucé. *Caen*, 180.
Luce. *Fland.*, 811.
— *Par.*, I, 110.
— *Par.*, III, 287.
— *Prov.*, I, 1121, 1369, 1377.
Luce (Ste-). *Lyon*, 619.
Lucenay. *Bourg.*, II, 35, 355.
— *Lyon*, 625.
Lucet. *Par.*, IV, 240.
Luchat. *Bourb.*, 321, 567.
Luche (de). *Poit.*, 699.
Luchet. *La Roch.*, 171, 211, 377.
Luchon. *Toul.-Mont.*, 290.
Lucienne (ou Lurienne?). *Caen*, 437.
Luciller. *Champ.*, 507.
Lucinge. *Bourg.*, I, 419, 1287.
Lucmajour. *Guy.*, 870, 902.
— *Montp.-Mont.*, 1147.
Luçon. *Poit.*, 572 V., 932.
Lucot. *Bourg.*, I, 48, 55, 233, 336, 348.
— *Bourg.*, II, 74, 328.
— *Par.*, I, 218.
— *Poit.*, 843.
Lucresse *Tours*, 1423.
Lucron. *Bourg.*, II, 314.
Lude (de). *Champ.*, 53.
Lude (le). *Tours*, 1515 V., 302 C.
Ludeau. *Tours*, 851.
Ludec (le). *Bret.*, II, 532.
Ludet. *Par.*, I, 299.
— *Toul.-Mont.*, 1127.
Ludière. *Al.*, 1029.
Ludot. *Champ.*, 127.
— *Par.*, II, 138.
Ludres (de). *Bourg.*, I, 204.
Lueau. *Poit.*, 792.
Lueil (de). *Prov.*, I, 32, 120.
Luette. *Bret.*, II, 379.
Lugal. *Toul.-Mont.*, 968, 1017.
Lugan. *Toul.-Mont.*, 649, 740.
Luganterie. *Guy.*, 659.
Lugat. *Guy.*, 399.
— *Par.*, II, 681.
Lugier. *Als.*, 170.
Lugneot. *Bourg.*, II, 331, 341.
Lugré. *Poit.*, 426.
— *Tours*, 721, 940.
Luguy (du). *Lyon*, 377.
Luhandre. *Bret.*, I, 840.

— *Bret.*, II, 263.
Lui (de). *Prov.*, I, 1013.
Luillier. *Auv.*, 521, 525.
— *Bourb.*, 497, 506, 507.
— *Bourg.*, I, 115, 448.
— *Bourg.*, II, 171, 224, 342.
— *Lim.*, 39.
— *Lorr.*, 36, 581.
— *Orl.*, 16, 17, 334, 347, 350, 351, 358, 366, 395, 415, 452, 493, 503, 527, 558, 562.
— *Par.*, I, 172, 398, 1104, 1163, 1193, 1319.
— *Par.*, II, 662, 818, 968, 1066.
— *Poit.*, 547, 548.
Luines. *Tours*, 846 V.
Luinier. *Tours*, 902.
Luirault. *Poit.*, 1357.
Luiré. *Bret.*, II, 115.
Luirot. *Bourg.*, II, 103.
Luiset. *Bourg.*, I, 10, 15.
Luitens, *Fland.*, 317.
Luiton. *Lorr.*, 465, 471.
Lojet. *Bourg.*, II, 632.
Luker. *Guy.*, 824.
Lulhet. *Toul.-Mont.*, 1316.
Lullin. *Orl.*, 467.
Lully. *Par.*, II, 376, 430, 849.
— *Par.*, III, 59.
Lumagne. *Lyon*, 700, 701.
— *Par.*, III, 32, 34, 92.
Lumargne. *Par.*, II, 1088.
Lumeau (de). *Tours*, 1007.
Lumes (de). *Par.*, II, 50, 109.
Lumier (St-). *Champ.*, 731.
Luneau. *Tours*, 1092.
Lunel. *Montp.-Mont.*, 1236 V.
— *Par.*, II, 675.
— *Rouen*, 133, 543, 903.
— *Toul.-Mont.*, 316, 1186.
Luneman. *Guy.*, 842.
Luns. *Guy.*, 364, 622.
Lupé. *Guy.*, 967.
— *Montp.-Mont.*, 992, 1129, 1130, 1176, 1221.
Lupiac. *Guy.*, 180.
Luppé. *Par.*, II, 1129.
— *La Roch.*, 149.
— *Toul.-Mont.*, 330, 364, 977, 1203.
Luque. *Montp.-Mont.*, 434.
— *Pic.*, 463.
— *Prov.*, II, 625.
Luqueron. *Par.*, II, 891.
Luquet. *Bourges*, 173.
— *Prov.*, I, 1104.
Lur. *Guy.*, 36, 968.

Lurbe. *Béarn*, 138.
— *Guy.*, 348.
Lure. *Bourg.*, I, 1221.
Lurié. *Tours*, 1175.
Lurienne. *Par.*, I, 1397.
— *Rouen*, 115.
Lurier. *Pic.*, 412.
Lurieu. *Lyon*, 808.
Lusie. *Prov.*, II, 774.
Lusies. *Guy.*, 222, 556.
Lusignan. *Par.*, I, 1016.
— *Par.*, II, 1062, 1126.
— *La Roch.*, 115, 157.
Lussac. *Bourges*, 429.
Lussan. *Toul.-Mont.*, 1201.
Lusse. *Prov.*, I, 244.
Lusseron. *Poit.*, 1463.
Lusson. *Par.*, I, 50, 389.
Lusson. *Tours*, 944, 1274.
Lussy. *Toul.-Mont.*, 1244.
Lustrac. *Guy.*, 852.
Lut (de). *Orl.*, 579.
Lutard. *Pic.*, 726.
Lutardie (la). *Lim.*, 53.
Luthier. *Par.*, II, 144, 352.
Luthumière (la). *Caen*, 325.
Lutier. *Tours*, 212.
Lutinet. *Champ.*, 596.
Lutreau. *Bourb.*, 408.
Lutrel. *Rouen*, 781.
Lutz (de). *Tours*, 19, 803.
Lutzelbourg (de). *Lorr.*, 244.
Luvison (le). *La Roch.*, 307.
Lux (de). *Champ.*, 286.
— *Par.*, II, 904.
— *Soiss.*, 172.
— *Tours*, 514, 610.
Luxe. *Guy.*, 18, 379.
Luxembourg. *Als.*, 830.
— *Par.*, I, 1164.
— *Vers.*, 12.
Luxerat. *Lorr.*, 88.
Luxeuil. *Bourg.*, I, 886, 1071.
Luyeix. *Dauph.*, 343.
Luzaré. *Bret.*, II, 994.
— *Montp.-Mont.*, 1125.
— *Toul.-Mont.*, 349.
Luzeau. *Bret.*, I, 157, 158, 160.
Luzenne. *Bourb.*, 156.
Luzerne (la). *Al.*, 108.
— *Caen*, 158, 223, 413.
— *Fland.*, 1328.
— *Par.*, II, 628.
— *Rouen*, 383.
Luzi. *Auv.*, 285.
— *Dauhp.*, 232.

Luzignan. *Poit.*, 156, 592. Officiers.
Luzigny. *Bourg.*, II, 631.
Luzines. *Bourg.*, I, 420.

Luzy. *Bourg.*, I, 296.
— *Lyon*, 790.
Luzy (de). *Montp.-Mont.*, 367, 1262.

M

Mabet. *Bret.*, II, 1076.
Mabiés. *Lyon*, 29, 213.
Mabile. *La Roch.*, 147.
Mabille. *Bret.*, II, 483, 830.
— *Par.*, I, 672.
— *Par.*, III, 119.
— *Tours*, 508. 525, 811, 887, 888, 917, 1030.
Mabilleau. *Bret.*, II, 802.
Mabilli. *Prov.*, I, 1058.
Mabire. *Par.*, I, 51, 1347.
— *Rouen*, 1238.
Mabon. *Tours*, 1520.
Maboul. *Par.*, I, 786.
— *Par.*, II, 320.
— *Poit.*, 138.
Mabre (v. Cramoisi). *Par.*, I.
Mabré. *Al.*, 732.
Macadré. *Prov.*, I, 988, 1151, 1218.
Macaire. *Al.*, 17.
— *Fland.*, 1403.
Macaire (saint). *Guy.*, 586.
Macari (saint). *Béarn*, 6.
Macaud. *Poit.*, 1157.
Macaut. *Bourg.*, I, 554.
Macary. *Montp.-Mont.*, 525.
Macaye (de). *Lorr.*, 260, 261.
Macé. *Al.*, 147, 701.
— *Bourges*, 328, 335, 378, 384, 522.
— *Bret.*, I, 155, 161, 168, 810, 811.
— *Bret.*, II, 69, 475, 506, 537, 998, 1027, 1054, 1055.
— *Caen*, 69, 569, 576, 582, 586.
— *Orl.*, 630.
— *Par.*, I, 813.
— *Par.*, II, 101, 783, 798.
— *Par.*, IV, 92, 93, 218.
— *Poit.*, 150, 226, 737.
— *La Roch.*, 417.
— *Tours*, 872, 921, 941.
Macet. *Bourg.*, II, 115, 194.
Machard. *Pic.*, 465.
Machault. *Bret.*, I, 331, 336.
— *Caen*, 180.
— *Par.*, I. 297, 805, 881, 1231.
Machaut. *Bourg.*, II, 93.
— *Orl.*, 42, 523.
— *Par.*, III, 117.

— *Soiss.*, 3.
Mache (la). *Caen*, 441.
Macheco. *Bourg.*, I, 28.
— *Bourg.*, II, 63, 68.
Machecou. *Bret.*, I, 511.
Machefer. *Tours*, 215.
Machereau. *Bourg.*, II, 256.
— *Poit.*, 1181.
Macheri. *Fland.*, 1242, 1266.
Macherie (la). *Guy.*, 1077.
Macheron. *Bourg.*, II, 496.
Machet. *Poit.*, 1513.
Macheter. *Lorr.*, 644.
Machinot. *Par.*, II, 944.
Machois (le). *Rouen*, 601, 813.
Machon (le). *Fland.*, 90, 108, 313, 350.
Machons (des). *Lim.*, 468.
Machou. *Lyon*, 636.
Machoud. *Par.*, I, 1271.
Maci. *Bourges*, 454.
Mackau. *Als.*, 788.
Maclot. *Par.*, II, 512.
Macmahon. *Fland.*, 337, 739.
Macnemara. *Bret.*, II, 33.
Macon. *Bourg.*, I, 128, 1055.
— *Lorr.*, 510.
Maçon (le). *Tours*, 1100.
— *Vers.*, 224.
Macouin. *Poit.*, 866.
Macquart. *Par.*, II, 975.
Macqueflan. *Fland.*, 820.
Macquenon. *Poit.*, 63.
Macquer. *Als.*, 572.
Macqueré. *Rouen*, 361.
Macquerel. *Pic.*, 526, 536, 736.
— *Soiss.*, 128, 746.
Mocqueres. *Rouen*, 1280.
Macqueron. *Pic.*, 756.
Macqueville. *Vers.*, 37.
Madaillan. *Guy.*, 295, 686.
— *Par.*, I, 563.
— *Par.*, II, 981, 982, 984.
— *Tours*, 230, 435, 672, 1312.
Madaille. *Montp.-Mont.*, 294, 1275.
Madaire. *Lim.*, 72.
Madancé. *Als.*, 856, 882.
Madelain. *Al.*, 88.

Madeleine. *Al.*, 967.

Madeleine (la) de Metz, religieuse de l'ordre de Saint-Augustin. *Lorr.*, 565.

Mader. *Als.*, 411, 486, 1018.

Maderan. *Par.*, IV, 531.

Madère. *Toul.-Mont.*, 1209.

Madeuc. *Bret.*, II, 774.

Madic. *Bret.*, I, 39, 227, 412.

Madiére. *Toul.-Mont.*, 755, 765.

Madiéres. *Lyon*, 103, 143, 154, 278, 369, 507, 513, 609, 720, 819, 841.

— *Orl.*, 1001.

Madières. *Montp.-Mont.*, 794. 809.

Madieu. *Auv.*, 158.

Madignières. *Lyon*, 533.

Madon. *Prov.*, I, 550.

— *Prov.*, II, 573, 597.

Madot. *Bourb.*, 132, 359.

Madou. *Toul.-Mont.*, 1340.

Madras. *Guy.*, 1115.

Madre (de). *Fland.*, 73.

Madrière. *Toul.-Mont.*, 1073, 1082.

Madries (de). *Fland.*, 1263.

Madris (de). *Lorr.*, 229, 655.

Madron. *Toul.-Mont.*, 8, 13, 21, 113, 145, 585.

Madronnet. *Guy.*, 55, 176.

Madry. *Als.*, 674.

Maduel. *Caen*, 593.

Madurant. *Lim.*, 296.

Maduron. *Montp.-Mont.*, 13.

Maerle (de). *Fland.*, 1102.

Maerten. *Fland.*, 161, 509.

Maes. *Fland.*, 215, 1163.

— *Pic.*, 746.

Maeschaleck. *Fland.*, 232.

Maffran. *Lim.*, 360.

Maffre. *Prov.*, II, 831.

Maffré. *Montp.-Mont.*, 132, 140, 141.

— *Toul.-Mont.*, 573, 671.

Maflet. *Rouen*, 324, 325.

Magagnos. *Prov.*, I, 1379.

Magallon. *Prov.*, I, 641, 747, 784.

Magalon. *Prov.*, I, 1054.

Magalotti. *Vers.*, 119.

Magaud. *Auv.*, 452, 489.

Magdelaine (la). *Tours*, 258.

Magdeleine (la). *Bourg.*, I, 271.

— *Bourg.*, II, 550, 558.

Magdeleine. *Prov.*, I, 429.

Magdelena (la). *Prov.*, II, 485.

Magdeleneau. *Bret.*, II, 486.

Magdelin. *Par.*, II, 240.

Mage. *Bourb.*, 298.

— *Toul.-Mont.*, 854.

Mage (de). *Montp.-Mont.*, 388, 1203.

Magent. *Champ.*, 155.

Mageron. *Champ.*, 253.

— *Lorr.*, 178, 419, 490, 527.

Maget. *Bret.*, II, 505.

Magi. *Prov.*, I, 542, 548, 566, 570, 1028.

— *Soiss.*, 610.

Magilena. *Guy.*, 962.

Magistrat de la ville de Luxembourg (le). *Lorr.*, 269.

Magnac. *Lim.*, 275, 336.

Magnan. *Lim.*, 361.

— *Orl.*, 860.

— *Poit.*, 493, 495.

— *Prov.*, I, 844, 858, 918, 1012.

— *Prov.*, II, 570, 626.

— *La Roch.*, 241, 340, 391.

Magnan (le). *Soiss.*, 570.

Magnanis. *Toul.-Mont.*, 922.

Magnard. *Dauph.*, 130.

Magnaux. *Poit.*, 1216.

Magne. *Guy.*, 1012.

— *Montp.-Mont.*, 1575.

Magné. *Par.*, IV, 571.

Magné (de). *Tours*, 528.

Magnet. *Auv.*, 413.

Magneu. *Lyon*, 220.

Magneux. *Par.*, I, 1166.

Magneville. *Caen*, 11, 17, 422.

Magney (du). *Tours*, 1405.

Magni. *Al.*, 1234.

— *Lyon*, 501.

— *Prov.*, I, 154, 554.

— *Rouen*, 753.

— *Soiss.*, 390.

— *Tours*, 837.

Magnier. *Par.*, I, 1318.

— *Pic.*, 617.

Magnien. *Bourg.*, II, 54, 185, 345, 497, 586.

Magnin. *Bourb.*, 5.

— *Bourg.*, I, 69, 95, 344, 402 564, 691, 958, 1257, 1273.

— *Bourg.*, II, 292, 374.

— *Dauph.*, 143, 147, 148, 151.

— *Lorr.*, 201, 226.

— *Lyon*, 70, 71, 516.

— *Montp.-Mont.*, 477, 483.

— *Poit.*, 453.

— *Prov.*, I, 468.

Magniol. *Prov.*, I, 197.

Magnol. *Montp.-Mont.*, 54, 1280.

Magnon. *Pic.*, 779.

Magnon (du). *Lim.*, 295.

Magnons (des). *Bourges*, 147.

Malingrau. *Fland.*, 1301.
Malingre. *Par.*, III, 464.
Malinguehen. *Par.*, IV, 139.
Malinguen. *Par.*, I, 1197.
Mélinsart. *Champ.*, 884.
Malis. *Prov.*, II, 663.
Maliveau. *Bourges*, 274.
— *Tours*, 205, 208, 531.
Maliverni. *Prov.*, I, 893, 953.
Malivert. *Bourg.*, I, 7.
— *Lyon*, 836.
Malivarde. *Fland.*, 486.
Mallac. *Guy.*, 850.
— *Toul.-Mont.*, 867.
Mallard. *Lyon*, 665.
— *Orl.*, 395, 468.
— *Rouen*, 391.
Mallart. *Bret.*, II, 773.
— *Pic.*, 404.
Mallat. *La Roch.*, 397.
Mallausanne. *La Roch.*, 228.
Mallebranche. *Par.*, I, 871.
— *Par.*, IV, 65.
Mallefille. *Guy.*, 846.
Mallemain. *Pic.*, 100, 410.
Mallemains. *Par.*, I, 1404.
Mallemanche. *Poit.*, 902.
Malleré. *Bourb.*, 497.
Malleret. *Lim.*, 43, 189.
— *Poit.*, 216, 309.
Malleroy. *Bourg.*, I, 201.
— *Par.*, III, 491.
Malles (de). *Lorr.*, 339.
Mallesie. *Rouen*, 448.
Mallesieux. *Pic.*, 891.
Mallet. *Al.*, 10, 245, 589, 772, 780, 1012, 1095, 1177.
— *Auv.*, 243, 275, 370, 371, 416, 431, 508.
— *Bourb.*, 548.
— *Bourg.*, II, 358.
— *Bret.*, II, 511.
— *Dauph.*, 190.
— *Fland.*, 282, 288, 1127, 1201.
— *Guy.*, 107, 248, 426, 459, 836, 927, 932, 1038, 1071, 1203.
— *Lyon*, 604, 672.
— *Montp.-Mont.*, 1247, 1248.
— *Orl.*, 626.
— *Par.*, I, 710, 896, 920, 1075, 1126, 1237, 1273, 1274, 1282.
— *Par.*, II, 193, 584.
— *Par.*, III, 285, 328, 460, 476, 479.
— *Par.*, IV, 65, 132.
— *Pic.*, 538, 617, 711, 843, 847.
— *Poit.*, 1139, 1337, 1389.

— *Rouen*, 254, 259, 333, 598, 995, 1150, 1167, 1168, 1368.
— *Soiss.*, 460.
Mallevaut. *Lim.*, 134, 139, 152.
Malleville. *Al.*, 221, 228, 237, 322, 456, 627, 628, 640, 726, 886, 901.
— *Par.*, I, 424.
— *Rouen*, 67, 222, 1220, 1242.
— *Toul.-Mont.*, 808, 956, 1065.
Malliau. *Montp.-Mont.*, 721, 1566.
Malliaud (le). *Bret.*, I, 888.
Mallier. *Par.*, II, 36.
Malliet. *Bourg.*, I, 424.
Mallo. *Bourg.*, I, 247, 328.
Mallon (St-). *Bret.*, I, 229.
Mallot. *Toul.-Mont.*, 640.
Malluande (de). *Pic.*, 425.
Malmaison (de). *Lorr.*, 2.
Malmaison (la). *Orl.*, 601, 631, 641.
Malmedi. *Lorr.*, 592.
Malmie (la). *Toul.-Mont.*, 201, 892.
Malmont. *Lyon*, 296.
— *Montp.-Mont.*, 304.
Malmouche. *Tours*, 628.
Malnoé. *Par.*, I, 531.
Malnoi (de). *Lorr.*, 55, 71.
Malnoüe. *Al.*, 237, 786, 921.
— *Rouen*, 730.
Malo. *Par.*, II, 4, 562.
Malo du Bousquet. *Lyon*, 111.
Maloisel. *Caen*, 494.
— *Soiss.*, 274.
Malon. *Par.*, I, 77, 820.
— *Par.*, II, 678.
Malordy. *Montp.-Mont.*, 137, 1448.
Malortie. *Al.*, 36, 306, 377, 1173, 1204.
— *Caen*, 229.
— *Par.*, II, 1077.
— *Rouen*, 46, 312, 1218, 1225, 1240, 1252.
Malortigue. *Par.*, I, 1060.
Malorty. *Soiss.*, 359.
Malot. *Al.*, 925,
— *Bourg.*, II, 64.
— *Par.*, I, 328, 1393.
Maloteau. *Fland.*, 62.
Malouin. *Caen*, 583.
Malouit. *Lorr.*, 114.
Malpaix. *Fland.*, 852, 1269.
Malpas. *Bourg.*, I, 686, 745.
Malpeire. *Toul.-Mont.*, 40.
Malpel. *Vers.*, 295.
Malpoix. *Bourg.*, II, 13, 44, 102.
Malpoy. *Bourg.*, I, 324, 476.
Malprade. *Toul.-Mont.*, 5.
Malras. *Auv.*, 460, 461.

Mangelschot. *Fland.*, 1374.
Mangeon. *Lorr.*, 353.
Mangeot. *Lorr.*, 614, 626, 671.
— *Tours*, 277.
Mangeot (du). *Soiss.*, 551.
Mangette. *Guy.*, 867.
Mangin. *Bourges*, 83.
— *Lorr.*, 272, 353, 357, 459, 612.
— *Lyon*, 234.
— *Poit.*, 86, 817.
Mangin (du). *Champ.*, 249, 341.
Mangon. *Caen*, 242, 294.
Mangot. *Orl.*, 93.
— *Par.*, ii, 512.
Mangou. *Poit.*, 133, 1006, 1011, 1092, 1105.
Manheule (de). *Lorr*, 522.
Maniban. *Guy.*, 100, 168, 930.
— *Toul.-Mont.*, 110, 842.
Manicher. *Al.*, 1184.
Manier. *Bourg.*, ii, 139.
Manière (la). *La Roch.*, 137.
Manières. *Guy.*, 1174, 1176, 1179, 1198.
Maniface. *Par.*, ii, 623.
Manigon. *Bret.*, ii, 1030.
Manigre. *Orl.*, 337.
Manihet. *Bret.*, ii, 1008.
Manillon. *Lyon*, 165.
Manin. *Bourg.*, ii, 86, 241, 245, 247.
— *Fland.*, 380.
— *Lorr.*, 525.
— *Lyon*, 17, 27.
— *Prov.*, i, 629.
Manion. *Als.*, 982.
Maniquet. *Dauph.*, 90, 113.
Manissi. *Dauph.*, 36, 91, 95.
Manissier. *Lyon*, 296.
Manivault. *Par.*, iv, 668.
Maniville. *Par.*, ii, 39, 1222.
Manjon. *Champ.*, 279.
Manjot. *Par.*, iii, 225.
— *Poit.*, 202.
Manmacher. *Als.*, 615.
Mann. *Als.*, 720.
Mannai. *Pic.*, 648.
Mannback. *Al.*, 4.
Mannordorf. *Als.*, 450.
Manne (la). *Par.*, iii, 574.
Manneck. *Fland.*, 995.
Mannes (de). *Poit.*, 458, 1110.
Manneville. *Par.*, i, 1205.
— *Par.*, iv, 396.
— *Pic.*, 280.
— *Rouen*, 200, 404, 702, 885.
Mannevy. *Poit.*, 1125.

Mannier. *Bret.*, ii, 1103.
— *Soiss.*, 846.
Mannouri. *Al.*, 12, 14, 15, 31, 32, 33, 45, 46, 91, 190, 230, 503, 532, 545, 548, 598, 736, 753, 761, 762, 765, 773, 782, 852, 1101, 1152.
— *Caen*, 155.
— *Rouen*, 320, 910.
Manny. *Montp-Mont.*, 39.
Manny (du). *Lim.*, 52, 364.
Manoel. *Montp.-Mont.*, 836.
Manoie. *Prov.*, ii, 447.
Manoir. *Al.*, 859.
Manoir (du). *Bret.*, ii, 541.
Manoli. *Prov.*, i, 824.
Manosque. *Prov.*, i, 859.
— *Prov.*, ii, 569. V.
Manote. *Toul.-Mont.*, 1484.
Manots. *Guy.*, 82.
Mans. *Tours*, 277. E.
Mans (du). *Bret.*, i, 208.
— *Orl.*, 783.
— *Tours*, 867, 1526.
Mansard. *Vers.*, 60.
Mansart. *Par.*, i, 156.
— *Par.*, ii, 454.
Manscri. *Lorr.*, 668.
Manse. *Prov.*, i, 540.
Manseau. *Par.*, i, 147.
Mansecourt. *Soiss.*, 163, 368.
Manselière (la). *Bret.*, ii, 909.
Mansencal. *Toul.-Mont.*, 441.
Mansier. *Vers.*, 278.
Mansois (le). *Caen*, 301.
Manson. *Prov.*, ii, 112, 119.
— *Tours*, 1305.
Mantau. *Poit.*, 345.
Mante. *Par.*, ii, 237.
— *Par.*, iii, 332.
Mante (de). *Montp.-Mont.*, 18, 130, 1267, 1274, 1280.
Mantellier. *Bourg.*, i, 412, 415.
Manteville. *Lorr.*, 484.
Mantonnière (la). *Auv.*, 147.
Mantrotte. *Tours*, 397.
Mantz. *Als.*, 581.
Manuel. *Lorr.*, 391.
— *Par.*, ii, 735.
— *Prov.*, ii, 284.
— *Pic.*, 314.
Manvieu (St)-. *Caen*, 359, 786.
Manvillé. *Champ.*, 66.
Manze. *Dauph.*, 587.
Maoulle. *Prov.*, i, 600.
Map (le). *Bret.*, i, 787.
Mappus. *Als.*, 447, 480.

— *Orl.*, 795.
— *Par.*, I, 994.
— *Par.*, II, 476.
— *Prov.*, II, 447.
— *Tours*, 1118.
Maresqueres. *Guy.*, 1069.
Marest. *Bourg.*, I, 277.
— *Bourg.*, II, 554.
— *Bret.*, I, 950.
Marest (du). *Fland.*, 1122.
— *Lyon*, 21, 58, 94, 108, 119, 315, 320, 516, 527, 539, 585, 686.
— *Par.*, III, 137.
— *Rouen*, 697.
Marest (des). *Tours*, 191.
Mareste. *Bourg.*, I, 11.
— *Rouen*, 80, 271, 653, 874.
Marests (des). *Bourg.*, II, 608.
— *Caen*, 199.
— *Fland.*, 12, 281, 398.
— *Montp.-Mont.*, 625.
— *Par.*, I, 780, 798, 1164.
— *Par.*, II, 863, 864, 888, 948, 1081, 1116, 1148.
— *Pic.*, 723.
— *Poit.*, 1072.
— *Rouen*, 1150, 1155, 1182, 1294, 1325.
— *Soiss.*, 121.
Maret. *Auv.*, 468.
— *Bourb.*, 9, 442.
— *Champ.*, 796.
— *Lyon*, 235, 815.
— *Par.*, I, 1326.
— *Soiss.*, 658.
Marette. *Al.*, 457.
— *Par.*, I, 1204.
Marette (de). *Tours*, 892.
Mareuil. *Al.*, 221.
— *Caen*, 216, 531, 542.
— *Par.*, I, 330.
— *Par.*, II, 328, 654.
— *Pic.*, 20, 27.
— *Poit.*, 1498.
Mareuille (de). *Tours*, 350.
Mareville. *Pic.*, 441, 575.
— *Toul.-Mont.*, 588.
Marez. *Vers.*, 176.
Marfin. *Toul.-Mont.*, 412, 1293, 1323, 1325.
Marga. *Par.*, III, 283, 365.
Margadel. *Lorr.*, 32, 504.
Margaillan. *Dauph.*, 68.
Margalet. *Prov.*, I, 399.
— *Prov.*, I, 943.
Margand. *Bourg.*, II, 135.

Margane. *Orl.*, 896.
Margariteau. *Tours*, 912, 974.
Margaron. *Lyon*, 621.
Margas. *Par.*, IV, 751.
— *Rouen*, 828, 830.
— *Soiss.*, 844.
Margastaud. *Rouen*, 125.
— *Toul.-Mont.*, 135, 1211.
Margat. *Bourges*, 28, 106, 401.
— *Orl.*, 559.
Margathaud. *Montp.-Mont.*, 1182.
Margeon. *Guy.*, 1064.
Margeot. *Al.*, 545, 752, 1079.
— *Rouen*, 354, 1269.
Margeret. *Par.*, I, 49.
— *Par.*, III, 48, 50.
Margeri. *Soiss.*, 385.
Margeride. *Bourg.*, I, 576.
Margerin. *Pic.*, 889, 892.
Margeron. *Lorr.*, 150.
Margillemont (de). *Pic.*, 845.
Margival. *Par.*, I, 240.
Margnac. *Poit.*, 1010.
Margonne. *Al.*, 1026.
— *Lyon*, 173, 502.
Margoton. *Tours*, 1190.
Margouillat. *Par.*, I, 1128.
Margoux. *Bourges*, 446.
Margras. *Rouen*, 865.
Margri. *Pic.*, 151.
Margu. *Fland.*, 739.
Marguaire. *Bourg.*, I, 1275.
Marguenat. *Par.*, I, 216.
Marguerie. *Al.*, 46, 53, 579, 589, 598.
— *Bourb.*, 50.
— *Caen*, 1, 13, 17, 27, 31, 174, 175, 177, 182, 199, 361, 407, 409, 607.
— *Soiss.*, 160, 162.
Marguerin. *Al.*, 98.
Marguerit. *Al.*, 67, 70, 80, 100, 102, 210, 212, 216, 229, 463, 470, 583, 602, 603, 969.
— *Montp.-Mont.*, 386.
— *Orl.*, 367.
— *Prov.*, I, 904, 1014, 1020, 1024, 1027.
— *Prov.*, II, 284, 560.
— *Rouen*, 44, 649.
Marguerite. *Poit.*, 475.
Margueritte. *Par.*, I, 437.
Marguicolas. *Lyon*, 903.
Marguier. *Bourg.*, I, 764, 1173, 1175.
Marguin. *Bourg.*, II, 359.
Marguisan. *Toul.-Mont.*, 22.
Mari. *Prov.*, I, 1391.
— *Prov.*, II, 764.

Marin. *Auv.*, 471.
— *Bourg.*, I, 640, 830, 910, 982, 1243.
— *Bret.*, I, 336, 431.
— *Caen*, 162, 599.
— *Dauph.*, 443.
— *Fland.*, 649, 1452.
— *Guy.*, 171, 244, 623.
— *Par.*, II, 34, 889.
— *Poit.*, 245, 246, 285, 383, 622, 957, 1226, 1252.
— *Prov.*. I, 6, 9, 35, 124, 133, 223, 410, 558, 585, 595, 597, 689, 718, 1101, 1145, 1149, 1206.
— *Prov.*, II, 312, 376, 560, 683, 707, 710, 716.
— *Tours*, 247, 1078.
— *Vers.*, 176.
Marine (la). *Als.*, 263.
Marines. *Par.*, II, 404.
— *Vers.*, 130, 131, 174.
Marinet. *Poit.*, 505.
Maringues. *Auv.*, 136. V.
Marinier. *Lyon*, 302, 328, 428, 430.
Marinier (le). *Rouen*, 192, 279.
Marinon. *Bourg.*, I, 393, 394.
Mariochot. *Par.*, I, 1220, 1323.
Mariolle. *Al.*, 873.
Marion. *Bourb.*, 47.
— *Bourg.*, I, 328.
— *Bourg.*, II, 556, 557.
— *Bret.*, I, 8, 183, 789.
— *Bret.*, II, 634.
— *Lorr.*, 607.
— *Lyon*, 636, 949, 959.
— *Montp.-Mont.*, 858.
— *Par.*, I, 148, 463, 470, 493.
— *Par.*, II, 632.
— *Prov.*, I, 701, 1065.
— *Toul.-Mont.*, 90.
— *Vers.*, 178.
Marionelle. *Lorr.*, 115.
Mariotte. *Champ.*, 745.
— *Montp.-Mont.*, 2, 50, 1365.
— *Poit.*, 1491.
— *Toul.-Mont.*, 145, 480.
Mariouse (la). *Caen*, 102, 356.
Marirennes (des). *La Roch.*, 138.
Marisi. *Champ.*, 120, 125.
Marissal. *Fland.*, 3, 8, 28, 379, 787, 1115, 1117.
— *Pic.*, 424.
Maritain. *Bourg.*, II, 300.
Mariteau. *Bret.*, I, 639.
— *Poit.*, 493.
Marivehault. *La Roch.*, 307.

Marivetz. *Champ.*, 748.
Marivin. *Al.*, 404.
Marizy. *Par.*, I, 1192.
Marjollet. *Bret.*, II, 749.
Marlac. *Auv.*, 296.
Marlat. *Champ.*, 55.
Marlaud. *La Roch.*, 235.
Marle. *Par.*, I, 120, 164, 182.
— *Par.*, IV, 425.
— *Prov.*, I, 578.
— *Rouen*, 429.
— *Soiss.*, 609. V.
Marle (de). *Soiss.*, 361, 364, 526, 611.
Marlé. *Par.*, III, 120.
Marles (de). *Par.*, III, 310.
Marliaves. *Toul.-Mont.*, 53
Marlier. *Fland.*, 980.
— *Pic.*, 411.
Marlière (la). *Par.*, I, 1158.
— *Par.*, III, 370.
— *Pic.*, 99, 536.
Marlin. *Par.*, III, 124.
Marlois. *Als.*, 941.
Marlon. *Bourg.*, II, 151.
— *Par.*, III, 468.
Marloret (le). *Bourg.*, I, 203.
Marlot. *Bourg.*, II, 326.
— *Champ.*, 59, 867.
— *Par.*, I, 665.
— *Par.*, II, 228.
— *Par.*, III, 166.
— *Rouen*, 8, 78, 910.
Marlotti. *Prov.*, II, 460.
Marlou. *Bourg.*, I, 37, 38, 283.
Marmagne. *Bourges*, 478.
Marmande. *Guy.*, 593.
— *Par.*, II, 65.
— *Toul.-Mont.*, 505.
Marmau. *Pic.*, 628.
Marmet. *Bourg.*, I, 691.
— *Champ.*, 744.
— *Prov.*, I, 430.
Marmier. *Bourg.*, I, 1099.
Marmiesse. *Toul.-Mont.*, 116.
Marmion. *Bourb.*, 556.
Marmon. *Orl.*, 367.
Marmousse. *Rouen*, 860.
Marmussard. *Tours*, 921.
Marnais (de). *Dauph.*, 32, 33, 59, 273.
Marnard. *Prov.*, I, 1035.
Marnasse. *Auv.*, 122.
Marne (de). *Lorr.*, 5, 10, 163.
Marnes (de). *Tours*, 1317.
Marnez. *Bourg.*, I, 902.
Marni. *Soiss.*, 215, 462.

Marquisant. *Prov.*, ii, 791.
Marragon. *Montp.-Mont.*, 175.
— *Toul.-Mont.*, 518.
Marran. *Bourges*, 522.
Marraquier. *Guy.*, 200.
Marrassé. *Toul.-Mont.*, 1288.
Marrast. *Montp.-Mont.*, 404.
— *Toul.-Mont.*, 25, 1091.
Marre. *Toul.-Mont.*, 655.
Marré. *Orl.*, 759.
Marre (la). *Lorr.*, 157.
— *Lyon*, 297, 298.
— *Par.*, i, 471, 1181, 1223.
— *Par.*, iii, 376, 402, 528.
— *Par.*, iv, 689.
— *Rouen*, 227, 286, 306, 592, 621, 700, 812, 836, 839, 864, 871, 1091, 1093, 1110, 1118, 1155, 1237.
— *Vers.*, 57.
Marreau. *Orl.*, 317, 339, 347, 352, 353, 354, 485.
Marres (des). *Rouen*, 250, 281.
Marroli. *Prov.*, i, 812.
Marrot. *Prov.*, i, 701, 1004, 1048.
Marrou. *Toul.-Mont.*, 1283, 1297.
Marrulier. *Bourg.*, i, 637, 826.
Mars. *Als.*, 410.
— *Bret.*, ii, 711.
Mars (de). *Bourb.*, 587, 588.
Mars (St-). *Al.*, 851.
— *Bourg.*, ii, 45.
— *Par.*, ii, 61.
Marsa. *Montp.-Mont.*, 1014.
— *Toul.-Mont.*, 237, 251, 1096.
Marsai. *Poit.*, 535, 910, 1177.
— *Tours*, 29, 225, 227.
Marsal. *Dauph.*, 583.
— *Lorr.*, 290. V.
Marsalencq. *Toul.-Mont.*, 497.
Marsan. *Guy.*, 325, 471, 1007, 1163.
— *Prov.*, i, 1334.
— *Prov.*, ii, 507.
Marsane. *Dauph.*, 319, 460.
Marsanges. *Als.*, 99.
Marsange. *Poit.*, 402.
Marsault. *Poit.*, 457, 481, 807, 974, 975, 978, 1549.
Marsault (St-). *La Roch.*, 178, 375.
Marseillas. *Montp.-Mont.*, 1171.
Marseille. *Al.*, 54.
— *Par.*, iv, 729.
— *Pic.*, 402.
— *Prov.*, i, 533, V. 568, 578, 756, 787.
— *Toul.-Mont.*, 1260.
Marsi. *Prov.*, i, 217.

Marsieu. *Caen*, 445.
Marsillargues. *Montp.-Mont.*, 1306.
Marsille. *Orl.*, 946.
— *Pic.*, 204.
Marsilly. *Caen*, 720, 789.
Marslatour (de). *Lorr.*, 578.
Marso, *Béarn*, 106.
Marsolier. *Montp.-Mont.*, 464.
— *Toul.-Mont.*, 1270, 1424.
Marsolière (la). *Tours*, 1429.
Marsollier. *Orl.*, 123.
— *Par.*, i, 12, 1239.
— *Par.*, ii, 53, 230, 301, 505, 559.
Mart (le). *Bourg.*, i, 1122.
Marte (de). *Fland.*, 625.
Marteau. *Champ.*, 504.
— *Guy.*, 581, 810.
— *Orl.*, 503, 542, 545, 546.
— *Par.*, ii, 38.
— *Pic.*, 779.
— *Prov.*, ii, 97, 631.
— *Soiss.*, 334.
Martel. *Al.*, 128, 175, 225, 348, 366, 397.
— *Bourges*, 447.
— *Bourg.*, i 1286.
— *Bourg.*, ii, 294, 369, 535.
— *Bret.*, i, 167, 171, 172, 176.
— *Bret.*, ii, 254, 511, 670.
— *Caen*, 732.
— *Dauph.*, 170, 230.
— *Fland.*, 90, 685.
— *Guy.*, 1182.
— *Montp.-Mont.*, 45, 365, 393.
— *Par.*, i, 388.
— *Par.*, ii, 224.
— *Par.*, iii, 93.
— *Poit.*, 91, 277, 401, 657, 660, 661, 721, 1384.
— *Prov.*, i, 472, 973, 1128, 1292.
— *Prov.*, ii, 5, 522, 839.
— *Rouen*, 200, 366, 498, 528, 558, 570, 579, 1335.
— *Toul.-Mont.*, 625.
— *Vers.*, 148.
Martelange. *Montp.-Mont.*, 133.
Martelière (la). *Par.*, i, 807.
Martellet. *Rouen*, 790, 796.
Martelli. *Montp.-Mont.*, 1356.
— *Prov.*, i, 40, 91, 92, 94, 137, 152, 929, 944, 1144, 1154, 1162, 1177, 1230, 1379.
— *Prov.*, ii, 207, 269, 258, 273, 275, 491.
Martemeille (la). *La Roch.*, 178.

— *Auv.*, 153.
— *Béarn*, 166.
— *Bourb.*, 157.
— *Bourg.*, I, 347, 463.
— *Bourg.*, II, 495.
— *Bourges*, 377.
— *Caen*, 412, 557.
— *Fland.*, 598.
— *Guy.*, 465, 657, 844, 1056, 910, 930, 969, 1093, 1143, 1186, 1196, 1217.
— *Lim.*, 136.
— *Lyon*, 632.
— *Montp.-Mont.*, 173, 379, 424, 1026, 1134.
— *Par.*, I, 911, 1367.
— *Par.*, III, 331.
— *Pic.*, 348, 573, 742, 802.
— *Poit.*, 261, 463, 481, 518, 1042.
— *Prov.*, I, 527, 913, M. 948, 967, 1330.
— *La Roch.*, 179, 401.
— *Soiss.*, 11.
— *Toul.-Mont.*, 383, 384, 1336.
— *Tours*, 2, 377.
Martin de la Glandière (St). Ab. *Lorr.*, 399.
Martin des Granges (St-). *La Roch.* 406.
Martinais. *Dauph.*, 136, 137, 421.
Martinbosc. *Al.*, 567, 1195.
— *Rouen*, 916.
Martincourt. *Bourg.*, II, 341.
Martine, *Lorr.*, 14, 21.
— *Pic.*, 368, 371, 704.
— *Prov.*, II, 453.
— *Soiss.*, 127.
Martine (la). *Bourg.*, I, 101, 103, 113, 114, 407.
— *Bourg.*, II, 221.
— *Lim.*, 247.
— *Toul.-Mont.*, 177.
Martineau. *Bourg.*, I, 184, 185, 186.
— *Bret.*, I, 155, 157.
— *Bret.*, II, 799.
— *Par.*, I, 786, 936, 1139, 1217.
— *Par.*, II, 379, 700.
— *Poit.*, 198, 227, 528, 966, 1030, 1131, 1263.
— *La Roch.*, 58.
— *Tours*, 137, 333, 576, 865, 1037, 1065, 1076, 1195, 1534.
Martinel. *Toul.-Mont.*, 709.
Martinenc. *Prov.*, I, 36. 47, 81, 153, 1156, 1172, 1144, 1227, 1229.
Martinene. *Par.*, II, 42.

Martinengue. *Prov.*, II, 633.
Martinenque. *Par.*, IV, 548.
Martinet. *Bourb.*, 272, 297, 544, 551
— *Bourg.*, I, 1188.
— *Bret.*, I, 131.
— *Champ.*, 880.
— *Lorr.*, 532.
— *Par.*, I, 828, 936, 1139, 1217.
— *Par.*, II, 464.
— *Poit.*, 543, 1502.
— *Soiss.*, 216.
— *Tours*, 904, 1257, 1275.
Martinetz. *Fland.*, 1504.
Martini. *Dauph.*, 60, 406.
— *Guy.*, 516, 538, 1182.
— *Lorr.*, 275, 290, 293, 346.
— *Montp.-Mont.*, 270.
— *Par.*, I, 1363.
— *Prov.*, I, 14, 124, 390, 479, 1353.
Martinière. *Lyon*, 42, 234, 251, 793.
Martinière (la). *Lyon*, 87, 172.
— *Orl.*, 840.
— *Vers.*, 298.
Martinon. *Auv.*, 256, 468.
— *Dauph.*, 422.
— *Montp.-Mont.*, 418, 468, 800.
— *Par.*, I, 1106, 1201.
— *Prov.*, II, 224.
Martinot. *Bourg.*, II, 88.
— *Pic.*, 858, 859.
— *Prov.*, I, 971, 1163.
— *Vers.*, 181.
Martinpré. *Als.*, 902.
Martins (de). *Prov.*, I, 424.
Martins (des). *Bourg.*, I, 154.
— *Fland.*, 313.
— *Montp.-Mont.*, 1304.
Martinsert. *Soiss.*, 751, 843.
Martinville, *Par.*, I, 385.
— *Pic.*, 17.
— *Rouen*, 18, 720, 1015, 1306.
Marto. *Prov.*, I, 1283.
Martoin. *Montp.-Mont.*, 778.
Martonne. *Rouen*, 64, 689.
Martonnie (la). *Guy.*, 427, 438.
— *La Roch.*, 192.
Martourel. *Dauph.*, 245.
Martray (du). *Bourg.*, II, 566.
Martres. *Toul.-Mont.*, 182, 498, 801, 965, 1146, 1169.
Martrin. *Toul.-Mont.*, 299.
Martron. *Dauph*, 391. Voy. Latour.
Marvaud. *Poit.*, 1019.
Marveillau. *Poit.*, 271, 804, 1194, 620.
Marville. *Dauph.*, 300.

Massassis. *Als.*, 530.
— *Tours*, 378.
Massay. *Par.*, II, 1198.
Masse. *Bourb.*, 129.
— *Dauph.*, 192, 316.
— *Fland.*, 214, 404, 1154.
— *Lyon*, 946.
— *Orl.*, 392.
— *Par.*, I, 1066.
— *Pic.*, 701, 713, 714, 720, 856.
— *Prov.*, I, 673, 1084, 1213.
— *La Roch.*, 267, 321.
— *Rouen*, 1044, 1407.
— *Tours*, 1514.
Massé. *Champ.*, 9, 25, 41.
— *Par.*, IV, 764.
— *Poit.*, 227, 382, 1211.
— *Prov.*, II, 35, 421.
— *Soiss.*, 572.
— *Toul.-Mont.*, 517.
Masse (la). *Guy.*, 798.
Masse (le). *Al.*, 870.
Masseau. *Orl.*, 437.
— *La Roch.*, 267.
Massebuau. *Toul.-Mont.*, 1167.
Masseille. *Rouen*, 1156.
Masseilles. *Tours*, 176, 300, 303, 304, 374, 1026, 1522.
Massel. *Par.*, I, 528.
Masselin. *Par.*, I, 68, 331.
— *Tours*, 832.
Masselot, *Fland.*, 818.
Masseman. *Guy.*, 647.
Massemback. *Lorr.*, 646, 647.
Massencome. *Toul.-Mont.*, 382.
Massenot. *Bourg.*, I, 483.
Masseron. *Dauph.*, 563, 585.
Masses, *Auv.*, 405, 452, 463.
Masses (des). *Orl.*, 334.
Masset. *Par.*, II, 1213.
— *Prov.*, II, 654.
Massey. *Bourg.*, I, 1217.
Massi. *Fland.*, 1447.
— *Par.*, I, 125.
— *Prov.*, I, 1378.
Massia. *Montp.-Mont.*, 1295, 1317.
Massiac. *Bret.*, I, 337.
— *Montp.-Mont.*, 1294.
Massiat. *Toul.-Mont.*, 1426.
Massiet. *Fland.*, 348, 471, 1228.
Massieu. *Guy.*, 911, 939.
— *Toul.-Mont.*, 709.
Massif (le). *Rouen*, 1133.
Massillan. *Montp.-Mont.*, 22, 534.
Massillon. *Prov.*, II, 496.
Massin. *Montp.-Mont.*, 66.

— *Prov.*, I, 1216.
Massineau. *Poit.*, 1218.
Massiot. *Guy.*, 858, 1073.
— *Par.*, II, 916.
— *Poit.*, 1011.
— *La Roch.*, 38, 158.
— *Toul.-Mont.*, 515.
Massip. *Guy.*, 531, 808, 1050.
Massis. *Dauph.*, 349.
— *Prov.*, II, 186, 189, 823, 824.
Masso, *Lyon*, 3, 68, 362.
Massogne. *La Roch.*, 347.
Massol. *Boury.*, I, 41, 52, 90, 233.
— *Bourg.*, II, 51.
— *Par.*, I, 975.
Massolac. *Toul.-Mont.*, 255.
Masson. *Bourg.*, I, 255, 576, 600, 741, 791, 1045.
— *Bourg.*, II, 528, 530, 531.
— *Bret.*, I, 8.
— *Caen*, 414.
— *Champ.*, 183, 346, 559, 561, 599, 612, 620, 623, 723, 803, 836.
— *Fland.*, 19.
— *Lorr.*, 362, 508.
— *Lyon*, 440, 745, 915.
— *Montp.-Mont.*, 122, 345.
— *Orl.*, 288, 364, 400, 407, 441, 542.
— *Par.*, I, 365, 367, 428, 1236, 1244, 1301, 1322, 1342, 1345.
— *Par.*, II, 371, 680, 952.
— *Par.*, III, 183, 300, 458, 595.
— *Par.*, IV, 22, 77.
— *Pic.*, 592, 708, 728, 797.
— *Poit.*, 243, 289, 502, 509, 628, 979, 980, 985, 991, 1146, 1282, 1298.
— *La Roch.*, 63, 65, 270.
— *Rouen*, 846.
— *Toul.-Mont.*, 1129.
— *Tours*, 874, 1011.
— *Vers.*, 186.
Masson (le). *Auv.*, 444.
— *Bret.*, I, 979.
— *Bret.*, II, 402, 420, 423, 566, 608, 966.
— *Tours*, 572, 882, 959, 986, 1200.
Massonnais. *Bret.*, II, 970.
Massonne (de). *Bourges*, 424.
Massonneau. *Poit.*, 530, 541, 1457.
Massonnet (le). *Par.*, I, 1157.
Massonnière ((a). *Pic.*, 619.
Massons (les) de Metz. (*Communauté.*) *Lorr.*, 618.
— de Thionville. *Lorr.*, 690.

— de Verdun. *Lorr.*, 669.
Massons (les). *(Communauté.)* *Poit.*,
342, 365, 397, 520, 568, 1128.
Massot. *Al.*, 1238, 1251.
— *Dauph.*, 274, 351.
— *Par.*, III, 565.
— *Prov.*, II. 497.
— *Toul.-Mont.*, 3.
Massoteau. *Poit.*, 247.
Massou. *Orl.*, 340.
Massougne. *Poit.*, 349, 735, 740,
1031, 1422.
Massoyer. *Vers.*, 16.
Massu. *Par.*, III, 515.
Massuau. *Par.*, II, 556.
— *Tours*, 549.
Massue. *Bret.*, II, 686.
— *Tours*, 697.
Massues (des). *Par.*, IV, 148.
Massuet. *Champ.*, 270.
Massugue. *Prov.*, I, 258.
Massy. *Toul.-Mont.*, 723.
Mast (du). *Pic.*, 462.
Mastin. *Fland.*, 547.
— *Par.*, II, 470.
— *Prov.*, I, 119.
Mastine. *Caen*, 756.
Mastribat. *Poit.*, 67.
Masuguier. *Prov.*, I, 1380.
Matagron. *Orl.*, 589.
Matagrin. *Champ.*, 715.
Matalian. *Prov.*, I, 608.
Matarel. *Tours*, 1282.
Mataron. *Prov.*, I, 760.
Matalt. *Lim.*, 469.
Matère. *Lim.*, 174.
Matéron. *Prov.*, I, 308, 1053, 1147.
Matflon. *Orl.*, 148.
Mathan. *Al.*, 75, 76, 214, 475, 605.
— *Caen*, 137, 143, 156, 186, 409,
600.
Matharel. *Auv.*, 82, 186, 458.
Mathas. *Par.*, I, 1340.
— *Par.*, II, 1234.
Mathé. *Bret.*, I, 172.
— *Par.*, II, 667.
— *Tours*, 387, 1049.
Mathei. *Par.*, I, 673.
Matheire. *Fland.*, 749.
Mathelin. *Lorr.*, 176, 320.
— *Par.*, IV, 536.
Mathenot. *Bourg.*, I, 76.
Matheron. *Bourb.*, 199.
— *Bourges*, 445.
— *Toul.-Mont.*, 1197.
Matherot. *Als.*, 291.

— *Bourg.*, I, 548, 549, 550, 556, 559,
593, 618, 750, 790, 792, 926, 929,
1124.
Mathert. *Poit.*, 1067.
Matheu. *Par.*, III, 491.
Mathevon. *Lyon*, 335, 772.
Mathey. *Bourg.*, I, 866.
— *Bourg.*, II, 177, 339.
Mathezou. *Bret.*, I, 284, 552, 787.
Mathi. *Prov.*, I, 1275.
Mathias. *Guy.*, 955.
— *Montp.-Mont.*, 372.
Mathié. *Champ.*, 527.
Mathier. *Par.*, III, 366.
Mathiet. *Lorr.*, 659.
Mathieu. *Als.*, 243, 658.
— *Auv.*, 292, 496, 586.
— *Bourg.*, I, 289, 298.
— *Bourg.*, II, 151, 474, 630.
— *Champ.*, 173.
— *Fland.*, 883, 1435.
— *Guy.*, 94, 1054.
— *Lorr.*, 674.
— *Lyon*, 243, 647.
— *Montp.-Mont.*, 720.
— *Par.*, I, 1105.
— *Par.*, II, 109.
— *Par.*, IV, 277.
— *Pic.*, ...
— *Poit.*, 1523, 1524.
— *Prov.*, I, 21, 45, 115, 144, 428,
473, 952, 984, 1195 a, 1083.
— *Prov.*, II, 295, 390, 544, 672.
— *Toul.-Mont.*, 661, 1098, 1099,
1110, 1183.
— *Tours*, 1284.
Mathieu (St-). *La Roch.*, 190, 191,
195, 457, 458.
Mathis. *Al.*, 1029.
— *Lorr.*, 234, 659.
Mathon. *Bourg.*, I, 573.
— *Fland.*, 668.
— *Par.*, III, 145.
— *Pic.*, 156, 560, 855, 860.
Mathonnet. *Bourges*, 264, 268.
Mathoud. *Bourg.*, I, 105.
Mathurel. *Tours*, 623.
Mathurin. *Caen*, 518.
Mathurins. Relig. *Poit.*, 947.
Mathus. *Bourg.*, II, 361.
Matignon. *Al.*, 683.
— *Bret.*, I, 253.
— *Par.*, III, 48, 88, 89.
— *Vers.*, 271.
Matinel. *Caen*, 67, 74, 82, 316, 756.
Matins (des). *Par.*, I, 621.

— *Par.*, ii, 920.
Matissard. *Fland.*, 778, 804.
— *Pic.*, 23, 278.
Matisson. *Guy.*, 547.
Maton. *Par.*, i, 602.
Matons. *Al.*, 809, 990.
Matra. *Soiss.*, 665.
Matrais (la). *Tours*, 411, 416.
Matrux. *Lim.*, 454.
Matte. *Montp.-Mont.*, 46, 640.
Matteron. *Prov.*, ii, 428.
Matti. *Prov.*, i, 259, 836, 1122,1123, 1369.
Matton. *Lyon*, 624, 663, 686.
Mattot. *Par.*, i, 688.
Matulon. *Lyon*, 670.
Maty. *Dauph.*, 590.
Matz. *Als.*, 1003.
Matzar. *La Roch.*, 77.
Maubert. *Orl.*, 344.
— *Par.*, ii, 179.
— *La Roch.*, 299.
— *Tours*, 163.
Maubet. *Auv.*, 27, 349, 369, 374, 378.
Maubeuge. *Champ.*, 140, 861.
— *Fland.*, 1307. V.
Maubeugé. *Soiss.*, 3.
Maublanc. *Bourg.*, i, 662, 1008.
Maubogne. *Rouen*, 817, 913.
Maubois. *Bourges*, 277, 412, 525.
Maubourget. *Montp.-Mont.*, 1136. V.
Mauboussin. *Tours*, 1100, 1110.
Maubrai. *Tours*, 1162.
Maubreuil. *Soiss.*, 548.
Maubuisson. *Al.*, 885, 898.
— *Orl.*, 66, 193, 198, 199, 626.
Maubuquet. *Rouen*, 1357.
Maucazre (le). *Bret.*, i, 655.
Maucen. *Par.*, i, 839.
Maucigné. *Poit.*, 1099.
Mauclerc. *Al.*, 1078.
— *Bourg.*, i, 201.
— *Champ.*, 200, 357, 504.
— *Orl.*, 890.
— *Par.*, i, 315, 1157.
— *Par.*, iii, 354.
— *Par.*, iv, 148, 301.
— *Pic.*, 232.
— *Poit.*, 184, 236, 617, 630, 1243.
— *Soiss.*, 309.
— *Tours*, 1446.
Maucolin. *Lorr.*, 436, 531.
Mauconduit. *Rouen*, 820.
— *Toul.-Mont.*, 488.
Mauconvenant. *Caen*, 55.

Maucorps. *Par.*, ii, 681.
Maucourt. *Fland.*, 1470.
— *Par.*, ii, 603.
— *Par.*, iii, 246.
Maucouvant. *Champ.*, 248, 251, 916.
Maucuni. *Lorr.*, 675.
Maudel. *La Roch.*, 142.
Maudemain. *Al.*, 977, 978.
Maudet. *Bret.*, i, 385.
— *Bret.*, ii, 63, 312.
— *Par.*, ii, 603.
— *La Roch.*, 300.
— *Tours*, 259, 286, 1117.
Maudin. *Par.*, i, 68.
Maudinet. *Bourg.*, i, 713, 872, 1212.
Maudivire. *Pic.*, 330.
Maudot. *Poit.*, 1509.
Mauduisson. *Orl.*, 393, 468.
Mauduit. *Al.*, 360, 649.
— *Bourges*, 23, 194, 294.
— *Bret.*, i, 782.
— *Caen*, 414, 720.
— *Lorr.*, 133.
— *Par.*, i, 594.
— *Par.*, ii, 609.
— *Poit.*, 778, 841, 843.
— *Rouen*, 301, 352, 771, 1225,1236.
— *Tours*, 1356, 1513.
— *Vers.*, 309.
Mauduy. *Orl.*, 1013.
Mauferet. *Champ.*, 759.
Mauflastre. *Poit.*, 563, 1525.
Maugarei. *Lorr.*, 535.
Maugars. *Tours*, 877, 961.
Maugas. *Bret.*, ii, 413, 551.
Maugay. *Bourg.*, i. 1101.
Mauge. *Poit.*, 840.
Maugé. *Montp.-Mont.*, 1483.
— *Toul.-Mont.*, 1068.
Mauge (de). *Caen*, 185.
Maugeois. *Orl.*, 574.
Maugenest. *Bourges*, 291.
Mauger. *Al.*, 217.
— *Caen*, 108, 734.
— *Champ.*, 181.
— *Orl.*, 184.
— *Par.*, i, 1179.
— *Par.*, iv, 63, 760.
— *Rouen*, 821, 877.
Maugère (la). *Al.*, 222.
Maugeron. *Bourg.*, ii, 154.
Mauges. *Toul.-Mont.*, 94.
Mauges (de). *Bourg.*, ii, 223.
Maugin. *Lorr.*, 272, 612.
— *Par.*, i, 1233.
— *Par.*, iii, 403,

Mauréal. *Bourg.*, I, 1113.
Maureau. *Bret.*, I, 294, 337.
— *Guy.*, 43.
— *Prov.*, II, 221, 657.
Mauregard. *Al.*, 1220.
Maurei. 42, 539, 559, 781, 786, 868, 1127.
Maureillan. *Montp.-Mont.*, 290, 297, 1276.
Maurel. *Montp.-Mont.*, 166, 802.
— *Prov.*, 258, 269, 314, 352, 381, 388, 430, 440, 518, 892, 896, 902, 940, 1297, 1327, 1419, 1422, 1428, 1434, 1439, 1449, 1453, 1456.
— *Prov.*, II, 267, 354, 357, 540, 721, 746, 839.
— *Toul.-Mont.*, 143, 228, 875, 961, 1475.
Maurellet. *Prov.*, I, 538.
Maurelli. *Prov.*, I, 933.
Maurens (de). *Prov.*, II, 476.
Maurer. *Als.*, 861.
Maurès. *Guy.*, 61, 403, 1209.
Maureti. *Prov.*, II, 241.
Maureu. *Montp.-Mont.*, 830.
Mauri. *Als.*, 225, 632.
— *Lyon*, 321, 848.
— *Prov.*, II, 311.
— *La Roch.*, 238.
— *Toul.-Mont.*, 93, 572, 744, 855, 856, 878, 879, 934.
Mauri (St-). *Poit.*, 132, 1035.
Mauriac. *Auv.*, 583. V.
Maurial. *Guy.*, 1180.
Mauriau. *Guy.*, 1199.
Maurice. *Al.*, 1139.
— *Als.*, 158.
— *Bourg.*, II, 415.
— *Bret.*, II, 670.
— *Caen*, 406, 755.
— *Lim.*, 426.
— *Lorr.*, 355, 477.
— *Par.*, I, 108, 314, 374, 431, 487, 1283.
— *Par.*, II, 1227.
— *Pic.*, 248, 459, 460, 468.
— *Rouen*, 36, 114, 835, 1109.
— *Toul.-Mont.*, 239, 709.
— *Tours*, 79.
Maurice (St-). *Als.*, 124.
— *Bourg.*, I, 700, 819, 874, 905.
— *Lim.*, 326.
— *Montp.-Mont.*, 1087.
— prieuré. *Poit.*, 562.
— *Prov.*, I, 1190.
— *Soiss.*, 194.

Mauriceau. *Bret.*, II, 469.
— *Par.*, I, 53.
Mauricet. *Rouen*, 1103.
Maurici. *Toul.-Mont.*, 84.
Maurie. *Guy.*, 1173, 1182.
Maurier. *Bourg.*, II, 380.
Maurin. *Bret.*, II, 429.
— *Lyon*, 427.
— *Par.*, I, 963.
— *Par.*, II, 1025, 1033.
— *Par.*, 3, 204.
— *Prov.*, I, 731, 1276, 1277, 1299.
— *Prov.*, II, 355, 609, 779.
— *Toul.-Mont.*, 603, 810, 1242, 1488.
Maurine. *Prov.*, I, 1322.
Maurion. *Guy.*, 1015
Mauris (St-). *Bourg.*, I, 547, 555, 559, 638, 1126, 1134, 1218.
Maurisard. *Prov.*, I, 928, 930.
Maurisi. *Prov.*, I, 1427.
Mauroi. *Al.*, 351, 367.
— *Bourges*, 306.
— *Caen*, 628.
— *Champ.*, 485, 487.
— *Guy.*, 19.
Maurois. *La Roch.*, 183.
Mauron. *Prov.*, I, 1309.
Maurouard. *Rouen*, 882.
Mauroy. *Bourb.*, 116.
— *Par.*, I, 115, 1039.
— *Par.*, II, 1160.
— *Par.*, III, 136.
— *Par.*, IV. 449.
Maury. *Bret.*, I, 212, 416, 417.
— *Lim.*, 126.
— *Montp.-Mont.*, 125, 604.
— *Orl.*, 841.
Mausard. *Par.*, III, 146.
Mausenqual. *Guy.*, 1099.
Maussabré. *Tours*, 207, 212, 215, 1251.
Maussac. *Montp.-Mont.*, 269, 270, 1272, 1279.
— *Toul.-Mont.*, 118.
Maussan. *Toul.-Mont.*, 1467.
Mausse. *Pic.*, 357.
Maussé (de). *Orl.*, 183.
Maussion. *Par.*, I, 276.
— *Tours*, 120, 658, 1520.
Mausson. *Tours*, 130, 221.
Mausuet. *Par.*, I, 580.
Mauton. *Prov.*, I, 789.
Mautrot. *Par.*, III, 413.
Mauvais. *Par.*, I, 1175, 1258.
— *Par.*, II, 612.
Mauvaiset. *Champ.*, 791.

Mées. *Prov.*, I, 843. V.
Meffrein. *Prov.*, I, 1429.
Mefredi. *Prov.*, II, 734, 775, 776, 777.
Megaudois. *Par.*, I, 36.
Mége. *Auv.*, 54, 356, 385.
Megé. *Prov.*, I, 1245.
Megemont. *Auv.*, 146.
Mégi. *Prov.*, I, 1432.
Megi. *Prov.*, II, 538.
Mégier. *Lyon*, 930.
Meginhac. *Guy.*, 908.
Mégissiers. *Poit.*, 481. Communauté.
Megre. *Toul.-Mont.*, 589.
Mégret. *Lyon*, 307, 957.
Megret. *Par.*, IV, 262.
— *Pic.*, 514, 533, 537.
Megrier. *Guy.*, 1042.
Meguer. *Fland.*, 1234.
Méguerlin. *Als.*, 566.
Méguin. *Als.*, 744.
Méguyon. *Tours*, 57, 104.
Mehabert. *Tours*, 1095.
Mehabet. *Orl.*, 890.
Mehaignery. *Bret.*, I, 411.
— *Bret.*, II, 88.
Méhée. *La Roch.*, 329.
Méhenérie. *Tours*, 1439.
Meherenc. *Caen*, 2, 3, 10, 14, 26, 49, 319, 447, 648.
— *Rouen*, 121, 578.
Meheust. *Bret.*, II, 577.
Mehun. *Bourges*, 254. V.
Mei. *Prov.*, I, 254.
Meiche. *Als.*, 937.
Meifredi. *Prov.*, I, 1054, 1057.
Meige. *Bourb.*, 612.
Meignan. *Tours*, 149, 1026.
Meignan (le). *Par.*, II, 810.
— *Par.*, III, 286, 407.
— *Tours*, 650, 1461.
Meignau. *Fland.*, 18, 873.
Meignot. *Pic.*, 668.
Meigret. *Bourb.*, 25, 30, 146.
— *Par.*, I, 499.
— *Par.*, II, 697.
— *Par.*, III, 374.
— *Poit.*, 427, 740, 741.
Meiguyon. *Tours*, 560, 564.
Meilban. *Guy.*, 873, 1201.
Meilha. *Toul.-Mont.*, 716.
Meilher. *Toul.-Mont.*, 547.
Meillac. *Lim.*, 250.
Meillan. *Bourg.*, I, 18.
Meillardet. *Bourg.*, I, 560,
Meillat. *Caen*, 728.

Meillibut. *Rouen*, 84, 797.
Meiller. *Lyon*, 675.
Meilleur (le). *Bret.*, I, 451.
Meillier. *Bret.*, II, 860.
Mcimix. *Guy.*, 50.
Meinard. *Guy.*, 170, 637.
— *Prov.*, I, 673, 1269.
— *Prov.*, II, 305, 306, 394.
Meinardie. *Guy.*, 1082, 1085.
Meinier. *Prov.*, I, 948, 988.
— *Prov.*, II, 332, 489, 834.
Meinier (de). *Lorr.*, 328.
Meinin. *Lyon*, 724.
Meiran. *Auv.*, 170, 240, 244.
Meiranes. *Prov.*, I, 856.
Meiras. *Montp.-Mont.*, 934, 1240.
Meirau. *Prov.*, II, 104, 107, 640.
Meirier. *Prov.*, I, 120.
Meironnet. *Prov.*, I, 388, 396, 407, 439, 442.
Meirounenc. *Montp.-Mont.*, 825.
Meis. *Lorr.*, 310.
Meisfren. *Prov.*, I, 935, 1051.
Meisière. *Prov.*, II, 310.
Meissonnier. *Prov.*, I, 107.
Meizonnet. *Guy.*, 1020.
Mejac. *Toul.-Mont.*, 1048.
Mejacasse. *Toul.-Mont.*, 1067.
Méjan. *Montp.-Mont.*, 27, 903.
Mejanel. *Montp.-Mont.*, 601, 843, 844, 845.
Mejannes. *Montp.-Mont.*, 1213.
Mejannet. *Toul.-Mont.*, 288, 289, 1153, 1379.
Melac. *Als.*, 379, 520.
Mélanger. *Soiss.*, 567.
Melat. *Dauph.*, 204, 220.
Melenet. *Bourg.*, I, 70.
Melet. *Guy.*, 52, 164, 169, 178, 181, 182, 317, 641.
— *Lorr.*, 615.
— *Par.*, I, 380.
Meleti. *Prov.*, I, 361, 930.
Meleveau. *Poit.*, 1123.
Meliand. *Par.*, III, 238, 287.
Méliant. *Orl.*, 296.
Meliant. *Par.*, I, 429, 543, 890, 913, 1145, 1208.
Melié. *Toul.-Mont.*, 498.
Melier. *Prov.*, II, 623.
Melignan. *Guy.*, 548.
Melin. *Bourg.*, I, 47.
— *Champ.*, 101, 102, 550, 860.
— *Par.*, III, 469.
Melinais (le). *Bret.*, II, 500.
Méline. *Lyon*, 221.

Melion. *Al.*, 759, 778.
Mélion (St-). *Béarn*, 120.
Meliot. *Bourg.*, I, 1057.
Melland. *Tours*, 269.
Mellé. *Prov.*, II, 761.
Melle (du). *Par.*, I, 660.
Melleroi. *Champ.*, 127.
Mellescar. *La Roch.*, 105.
Mellet. *Al.*, 635.
— *Bret.*, I, 216, 222, 243, 374.
— *Bret.*, II, 22.
— *Dauph.*, 343.
— *Montp.-Mont.*, 1131.
— *Toul.-Mont.*, 150.
Melleville. *Orl.*, 338.
— *Rouen*, 213.
Melliau. *Prov.*, I, 267.
Melliaut. *Bret.*, I, 175, 509.
Mellier. *Bret.*, I, 168.
— *Lyon*, 389, 721, 910.
— *La Roch.*, 267.
Mellière (la). *Al.*, 93, 574, 816.
— *Soiss.*, 123.
Mellin (du). *Guy.*, 923.
Melloir (St-). *Tours*, 275, 636.
Mellon. *Bret.*, I, 882.
— *Prov.*, I, 112, 1151, 1211, 1215.
Melloret. *Bret.*, II, 385.
Meloir (St-). *Bret.*, I, 578, 634.
— *Bret.*, II, 216, 754.
Méloise (la). *Bourg.*, II, 176.
Melon. *Guy.*, 13, 52, 502, 505.
— *Lim.*, 161, 179, 465.
— *Montp.-Mont.*, 65.
Melorel (le). *Bret.*, II, 377.
Melot. *Fland.*, 1476.
— *Lyon*, 455.
Melquer. *Als.*, 475, 650.
Melson. *Par.*, II, 442.
Melun. *Al.*, 317.
— *Auv.*, 119, 120.
— *Caen*, 269.
— *Guy.*, 157.
— *Par.*, I, 229.
— *Par.*, III, 89.
— *Par.*, IV, 558.
— *Pic.*, 150, 486.
Meluras. *Pic.*, 866.
Melval. *Champ.*, 45, 366, 455, 456, 801.
Melverel. *Rouen*, 206.
Membrede. *Béarn*, 117, 118.
Memerel. *Lyon*, 97.
Memie (la). *Bourg.*, I, 450, 451.
Memin. *Tours*, 1147.
Ménage. *La Roch.*, 339.

— *Tours*, 75, 87, 102, 544, 556, 565, 897, 1167.
Ménagé. *Tours*, 1355.
Menager. *Guy.*, 65, 138, 900.
— *Lyon*, 108.
— *Montp.-Mont.*, 496, 809.
— *Par.*, I, 1304.
— *Rouen*, 839, 1344, 1385, 1404.
Ménager. *Par.*, II, 765.
Menant. *Par.*, I, 481, 954.
— *Par.*, III, 200.
Menard. *Al.*, 430, 1036, 1037, 1182.
— *Bret.*, II, 453, 455, 1079.
— *Lorr.*, 640.
— *Par.*, I, 412, 614, 1048.
— *Par.*, II, 165, 542, 1096, 1102, 1222.
— *Par.*, IV, 538.
— *Tours*, 483, 513, 533, 943.
— *Vers.*, 155.
Ménard. *Bret.*, I, 976.
— *Auv.*, 350.
— *Montp.-Mont.*, 248, 258, 261, 263, 964.
— *Orl.*, 40, 89, 178, 208, 754, 900.
— *La Roch.*, 30, 231.
Menardeau. *Bret.*, I, 163, 164, 174, 777.
— *Bret.*, II, 29.
— *Par.*, I, 1060.
— *Par.*, II, 243.
— *Par.*, III, 244.
— *Poit.*, 236.
— *Tours*, 82, 537.
Menardière (la). *Caen*, 21, 406, 623, 655.
Menaud. *Par.*, II, 798.
— *Poit.*, 536.
Menault. *Bourb.*, 323.
— *Orl.*, 331, 364, 457.
— *Vers.*, 203.
Menaut. *Al.*, 1190.
— *Tours*, 1394.
Menc (de). *Prov.*, I, 398, 933.
Mende. *Montp.-Mont.*, 426.
Mendès. *Guy.*, 203, 1144, 1214.
Mendosse. *Guy.*, 57.
Mene. *Toul.-Mont.*, 989.
Mene (de). *Prov.*, II, 306.
Meneac (de). *Par.*, IV, 327.
Meneau (le). *Par.*, III, 361, 565.
Meneau. *La Roch.*, 170, 382.
Menec (le). *Bret.*, II, 704.
Menechet. *Soiss.*, 217.
Meneguerre. *Poit.*, 1074.
Menehould (Ste-). *Champ.*, 521. *V.*

Mérimont. *Montp.-Mont.*, 121.
Mérindol. *Dauph.*, 13.
— *Prov.*, I, 351, 439, 904.
Méritau. *Prov.*, II, 843.
Méritens. *Toul.-Mont.*, 357, 1345, 1347.
Meriveaux. *La Roch.*, 181.
Merlac. *Montp.-Mont.*, 1497.
Merlanchon. *Lyon*, 1049.
Merland. *Pic.*, 668.
— *Poit.*, 384, 760, 1140, 1168, 1252, 1260, 1274, 1275, 1279.
Merlat. *Par.*, I, 61.
— *La Roch.*, 359.
Merlant. *Als.*, 233.
Merle. *Auv.*, 73, 328.
— *Bourg.*, I, 1272, 1273.
— *Bourg.*, II, 72, 255.
— *Dauph.*, 462.
— *Lyon*, 98, 136, 160, 369, 372, 1019.
— *Montp.-Mont.*, 71, 344, 422, 629.
— *Par.*, I, 235, 466.
— *Par.*, III, 330.
— *Prov.*, I, 116, 957, 1204, 1323, 1325.
— *La Roch.*, 164.
Merle (du). *Al.*, 23, 26, 27, 229, 236, 308, 315, 437, 553, 558, 723.
— *Bourges*, 460.
— *Soiss.*, 148.
Merle (le) *Bret.*, I, 353.
— *Tours*, 924.
Merlebeck. *Fland.*, 677.
Merles. *Guy.*, 42, 907, 823.
Merlet. *Bret.*, II, 30, 1069.
— *Caen*, 109, 117.
— *Poit.*, 1275.
— *La Roch.*, 270.
— *Tours*, 1139.
Merleux. *Pic.*, 694.
Merlie. *Guy.*, 1086.
Merlin. *Als.*, 995.
— *Fland.*, 856.
— *Par.*, I, 1341.
— *La Roch.*, 138.
Merlou. *Champ.*, 892.
Mermety. *Bourg.*, I, 4.
— *Bourg.*, II, 271.
Mermier. *Lyon*, 291.
— *Montp.-Mont.*, 477, 478.
Mermillod. *Bourg.*, II, 380.
Mernet. *Lyon*, 755.
Mernot. *Prov.*, II, 767.
Mérode *Fland.*, 1153, 1330, 1434, 1443.

— *Lorr.*, 661.
— *Pic.*, 788.
— *Soiss.*, 608.
Mérois. *La Roch.*, 308.
Meromont. *Par.*, I, 765.
Meronne *Prov.*, I, 1105.
Mérot. *Al.*, 1043.
Merquier. *Toul.-Mont.*, 587.
Merre (de), *Fland.*, 531.
Morsant. *Bret.*, II, 1061.
Merselle. *Pic.*, 728.
Mertem. *Fland.*, 373, 378.
Mertras. *Champ.*, 321, 916.
Merty. *Bourg.*, I, 323.
Meru. *Bourg.*, I, 256.
Mervache. *Poit.*, 856.
Mervielleux. *La Roch.*, 407.
Merviel. *Toul.-Mont.*, 1178, 1188.
Mervilel. *Auv.*, 553.
— *Fland.*, 936. V.
Mery (de). *Lorr.*, 49, 619.
Mesaiger. *Par.*, III, 120.
M saubouin. *Bret.*, I, 321.
Mésaugué. *Als.*, 91.
Mescant (du). *Bret.*, I, 270, 271, 536.
Meschatin. *Bourb.*, 107, 267.
Mescheu. *La Roch.*, 210.
Meschin. *Poit.*, 112, 1460.
— *La Roch.*, 428.
Meschine. *Tours*, 600.
Meschinet. *Poit.*, 426.
Mesclop. *Guy.*, 1112, 1113.
Mesdack. *Fland.*, 227, 441.
Meseret (du). *Caen*, 589.
Mesgouet (du). *Bret.*, II, 1036.
Mesgrigni. *Champ.*, 126.
Mesgriguy. *Bourb.*, 59.
— *Par.*, I, 898, 1156, 1306.
— *Poit.*, 79, 586, 913.
Mesgringny. *Par.*, III, 63.
Mesial. *Toul.-Mont.*, 923.
Meslai. *Rouen*, 926.
— *Tours*, 1443.
Mesle (de). *Bourges*, 450.
— *Toul.-Mont.*, 413.
Mesle (de). *Bret.*, II, 913, 953.
— *Par.*, II, 42, 141, 1014.
— *Tours*, 978.
Mesleau. *Al.*, 1024.
Meslier. *Tours*, 1277.
Mesligni. *Lorr.*, 40, 45.
Meslin. *Bret.*, II, 591.
— *Caen*, 32, 282, 413.
— *Poit.*, 1438.
Meslon. *Bret.*, II, 204.
Mesmack. *Fland.*, 1154.

Mesmaer. *Fland.*, 1172.
Mesmaer (de). *Lorr.*, 325.
Mesmay. *Bourg.*, I, 558, 595, 613, 659, 772, 1007, 1012.
Mesmé. *Tours*, 239.
Mesmes. *Guy.*, 322.
— *Par.*, I, 81, 865.
Mesmes (de). *Champ.*, 702.
— *Par.*, III, 217.
— *Prov.*, II, 165.
Mesmin. *Fland.*, 1168.
— *Vers.*, 16.
Mesmin (St-). *Bourb.*, 252.
— *Bourges*, 526.
— *Lorr.*, 651.
— *Orl.*, 113, 305, 306, 307, 344, 362, 420, 460, 467.
— *Par.*, III, 453.
— *Par.*, IV, 357.
Mesmont. *Pic.*, 530.
Mesnage. *Caen*, 178, 181, 520.
— *Poit.*, 458.
— *Soiss.*, 565.
Mesnager. *Al.*, 653.
— *Bret.*, II, 409, 582, 903.
— *Par.*, III, 270, 508.
— *Poit.*, 1129.
— *Soiss.*, 560.
Mesnager (le). *Bret.*, I, 309.
Mesnard. *Bourges*, 375, 518.
— *Caen*, 184.
— *Lim.*, 429.
— *Par.*, IV, 132.
— *Poit.*, 90, 255, 260, 264, 268, 271, 295, 503, 534, 708, 738, 850, 1078, 1081, 1104, 1105, 1158, 1216, 1228, 1293, 1357, 1376, 1417, 1439, 1530.
— *Prov.*, I, 1060.
— *La Roch.*, 193, 212, 261, 351, 414.
— *Soiss.*, 797.
Mesnaye. *Bret.*, II, 65, 509, 1121.
Mesne (du). *Al.*, 318.
Mesné. *Poit.*, 1385.
Mesneau. *Par.*, I, 997.
Mesnel. *Dauph.*, 150.
— *Pic.*, 865.
Mesnet *Par.*, I, 1298.
Mesnier. *Bourg.*, I, 1247.
— *Montp.-Mont.*, 1437.
— *Par.*, IV, 206.
— *Prov.*, I, 747, 1079.
— *Tours*, 1216.
Mesnil. *Par.*, III, 293, 478, 493.
Mesnil (du). *Al.*, 89, 141, 164, 194, 195, 199, 598, 1037, 1160, 1166.
— *Bourges*, 126, 244.

— *Bourg.*, I, 667.
— *Bret.*, II, 6.
— *Caen*, 4, 10, 12, 15, 35, 102, 110, 333, 531, 536, 537, 539, 541, 561, 562, 633, 650.
— *Champ.*, 282, 284, 786.
— *Fland.*, 801, 1280.
— *Lorr.*, 150, 157, 313, 318 *bis*, 490.
— *Lyon*, 637.
— *Montp.-Mont.*, 794.
— *Par.*, I, 1087, 1223.
— *Par.*, IV, 53, 133, 163.
— *Pic.*, 240, 282, 763, 836, 850, 853, 894.
— *Rouen*, 230, 331, 336, 341, 353, 444, 445, 447, 462, 798, 1192, 1227.
— *Tours*, 64, 296, 297, 398, 418, 549, 569, 885, 891, 900, 950, 1182.
— *Vers.*, 40.
Mesnil Adelée (du). *Caen*, 352, 515, 523, 707, 783, 792.
Mesnil-Bérard. *Al.*, 610, 761.
Mesnil-Bérard (du). *Caen*, 710.
Mesnilcotté (du). *Rouen*, 40, 499, 670.
Mesnildot (du). *Caen*, 53, 59, 232, 250, 290, 296, 310, 444, 759, 766.
Mesnileuri (du). *Rouen*, 47.
Mesnil-Germain (du). *Al.*, 846.
Mesnil-la-Goubée (du). *Rouen*, 450.
Mesnil-Jourdain (du). *Par.*, IV, 113, 370.
— *Rouen*, 1335.
Mesnil-Lieuri (du) *Al.*, 583.
Mesnil-Rousset. *Al.*, 914.
Mesnil-Simon (du). *Bourges*, 59.
Mesnil-Varin (du). *Al.*, 880, 901.
Mesnil-Vri (du). *Caen*, 95, 322.
Mesnilles. *Rouen*, 1307.
Mesnoalet. *Bret.*, I, 536, 663.
Mesnoallet. *Bret.*, II, 259.
Mesnot. *La Roch.*, 356.
Mesplaux. *Fland.*, 1072.
Mesplées. *Béarn*, 111. V. des Claux.
Mesplez. *Toul.-Mont.*, 325.
Mesprève. *Bret.*, II, 705.
Mesquin. *Rouen*, 787.
Messac. *La Roch.*, 199.
Messageot. *Par.*, II, 792.
Messandière (la). *Bret.*, II, 392.
Messat. *Lorr.*, 637.
Messavin. *Lyon*, 970.
Messay. *Champ.*, 779.
Messei. *Poit.*, 1540.
Messeman. *Fland.*, 1169.
Messemé. *Poit.*, 278, 286.
Messent. *Caen*, 289, 312.

Messes. *Montp.-Mont.*, 124.
Messey. *Bourg.*, I, 300.
Messier. *Fland.*, 985.
— *Lyon*, 41, 42, 98, 160, 496.
— *Pic.*, 115, 268.
— *La Roch.*, 179.
— *Tours*, 828.
Messier (le). *Rouen*, 444.
Messière. *Al.*, 995.
— *Par.*, I, 1177.
Messignat. *Lim.*, 382.
Messine. *Fland.*, 671. V.
Mession. *Bourg.*, II, 575.
— *La Roch.*, 364.
Messonnier. *Dauph.*, 509.
— *Guy.*, 738.
— *Par.*, I, 367.
Mesteltard. *Fland.*, 1474.
Mesteyer. *La Roch.*, 8.
Mestivier. *Bret.*, II, 288, 444.
— *La Roch.*, 308.
Mestolat. *Toul.-Mont.*, 248.
Mestrac. *Auv.*, 521.
Mestré. *Guy.*, 1106.
— *Toul.-Mont.*, 713, 1474.
Mestre (de). *Fland.*, 1243.
Mestreau. *Poit.*, 1342, 1529.
Mestrieux. *Bret.*, I, 287, 551, 702.
Mesturas. *Lim.*, 358.
Mesturier. *Poit.*, 1107.
Mesures (des). *Guy.*, 1043.
Mesureur (le). *Fland.*, 259.
Métairie (la). *Bourg.*, II, 347.
Métais. *Poit.*, 1486.
Métais (le). *Rouen*, 689, 934.
Métayer. *Bourg.*, II, 175.
— *Champ.*, 163.
— *Lyon*, 466.
— *Par.*, II, 101.
— *Par.*, III, 62.
— *Poit.*, 497, 848, 970. 1098.
— *Tours*, 960.
Métayer (le). *Al.*, 545.
— *Bret.*, I, 222, 252, 604, 637, 939.
— *Bret.*, II, 46, 602, 605, 650, 758, 906.
— *Caen*, 32, 623.
— *Rouen*, 27, 113, 369, 391, 417, 957.
Metays. *Orl.*, 728.
Meteren. *Fland.*, 460. V.
Métérie (la). *Poit.*, 1230.
Meternick. *Als.*, 323.
Metet (du). *Soiss.*, 822.
Metge (de). *Toul.-Mont.*, 51, 64.
Methé. *La Roch.*, 188, 384.

Metiquer. *Als.*, 868.
Métivier. *Bourb.*, 498, 501, 512, 601.
— *Guy.*, 100, 168.
— *Par.*, I, 1123.
— *Poit.*, 774, 984, 1084.
— *Toul.-Mont.*, 712.
— *Tours*, 203, 208, 1042. 1371.
Metjan. *Fland.*, 1315.
Métois. *Poit.*, 823, 1531.
Metra. *Prov.*, II, 661.
Métras. *Lyon*, 105, 170.
Mets (du). *Pic.*, 778.
— *Soiss.*, 228, 688.
Mette. *Guy.*, 1044.
Metternic. *Lorr.*, 264.
Metz. *Lorr.*, 601. Chap.
— *Lorr.*, 644. V.
Metz (de). *Par.*, II, 887.
Metz (du). *Champ.*, 782, 891.
— *Orl.*, 866.
— *Par.*, III, 451.
— *Par.*, IV, 138.
Metzenhausen. *Lorr.*, 285.
Metzer. *Als.*, 658.
Metzheim. *Als.*, 1023.
Metzleim, *Als.*, 412.
Metzquer. *Als.*, 123, 979.
Meuble (du). *Bourb.*, 407.
Meuche. *Pic.*, 809.
Meulinière (la). *Poit.*, 516, 1226.
Meulle (de). *Orl.*, 506.
Meullebec. *Fland.*, 179, 182.
Meulles (de). *Par.*, II, 647.
Meullier. *Tours*, 1393.
Meulore. *Tours*, 1423.
Meunier (le). *Tours*, 259, 923, 1177, 1180.
Meuny (de). *Orl.*, 142, 822.
Meur (de). *Bret.*, I, 945.
— *Bret.*, II, 201, 231.
Meur (le). *Par.*, IV, 532, 768.
Meurantais. *Tours*, 1177.
Meurdrac. *Al.*, 148.
— *Caen*, 246, 451.
Meure (de). *Montp.-Mont.*, 439, 449, 454.
Meure (la). *Prov.*, I, 717.
Meuret. *Guy.*, 255.
Meurger. *Al.*, 704.
Meurgey. *Bourg.*, I, 609.
Meurice. *Pic.*, 759.
Meurier. *Pic.*, 471, 636.
Meurin. *Pic.*, 206.
Meurimont. *Lorr.*, 366.
Meurisset. *Fland.*, 1210.
Meusinier. *Pic.*, 307.

— *Par.*, II, 762.
Miée. *Par.*, II, 76.
Miée (de). *Al.*, 40, 41, 88, 551, 573.
Miegeville. *Toul.-Mont.*, 788.
Miel. *Champ.*, 206.
Miel (le). *Caen.* 138.
Miélan. *Toul.-Mont.*, 1335. V.
Mielle. *Bourg* II, 29.
Miellet. *Pic.*, 767.
Mienson. *Fland.*, 358.
Mierbe. *Rouen*, 893.
Miesch. *Als.*, 1074.
Miestre (de). *Fland.*, 113.
Miette. *Bourg.*, I, 93.
Mieulet (de). *Toul.-Mont.*, 392, 1283.
Mieussans. *Guy.*, 958.
Mieux (de). *Al.*, 541, 723.
Miffant. *Caen*, 2, 9, 29, 622.
— *Rouen*, 198, 199, 207, 229, 231, 722, 730, 1091, 1092.
Miffaut. *Pic.*, 861.
Migard. *Bourg.*, I, 602.
Migault. *Par.*, IV, 571.
— *Poit.*, 1542.
Migeon. *Fland.*, 1267.
Migeot. *Champ.*, 271.
Miget. *Lyon*, 456, 759.
— *Orl.*, 134.
— *Par.*, III, 419.
— *Poit.*, 118, 168.
— *La Roch.*, 262, 263.
Migier. *Orl.*, 517.
Migieu. *Bourg.*, I, 5, 16, 47.
Miglos. *Montp.-Mont.*, 1177.
— *Poit.*, 577.
— *Toul.-Mont.*, 869.
Mignan. *Par.*, I, 354.
— *Prov.*, II, 626.
Mignard. *Par.*, I, 435.
— *Prov.*, I, 946, 965.
Mignaut. *Montp.-Mont.*, 1483, 1492.
Migné. *Par.*, III, 14.
Mignen. *Poit.*, 786, 1035.
Mignier (le). *Al.*, 5, 752.
Mignon. *Al.*, 982.
— *Bourges*, 14, 29.
— *Par.*, I, 225.
— *Par.*, II, 233, 630, 763.
— *Pic.*, 113.
— *Tours*, 1157.
— *Vers.*, 58.
Mignonneau. *Orl.*, 699.
— *La Roch.*, 31, 304.
Mignost. *Orl.*, 409, 426.
Mignot. *Al.*, 861.
— *Bourg.*, I, 189, 555, 685, 948, 952.

— *Bret.*, II, 559.
— *Caen*, 443.
— *Fland.*, 1493.
— *Lyon*, 56, 205, 206.
— *Orl.*, 392.
— *Par.*, III, 396, 447.
— *Poit.*, 1497.
— *Prov.*, I, 542.
— *Soiss.*, 192, 313, 357, 521, 526, 835.
— *Tours*, 1065.
Miguet. *Bourg.*, I, 1179.
Mihée. *Lim.*, 235.
Mijonnet. *Bourges*, 270.
Mil. *Toul.-Mont.*, 1478.
Milâ. *Béarn.*, 125.
Mila, *Toul.-Mont.*, 236.
Milan. *Prov.*, I, 378.
— *Prov.*, II, 223.
— *La Roch.*, 136.
Milani. *Prov.*, II, 214, 225.
Milbeau. *Bret.*, I, 836.
Miler. *Toul.-Mont.*, 112.
Milet. *Lyon*, 325.
Milhau. *Prov.*, I, 539.
Milice (la). *Fland.*, 1297.
Milin. *Par.*, III, 321.
Millac. *Guy.*, 724.
Millain. *Par.*, II, 780.
— *Par.*, III, 254.
Millan (de). *Prov.*, I, 443, 1318.
Millanchére (la). *Poit.*, 1333.
Millandre. *Bourges*, 479.
Millange. *Bourb.*, 362.
Millanger. *Lim.*, 392.
Millanges. *Par.*, I, 1140.
Millani. *Prov.*, I, 408.
Millard. *Champ.*, 616.
Millas. *Toul.-Mont.*, 1446. **V,**
Millasseau. *Tours*, 1128.
Millau. *Montp.-Mont.*, 317, 1037. V.
— *Poit.*, 1328.
— *Toul.-Mont.*, 407, 1192.
Millaud. *Orl.*, 457.
Millaut. *Bourb.*, 419.
Mille. *Bourg.*, II, 51, 295.
— *Prov.*, I, 968.
— *Prov.*, II, 543, 589.
Millen. *Pic.*, 450.
Miller. *Als.*, 1017.
— *Champ.*, 316.
Millerai. *Dauph.*, 507.
Milleret. *Bourg.*, II, 634.
Millet. *Al.*, 246, 248, 461, 1197.
— *Bourges*, 9, 31, 36, 69, 409, 413.
— *Bourg.*, I, 37, 249, 548, 785.

— *Par.*, IV, 719.
Mineur (le). *Bret.*, II, 429.
— *Tours*, 1053.
Mingaud. *Prov.*, I, 783.
Mingault. *Champ.*, 692.
— *Poit.*, 491.
Mingeon. *Bourg.*, I, 1120.
Minget. *Lyon*, 615.
Mingiaud. *Prov.*, II, 523.
Mingon. *Tours*, 979, 988.
Mingot. *Par.*, I, 599.
Minguet. *Par.*, III, 398.
Miniac. *Bret.*, I, 18, 19, 567, 568, 588.
Minier. *Bret.*, I, 498.
— *Orl.*, 376., 390.
Minière. *Bret.*, II, 447.
— *Lyon*, 374, 1022, 1033.
Minière (des). *Al.*, 650, 972.
Minichy (le). *Bret.*, I, 58, 946.
Minimes (les) de Metz. *Couv. Lorr.*, 561.
— de Verdun. *Lorr.*, 672.
Minimes (les). rel. *Poit.*, 442.
Mininck. *Als.*, 564.
Minoie (la). *Rouen*, 65.
Minot. *Bret.*, I, 717.
— *Par.*, I, 68.
— *Poit.*, 876, 1522.
— *Prov.*, II, 449.
— *Soiss.*, 224.
— *Tours*, 918.
Mintalimbert. *La Roch.*, 327.
Mintier (le). *Bret.*, I, 17, 129, 249, 410, 617, 826, 862, 886, 935.
— *Bret.*, II, 580.
Minut. *Toul.-Mont.*, 11.
Minuti. *Prov.*, I, 1192.
— *Prov.*, 749, 751, 760, 761 807.
Minvielle. *Béarn*, 106.
— *Guy.*, 102, 146.
Miolan. *Dauph.*, 191.
— *Prov.*, I, 494.
Miolet. *Fland.*, 1472.
Miolis, *Prov.*, I, 984.
Miollais. *Par.*, I, 442.
Miolle. *Soiss.*, 385, 566.
Mion. *Bourg.*, I, 1226.
— *Lorr.*, 636.
— *Vers.*, 223.
Mionvaudre. *Bourb.*, 316.
Miot. *Champ.*, 546.
— *Montp.-Mont.*, 868.
Miotte. *Lyon*, 397.
— *Par.*, I, 145.
Miou. *Champ.*, 632, 635, 532.

Miquel. *Toul.-Mont.*, 654, 659, 760, 987.
Miquelet. *Lorr.*, 629.
Mir. *Toul.-Mont.*, 807.
Mirabeau. *Par.*, I, 633.
— *Par.*, II, 980.
— *Prov.*, I, 929. M.
Mirabel. *Montp.-Mont.*, 1495.
— *Prov.*, I, 606.
— *Toul.-Mont.*, 952. V.
Mirabon. *Par.*, II, 691.
Miradoux. *Montp.-Mont.*, 1145.
Mirail. *La Roch.*, 288.
Miraillet. *Montp.-Mont.*, 134.
— *Prov.*, I, 1283.
Miral. *Par.*, I, 244, 366.
Miral (du). *Lim.*, 163.
Miraman. *Toul.-Mont.*, 1464.
Miramant. *Montp.-Mont.*, 485.
Mirambean. *Guy.*, 817.
Mirambel. *Guy.*, 948.
Miramont. *Auv.*, 551.
Mirande (de). *La Roch.*, 21, 22, 23.
Mirandol. *Guy.*, 510, 560, 761.
Mirasol. *Poit.*, 979.
Mirarasson. *Béarn*, 92.
Mirat (du). *Guy.*, 88.
Miraud. *Lyon*, 238.
Mirault. *Vers.*, 156, 159, 211.
Miraumont. *Orl.*, 317.
— *Pic.*, 762.
Mircourt. *Lorr.*, 390.
Mirdondel. *Bourg.*, I, 770, 1141.
Mire. *Al.*, 368.
Miré. *Bourges*, 381.
— *Bret.*, II, 72.
Mire (de). *Par.*, IV, 57, 59, 252, 378, 379.
Mire (la). *Dauph.*, 160.
— *Toul.-Mont.*, 490, 1198, 1206.
Mire (le). *Bourb.*, 508.
— *Champ*, 551.
— *Par.*, I, 1263.
— *Par.*, III, 161, 407.
— *Rouen*, 47, 335, 698, 863.
— *Soiss.*, 369.
Mirebault. *Tours*, 1518. V.
Miremont. *Montp.-Mont.*, 329, 1131.
— *Soiss.*, 151.
Mirepie. *Bourges*, 379.
Mirepois. *Guy.*, 954.
Mirepoix. *Montp.-Mont.*, 407.
Mireval. *Champ.*, 502.
Mirevel (le). *Tours*, 389.
Mirey. *Fland.*, 108.
Miribel. *Dauph.*, 404.

Molette (de). *Montp.-Mont.*, 323, 947.
Moleur (le). *Lorr.*, 152, 167.
Moli. *Montp.-Mont.*, 1015.
— *Toul.-Mont.*, 65, 1079, 1123, 1376.
Molice. *Par.*, III, 381.
Molien. *Bret.*, II, 91, 103, 202.
— *Lyon*, 151, 513.
— *Par.*, III, 7.
Molier. *Guy.*, 175, 176.
— *Montp.-Mont.*, 1093.
Molière. *Lyon*, 392.
— *Prov.*, I, 644.
Molière (la). *Al.*, 325.
Molières. *Montp.-Mont.*, 998.
Molières (de). *Toul.-Mont.*, 232, 403, 951, 1409.
Molimar. *Toul.-Mont.*, 1239.
Molimart. *Guy.*, 382.
Molin. *Lyon*, 165, 370, 879.
— *Par.*, III, 196.
— *Poit.*, 158.
— *Prov.*, II, 87.
Molin (du). *Par.*, II, 376, 568.
Molinais. *Tours*, 1482.
Moline (de) *Lyon*, 90.
Molineri. *Toul.-Mont.*, 1091, 1095, 1100.
Molinet (du). *Champ.*, 2, 31, 40, 418, 747.
Molinier. *Prov.*, I, 60, 1059, 1152.
— *Prov.*, II, 589.
— *Toul.-Mont.*, 88, 293, 518, 1383.
Molins. *Montp.-Mont.*, 553, 779.
Molins (des). *Champ.*, 859.
Molitard. *Orl.*, 78, 687, 833.
Moll. *Als.*, 463.
Moll (de). *Fland.*, 24, 355.
Mollambaix (de). *Pic.*, 884.
Mollard. *Par.*, II, 1144, 1271.
Mollart. *Bret.*, I, 346.
— *Prov.*, II, 690.
Molles (de). *Montp.-Mont.*, 207, 209.
Mollet. *Al.*, 1184, 1187.
— *Bourb.*, 552.
— *Fland.*, 129, 1262.
— *Par.*, I, 1059.
— *Par.*, II, 280.
— *Prov.*, II, 567.
— *Soiss.*, 688.
Mollien. *Par.*, I, 275, 388.
— *Pic.*, 816.
Molliez. *Bret.*, I, 403.
Mollin. *Pic.*, 399.
— *Prov.*, I, 441.
Mollinger. *Al.*, 338.
Mollinières. *Prov.*, I, 708.

Molois. *Poit.*, 883.
Molombe. *Bourg.*, I, 1198.
Molvaux. *Par.*, III, 532.
Molzheim. *Als.*, 618.
Momas. *Guy.*, 471.
Momas (de). *Soiss.*, 414.
Momat. *Bourb.*, 619.
Montbrière. *Caen*, 633.
Mome. *Poit.*, 1014.
Momen. *Toul.-Mont.*, 1231, 1234.
Momes. *Bourb.*, 619.
Momil. *Pic.*, 708.
Mommarès. *Guy.*, 954.
Mommignon. *Pic.*, 563.
Mommonnier. *Fland.*, 156, 363.
Mon (du). *Prov.*, I, 703.
Monac. *La Roch.*, 398, 425.
Monachi. *Toul.-Mont.*, 721.
Monaldi. *Fland.*, 279.
Monamy. *Bourb.*, 332.
Monbeil. *Tours*, 1339.
Monbet. *Toul.-Mont.*, 1228.
Monbeuil. *La Roch.*, 358, 366.
Monblanc. *Prov.*, II, 652.
Monbré. *Al.*, 1179.
Monbrun. *Tours*, 657.
Monce (de). *Orl.*, 889.
Monceau. *Orl.*, 883.
— *Pic.*, 406, 460.
— *Poit.*, 1375.
Monceau (de). *Lorr.*, 281.
— *Soiss.*, 52, 591.
Monceau (du). *Par.*, I, 68, 1018, 1155.
— *Par.*, II, 57, 134, 303, 653.
Monceaux. *Al.*, 1201.
— *Par.*, I, 1034.
— *Par.*, II, 802.
— *Rouen*, 1183.
Monceaux (des). *Par.*, III, 359.
Moncel. *Dauph.*, 281.
Moncel (du). *Al.*, 302.
— *Caen*, 323, 451.
— *Par.*, I, 271.
— *Rouen*, 578, 984.
Moncelas. *Orl.*, 171.
Moncelet. *Auv.*, 524.
— *Tours*, 145, 500, 1109.
Moncheaux. *Pic.*, 660, 791.
Monchel (du). *Pic.*, 779.
Moncheron. *Al.*, 219, 220, 225, 262, 512, 1149, 1223, 1237.
Monchi. *Als.*, 277.
— *Champ.*, 841.
— *Par.*, I, 2, 49, 271, 1204.
— *Pic.*, 2, 312, 386, 595, 771.

— *Rouen*, 94, 240, 451, 453, 456, 488, 1329.
Monchi (de). *Soiss.*, 412, 416.
Monchot (du). *Champ.*, 131.
Monchy. *Par.*, II, 1031, 1108.
— *Par.*, IV, 117, 782.
Monck. *Guy.*, 382.
Monclar. *Toul.-Mont.*, 973. V.
Monclos. *Lorr.*, 433.
Moncorbié. *Bourb.*, 409.
Moncorps. *Par.*, IV, 442, 637.
Moncourrier. *La Roch.*, 172.
Moncourt. *Lorr.*, 640.
Moncrif. *Poit.*, 17, 900.
Moncrif (de). *Prov.*, I, 568.
Moncroc. *Guy.*, 916.
Mondain. *Tours*, 304.
Mondeau. *Toul.-Mont.*, 378.
Mondei (de). *Lyon*, 340.
Mondelot. *Par.*, I, 1234.
Mondeltheim. *Als.*, 839.
Mondenard. *Guy.*, 14, 38, 43, 917.
— *Montp.-Mont.*, 1002, 1220.
Mondésir. *Guy.*, 313.
— *Par.*, IV, 8, 13, 472, 756.
Mondésir (de). *Prov.*, I, 627.
Mondet. *Fland.*, 321.
Mondétour. *Orl.*, 858.
— *Poit.*, 861.
Mondeval. *Champ.*, 629.
Mondi. *Toul.-Mont.*, 1472.
Mondie (la). *Lim.*, 443.
Mondière. *Tours*, 1441, 1469.
Mondière (la). *Al.*, 313, 316, 317, 320, 621, 785, 1000, 1209.
Mondières. *Par.*, I, 151.
Mondion. *Par.*, II, 1094.
— *Rouen*, 254, 460.
— *Tours*, 360, 361, 365, 366, 665, 1143, 1150, 1154.
Mondoet. *Lim.*, 287.
Mondollot. *Par.*, IV, 91.
Mondon. *Lim.*, 165.
— *Poit.*, 32, 73.
Mondonville. *Orl.*, 431, 689.
Mondoré. *Orl.*, 314, 834.
Mondot. *Poit.*, 423.
Mondoubleau. *Tours*, 1320. V.
Mondragon. *Prov.*, II, 634.
— *Tours*, 291.
Mondran. *Toul.-Mont.*, 167.
Mondreville. *Orl.*, 518.
Moneau. *Bret.*, II, 677.
Monebas. *Lorr.*, 675.
Moneins. *Béarn*, 125, 148.
— *Guy.*, 15, 160.

Monereau. *Guy.*, 5.
Moneri. *Dauph.*, 353, 593.
Moneron. *Par.*, I, 488.
Monestai. *Bourges*, 229.
Monestay. *Bourb.*, 496.
— *Vers.*, 245.
Monestet. *Lim.*, 354.
Monestié. *Toul.-Mont.*, 657.
Monestrol. *Toul.-Mont.*, 863.
Monet. *Par.*, I, 820.
— *Pic.*, 93, 309, 335, 719.
Monferville. *Rouen*, 1189.
Monfils. *Par.*, IV, 540.
Monfuron. *Prov.*, I, 538.
Mongant. *Pic.*, 414.
Mongardin. *Toul.-Mont.*, 1267.
Mongareux. *Orl.*, 518.
Mongé. *Par.*, I, 1310.
Monge. *Prov.*, I, 1016, 1312.
— *Prov.*, II, 140, 386.
Mongenet. *Bourg.*, I, 1075, 1141.
Mongeot. *Bourg.*, II, 17.
— *Champ.*, 71, 416, 746, 757, 867, 914.
Mongès. *Prov.*, I, 1071.
Mongey. *Bourg.*, I, 30, 78.
Mongi. *Guy.*, 501.
Mongin. *Bourg.*, I, 711, 1211.
— *Bourg.*, II, 9.
— *Lim.*, 431.
— *Par.*, I, 392, 1008.
— *Prov.*, I, 659, 697.
— *Prov.*, II, 581.
Monginet. *Par.*, I, 496.
Monginot. *Als.*, 1058.
— *Bourg.*, I, 249, 477.
— *Bourg.*, II, 87.
— *Champ.*, 766, 770.
— *Lorr.*, 127.
— *Lyon*, 800.
— *Orl.*, 840.
— *Par.*, I, 1135.
— *Pic.*, 478.
— *Soiss.*, 131, 845.
Mongins. *Prov.*, I, 263, 1377, 1378.
Mongodin. *Tours*, 581.
Mongouin. *Al.*, 1203.
Mongru. *Bourb.*, 566.
Monguiot. *Soiss.*, 281.
Moni. *Caen*, 503.
— *Fland.*, 1351.
— *Guy.*, 78.
Moni (de). *Lyon*, 772.
Monic. *Bourg.*, II, 295.
Monicart. *Lorr.*, 194.
Monicault. *Bourges*, 30, 111, 121, 226, 408.

— *Par.*, ı, 284.
Monie. *La Roch.*, 192.
Monier. *Auv.*, 166.
— *Dauph.*, 381, 382.
— *Prov*, ı, 125, 129, 131, 186, 423, 498, 559, 609, 618, 625, 648, 649, 744, 1179, 1189, 1243.
— *Prov.*, ıı, 54, 182, 187, 206, 260, 265, 492, 595, 596, 597, 721, 736, 755, 793, 836.
— *La Roch.*, 300.
Monigeon. *Bourg.*, ıı, 478.
Monigspolette. *La Roch.*, 97.
Monin. *Bourg.*, ı, 11, 408, 532, 604, 1151, 1237.
— *Bourg.*, ıı, 60, 95, 475, 483.
— *Dauph.*, 24, 155.
— *Fland.*, 193.
— *Lyon*, 368.
— *Par.*, ııı, 378, 507.
— *Prov.*, ı, 1157.
Moniqueron. *Par.*, ıv, 83.
Monistrol. *Lyon*, 686.
Monjon. *Lim.*, 106.
— *Poit.*, 62, 778.
Monjot. *Soiss.*, 296.
Monleges. *Prov.*, ıı, 646.
Monléon. *Lorr.*, 296.
— *Tours*, 233.
Monmerqué. *Lorr.*, 245.
— *Par.*, 787.
Monnard. *Montp.-Mont.*, 302.
Monnart. *Fland.*, 1212.
Monnay. *Poit.*, 493.
Monne. *Tours*, 1343.
Monnedior. *Lim.*, 468.
Monnel. *Fland.*, 66, 323.
Monnerat. *Par.*, ıı, 466.
Monneraye (la). *Bret.*, ı, 15, 34, 194, 208, 209, 213, 215, 220, 381, 464, 507.
— *Bret.*, ıı, 748.
Monnereau. *La Roch.*, 140, 354.
Monneri. *Poit.*, 1489.
Monnerie. *Tours*, 1479.
Monnerie (la). *Poit.*, 1490.
Monnerot. *Par.*, ıı. 633, 692, 952.
— *Par.*, ııı, 315.
— *Poit.*, 1049, 1175.
Monnery. *Bret.*, ıı, 555, 902, 911.
Monnes (de). *Toul.-Mont.*, 693.
Monnestier. *Prov.*, ıı, 325.
Monnet. *Auv.*, 184, 249.
— *Bourg.*, ı, 478, 1266.
— *Bourg.*, ıı. 46, 144, 150.
— *Champ.*, 699, 860.

— *Lyon*, 372, 424, 921.
— *Montp.-Mont.*, 1117.
— *Orl.*, 471.
— *Soiss.*, 261.
Monni. *Champ.*, 770.
Monnier. *Bourg.*, ı, 118, 599, 625, 634, 951, 1011, 1107, 1112, 1240, 1281.
— *Bourg.*, ıı, 161, 527, 529.
— *Bret.*, ıı, 473, 478, 837, 1098.
— *Fland.*, 1116, 1436.
— *Montp.-Mont.*, 403, 1074.
— *Par.*, ıı, 676, 695, 1200.
— *Par.*, ıv, 680.
— *Tours*, 932.
Monnier (le). *Al.*, 217, 858.
— *Caen*, 384, 447.
— *Fland.*, 410, 1262.
— *Rouen*, 11, 411, 482, 803, 833, 931.
Monnière (la). *Lyon*, 80, 141.
Monniot. *Bourg.*, ı, 220, 817.
Monnoie. *Rouen*, 888.
Monnot. *Bourg.*, ı, 1068.
— *Champ.*, 739.
— *Fland.*, 1334.
— *Orl.*, 27, 866.
Monnoye (la). *Bourg.*, ı, 64.
— *Bourg.*, ıı, 63.
— Monnoyeur. *Bourg.*, ı, 742.
Monod. *Bret.*, ı, 334.
Monorif. *Par.*, ı, 564.
Monot. *Lyon*, 382.
— *Toul.-Mont.*, 803.
Monpellier. *Par.*, ı, 694.
Monpreu. *Soiss.*, 590.
Monqueron. *Bourg.*, ı, 682.
Monrafet. *Toul.-Mont.*, 972.
Monricoux. *Toul.-Mont.*, 983. *V.*
Monroux. *Lim.*, 391.
— *Toul.-Mont.*, 1332.
Mons. *Guy.*, 86, 89, 166, 637.
Mons (de). *Dauph.*, 21.
— *Montp.-Mont.*, 289, 1272.
— *Par.*, ıı. 289, 697.
— *Pic.*, 7, 11, 12, 243, 562.
Mons (des). *Poit.*, 659, 1472.
Monsallier. *Tours*, 908.
Monsegur. *Guy.*, 994.
Monseignat. *Soiss.*, 331, 478.
Monserat. *Toul.-Mont.*, 184.
Monseron. *Champ.*, 556.
Monsicourt. *Fland.*, 1496.
Monsie (la). *Guy.*, 733, 1077.
Monsière. *Poit.*, 1129.
Monsigot. *Orl.*, 677.

Montel (du). *Bourb.*, 205.
Montelaire. *Par.*, III, 147.
Montelet. *Poit.*, 558.
— *Toul.-Mont.*, 568.
Montélimart. *Dauph.*, 323. V.
Montellier. *Bret.*, II, 289, 610.
Montely. *Montp.-Mont.*, 1048, 1054.
Montena. *Lyon*, 402.
Montenai. *Rouen*, 720, 1334.
Montenar. *Prov.*, 1, 39.
Montenay. *Par.*, I, 569.
— *Poit.*, 43.
Montenuis. *Pic.*, 313, 669, 772.
Monterbi. *Lorr.*, 388.
Montereau. *Champ.*, 453.
— *Par.*, III, 124.
Monteret. *Lyon*, 1029.
Montesquieu. *Béarn*, 54.
— *Guy.*, 175, 178, 223, 243, 538, 643.
— *Montp.-Mont.*, 317, 1113.
— *Par.*, II, 736, 1068.
— *Toul.-Mont.*, 866, 879, 1226, 1465.
Montesquiou. *Béarn*, 73.
— *Guy.*, 610.
— *Montp.-Mont.*, 1057.
— *Par.*, II, 7, 255.
— *Toul.-Mont.*, 33, 375, 857.
Montesson. *Fland.*, 1501.
— *Tours*, 259, 264.
— *Vers.*, 11.
Montessus. *Bourg.*, I, 227, 296, 343, 1079.
Montessut. *Bourg.*, II, 152, 153.
Montet. *Bourg.*, II, 105.
— *Orl.*, 291.
— *Montp.-Mont.*, 326, 851.
— *Prov.*, I, 949.
Montet (du). *Als.*, 259, 260.
— *Dauph.*, 389.
— *Guy.*, 533, 716, 718, 1172.
— *Lyon*, 817, 818.
Monteton. *Guy.*, 272.
Montfaucon. *Bourg.*, I, 9.
— *Bourg.*, II, 633.
— *Montp.-Mont.*, 58, 221.
— *Toul.-Mont.*, 252, 586, 792, 807, 1034, 1305.
Montflin. *Lorr.*, 332.
Montferrant. *Auv.*, 47. V.
— *Bourg.*, I, 14, 194.
— *Guy.*, 422, 901.
Montfiquet. *Caen*, 4, 19, 31, 68, 146, 657.
Montflambert. *Par.*, I, 1270.
Montflanquin. *Guy.*, 1134.

Montfort. *Al.*, 377, 568.
— *Als.*, 685.
— *Bret.*, I 112, 203, 670.
— *Bret.*, II, 530.
— *Caen*, 730.
— *Champ.*, 46, 55.
— *Lyon*, 947.
— *Montp.-Mont.*, 1127. V.
— *Par.*, I, 1238.
— *Prov.*, II, 100, 102.
— *La Roch.*, 242.
— *Rouen*, 79, 576.
— *Toul.-Mont.*, 340.
Montfouillon. *Lyon*, 648.
Montfrebeux. *Poit.*, 467.
Montfrin. *Montp.-Mont.*, 487. V.
Montgaillard. *Guy.*, 1212.
— *Montp.-Mont.*, 1178.
Montgeffon. *Bourg.*, I., 15. V. Toquet.
Montgogué. *Bret.*, I, 161.
— *Par.*, I, 407.
Montgommeri. *Al.*, 176.
— *Bret.*, II, 131.
— *Rouen*, 1264.
Montgoubert. *Al.*, 900.
— *Rouen*, 100, 676.
Montgrand. *Prov.*, I, 769.
Montgrénat. *Auv.*, 210.
Montgrillet. *Bourg.*, I, 16.
Montgros. *Montp.-Mont.*, 441.
Montguibert. *Montp.-Mont.*, 128.
Montguillon. *Par.*, II, 214.
— *Par.*, IV, 94.
Montguin. *Dauph.*, 233.
Montguion. *Champ.*, 142, 147, 148, 150.
— *Lorr.*, 611.
Monthereau. *Orl.*, 512, 823.
Montheron. *Lorr.*, 492.
Montherot. *Bourg.*, I, 232, 243.
— *Bourg.*, II, 138, 532.
Monthevaut. *Par.*, II, 601.
Monthiers (de). *Par.*, IV, 244, 245.
Montholon. *Bourg.*, I, 8.
— *Par.*, I, 420, 527.
— *Par.*, II, 371, 384, 1062, 1262.
— *Rouen*, 645, 790.
— *Vers.*, 53.
Monthomer. *Par.*, III, 102.
Monthulé. *Par.*, I, 860.
Monti. *Bret.*, I, 205, 311, 356.
Montian. *Tours*, 1112.
Montier. *Auv.*, 585.
— *Champ.*, 899.
— *Soiss.*, 667.

Montier (du). *Rouen*, 31, 512, 586, 687, 932.
Montiers. *Caen*, 86, 95, 102.
— *Par.*, ɪ, 92.
— *Prov.*, ɪ, 849. V.
Montiers (de). *Al.*, 264.
Montiers (des). *Rouen*, 385.
Montifaut. *Auv.*, 401.
Montignac. *La Roch.*, 380.
Montigni. *Al.*, 809, 961.
— *Auv.*, 452.
— *Caen*, 423.
— *Champ.*, 322, 858.
— *Lorr.*, 241, 403 *bis*.
— *Rouen*, 1188.
Montigny. *Bret.*, ɪ, 460, 471.
— *Bret.*, ɪɪ, 42, 512, 739.
— *Orl.*, 786, 839, 908.
— *Par.*, ɪ, 14, 83, 992, 993.
— *Par.*, ɪɪ, 778.
— *Par.*, ɪv, 38, 41, 474.
— *Pic.*, 698.
— *La Roch.*, 425.
— *Soiss.*, 580, 581, 687, 688.
Montillet. *Bourg.*, ɪ, 415.
— *Orl.*, 378.
— *Toul.-Mont.*, 465.
Montilly. *Bourg.*, ɪɪ, 333.
Montini. *Al.*, 648.
— *Par.*, ɪɪ, 720.
Montion. *Guy.*, 88.
Montirat. *Montp.-Mont.*, 118.
Montis. *Soiss.*, 688.
Montis (des). *Al.*, 12, 46, 175, 177, 345, 732.
— *Poit.*, 191.
Montjardet. *Bourg.*, ɪ, 231.
Montjean. *Pic.*, 106, 116.
Montjoli. *Auv.*, 451.
Montjon. *La Roch.*, 126, 127.
Montjournal. *Bourb.*, 408.
Montjouvant. *Bourg.*, ɪ, 402.
Montjouy. *Par.*, ɪɪ, 1156.
Montjoye. *Als.*, 675, 902.
— *Par.*, ɪɪ, 595.
Montjuif. *Montp.-Mont.*, 482.
Montlaur. *Béarn*, 116.
— *Montp.-Mont.*, 46, 638, 678, 1366.
— *Toul.-Mont.*, 693, 874, 1331.
Montlauzer. *Toul.-Mont.*, 1107.
Montléard. *Par.*, ɪv, 253.
Montléon. *Bret.*, ɪ, 112.
— *Montp.-Mont.*, 1127. V.
Montlezun. *Als.*, 156.
— *Guy.*, 53, 180, 181, 182.
— *Montp.-Mont.*, 1116, 1128, 1146.

— *Par.*, ɪ, 169.
— *Par.*, ɪɪ, 319, 937.
— *Prov.*, ɪɪ, 487.
— *Toul.-Mont.*, 1226, 1258.
— *Vers.*, 151.
Montlezun (de). *Pic.*, 337.
Montlibert. *Orl.*, 818.
Montlieu. *La Roch.*, 301.
Montlouis. *Bret.*, ɪ, 643.
— *Bret.*, ɪɪ, 116, 753.
— *Lim.*, 393.
Montluc. *Auv.*, 433.
— *Toul.-Mont.*, 140.
Montluel. *Bourg.*, ɪ, 374.
Montmain. *Lyon*, 399, 402.
Montmartin. *Caen*, 648.
Montmeau. *Champ.*, 121.
Montmedi. *Lorr.*, 565. V.
Montméja. *Tours*, 106.
Montmejan *Guy.*, 219.
Montmelier. *Orl.*, 126.
Montmerqué. *Par.*, ɪ, 58, 485.
Montmignon. *Par.*, ɪ, 1020.
— *Par.*, ɪɪɪ, 169, 170.
   Pic., 400, 756, 818. V. Mommi-
Montmo░░░Bourges, 325.
Montmore░░. *Champ.*, 73.
Montmor░░. *Bret.*, ɪ, 495.
— *Fland.*, 53, 1317.
— *Par.*, ɪ, 14, 102, 156, 1106, 1164.
— *Par.*, ɪɪ, 261, 354.
— *Par.*, ɪɪɪ, 74, 88.
Montmorency (de). *Pic.*, 137, 145, 458, 476.
Montmorillon. *Bourg.*, ɪ, 278.
— *Poit.*, 926. Off.
— *Vers.*, 82.
Montmorin. *Dauph.*, 207.
— *Par.*, ɪ, 104.
Montmort. *Lim.*, 240.
Montmoure. *Toul.-Mont.*, 736.
Montobert. *Rouen*, 375.
Montois. *Fland.*, 737.
— *Par.*, ɪɪ, 732.
— *Poit.*, 821, 842, 1532.
Montoison. *Dauph.*, 294.
Montolier. *Guy.*, 22, 899.
Montolieu. *Montp.-Mont.*, 208.
— *Prov.*, ɪ, 535, 545, 608.
— *Prov.*, ɪɪ, 372.
— *Toul.-Mont.*, 917, 918.
Montolivet. *Lyon*, 509, 719.
Montonnet. *Bourges*, 289.
Montorcier. *Auv.*, 56, 90, 294.
Montorsier. *Bret.*, ɪɪ, 57.

Montorut. *Auv.*, 155.
Montory. *Bourb.*, 589.
Montou. *Bourges*, 243.
Montpeiroux. *Toul.-Mont.*, 1126.
Montpellé. *Rouen*, 217.
Montpellier. *Fland.*, 1466, 1468.
— *Montp.-Mont.*, 1. V.
Montpereux. *Al.*, 1206.
Montpezat. *Guy.*, 292, 1129.
— *Toul.-Mont.*, 1333, 1372.
Montplacé. *Tours*, 348, 710, 713, 1393.
Montplainchamp. *Lorr.*, 337.
Montpouillan. *Guy.*, 144.
Montrabault. *Bourg.*, ii, 299.
Montrabeau. *Guy.*, 587.
Montramberg. *Champ.*, 729.
Montratier. *Montp.-Mont.*, 1001, 1158.
Montraveil. *Guy.*, 1094.
Montravers. *Bourg.*, i, 1266.
Montréal. *Montp.-Mont.*, 170. V.
Montredon. *Montp.-Mont.*, 75, 79, 1291.
Montrégnier. *Soiss.*, 670.
Montresle. *Montp.-Mont.*, 450.
Montrésor. *Tours*, 1308.
Montreuil. *Al.*, 96, 859, 891.
— *Caen*, 417, 577.
— *Par.*, i, 1370.
— *Par.*, iii, 310.
— *Poit.*, 1147.
— *Tours*, 402.
Montreuil-Bellay. *Tours*, 653. V.
Montreuil-Bossuin. *Poit.*, 884. Prieuré.
Montrichard. *Bourg.*, i, 664, 1164, 1229, 1238.
— *Lyon*, 217, 569, 782, 1001.
Montrichier. *Bourg.*, i, 1217.
Montriet. *Auv.*, 481.
Montrillon. *Par.*, iv, 268.
Montrivels. *Bourg.*, i, 818.
Montrodez. *Auv.*, 158.
Montroignon. *Auv.*, 281, 387, 431.
— *Bourb.*, 132.
Montroy. *Bourb.*, 519.
Monts (de). *Par.*, i, 61.
Monts (des). *Al.*, 72, 480, 1142, 1146.
— *Caen*, 193, 337, 357, 449.
— *Pic.*, 448.
— *Poit.*, 280, 281, 287, 392, 398, 400.
— *Soiss.*, 59, 60, 339, 516.
Montsabré. *Bourges*, 90, 232, 274, 440, 435.
— *Orl.*, 538.
Mont-Saint-Eloy (du). *Pic.*, 153.

Monsalier. *Prov.*, i, 1022.
Montsalve. *Poit.*, 1037.
Montsalvin. *Orl.*, 427.
Montsamin. *Bourg.*, ii, 176.
Montsaullin. *Par.*, iv, 348.
Montségur. *Béarn*, 79, 98.
Montséjour. *Auv.*, 139.
Montseraud. *Poit.*, 565.
Montsérier. *Guy.*, 383.
Montservié. *Auv.*, 179.
Montsorbier. *Poit.*, 240, 388, 710.
Montsoreau. *Tours*, 1016. V.
Montsuret. *Fland.*, 425.
Montureux. *Bourg.*, i, 736.
Montvalat. *Toul.-Mont.*, 1153.
Montvallat. *Auv.*, 404, 502.
— *Montp.-Mont.*, 1094.
Montvert. *Bourg.*, i, 19.
— *Lyon*, 408.
Montvet. *Toul.-Mont.*, 1300.
Monval. *Guy.*, 1156.
Monvaux. *Fland.*, 1114.
— *Lorr.*, 249.
Monvoisin. *Al.*, 318.
— *Pic.*, 454, 471.
Mony. *Als.*, 389.
— *Bret.*, ii, 438.
— *Par.*, i, 1067.
Moquart. *Bret.*, ii, 1084.
Moquereau. *Tours*, 283, 1437.
Moquet. *Par.*, i, 388.
Mor. *Als.*, 475, 901.
Mora. *Guy.*, 1185, 1208.
Moracin. *Guy.*, 373.
Morage. *Fland.*, 192.
Moragne. *La Roch.*, 205.
Morain. *Tours*, 649, 1486.
Morainville. *Al.*, 298.
— *Par.*, ii, 809.
Morais. *Bret.*, i, 384.
— *Caen*, 135.
— *Poit.*, 213, 259, 1184.
Moral. *Par.*, iv, 666.
Moralis. *Dauph.*, 466.
Moramez. *Par.*, iv, 77.
Moran. *Prov.*, i, 1182.
Morancourt. *Par.*, iv, 383.
Morand. *Al.*, 1096.
— *Par.*, i, 566.
— *Pic.*, 161.
— *Tours*, 270, 910, 987, 1108.
Morandaye (la). *Bret.*, ii, 657.
Moranderie (la). *Bourges*, 27.
Morandière (la). *Al.*, 850, 881.
— *Bret.*, ii, 902.
Morandin. *Lyon*, 769.

Morte (de). *Prov* , II, 708, 714.
Morte (la). *Dauph.*, 18, 487, 494.
Morthon. *Montp.-Mont.*, 1041, 1055.
Mortier. *Lyon*, 166, 744.
— *Par.*, I, 21, 22, 475.
— *Par.*, II, 519, 520.
Mortier (du). *Fland.*, 63, 93, 117, 593, 807, 848, 979, 997.
— *Tours*, 95, 140, 148, 565, 1274.
Mortiers (des). *Tours*, 1424.
Morvan. *Bret.*, I, 411.
— *Bret.*, II, 609.
Morvaux. *Par.*, IV, 256.
Morveau. *Par.*, II, 787.
Morville. *Guy.*, 304.
Mosée. *Als.*, 804.
Mosener. *Lorr.*, 266.
Moser. *Als.*, 429.
Mosin. *Par.*, II, 523.
Mosnier. *Bret.*, I, 156.
— *Champ.*, 676.
— *Guy.*, 61, 84, 290, 491, 581, 1071.
— *La Roch.*, 159.
— *Soiss.*, 98, 100, 700.
— *Toul.-Mont.*, 128, 264.
Mosnier (du). *Al.*, 7, 768, 1173.
Mosny. *Orl.*, 784, 795, 820.
Mosqueros. *Béarn*, 9, 56.
Mosse. *Prov.*, 984.
Mosseder. *Als.*, 450, 495, 572, 796, 1048.
Mosser. *Als.*, 578.
Mosseron. *Soiss.*, 158.
Mosset, *Tours*, 794, 1049.
Mosson. *Poit.*, 1281.
Motais. *Bret.*, II, 398, 953.
Motais (des). *Orl.*, 823, 824.
Motel. *Par.*, I, 1.
Motel (du). *Par.*, IV, 39, 327, 474.
Motelet. *Par.*, II, 695.
Motet. *Champ.*, 123.
Motet. *Par.*, I, 1190.
— *Par.*, IV, 301, 393.
— *Prov.*, I, 726, 774, 1198.
Motet (du). *Bourges*, 168.
— *Dauph.*, 23.
Mothais. *Tours*, 1008.
Mothe (la). *Guy.*, 211, 243, 706, 739, 912, 930, 1021, 1036, 1038, 1042, 1189, 1191.
— *Par.*, II, 792, 1204, 1210.
— *Par.*, III, 16, 399, 509.
— *Vers.*, 56, 241.
— Houdancourt. *Par.*, II, 166.
— Mansel. *Par.*, II, 713.
Mothereau. *Tours*, 12, 35, 1059.

Mothes, *Guy.*, 143, 1011, 1070.
Motheu. *Prov.*, I, 38, 39, 1237.
Mothier. *Auv.*, 125.
Motin. *Bourg.*, II, 64, 72.
Motmaust. *Guy.*, 836.
Motrey. *Bourg.*, 400.
Motte (de). *Dauph.*, 512.
Motte (la). *Al.*, 224, 807, 831.
— *Als.*, 646, 827.
— *Bourb.*, 572.
— *Bourges*, 232.
— *Bourg.*, I, 30, 299, 315, 322, 437.
— *Bourg.*, II, 108, 357.
— *Bret.*, I, 77, 339, 363, 569, 587, 628, 854, 929, 982.
— *Bret.*, II, I, 68, 556, 573.
— *Caen*, 21, 198, 608, 630, 679.
— *Champ.*, 74, 339, 367, 387, 782, 890, 891.
— *Fland.*, 70, 71, 198, 326, 355, 1095, 1438.
— *Lim.*, 166, 191, 426, 461.
— *Montp.-Mont.*, 291, 343, 802, 1156, 1443.
— *Orl.*, 77, 169, 337, 503, 1021.
— *Par.*, I, 443, 1136, 1275.
— *Par.*, IV, 75, 133, 134, 137, 655, 760.
— *Pic.*, 80, 102, 136, 495, 825.
— *Poit.*, 89, 285, 862, 1056, 1471, 1554.
— *Prov.*, I, 346, 1050.
— *La Roch.*, 183.
— *Rouen*, 88, 466, 555, 559, 920, 1171, 1191.
— *Soiss.*, 97, 195, 196, 542, 603, 677, 706.
— *Toul.-Mont.*, 166, 240, 373, 380, 464, 465, 782, 1053, 1147, 1259, 1261.
— *Tours*, 627, 693, 1003, 1248, 1358.
Motte (la) Fouqué. *Bret.*, II, 189.
— Genouillet. *La Roch.*, 20.
— Luchet. *La Roch.*, 86, 372.
Motteau. *Poit.*, 1228, 1229, 1526, 1527.
Mottes. *Toul.-Mont.*, 934, 1003.
Mottes (de). *La Roch.*, 35.
Mottes (des). *Fland.*, 562.
— *Par.*, I, 750.
Mottet. *Lyon*, 730.
— *Tours*, 602, 1147.
Motteville. *Lyon*, 683.
Mottier. *Tours*, 1464.
Motties (la). *La Roch.*, 177.

Mottin. *Al.*, 737.
— *Bourg.*, i, 168.
Mou (le). *Orl.*, 725.
Moublet. *Prov.*, ii, 713.
Moubra. *Toul.-Mont.*, 868.
Mouceau. *Lyon*, 2, 51.
Mouceau (de). *Tours*, 1421.
Mouceau (du). *Par.*, ii, 268.
Mouceaux. *Al.*, 311.
— *Orl.*, 421.
— *Prov.*, i, 35.
Mouceaux (des). *Soiss.*, 557.
Mouceou. *Prov.*, i, 930.
Mouchard. *Bourb.*, 394, 610.
— *Par.*, ii, 762.
— *Rouen*, 448, 882.
Mouche (la). *Bret.*, i, 435.
— *Par.*, i, 896, 970, 1201.
— *Par.*, ii, 159.
— *Par.*, iii, 396.
. Moucheau. *Fland.*, 116, 210, 211, 343,
 474.
Moucheron. *Bret.*, i, 306, 361, 550,
 552.
— *Fland.*, 489, 1104.
— *Lim.*, 428.
Mouchet. *Par.*, i, 619.
— *Pic.*, 430.
— *Rouen*, 1161.
— *Toul.-Mont.*, 748.
Mouchet (du). *Al.*, 266, 268, 516, 517,
 683, 1013, 1014, 1061.
— *Caen*, 605.
— *Orl.*, 77, 798.
Mouchevair. *Bourg.*, ii, 29, 59, 63,
 484.
Mouchevert. *Bourg.*, i, 74, 75, 89.
Mouchi. *Pic.*, 247, 249, 290, 367,
 468.
— *Rouen*, 1407.
Mouchinet. *Bourg.*, ii, 498.
Mouchon. *Par.*, iv, 26.
Mouchot. *Bourg.*, i, 203.
— *Par.*, iv, 277, 575.
Mouchou. *Bourg.*, ii, 577.
— *Bret.*, ii, 162.
— *Par.*, ii, 1223.
Mouchou (de). *Prov.*, i, 1129.
Mouchoux. *Bret.*, ii, 769.
Mouchy. *Par.*, ii, 1010.
— *Par.*, iii, 180.
— *Par.*, iv, 118.
Mouci (de). *Lorr.*, 207.
Mouciroux. *Prov.*, ii, 301.
Mouclier. *Poit.*, 1115.
Mouck. *Fland.*, 789, 1118.

Moucy. *Par.*, i, 1032, 1035, 1279.
— *Par.*, ii, 167, 802.
Moudens. *Toul.-Mont.*, 1244.
Mouessy. *Bret.*, ii, 404.
Mouette. *Prov.*, i, 1202.
Moufflard. *Rouen*, 888.
Mouffle. *Par.*, iv, 22.
Moufle. *Par.*, i, 113, 256, 1214.
— *Par.*, ii, 806, 846, 949.
— *Par.*, iii, 495, 496.
Mougé. *Als.*, 93, 119, 130, 133, 727.
Mougins. *Prov.*, i, 280.
Mouguier (le). *Rouen*, 275.
Mouï. *Par.*, ii, 381.
— *Rouen*, 162, 216, 418, 433, 487,
 524, 660.
Mouillac. *Bret.*, ii, 457.
Mouillebert. *Poit.*, 87, 603, 704.
Mouillet. *Bourg.*, i, 1139, 1143.
— *Bourg.*, ii, 479.
Mouillet (de). *Toul.-Mont.*, 122, 123.
Moulaires. *Toul.-Mont.*, 994.
Moulart. *Par.*, i, 65, 317.
Moulas. *Toul.-Mont.*, 1216.
Moulceau. *Montp.-Mont.*, 3, 591.
Moulé. *Orl.*, 683.
Moulery. *Montp.-Mont.*, 938.
Mouliérat. *Auv.*, 559.
Moulière. *Poit.*, 1325.
Moulièrer. *Prov.*, ii, 76.
Moulieus. *Orl.*, 149.
Moulin. *Bourb.*, 547.
— *Bret.*, i, 163, 171, 462, 508, 914.
— *Bret.*, ii, 676.
— *Lyon*, 127, 148, 435, 462, 511.
— *Par.*, i, 1331.
— *Prov.*, i, 565. . .
— *Prov.*, ii, 95.
— *Rouen*, 865, 871.
— *Toul.-Mont.*, 711.
Moulin (de). *Orl.*, 76.
Moulin (du). *Al.*, 7, 35, 794, 800, 807,
 837, 915, 1197.
— *Als.*, 996.
— *Bourges*, 283, 294.
— *Bourg.*, ii. 300, 473.
— *Caen*, 414, 481.
— *Dauph.*, 312.
— *Guy.*, 932, 1198.
— *Lorr.*, 239, 240, 327.
— *Montp.-Mont.*, 331, 830.
— *Par.*, ii, 255, 430.
Moulin (le). *Poit.*, 633.
Moulineau. *Par.*, iii, 467.
Moulinet. *Orl.*, 695.
— *Tours*, 1106.

Moulinet (du). *Al.*, 15, 23, 144, 153, 154, 159, 391, 403, 499, 533, 536.
— *Par.*, I, 286.
— *Pic.*, 500.
Moulinier. *Guy.*, 908.
— *Lim.*, 7, 24, 109, 119, 129, 144, 328.
— *Prov.*, I, 821.
— *La Roch.*, 381.
Moulinniat. *Tours*, 733.
Moulins. *Bourb.*, 282.
— *Guy.*, 1229.
Moulins (de). *Tours*, 185, 565, 1284.
Moulins (des). *Al.*, 247, 1027, 1128.
— *Bret.*, II, 933.
— *Fland.*, 24, 388, 1136.
— *Lim.*, 425.
— *Montp.-Mont.*, 680.
— *Par.*, I, 965.
— *Par.*, II, 876.
— *Par.*, III, 369, 862.
— *Pic.*, 27.
— *Vers.*, 150.
Moullard. *Prov.*, I, 808.
Moulle. *Par.*, II, 660.
Moullec (le). *Bret.*, II, 541.
Moulon. *Guy.*, 1067.
Moulraneux. *La Roch.*, 392.
Mouly. *Toul.-Mont.*, 1119.
Mounans. *Guy.*, 1205.
Mounes (de). *Prouv.*, II, 615.
Mounicat. *Montp.-Mont.*, 202.
Mounier. *Lim.*, 109, 137.
— *Poit.*, 535, 823.
Mouniest. *Par.*, II, 1225.
Mount de). *Fland.*, 1337.
Moupillé. *Tours*, 1179.
Mouquet. *Auv.*, 10.
Moura. *Par.*, I, 369.
Mourage. *La Roch.*, 156.
Mouraine. *Guy.*, 868.
Moural. *Dauph.*, 390.
Mourat. *Montp.-Mont.*, 842.
Mouraud. *Bret.*, I, 859.
Mourault. *Par.*, III, 384.
Mourcatrolz. *Montp.-Mont.*, 129, 147.
Mourchon. *Montp.-Mont.*, 1014.
Mourcourt. *Fland.*, 324.
Moure. *Prov.*, I, 1260.
— *Prov.*, II, 439, 508.
— *La Roch.*, 379.
Moureau. *Bourg.*, I, 188.
— *La Roch.*, 169.
— *Toul.-Mont.*, 657, 1287.
Moureau (du). *Lim.*, 266.

Mouren. *Prov.*, II, 306.
Mourene. *Prov.*, I, 1042.
Mouret. *Bourg.*, I, 596, 1110, 1113.
— *Dauph.*, 393.
— *Par.*, I, 434.
— *Par.*, II, 667.
— *Vers.*, 73, 75.
— *Pic.*, 61, 395, 399, 574, 594, 856, 857.
— *Toul.-Mont.*, 1094.
Mourgaud. *Poit.*, 336.
Mourgier. *Montp.-Mont.*, 526.
Mourgues. *Montp.-Mont.*, 731, 1349.
— *Prov.*, I, 898, 1027, 1028.
— *Toul.-Mont.*, 933.
Mourguet. *Prov.*, II, 710.
Mouricau. *Prov.*, I, 463.
Mouricault. *Par.*, III, 150.
Mourie. *La Roch.*, 238.
Mourier. *Dauph.*, 295, 457.
— *Lyon*, 1029.
Mouriés. *Prov.*, II, 374, 645.
Mouriés (de). *Prov.*, I, 177, 307, 808, 860, 995.
Mourin. *Poit.*, 213.
Mourleau. *Montp.-Mont.*, 1176.
Mourlon. *Dauph.*, 301.
Mourlot. *Bourg.*, I, 1060.
Mournat. *Auv.*, 183.
Mouron. *Bourges*, 475, 478.
— *Lorr.*, 457.
— *Prov.*, II, 283, 708.
— *Toul.-Mont.*, 1303.
Mours. *Pic.*, 554.
— *Prov.*, I, 822.
Mours (de). *Lorr.*, 149.
Moursen. *Guy.*, 858.
Mourson. *Auv.*, 266.
Mourt. *Pic.*, 50.
Mourvat. *Dauph*, 434.
Mourzelas. *Montp.-Mont.*, 1318.
Mousaud. *Poit.*, 967.
Mouset. *Poit.*, 981.
Mousie (la). *Toul.-Mont.*, 706.
Mouslier. *Orl.*, 269, 510.
— *Par.*, I, 237.
— *Par.*, II, 775, 821.
Mousnier. *Bret.*, II, 1111.
— *Guy.*, 427, 550, 635, 1080.
— *Orl.*, 433.
— *La Roch.*, 254, 276.
— *Tours*, 947.
Moussara. *Toul.-Mont.*, 717.
Moussaye (la). *Bret.*, I, 127, 200, 477, 513, 599, 609, 755, 816.
Mousse(la). *Bourb.*, 40, 274, 407, 588.

16

Muis (des). *Par.*, I, 677.
Muis (le). *Soiss.*, 37.
Muison. *Champ.*, 45.
Muissard. *Fland.*, 132, 149, 153, 552, 553, 590.
Muisson. *Fland.*, 1486.
Mulaher. *Toul.-Mont.*, 217.
Mulberger. *Als.*, 422, 439, 619.
Mulchi. *Prov.*, I, 679.
Mulé. *Toul.-Mont.*, 269.
Mulert. *Pic.*, 894.
Mulet. *Prov.*, II, 132, 697.
— *Tours*, 55, 133, 555.
Mulfron. *Fland.*, 696.
Mulier. *Tours*, 1402.
Mulier (le). *Bourg.*, I, 142.
— *Bourg.*, II, 32, 237, 242, 263, 582.
Mulle (la). *Rouen*, 878.
Mullenheim. *Als.*, 404, 793, 794.
Muller. *Als.*, 61, 182, 221, 394, 402, 509, 269, 608, 620, 627, 734, 858, 875, 920.
— *Fland.*, 377.
Mulles (de). *Prov.*, II, 706.
Mullet. *Fland.*, 26, 53.
— *Guy.*, 84.
— *Par.*, I, 1253.
— *Pic.*, 118, 130.
Mullier. *Fland.*, 417.
Mullot. *Par.*, I, 1050.
Mulnart. *Fland.*, 1159.
Mulot. *Bourg.*, I, 993.
— *Par.*, III, 349, 508.
— *La Roch.*, 244.
Muly. *Par.*, IV, 199.
Munck. *Als.*, 208.
Munick. *Als.*, 908.
Municq. *Guy.*, 1072.
Munier (de). *Pic.*, 815.
Munster. *Als.*, 178.
— *Lorr.*, 279. Ab.
Mur (du). *Orl.*, 907.
— *Par.*, I, 1377.
Muraille. *Guy.*, 959.
Muraire. *Prov.*, I, 1380.
— *Prov.*, II, 517, 522.
Murard. *Lyon*, 11, 31, 362, 510, 610, 908.
— *Par.*, I, 1038, 1227.
Murart. *Prov.*, II, 668.
Murat. *Auv.*, 24, 322, 422, 500, 523.
— *Dauph.*, 31, 177, 259, 397.
— *Fland.*, 1474.
— *Lim.*, 324.
— *Montp.-Mont.*, 189.
— *Par.*, I, 1137.

— *Par.*, II, 1008, 1127.
— *Par.*, IV, 531.
— *Prov.*, I, 620.
— *Toul.-Mont.*, 410, 923, 1057, 1068, 1272.
Muratel. *Toul.-Mont.*, 707.
Murault. *Bret.*, I, 419.
Mure. *Bourb.*, 480.
Mure (la). *Lyon*, 137, 152, 242, 247, 250, 254, 612, 986, 993, 1015.
Murestant. *Lorr.*, 636.
Muret. *Bourg.*, II, 135.
— *Fland.*, 1015.
— *Montp.-Mont.*, 541, 542, 1061.
— *Prov.*, I, 692, 1390.
— *Toul.-Mont.*, 236.
Murg. *Als.*, 822.
Murguet. *Soiss.*, 659.
Murigna (de). *Pic.*, 229.
Murmande (de). *Tours*, 656.
Muroin. *Prov.*, II, 267.
Mourot. *Béarn*, 160.
Murot. *Par.*, IV, 436, 634.
Murs (des). *Bourg.*, II, 569.
Murseman. *Fland.*, 713.
Murviel. *Montp.-Mont.*, 42, 286, 297.
Mury. *Bourg.*, II, 179.
— *Lyon*, 728.
Mus. *Als.*, 804.
Musac. *Lorr.*, 192.
Musard. *Poit.*, 921.
Musi. *Auv.*, 271.
Musi (de). *Dauph.*, 44, 53, 113, 206, 590.
Musinod. *Dauph.*, 219.
Musnier. *Auv.*, 16.
— *Lyon*, 137.
— *Par.*, I, 946.
— *Par.*, III, 284.
— *Par.*, IV, 203, 563.
— *Poit.*, 63.
Musnier (le). *Caen*, 575.
— *La Roch.*, 332.
Mussard. *La Roch.*, 419, 229.
Mussau. *Montp.-Mont.*, 911.
Musse. *Montp.-Mont.*, 823.
Musse (la). *Tours*, 759.
Musseau. *Bret.*, II, 524, 859.
— *Lim.*, 57.
Mussei (de). *Lorr.*, 102.
Mussel. *Als.*, 877.
Muserotte. *Al.*, 410.
Mussigny. *Par.*, I, 591.
Mussin. *Prov.*, II, 482.
Mussins. *Als.*, 900.
Musson. *Bourg.*, II, 136.

39038 — Paris. Imprimerie Renou et Maulde, rue de Rivoli, 144.

N

Natta. *Par.*, iii, 275.
Natte. *Prov.*, i, 647, 677, 916, 1055, 1259, 1276.
— *Prov.*, ii, 353.
Nattes (de). *Montp.-Mont.*, 130.
Naturel. *Bourg.*, i, 450.
— *Bourg.*, ii, 219.
Nau. *Caen*, 149.
— *Guy.*, 1014.
— *Par.*, i, 312, 318, 1164.
— *Par.*, ii, 537, 568.
— *Par.*, iii, 550.
— *Poit.*, 437, 438, 652, 832, 860, 1059, 1082, 1406, 1416, 1512, 1532, 1533.
— *La Roch.*, 241.
— *Tours*, 115, 132, 524.
Naucase. *Auv.*, 222, 556.
Naucerre. *Poit.*, 778.
Naud. *Bourb.*, 122, 456.
Naus. *Prov.*, i, 1309.
Naudé. *Guy.*, 1109, 1118.
— *Prov.*, i, 1169.
— *Prov.*, ii, 471.
Naudet. *Par.*, iii, 378.
Naudin. *Al.*, 1034.
— *Bret.*, ii, 515.
— *Champ.*, 800.
— *Poit.*, 464, 502, 1299.
— *La Roch.*, 311.
— *Tours*, 1052.
Naufary. *Toul.-Mont.*, 1299.
Naujot. *Poit.*, 222.
Naulle (de). *Poit.*, 1504.
Naumont. *Poit.*, 728.
Naurepart. *Poit.*, 1371.
Naurit. *Prov.*, ii, 278.
Naus. *Pic.*, 590.
Nause. *Guy.*, 209, 563.
Naut (de). *Prov.*, i, 1098.
Nauté. *Toul.-Mont.*, 141, 183.
Nauville. *Guy.*, 882, 952.
Nauze. *Toul.-Mont.*, 655, 770.
Navailles. *Béarn*, 70, 80, 85, 105, 111.
— *Guy.*, 254.
Navaisse. *Dauph.*, 522, 527.
Navarre. *Champ.*, 884.
— *Guy.*, 104, 106, 1042.
— *Lorr.*, 192, 219, 652.
— *Par.*, iv, 177, 204.
— *Poit.*, 437.
— *Prov.*, i, 1145.
Navarri. *Prov.*, ii, 693.
Nave (de). *Fland.*, 321, 375.
Naveau. *Bourg.*, ii, 369.

Naveau Gazeau. *La Roch.*, 423.
Navech. *Toul.-Mont.*, 1045.
Navelet. *Champ.*, 298.
Naverre (la). *Par.*, i, 409.
Naves. *Toul.-Mont.*, 68.
Navetier. *Bourg.*, i, 223, 241.
— *Bourg.*, ii, 478.
Naviau. *Al.*, 1055.
Navielle (la). *Fland.*, 1449.
Navier. *Bourg.*, ii, 245.
Naviéres. *Bret.*, ii, 491.
— *Lim.*, 125, 131.
Navighers. *Fland.*, 468, 1070, 1071.
Navndorff. *Als.*, 415.
Nay. *Orl.*, 724.
Nayac. *Toul.-Mont.*, 279.
Nayl. *Bret.*, ii, 283.
Nays (de). *Vers.*, 41.
Nazare. *Bret.*, i, 789.
Nazay. *Bourg.*, i, 1010.
Neau. *La Roch.*, 309, 320.
Neaume. *Poit.*, 569.
Neausse (de). *Toul.-Mont.*, 1348.
Neaut. *Par.*, iii, 368.
Nebias. *Toul.-Mont.*, 809.
Nebout. *Poit.*, 787.
Neboux (de). *Bret.*, i, 658.
Neboux. *Bret.*, ii, 156.
Necei. *Al.*, 716, 723, 1128.
Nectaire (St-). *Poit.*, 317, 564.
Nectoux. *Bourg.*, ii, 174.
Nedé (de). *Poit.*, 103, 428.
Nedecque (de). *Lorr.*, 466.
Nedelet. *Bret.*, i, 963.
Nedouesel. *Fland.*, 121, 398, 1014.
Née. *Orl.*, 869, 873.
Neel. *Al.*, 572.
— *Caen*, 16, 64, 203, 320, 358, 457.
Neël. *Rouen*, 109, 193, 930, 1109, 1188.
Neff. *Als.*, 90, 1058, 1076.
Négre. *Lyon*, 636, 937.
— *Montp.-Mont.*, 866.
— *Prov.*, i, 49, 193, 744, 801, 1271.
— *Prov.*, ii, 265, 435.
— *Toul.-Mont.*, 693, 822, 976, 995, 1119.
Négrel. *Prov.*, i, 479, 952, 953, 971.
Négrepelisse. *Toul.-Mont.*, 1373. V.
Negret. *Lorr.*, 692.
— *Toul.-Mont.*, 618, 1168.
Négrier *Caen*, 166.
— *Poit.*, 405.
— *Tours*, 1413.
Negrin. *Prov.*, i, 1362.
Neigrier. *Tours*, 513.

Neils. *Orl.*, 241, 246.
Neirac. *Auv.*, 220.
Neiret. *Dauph.*, 78.
— *Rouen*, 505.
Neirieu. *Dauph.*, 238.
Neiron. *Auv.*, 54, 84, 125.
Neis. *La Roch.*, 431.
Neitz (de). *Toul.-Mont.*, 1052.
Neizet. *Par.*, ii, 63, 454, 862.
Nejenstein. *Als.*, 841.
Nelle. *Tours*, 919.
Nelle (de). *Soiss.*, 197, 415, 537.
Nemours. *Par.*, iv, 261.
Nepveu. *Pic.*, 115, 704, 717.
Néquot (le). *Lim.*, 81.
Ner. *Als.*, 763.
Nera. *Par.*, iii, 308.
Nérac. *Guy.*, 406.
Nerais. *Tours*, 1250.
Neraud. *Guy.*, 44.
Néraut. *Bourges*, 448.
Nereau. *Par.*, i, 471.
— *Par.*, iii, 279, 514. (?)
Neremant. *Dauph.*, 288, 302.
Néret. *Bourges*, 11, 306.
— *Champ.*, 16.
Neret. *Par.*, i, 880, 912, 1104, 1147, 1212.
— *Par.*, iii, 519.
— *Poit.*, 1120.
Neria. *Bourg.*, ii, 413.
Nérignac. *Poit.*, 570.
Nerme. *Lyon*, 952.
Neron. *Par.*, ii, 597.
Ners (de). *Montp.-Mont.*, 920.
Nervost. *Par*, ii, 450.
Nerzic. *Bret.*, ii, 608.
Nesdin. *Poit.*, 824.
Nesme. *Pic.*, 859.
— *Vers.*, 164.
Nesme (du). *Par.*, iv, 396.
Nesmond. *Bourb.*, 197, 303.
— *Caen*, 38.
— *Champ.*, 256.
— *Guy.*, 194.
— *Lim.*, 86, 138, 368.
— *Montp.-Mont.*, 987.
— *Par.*, i, 1009, 1100.
— *Par.*, ii, 983.
— *Poit.*, 347.
Nessel. *Als.*, 507, 1070.
Nesvre (de). *Bourg.*, ii, 249, 250.
Netancourt. *Par.*, i, 1217.
Nettancourt. *Champ.*, 223, 232, 883.
— *Lorr.*, 52.
— *Par.*, ii, 155.

— *Par.*, iii, 3, 104.
Netz (de). *Par.*, ii, 1220.
Neubar. *Als.*, 485.
Neubaver. *Als.*, 471.
Neubeck. *Als.*, 46.
Neucheses. *Bourb.*, 21, 114.
Neuckerman. *Fland.*, 180, 224.
Neuf (du). *Lorr.*, 156.
Neuf (le). *Al.*, 230, 455, 562, 580, 594, 819, 1189, 1192, 1197.
— *Caen*, 143, 580.
— *Rouen*, 1156.
Neufbourg. *Par.*, i, 40, 146.
Neufcares. *Orl.*, 294.
Neuf-Chasteau. *Lorr.*, 130. V.
Neufchelles. *Vers.*, 133.
Neufchezes. *Poit.*, 203, 619, 912, 1557.
Neuffet. *Bret.*, ii, 713.
Neufin. *Tours*, 946. V.
Neuforges. *Lorr.*, 150, 161, 560.
Neufville. *Pic.*, 812.
Neuillé. *Poit.*, 856.
Neuilli. *Caen*, 611.
Neuilly. *Par.*, ii, 195.
Neunheuser. *Lorr.*, 270, 277.
Neurisse. *Guy.*, 1212, 1216.
Neuvèze. *Auv.*, 238.
Neuvic. *Lim.*, 396.
Neuville. *Al.*, 35, 86, 249, 462, 564, 848.
— *Auv.*, 82.
— *Caen*, 146, 357.
— *Fland.*, 242, 853.
— *Par.*, i, 599.
— *Par.*, ii, 468.
— *Par.*, iii, 90.
— *Poit.*, 1006, 1064.
— *La Roch.*, 370.
— *Rouen*, 278, 464, 785.
— *Soiss.*, 220, 463, 559, 729.
Neuvillé. *Lorr.*, 112. Pri.
Neuvy. *Bourb.*, 177.
Neux (des). *Par.*, i, 383.
Nevache. *Dauph.*, 538.
Nevelet. *Champ.*, 126.
Nevelle (la). *Fland.*, 56, 1492.
Nevenstein *Als.*, 239, 253, 262, 271.
Nevet. *Bret.*, i, 196, 237, 355.
— *Bret.*, ii, 779.
— *Par.*, iii, 89.
Neveu. *Bourges*, 278.
— *Bourg.*, i, 108.
— *Bret.*, ii, 1087.
— *Champ.*, 55, 874.
— *Orl.*, 799, 803, 807, 818.

Nigleau. *Tours*, 1473.
Nignault (du). *La Roch.*, **277.**
Nigot. *Bourg.*, I, 183, 184.
— *Par.*, I, 864, 942, **1110.**
— *Par.*, II, 681.
Nigou. *Auv.*, 555.
Nigri. *Montp.-Mont.*, **49, 167, 169,** 174, 186, 388.
Niguenard. *Bourg.*, II, **134, 150.**
Niguet. *Montp.-Mont.*, **766.**
Ninan. *Rouen*, 598.
Nioche. *Par.*, II, **1013.**
— *Par.*, IV, 264, 564.
— *Vers.*, 195.
Niollat. *Par.*, I, **147.**
Nion. *Al.*, 1055.
— *Tours*, 1315.
Niord. *Bret.*, II, 557.
Niort. *Toul.-Mont.*, 141.
Niort (de). *Poit.*, 905, **136 et 1098. V.**
Niot. *Bourg.*, I, **1197.**
— *Tours*, 757.
Niquard. *Bourg.*, II, 527.
Niquart. *Als.*, 594, 629.
Niquel. *Lorr.*, 244, 247, 636.
Niquet. *Bourges*, 169, **175.**
— *Bourg.*, II, 83, 494.
— *Bret.*, II, 392.
Nirenhausen. *Lorr.*, 374.
Nis. *Fland.*, 961.
Niselle. *Par.*, I, 679, **1252.**
Nismes. *Montp.-Mont.*, 246, **1565.**
Nissel. *Als.*, 697.
Nissolle. *Montp.-Mont.*, 54, **624.**
Nitard. *Als.*, 76, 122.
Nitolon. *Par.*, IV, 566.
Nivard. *Tours*, 1385.
Nivart. *Poit.*, 41, 92, 311, 567, 769, 784, 893, 1530, 1531, 1533.
Nivault. *Orl.*, 544.
— *Tours,* 1087.
Niveau. *Bourb.*, 526.
Nivelle. *Champ.*, 134.
— *Par.*, II, 699.
Nivelon. *Bourb.*, 602.
Nivenne. *Poit.*, 800.
Nivert. *Bourg.*, I, 681.
— *Par.*, II, 329.
— *Par.*, IV, 82, 83, 84, 87, 806.
— *Vers.*, 10.
Nivet. *Bourg.*, I, 633.
— *Bret.*, II, 388.
— *Orl.*, 652.
Nivier. *Bourg.*, II, 188.
Nivre (du). *Dauph.*, 243.
Nizon. *Bourges*, 40.

— *Tours*, 309.
Noailhan. *Toul.-Mont.*, 356, 932, 941, 1003, 1245.
Noaille (la). *Guy.*, 171.
Noaillé. *Poit.*, 922, 1534.
Noailles. *Montp.-Mont.*, 484.
— *Par.*, II, 989, 990, 1000.
— *Vers.*, 6, 60.
Noalhier. *Lim.*, 131.
Noarieu. *Béarn*, 107.
Noat. *Guy.*, 800.
Nobile (de). *Montp.-Mont.*, 259.
Nobili. *Prov.*, II, 485.
Nobili (de). *Toul.-Mont.*, 1 ...
Nobilos. *Béarn*, 111.
Noblat. *Als.*, 143.
Noble. *Lorr.*, 134.
Noble (de). *Prov.*, I, 4, 22, 69, 90, 140, 805.
Noble (le). *Champ.*, 466.
— *Orl.*, 500.
— *Par.*, I, 724.
— *Par.*, II, 87, 410.
— *Rouen*, 145, 152, 226, 589, 662, 675, 865, 1089.
— *Tours*, 872.
Noblesse. *Als.*, 216.
— *Bourg.*, II, 531.
Noblet. *Bourb.*, 318.
— *Bourges*, 15, 131, 246, 286.
— *Bourg.*, I, 119.
— *Bret.*, I, 157, 161, 425.
— *Champ.*, 20, 79, 82.
— *Lyon*, 218.
— *Montp.-Mont.*, 408.
— *Par.*, I, 677.
— *Par.*, II, 433, 668, 898.
— *Par.*, III, 148, 568.
— *Vers.*, 287.
Noblin. *Soiss.*, 392, 404, 569, 760.
Nobrolle. *Toul.-Mont.*, 1481.
Nocé. *Al.*, 52, 170, 236, 635, 648.
Nocei. *Rouen*, 327, 400.
Nocher. *Champ.*, 857.
— *Tours*, 1168.
Nocque. *Pic.*, 653.
Nocré. *Lorr.*, 638.
Nocret. *Vers.*, 109.
Noderer. *Als.*, 661.
Nodot. *Par.*, III, 390.
Noé. *Montp.-Mont.*, 1059.
Noé (la). *Bret.*, I, 50, 209, 405, 602, 618.
— *Bret.*, II, 77, 407, 752, 852.
— *Caen*, 339, 345, 443, 521.
Noeau. *Poit.*, 1277.

Noëi (la). *Al.*, 512.
Noël. *Al.*, 97, 748, 1109.
— *Als.*, 716.
— *Auv.*, 59.
— *Bourg.*, I, 1259.
— *Bret.*, I, 648.
— *Bret.*, II, 207, 877, 959.
— *Caen*, 20, 154, 425, 594, 709, 740.
— *Champ.*, 116, 120, 294, 361, 408, 424, 426, 483, 579, 711, 863.
— *Fland.*, 1491.
— *Guy.*, 1078, 1096.
— *Lorr.*, 677.
— *Lyon*, 172, 243.
— *Orl.*, 165.
— *Par.*, I, 371.
— *Par.*, III, 150, 417.
— *Par.*, IV, 19, 663.
— *Pic.*, 123.
— *Poit.*, 1360.
— *Prov.*, II, 738, 755.
— *Rouen*, 683, 780, 832, 901.
— *Toul.-Mont.*, 18, 25, 478, 479.
Noellas. *Auv.*, 38, 290, 291.
Noës (des). *Al.*, 737.
— *Bret.*, II, 400.
Noet. *Par.*, I, 367.
Noeu (de). *Par.*, II, 652.
Noey (la). *Par.*, III, 360.
Nogarde (la). *Montp.-Mont.*, 219.
Nogarede. *Montp.-Mont.*, 857.
Nogaret. *Lim.*, 68.
— *Montp.-Mont.*, 359, 1088.
— *Prov.*, I, 835.
— *La Roch.*, 448.
— *Toul.-Mont.*, 35, 889, 1163.
Nogaro. *Guy.*, 267.
— *Montp.-Mont.*, 1136. V.
Nogent. *Al.*, 733.
— *Bourg.*, I, 302, 1099.
— *Champ.*, 552, 762, 782, 891.
Nogerolle. *Montp.-Mont.*, 1034.
Nogue. *Tours*, 359.
Nogueres. *Guy.*, 162, 1136.
Nogués. *Guy.*, 405, 1190.
Noguet. *Rouen*, 330.
Noguez. *Béarn*, 4, 17, 47, 77, 95.
— *Toul.-Mont.*, 1342, 1441.
Noguier. *Prov.*, II, 653.
Nohe. *Orl.*, 861.
Noi. *Prov.*, I, 1394.
Noinville. *Par.*, I, 730.
— *Par.*, IV, 65.
Noir (de). *Toul.-Mont.*, 541.
Noir (le). *Al.*, 146, 862.

— *Als.*, 496.
— *Bourg.*, I, 289.
— *Bret.*, I, 601.
— *Bret.*, II, 547, 594.
— *Champ.*, 13.
— *Montp.-Mont.*, 295, 709, 1282, 1286.
— *Orl.*, 68, 189, 955.
— *Par.*, I, 292, 302, 304, 394, 743, 754, 900, 1234.
— *Par.*, II, 77, 104, 188, 193, 420, 513, 526, 1027.
— *Par.*, III, 347, 426, 523, 582.
— *Par.*, IV, 391, 392, 602.
— *Pic.*, 61, 67, 705, 823.
— *Poit.*, 713, 1059.
— *Prov.*, I, 646, 697.
— *Prov.*, II, 22.
— *Tours*, 168, 345, 1373.
Noirat. *Lyon*, 1005.
— *Orl.*, 123.
Noiraud. *Poit.*, 1348, 1396.
Noiraudeau. *Poit.*, 1402.
Noircarme. *Fland.*, 1444.
Noiré. *Al.*, 468.
Noiret. *Fland.*, 138, 779, 1300.
— *Lorr.*, 38.
— *Par.*, I, 384.
— *Par.*, III, 324, 448.
Noirfosse. *Soiss.*, 193.
Noirit. *Toul.-Mont.*, 63.
Noirmontier. *Poit.*, 933. Ab. 946.
Noirot. *Bourg.*, I, 63, 251, 1147.
— *Bourg.*, II, 6, 485, 536.
— *Champ.*, 753.
— *Par.*, II, 939.
Nois (des). *Poit.*, 1243.
Noiseme. *Fland.*, 1042.
Noisens. *Toul.-Mont.*, 1123.
Noiset. *Fland.*, 1188.
— *Guy.*, 545.
Noiseux. *Fland.*, 1213.
Nolaud. *Par.*, III, 478.
Noleau. *Poit.*, 523.
Nolet. *Champ.*, 736.
— *Lorr.*, 320.
— *Par.*, II, 433.
— *Toul.-Mont.*, 216, 888.
Nolhac. *Montp.-Mont.*, 374.
Nolibois. *Guy.*, 1206.
— *Lorr.*, 641.
Nolin. *Champ.*, 52.
— *Par.*, I, 534, 546, 1208.
— *La Roch.*, 417.
— *Soiss.*, 759.
Nolleau. *Orl.*, 435.

Nouail. *Bret.*, i, 94, 983.
— *Bret.*, ii, 378, 432, 551, 901, 999.
Nouailhan. *Guy.*, 253, 600.
Nouaillan. *Montp.-Mont.*, 1209.
Nouaille (la). *Lim.*, 288.
Nouaillé. *La Roch.*, 151.
Nouailles. *Guy.*, 657, 860, 861.
— *Montp.-Mont.*, 194.
Noualez. *Montp.-Mont.*, 496.
Nouches (des). *Poit.*, 438.
Noüe (de). *Poit.*, 841.
— *Soiss.*, 145, 326, 257, 656.
Noüe (la). *Al.*, 182.
— *Bourg.*, ii, 303.
— *Bret.*, i, 202.
— *Bret.*, ii, 990.
— *Fland.*, 66.
— *Lorr.*, 294.
— *Orl.*, 461, 796.
— *Par.*, i, 206, 1014.
— *Prov.*, i, 7.
— *Tours*, 245, 1024.
— *Vers.*, 246.
Nouel. *Bret.*, i, 59, 608, 623, 931.
— *Bret.*, ii, 550.
Noües (des). *Al.*, 837.
— *Poit.*, 212, 255, 1152, 1380.
Nouet. *Par.*, i, 1143, 1287.
— *Par.*, iii, 138, 140.
— *Tours*, 497, 1395, 1418.
Nouguet. *Montp.-Mont.*, 151.
Nouguez. *Fland.*, 197.
Nouri. *Rouen*, 281, 379, 831, 1149.
— *Soiss.*, 21.
Nouroy. *Lorr.*, 244.
— *Orl.*, 346.
Nourquer. *Bret.*, i, 591.
Nourri (le). *Al.*, 531, 628.
Nourrison. *Lyon*, 155, 1037.
Nourisson. *La Roch.*, 291.
Nourry. *Par.*, i, 330, 583, 1057, 1219.
Nourtier. *Pic.*, 759.
Noury (de). *Bourb.*, 61.
Nousière. *La Roch.*, 218.
Nouveau. *Bourg.*, i, 689, 1049.
Nouvel. *Bret.*, ii, 408, 409.
— *Poit.*, 819.
— *Toul.-Mont.*, 709, 1123.
Nouvel (le). *Caen*, 735.
Nouy. *Montp.-Mont.*, 248, 256, 259, 737, 856.
Nouyer. *Toul.-Mont.*, 670.
Nouyeras. *Lim.*, 215.
Nouziés. *Toul.-Mont.*, 1050.
Novincer. *Caen*, 157.
Novinces. *Rouen*, 650.

Novion. *Lorr.*, 463.
Novion (de). *Soiss.*, 13.
Noyal. *Bret.*, i, 316.
— *Lorr.*, 626.
Noyau. *Al.*, 1059.
— *Orl.*, 368.
Noyel. *Lyon*, 207, 210, 718, 783, 912.
— *Par.*, ii, 424.
Noyelle. *Fland.*, 380, 506, 805, 1441.
— *Tours*, 554.
Noyer. *Dauph.*, 554.
— *Lyon*, 330.
— *Tours*, 1210, 1456.
Noyer (du). *Al.*, 625, 911.
— *Guy.*, 15, 24, 538.
— *Montp.-Mont.*, 364, 366, 1258.
— *Orl.*, 755, 798.
— *Par.*, i, 1108.
— *Par.*, ii, 50, 133, 254, 267, 367, 370, 541, 695, 897.
— *Par.*, iii, 476.
— *Poit.*, 557, 814, 1520.
— *Rouen*, 239, 779.
— *Toul.-Mont.*, 41, 1182.
Noyeriner. *Auv.*, 309.
Noyers (des). *Champ.*, 618.
— *Par.*, i, 288.
— *Par.*, iv, 7.
— *Poit.*, 425.
— *Rouen*, 819.
— *Tours*, 320.
Noyés. *Guy.*, 645.
Noyeux. *Par.*, iv, 456,
Noyon. *Rouen*, 1337.
— *Soiss.*, 130. V.
Nozeck. *Bret.*, ii, 561.
Nozeilles. *Guy.*, 324, 1166.
Nozeray. *Bourg.*, i, 1230.
Nozereau. *Rouen*, 513.
Nozerot. *Vers.*, 65.
Nozier. *Montp.-Mont.*, 1050, 1055.
Nozier (de). *Toul.-Mont.*, 308, 1189.
Nozières (de). *Auv.*, 500.
Nuchesse. *Tours*, 1384.
Nudavie (de). *Lorr.*, 339.
Nueil. *Poit.*, 1382, 1407.
Nuger. *Lyon*, 941.
Nugue. *Dauph.*, 438, 579.
Nuguet. *Bourg.*, i, 264.
— *Par.*, ii, 1165.
Nuis. *Bourg.*, i, 356.
Nuisement (de). *Lorr.*, 368.
Nully. *Par.*, ii, 950, 1179.
— *Par.*, iv, 135.
Nully (de). *Pic.*, 600, 843.
Nunés. *Guy.*, 1146.

O

Offignies (d'). *Fland.*, 884.
Offinger. *Als.*, 889.
Offois (d'). *Pic.*, 521.
Offray. *Bret.*, II, 19.
Ogard. *Poit.*, 620.
Oger. *Pic.*, 17, 408, 569.
— *Poit.*, 476.
Oger (d'). *Par.*, I, 150, 274.
Ogeron. *Poit.*, 75, 293, 1329, 1338, 1350, 1420.
— *Tours*, 1146.
Ogier. *Bourb.*, 218, 332.
— *Bourges*, 308.
— *Bret.*, II, 447.
— *Caen*, 265.
— *Fland.*, 846.
— *Par.*, I, 150, 472, 960.
— *Par.*, III, 462.
— *Pic.*, 607.
— *Poit.*, 1509.
— *Tours*, 515.
Ogilley. *Orl.*, 20.
Ogron. *Poit.*, 477.
Ohier. *Pic.*, 361.
Oime (d'). *Guy.*, 557.
Oineau (d'). *Poit.*, 87.
Oinel (d'). *Al.*, 54, 246, 786.
Oinet. *Fland.*, 1487.
Oing (d'). *Bourges*, 276.
Oinville (d'). *Al.*, 361.
Oiron (d'). *Bourb.*, 129.
— *Bourges*, 450.
— *Bourg.*, I, 652.
— *Poit.*, 1321.
Oiselet (d'). *Bourg.*, I, 672.
Oisy (d'). *Fland.*, 827.
Ojanarte (d'). *Toul.-Mont.*, 1421.
Olanier. *Dauph.*, 542.
— *Lyon*, 260.
Olaignon. *Montp.-Mont.*, 697.
Olagnier. *La Roch.*, 365, 388.
Olbel (d'). *Caen*, 684.
Oléron. *Béarn*, 130. V.
Olier. *Auv.*, 441.
— *Bourg.*, II, 352.
— *Dauph.*, 159.
— *Toul.-Mont.*, 672, 706, 712, 958, 961, 985, 1002, 1172.
Oliéres (des). *Auv.*, 169.
— *Prov.*, I, 580, 619.
Olieulen (d'). *Prov.*, I, 108.
Olimant. *Bret.*, I, 357.
Olin. *Par.*, I, 1213.
Olineau. *La Roch.*, 371.
Oiïoules (d'). *Prov.*, II, 823.
Olivari (d'). *Prov.*, I, 174, 457, 495.

Olive. *Al.*, 1151.
— *Champ.*, 131.
— *Prov.*, I, 225, 556, 725, 743, 803, 870, 1054, 1056, 1100, 1122, 1164.
Olive (d'). *Guy.*, 377.
— *Montp.-Mont.*, 997, 1215.
— *Toul.-Mont.*, 136, 142, 253.
Oliveau. *Poit.*, 235, 1223, 1547.
Olivera. *Guy.*, 1144.
Olivet. *Bourg.*, I, 1049.
Olivier. *Al.*, 1020, 1257.
— *Auv.*, 214.
— *Bourb.*, 82, 419.
— *Bourges*, 388.
— *Bourg.*, I, 444.
— *Bourg.*, II, 223, 361.
— *Bret.*, I, 158, 163, 174, 281, 610.
— *Bret.*, II, 35, 199, 215, 217, 539, 846, 1062, 1074.
— *Fland.*, 983, 995.
— *Lorr.*, 12, 146, 324, 483.
— *Lyon*, 53, 359, 743, 756, 1040.
— *Orl.*, 621, 1017.
— *Par.*, I, 196.
— *Par.*, II, 83, 377, 782, 1074, 1075.
— *Par.*, III, 128, 148, 300.
— *Pic.*, 437.
— *Poit.*, 38, 49, 50, 289, 290, 498, 566, 1075, 1097, 1278, 1486.
— *Prov.*, II, 239, 255, 256, 271, 274, 317, 362, 446, 650, 654, 739, 756, 762, 778, 789, 790, 791.
— *Rouen*, 786, 924.
— *Toul.-Mont.*, 13, 1284, 1287, 1296.
— *Tours*, 129, 380, 984, 1003, 1143, 1257, 1389, 1421, 1427.
Olivier (d'). *Montp.-Mont.*, 134, 202, 272, 756, 1063, 1414.
— *Prov.*, I, 444, 466, 548, 633, 716, 730, 732, 737, 817, 938, 958, 976, 980, 1007, 1017, 1056, 1178, 1201, 1215, 1264, 1291, 1298, 1404.
Olivier (l'). *Bret.*, I, 354, 713, 719, 848, 891, 943.
Oliviero. *Bret.*, II, 1029.
Ollevau. *Bret.*, II, 391.
Olliençon. *Rouen*, 318.
Olliençon (d'). *Al.*, 35, 208, 371, 579, 810, 814.
— *Caen*, 409.
Ollier. *Als.*, 635.
— *Lyon*, 674, 929.
— *Par.*, I, 259, 350, 929, 1252, 1342.
— *Par.*, II, 358, 529, 553, 564, 932.
— *Par.*, III, 122.
Ollin. *Par.*, II, 160.

Orillaud. *Poit.*, 1456.
Orin. *Bret.*, II, 399, 425, 751.
Oriocourt (d'). *Champ.*, 181, 183.
Oriol. *Als.*, 79.
Oriol (d'). *Bret.*, I, 49, 50, 320.
Oriou. *Bret.*, I, 360.
Orisi (d'). *Champ.*, 346.
— *Lorr.*, 361.
Oritel. *Bret.*, I, 255, 396.
Oriulé (d'). *Béarn*, 120.
Orival (d'). *Rouen*, 263.
Orlant (d'). *Par.*, IV, 5.
Orléans. *Bret.*, II, 483.
— *Fland.*, 1495.
— *Orl.*, 35, 50, 317, 349, 536.
— *Par.*, III, 51, 86.
Orlet (d').   347.
Orlodo (d'). *Champ.*, 237, 346, 542.
Orlonnac (d'). *Toul.-Mont.*, 408.
Ormes (des). *Par.*, I, 1288.
— *Tours*, 1256.
Ornadat (d'). *Béarn*, 109.
Ornaison. *Par.*, I, 80, 145, 157.
Ornaison (d'). *Lyon*, 719.
Ornans. *Bourg.*, I, 945.
Orneval. *Vers.*, 290.
Ornezan (d'). *Prov.*, I, 300.
Ornhac (d'). *Montp.-Mont.*, 483.
Oro (d'). *Guy.*, 467.
Oroignan (d'). *Béarn*, 3, 128.
Orphelin (l'). *Caen*, 145.
Orquevaux. *Lorr.*, 124.
Orré. *Poit.*, 51, 263.
Orri. *Poit.*, 999.
Orry. *Par.*, II, 679.
Orsan (d'). *Bourg.*, ,I, 311, 624.
Orsanne (d'). *Bourges*, 14, 44, 48, 196, 244, 507.
Orscheid. *Als.*, 1090.
Ortafa (d'). *Toul.-Mont.*, 1124.
Ortelan (d'). *Par.*, II, 626.
Ortes (d'). *Guy.*, 932.
Ortez. *Béarn*, 107. V.
Orth. *Als.*, 996.
Orthe. *Lorr.*, 186.
Orthierrre (d'). *Tours*, 15.
Orthiou. *Tours*, 523, 871.
Ortigue. *Poit.*, 952.
Ortigue (d'). *Prov.*, II, 35.
Ortigues (d'). *Prov.*, I, 1232.
Ortion. *Bret.*, II, 807.
Ortolain (d'). *Montp.-Mont.*, 641.
Ortreau. *Poit.*, 75.
Orval. *Lorr.*, 567. Ab.
Orval (d'). *Orl.*, 156.
Orvault (d'). *Tours*, 119.

Orvaux (d'). *Bret.*, I, 513.
— *Par.*, II, 1067.
Orville (d'). *Al.*, 6, 222, 235, 241, 305, 356, 456, 625, 708, 874, 920, 1077, 1145, 1219.
— *Orl.*, 349.
Ory. *Par.*, III, 432.
Osber. *Tours*, 390.
Osbert. *Bret.*, I, 345.
— *Caen*, 52, 78, 107, 109, 290, 324, 760.
Osbourg (d'). *Lorr.*, 312.
Osmont. *Al.*, 47, 50, 88, 102, 148, 209, 214, 296, 313, 328, 583.
— *Als.*, 611.
— *Caen*, 160, 556, 557, 560.
— *Par.*, I, 1095.
— *Par.*, II, 730.
— *Par.*, III, 191.
— *Rouen*, 29, 251, 280, 434, 1130.
— *Tours*, 181.
Osouf. *Caen*, 667, 669.
Ossandon (d'). *Auv.*, 22, 238.
— *Bourb.*, 20, 173.
Ossat (d'). *Pic.*, 508, 536, 887.
Ossein (d'). *Als.*, 838, 933.
Ossel. *Als.*, 410.
Osselin (d'). *Pic.*, 698.
Ossun (d'). *Guy.*, 383.
Osta (d'). *Soiss.*, 203.
Ostaly (d'). *Montp.-Mont.*, 377.
Ostome. *Champ.*, 277.
Ostove (d'). *Pic.*, 101.
Ostrel (d'). *Fland.*, 1012.
Ostrelle (d'). *Par.*, II, 1151.
Oswald (d'). *Lorr.*, 276.
Otten. *Fland.*, 1232.
Otto. *Als.*, 174, 978.
Oualle. *La Roch.*, 146.
Ouan (St-). *Tours*, 315, 1529.
Oudaille. *Lyon*, 249, 250.
Oudan. *Champ.*, 70.
Oudan (d'). *Prov.*, I, 1214.
Oudart. *Champ.*, 720.
— *Fland.*, 293, 1482.
— *Rouen*, 771.
Oudeau. *Bourg.*, I, 723, 1020, 1067.
Ouderne (d'). *Lorr.*, 653.
Oudet (de). *Lorr.*, 641.
Ourdet. *Prov.*, I, 569.
Oudin. *Bourg.*, II, 233, 509.
— *Champ.*, 80, 365, 728.
— *Poit.*, 477.
— *Tours*, 890.
Oudinet. *Champ.*, 91, 216, 695.
— *Par.*, II, 365.

P

Pagan. *Par.*, 111, 354.
— *Prov.*, 1, 244, 1324.
Pagany. *Bourb.*, 63, 84.
Pagart. *Pic.*, 221, 742.
Page. *Bourges*, 520.
— *Bourg.*, 1, 1064.
— *Bourg.*, 11, 497.
— *Lorr.*, 17, 135, 162.
— *Pic.*, 724, 725.
— *Prov.*, 11, 741.
— *Tours*, 1513.
Page (le). *Bret.*, 1, 108, 677.
— *Bret.*, 11, 294, 592, 918.
— *Orl.*, 42.
— *Par.*, 1, 1012, 1225.
— *Par.*, 11, 1236.
— *Par.*, 111, 474.
— *Poit.*, 22.
— *Rouen*, 2, 65, 486, 693, 769, 819, 837, 1158, 1363.
— *Soiss.*, 791.
— *Tours*, 261, 923, 982, 1346.
— *Vers.*, 132.
Pageau. *Par.*, 1, 1307, 1308.
— *Poit.*, 1150, 1232.
Pageon. *Orl.*, 482.
Pageot. *Bourg.*, 1, 699.
— *Bret.*, 11, 1084.
— *Tours*, 1085.
Pager. *Poit.*, 365.
Pagès. *Bourg.*, 11, 565.
— *Guy.*, 1122.
— *Montp.-Mont.*, 135, 606, 688, 825, 851, 1412.
— *Prov.*, 1, 166.
— *Toul.-Mont.*, 188, 564, 623, 660, 946, 973, 978, 986, 998, 999, 1464.
Pages (de). *Bourg.*, 1, 442.
Pagesy. *Montp.-Mont.*, 836.
Paget. *Champ.*, 783.
— *Par.*, 1, 565.
— *Par.*, 11, 349, 704, 705.
— *Toul.-Mont.*, 182, 858, 859.
Pagez. *La Roch.*, 303.
Pagi. *Prov.*, 11, 292, 338, 339.
Pagiot. *Bret.*, 1, 218.
Pagis. *Lyon*, 625.
Pagnat (de). *Bourg.*, 11, 607.
Pagni. *Lorr.*, 223, 385.
Pagnion. *Lim.*, 142, 337.
Pagnol. *Als.*, 699.
Pagnon. *Par.*, 111, 425.
Pagny. *Vers.*, 309.
Pagot. *Bourg.*, 1, 1028.
— *Bret.*, 11, 460.
— *Par.*, 111, 118, 317.

— *Tours*, 809.
Paguelle. *Bourg.*, 1, 710.
Paguenet. *Poit.*, 222.
Pai (de). *Lyon*, 785.
Paige (le). *Bret.*, 1, 965.
— *Par.*, 1, 1223, 1283.
Paigné. *Al.*, 807.
Paignon. *Lim.*, 122.
— *Lyon*, 723, 809.
— *Par.*, 111, 135.
— *Prov.*, 11, 298.
Pailhasse. *Toul.-Mont.*, 1069.
Pailla. *Champ.*, 263.
Paillard. *Al.*, 170, 182, 705, 1107.
— *Bourb.*, 473.
— *Orl.*, 862.
— *Tours*, 318, 1201, 1214, 1342.
Paillardet. *Par.*, 1, 10.
Paillart. *Champ.*, 165, 269.
— *Par.*, 1v, 675.
— *Pic.*, 381, 383, 574, 575, 586, 594, 721.
— *Poit.*, 330, 560, 761.
— *Soiss.*, 409, 560.
Paille. *Poit.*, 845.
Paillé. *Poit.*, 1440.
Pailler. *Lim.*, 130.
— *Poit.*, 868.
Pailleret. *Prov.*, 11, 327.
Pallert. *Lorr.*, 89.
Paillet. *Par.*, 1, 618, 734.
— *Poit.*, 1540.
— *La Roch.*, 186.
Paillette. *Champ.*, 595, 726.
Pailleur (le). *Caen*, 574.
Paillez. *Montp.-Mont.*, 818, 1080, 1212.
Paillier (le). *Bret.*, 11, 430.
Paillon. *Poit.*, 570.
Paillot. *Bourb.*, 68.
— *Bourg.*, 11, 556.
— *Champ.*, 116, 128, 136, 298, 301, 360, 783.
— *Par.*, 11, 648.
— *La Roch.*, 171, 184.
— *Tours*, 399, 1436.
Paillou. *Orl.*, 264.
— *Poit.*, 853.
— *Tours*, 1136.
Pailloux. *Bourb.*, 273, 276.
Pain. *Bourg.*, 1, 259.
— *Dauph.*, 250, 251, 254, 632.
— *Par.*, 11, 950.
— *Par.*, 111, 302.
— *Par.*, 1v, 257.
— *Poit.*, 47, 980, 1038, 1479.

Papeau. *Poit.*, 914.
Papel. *Rouen*, 418.
Papelard. *Fland.*, 132.
Papelier. *Als.*, 864, 869, 870.
Paperel. *Lorr.*, 475.
Papet. *Dauph.*, 214, 216.
Papeti. *Prov.*, I, 936.
Papias. *Bret.*, II, 874.
Papigni. *Lorr.*, 490.
Papillault. *Poit.*, 5 $^3/_{11}$, 881, 1447, 1448.
Papillon. *Bourg.*, I, 335, 464.
— *Bourg.*, II, 60, 110, 89, 330, 333.
— *Champ.*, 356, 839.
— *Guy.*, 822.
— *Lim.*, 420.
— *Lyon*, 471.
— *Par.*, I, 736.
— *Par.*, II, 409, 410.
— *Prov.*, I, 167.
Papillot. *Al.*, 965.
— *Orl.*, 434.
Papin. *Bret.*, II, 1093.
— *Orl.*, 203.
— *Par.*, I, 1301.
— *Pic.*, 284, 458, 758.
— *Poit.*, 225, 487.
— *La Roch.*, 266.
— *Tours*, 1518.
Papineau. *Poit.*, 1252.
Papon. *Bourb.*, 348.
— *Dauph.*, 452.
— *Lyon*, 240, 256, 258, 263, 865, 867.
— *Par.*, III, 20.
— *Poit.*, 425.
Papot. *Auv.*, 138.
Papotière (le). *Tours*, 277.
Papus. *Guy.*, 994.
— *Montp.-Mont.*, 1062.
— *Toul.-Mont.*, 179, 192, 516, 848.
Paquelet. *Lim.*, 324.
Paquelon. *Als.*, 17, 823.
Paquenot. *Soiss.*, 609.
Paquet. *Par.*, II, 732.
Paquinot. *Tours*, 1101.
Para. *Toul.-Mont.*, 1097.
Parabère. *Guy.*, 1151.
Parache. *Pic.*, 752.
Paraclet. *Pic.*, 38.
Paradan. *Montp.-Mont.*, 947.
Parades (de). *Toul.-Mont.*, 126, 917.
Paradis. *Auv.*, 278.
— *Lyon*, 381, 669.
— *Montp.-Mont.*, 1237.
— *Par.*, II, 650.

— *Par.*, III, 489.
Parage. *Tours*, 1529, 1433.
Parai (de). *Al.*, 299, 323, 326.
Parai (le). *Rouen*, 1245.
Paraire. *Guy.*, 850.
— *Par.*, II, 662.
— *Toul.-Mont.*, 199, 1162.
Parastre. *Als.*, 843.
— *Par.*, IV, 152.
Parat. *Par.*, II, 961.
— *Soiss.*, 512.
Paratge. *Béarn*, 77.
Parault. *Poit.*, 970, 1018.
Paraut. *Guy.*, 954.
Parautignat. *Auv.*, 298.
Parc (du). *Bourg.*, I, 8.
— *Bret.*, I, 41, 42, 53, 54, 57, 203, 320, 427, 453, 599, 646, 667, 672, 718, 949.
— *Bret.*, II, 271, 855.
— *Caen*, 268, 672.
— *Orl.*, 476.
— *Par.*, I, 1008.
— *Par.*, II, 1011.
— *Par.*, IV, 154.
— *Rouen*, 569, 1131.
Parceval. *Orl.*, 784.
Parcevaux. *Bret.*, I, 47, 787.
— *Bret.*, II, 713.
Parchappe. *Champ.*, 4, 42, 218, 304, 369, 480, 565, 566, 574.
Parchas. *Lyon*, 334.
— *Montp.-Mont.*, 369, 438.
Parchot. *Par.*, III, 494.
Parcin. *Orl.*, 192.
Parcon. *Par.*, I, 297.
Pardaillan. *Bourg.*, I, 651.
— *Montp.-Mont.*, 1135.
— *Toul.-Mont.*, 872, 1466.
Pardalien. *Rouen*, 1407.
Parde. *Lyon*, 1045.
Pardé. *Rouen*, 886.
Pardeillan. *Guy.*, 1066.
Pardes. *Toul.-Mont.*, 88.
Pardieu. *Orl.*, 637, 682.
— *Rouen*, 193, 227, 1056.
Pardou. *Bourges*, 423.
Pardoux (St·). *Auv.*, 61.
— *Lim.*, 180. V. Lamotte.
Paré. *Orl.*, 701.
Pareau. *Bourg.*, I, 763, 877.
Parédes. *Fland.*, 1310.
Parei. *Prov.*, I, 1153.
Pareire. *Montp.-Mont.*, 1093.
Parel. *Poit.*, 1445.
Parent. *Bourb.*, 193.

Patouflet. *Bourges*, 276.
Patouillet. *Bourg.*, I, 574, 696, 832.
Patoulet. *Par.*, I, 96.
Patourel. *Prov.*, I, 711.
Patoy. *Orl.*, 637.
Patras. *Dauph.*, 566.
— *Guy.*, 178.
— *Montp.-Mont.*, 67.
— *Par.*, II, 1236.
— *Pic.*, 303, 320.
Patreau. *Poit.*, 344.
Patri. *Al.*, 391, 588.
— *Caen*, 2, 15, 24, 71, 405.
Patriarche. *Bourg.*, II, 183.
Patrice. *Al.*, 209, 476, 751, 805.
Patricot. *Bret.*, II, 484.
Patrière. *Tours*, 1167.
Patrine. *Toul.-Mont.*, 1484.
Patris. *Montp.-Mont.*, 26, 61, 865, 1092, 1094.
Patrix. *Rouen*, 321.
— *Tours*, 753.
Patrocle. *Par.*, III, 208.
Patron. *Lyon*, 612.
— *Montp.-Mont.*, 822.
— *Par.*, I, 388.
Patronnier. *Guy.*, 664.
Patrosse. *Poit.*, 775.
Patru. *Pic.*, 618.
Patry. *Bret.*, II, 1018.
Patté. *Pic.*, 633.
Pattier. *Al.*, 966, 1101.
— *Rouen*, 410.
Patu. *Par.*, I, 305, 578, 836, 1196, 1308.
— *Par.*, II, 531, 683.
— *Par.*, III, 240, 553, 562.
Patural. *Lyon*, 242.
Pature. *Pic.*, 320, 335, 668.
Paturel. *Rouen*, 867.
Paturle. *Lyon*, 847.
Paturot. *Fland.*, 226.
Patus. *Orl.*, 393.
Patusset. *Bourg.*, I, 735.
Pau. *Toul.-Mont.*, 1181.
Pau (de). *Pic.*, 746.
Pau (St-). *Guy.*, 1168.
Pauche (de). *Montp.-Mont.*, 686, 702.
Pauché. *Bourg.*, II, 337.
Paucheron. *Lorr.*, 235, 657.
Pauchet. *Orl.*, 727.
Paucheville. *Montp.-Mont.*, 400.
Paucy. *Montp.-Mont.*, 1085.
— *Toul.-Mont.*, 116.
Paufin. *Champ.*, 162.
Pauguet. *Poit.*, 182.

Paui. *Tours*, 1304.
Paul. *Fland.*, 1226.
— *Guy.*, 956.
— *Lorr.*, 634.
— *Montp.-Mont.*, 8, 56, 250, 638, 895.
— *Par.*, II, 617.
— *Pic.*, 91.
— *Poit.*, 1290.
— *Prov.*, I, 447, 472, 525, 564, 661, 959, 979, 1128.
— *Prov.*, II, 179, 225, 226, 228, 229, 743, 764, 768, 781, 782, 784, 793, 794.
— *Rouen*, 149, 574.
Paul (de). *Montp.-Mont.*, 403.
Paul (St-). *Al.*, 282, 291, 1058.
— *Auv.*, 209, 495.
— *Bourb.*, 605.
— *Orl.*, 255, 256, 664, 947.
— *Par.*, I, 499.
— *Par.*, IV, 76, 168.
— *Prov.*, I, 219. V.
— *Poit.*, 927, 1432.
— *Rouen*, 97.
— *Soiss.*, 696.
— *Toul.-Mont.*, 69, 1305.
— de Leon. (*Communauté.*) **Bret.**, I, 3.
— Trois Chastaux. *Dauph.*, 345. V.
— de Verdun. (*Ab.*). *Lorr.*, 566.
Paulard. *La Roch.*, 267.
Paulet. *Auv.*, 161.
— *Dauph.*, 12.
— *Lyon*, 801.
— *Montp.-Mont.*, 15, 27.
— *Prov.*, I, 810, 991.
Pauli. *Als.*, 384.
Pauliac. *Toul.-Mont.*, 397.
Paulian. *Prov.*, II, 531.
Paulier. *Tours*, 1292.
Paulin. *Poit.*, 1410.
Paulins. *Als.*, 822.
Paulmier. *Par.*, IV, 626, 527.
— *Tours*, 510, 930, 1028, 1086.
Paulmier (le). *Al.*, 142, 147, 148, 151, 152, 153, 154, 156, 195, 347, 395, 410, 411, 426, 532, 533, 537, 864, 920, 1127.
Paulo (de). *Toul.-Mont.*, 8, 9, 37, 64, 94, 317, 688, 862, 863.
Pauloy. *Pic.*, 712.
Paulus. *Bret.*, II, 176.
Paumeau. *Tours*, 607.
Paumier. *Bourges*, 438.
— *Bret.*, II, 430, 589, 592, 598.

Peaucelier. *Par.*, I, 408.
Peautrier. *Prov.*, I, 1083.
— *Prov.*, II, 436.
Pèbre. *Prov.*, I, 20, 32, 158, 1188.
Pécard. *Bourg.*, II, 587.
Pécaud. *Bourg.*, I, 968, 969, 970, 971, 972.
Pecca. *Dauph.*, 342, 451.
Pech. *Montp.-Mont.*, 177, 180, 766, 773, 1295.
— *Toul.-Mont.*, 491, 515.
Pechaubés. *Guy.*, 882.
Pechberti. *Toul.-Mont.*, 937.
Pechenart. *Champ.*, 547.
Pechepeyrou. *Montp.,-Mont.*, 1157.
Pecherard. *Par.*, III, 430.
Pechert. *Auv.*, 178.
Pecheur (le). *Champ.*, 78.
Pecheux (le). *Tours*, 1534.
Péchin. *Champ.*, 256, 739.
Pécholier. *Toul.-Mont.*, 1377.
Peclavé. *Par.*, I, 685,
Peclavés. *Guy.*, 348.
Pécoil. *Lyon*, 15, 32, 37, 68, 71, 86, 508.
Pecoil. *Par.*, I, 776.
— *Par.*, II, 710, 1104.
Pécou. *Lyon*, 3.
Pecou. *Par.*, II, 352.
Pecoul. *Lyon*, 26.
Pécoul. *Par.*, IV, 131.
— *Prov.*, I, 1089, 1090.
Pécourt. *Lyon*, 81.
— *Soiss.*, 563, 839.
Pecquent. *Pic.*, 738.
— *Rouen*, 293.
Pecquet. *Pic.*, 381.
Pecquot. *Bourges*, 22.
— *Par.*, I, 803.
— *Par.*, II, 318, 553.
Pedeillan. *Toul.-Mont.*, 1349.
Pédelmas. *Guy.*, 694.
Pedelux. *Béarn*, 147.
Pedesclaux. *Guy.*, 871, 915, ...
— *Toul.-Mont.*, 1268
Pedo. *Toul.-Mont.*, 236.
Pedron. *Bret.*, II, 603, 604, 606, 621.
Pefaux. *Béarn*, 104.
Peffer. *Als.*, 800.
Pégasse. *Bret.*, I, 108, 678, 843.
Pegeau. *Bret.*, II, 417.
Pegeoux. *Auv.*, 160, 247, 275.
Pegère. *Auv.*, 493.
Pegère. *Par.*, I, 948, 955.
Pegnić. *Bourb.*, 418.
Pégon. *Prov.*, I, 1113.

Pégoux. *Bourb.*, 128.
Pegranger. *Guy.*, 641.
Peguier. *Prov.*, II, 438.
Peguilhan. *Toul.-Mont.*, 183.
Peguilhon. *Par.*, 285.
Pegurier. *Toul.-Mont.*, 252.
Peicherand. *Dauph.*, 403.
Peichon. *Prov.*, I, 246.
Peichpeyrou. *Vers.*, 225.
Peigné. *Orl.*, 331.
— *Poit.*, 127.
Peigné (le). *Par.*, I, 207.
— *Par.*, II, 1224.
— *Rouen*, 32, 69, 100, 660.
Peignon. *Bret.*, II, 658.
Peigu. *Poit.*, 430.
Peilhe (de). *Prov.*, I, 46.
Peillac. *Bret.*, II, 328.
Peillaud. *Dauph.*, 585.
Peille. *Fland.*, 140.
Peillon. *Lyon*, 752.
— *Prov.*, I, 733, 1381.
Peiuegeas. *Guy.*, 867.
Peinat. *Lim.*, 358.
Peinaud. *Guy.*, 1017.
Peinde (la). *Auv.*, 495.
Peindériés. *Toul.-Mont.*, 217.
Peineau. *Tours*, 1392.
Peini. *Prov.*, II, 110.
Peintert. *Soiss.*, 795.
Peinterie (la). *Caen*, 744.
Peinteur (le). *Caen*, 99, 208, 741.
Peintre (le). *Tours*, 43, 1242.
— *Vers.*, 197.
Peintres de Metz (les). *Communauté. Lorr.*, 610.
Peinturier. (le). *Rouen*, 1121.
Peira (de). *Champ.*, 729.
Peirac. *Auv.*, 536.
Peiran. *Prov.*, I, 1319.
Peiran (du). *Toul.-Mont.*, 1034.
Peirard. *Lyon*, 290, 736.
— *Par.*, II, 979.
Peirat. *Montp.-Mont.*, 126, 387.
— *Par.*, II, 54.
Peirat (du). *Poit.*, 1473.
Peirault. *Poit.*, 55, 80, 592.
Peiré. *Béarn*, 74, 102, 112, 119, 135, 151.
Peire. *Par.*, I, 1225.
— *Prov.*, I, 1010.
— *Prov.*, II, 120, 132, 567, 709, 818, 819.
— *Toul.-Mont.*, 229, 266, 584, 953.
Peire (la). *Guy.*, 160, 560, 691, 830.
Peirecave. *Guy.*, 916.

Perez. *Montp.-Mont.*, 1139.
— *Prov.*, II, 470.
— *La Roch.*, 324.
— *Toul.-Mont.*, 43, 482, 1259, 1287.
Perez (de). *Par.*, II, 103.
Pergaut. *Lim.*, 325.
Peri. *Champ.*, 741.
Peri (St-). *Guy.*, 469.
Pericard. *Al.*, 121.
— *Champ.*, 114, 117, 125.
— *Lorr.*, 249.
— *Par.*, I, 1273.
— *Par.*, II, 120, 569.
Péricaud. *Als.*, 307.
Péricaudet. *Bourg.*, II, 186.
Périchon. *Bret.*, II, 785.
— *Lyon*, 53, 97, 854, 909.
— *Par.*, I, 420, 1207, 1256.
— *Par.*, III, 367, 536.
— *Poit.*, 1231.
Péricot. *Guy.*, 408.
Péridret. *Poit.*, 1075.
Perien (de). *Bret.*, I, 256, 290, 852.
Perier. *Al.*, 182, 187, 287, 297, 306, 326, 1023, 1129, 1168, 1171.
Perier. *Auv.*, 125, 243, 246, 391.
— *Béarn*, 49, 94.
— *Dauph.*, 587, 591.
— *Fland.*, 221.
— *Lyon*, 539, 729, 751, 871.
— *Montp.-Mont.*, 694, 892, 893, 910.
— *Par.*, I, 120, 322, 603.
— *Par.*, III, 274, 527, 558.
— *Rouen*, 34, 342, 746, 1294.
— *Tours*, 1216.
Perier (du). *Bret.*, I, 283, 713.
— *Guy.*, 167, 168, 626, 806, 814.
— *Par.*, II, 507, 608, 610, 927, 1137.
— *Prov.*, I, 440, 892, 1122, 1381.
— *La Roch.*, 54.
— *Toul.-Mont.*, 10, 54, 570, 894.
Perière. *Lim.*, 3.
Perierre. *Bret.*, II, 677.
Périers (des). *Par.*, I, 1093.
Péries (des). *Al.*, 237, 300, 307, 316, 322, 616, 827, 834, 872, 909, 914.
Perieu (du). *Guy.*, 148, 912, 1084.
Periez. *Toul.-Mont.*, 1285.
Perigault. *Bourb.*, 332.
— *Bret.*, II, 389, 408, 411, 852.
Périgni. *Orl.*, 891.
Perignon. *Champ.*, 71, 666.
— *Lorr.*, 25, 166.
— *Montp.-Mont.*, 1020.
— *Par.*, I, 683.
— *Par.*, II, 637.

— *Prov.*, I, 1380.
Perigny. *Par.*, I, 122, 123.
Perigueux. *Guy.*, 508. *V.*
Pérille. *Lorr.*, 488.
— *Lyon*, 927.
Perin. *Al.*, 137.
— *Als.*, 304, 539, 743.
— *Fland.*, 810, 877.
— *Lorr.*, 347.
— *Par.*, II, 359, 1102.
— *Par.*, III, 379, 387, 489, 495, 496, 518
— *Poit.*, 758, 949.
— *Tours*, 166, 871.
Perinage. *Fland.*, 876.
Perine. *Bourb.*, 123.
Périne (la). *Toul.-Mont.*, 683.
Perineau. *Bret.*, II, 404, 794.
— *Poit.*, 1261.
Perinelle. *Par.*, III, 137.
Périnet. *Bourges*, 28, 110, 520.
— *Champ.*, 226, 197.
— *Par.*, II, 131.
— *Tours*, 890.
Periny. *Bret.*, I, 912.
Perion. *Rouen*, 842.
Périsel. *Auv.*, 137.
Périsol. *Prov.*, I, 1394.
Perissans. *Béarn*, 91, 94.
Périssaut. *Guy.*, 1160.
Périsse. *Bourges*, 445.
Perissol. *Dauph.*, 108, 199, 485, 510.
Perlan. *Par.*, III, 134.
Perle. *Lorr.*, 331.
Perle (la). *Poit.*, 1121.
Perly. *Bret.*, II, 1100.
Pern (St-). *Bret.*, I, 168, 245, 246, 437, 747, 813.
Pernan (de). *La Roch.*, 191.
Pernay. *Bourg.*, I, 52.
Pernel. *Al.*, 221, 1222.
— *Bourg.*, II, 334.
Pernelle. *Rouen*, 21, 270.
Pernes (de). *Bourg.*, I, 262.
Pernet. *Bourg.*, II, 349.
— *Lorr.*, 672.
— *Orl.*, 953.
— *Par.*, I, 247, 248, 347.
— *Par.*, II, 1.
Perneti. *Lyon*, 436.
Pernières (de). *Bourges*, 398.
Pernin. *Bourb.*, 466.
— *Bourg.*, I, 525.
Perno. *Lyon*, 813.
Pernon. *Toul.-Mont.*, 944.
Pernost. *Vers.*, 74.

Person. *Champ.*, 743.
— *Par.*, III, 397.
Personne. *Bourg.*, I, 304.
— *Caen*, 346.
Personne (la). *Champ.*, 453, 777.
— *Soiss.*, 255.
— *Toul.-Mont.*, 1164, 1190.
Personnier. *Bourg.*, II, 344.
Pertat. *Par.*, I, 48.
Pertel (le). *Bret.*, II, 503.
Pertet. *Toul.-Mont.*, 617.
Perthe (de). *Champ.*, 440.
Perthuis. *Par.*, I, 448, 449.
— *Par.*, IV, 10, 12, 13, 264.
— *Prov.*, I, 528. *V.*
Pertout. *Caen*, 376.
Pertuis. *Bret.*, II, 488.
— *Dauph.*, 334.
Pertuis (de). *Soiss.*, 541.
Pertuis (du). *Bourb.*, 317.
— *Bourges*, 444.
Pertuiset. *Bourg.*, I, 693.
Pertuisot. *Bourg.*, II, 346.
Perues. *Pic.*, 807.
Perus. *Toul.-Mont.*, 1334.
Perussault. *Bourges*, 446.
Perusse (la). *Dauph.*, 520.
Perussé. *Prov.*, I, 156, 518.
Pery. *Lim.*, 77, 81.
Pesant (le). *Rouen*, 2, 63, 656.
Peschant. *Bourb.*, 206, 303, 309, 538.
Peschard. *Bret.*, I, 194, 390, 887, 927.
— *Par.*, IV, 236.
— *Tours*, 246, 729, 1284.
Pesche (la). *Bourg.*, I, 243, 481.
Pescher. *Lyon*, 12.
Pescher (du). *Par.*, IV, 359.
Peschery. *Als.*, 148, 207, 675, 959.
Pescheur. *Als.*, 841.
— *Bourg.*, I, 843, 991.
— *Bourg.*, II, 261.
— *Par.*, III, 481.
Pescheurs (les) de Verdun. *Lorr.*, 673.
Peschier (du). *Auv.*, 182.
Peschiolini. *Prov.*, I, 1061.
Peser. *Als.*, 872.
Pesfiau. *Fland.*, 1484.
Pesin. *Fland.*, 989.
Peslo. *Tours*, 1088.
Pesme. *Bourg.*, I, 739.
Pesneau. *Bret.*, II, 1065.
Pesnel. *Al.*, 191.
Pesseau. *Al.*, 1063.
— *Orl.*, 418, 483.
Pesseguier. *Prov.*, II, 11.

Pesselier. *Par.*, I, 1259.
Pessels (de). *Lim.*, 171.
Pessemesle. *Par.*, I, 767.
Pessemesse. *Montp.-Mont.*, 623, 905.
— *Toul.-Mont.*, 10.
Pessére (St-). *Toul.-Mont.*, 1208.
Pesseu. *Poit.*, 276.
Pesson. *Bourg.*, I, 17.
Pestalozzi. *Par.*, I, 1070.
Pestau. *Fland.*, 1304.
Pestault. *Poit.*, 1003.
Pestel. *Par.*, I, 1312.
— *Rouen*, 15, 568, 582, 701, 730, 1155.
Pestelz. *Auv.*, 580.
Pestivien. *Bret.*, I, 659.
— *Soiss.*, 245.
Pestrin. *Prov.*, II, 484.
Pestrot. *Bourg.*, I, 1077.
Petau. *Orl.*, 494.
— *Par.*, I, 881.
— *Par.*, III, 104, 218.
— *Par.*, IV, 159.
— *Vers.*, 50.
Peter. *Als.*, 698, 756.
Petereau. *Par.*, II, 609.
Peterzols. *Als.*, 719, 870.
Petier. *Bourg.*, I, 912, 1058, 1061.
Petigau. *Lorr.*, 133.
Petin. *Lorr.*, 636.
Petineau. *Orl.*, 719, 958.
Peting. *Als.*, 367.
— *Bourg.*, I, 566.
Petiniau. *Lim.*, 266.
Petiot. *Bourg.*, II, 102, 489.
— *Lim.*, 11, 18, 21, 129.
Petit. *Al.*, 718, 853, 965, 979.
— *Bourb.*, 504, 620.
— *Bourges*, 34, 175, 233.
— *Bourg.*, I, 65, 90, 217, 231, 281, 285, 292, 293, 317, 319, 322, 325, 342, 472, 532, 554, 596, 712, 735, 758.
— *Bourg.*, II, 3, 59, 60, 67, 71, 87, 133, 135, 147, 155, 376, 393, 501, 537.
— *Bret.*, II, 23, 1084.
— *Champ.*, 58, 262, 529, 533, 545, 591, 691, 692, 755, 895.
— *Dauph.*, 316.
— *Fland.*, 97, 420, 707, 709, 742, 963, 1129, 1171, 1229, 1241, 1267, 1301, 1365.
— *Guy.*, 1029.
— *Lim.*, 145.
— *Lorr.*, 593.

Piollin. *Tours*, 934.
Pion. *Bourg.*, I, 149.
— *Bourg.*, II, 569.
— *Bret.*, II, 483.
— *Par.*, I, 737. (?)
— *Par.*, II, 536.
Pioroy. *Lyon*, 306.
Piot. *Bourg.*, II, 510.
— *Champ.*, 373, 529, 538, 741.
— *Dauph.*, 227.
— *Lyon*, 115, 620.
— *Par.*, I, 601.
Pioton. *Lyon*, 1008.
Piozet. *Tours*, 1040.
Pipart. *Par.*, III, 301.
Pipaud. *Guy.*, 142.
Pipault. *Par.*, II, 922, 1070.
— *Par.*, III, 496.
Pipelogne. *Poit.*, 560.
Pipemond. *Soiss.*, 235.
Piperai. *Al.*, 292, 299, 613.
— *Rouen*, 484.
Piperel. *Al.*, 831, 869.
Piperoux. *Lim.*, 377.
Pipion. *Als.*, 967.
Pipre (le). *Fland.*, 28, 343.
Piprezelle. *Fland.*, 1144.
Piquefeu. *Al.*, 972.
— *Rouen*, 920.
Piquelé. *Bourg.*, II, 217.
Piquelin. *Bret.*, II, 1020.
Piquenot. *Al.*, 851.
— *Caen*, 315.
Piquepée. *Toul.-Mont.*, 636.
Piquer. *Toul.-Mont.*, 1486.
Piques. *Par.*, I, 76, 165, 687, 854, 1040.
Piquet. *Bret.*, I, 465, 486.
— *Bret.*, II, 530.
— *Orl.*, 378, 772.
— *Par.*, II, 769, 1249.
— *Par.*, IV, 59, 545.
— *Pic.*, 13, 16, 18, 76, 88, 567, 582, 588, 589.
— *Poit.*, 1104.
— *Rouen*, 7, 34, 384, 458, 783, 919.
— *Soiss.*, 70, 278, 370.
— *Toul.-Mont.*, 1382.
— *Tours*, 1206.
Pirault. *Tours*, 1132.
Pirch. *Montp.-Mont.*, 808.
Pire (du). *Pic.*, 800.
— *Soiss.*, 33, 696, 700, 834.
Piret. *Bourg.*, II, 285.
— *Fland.*, 1366.
— *Lorr.*, 278, 320.
— *Tours*, 1135.

Piretony. *Par.*, I, 347.
Piriou. *Bret.*, II, 1022.
Pirmont. *Par.*, I, 1089.
Piron. *Auv.*, 115, 235.
— *Bourb.*, 497.
— *Bourg.*, II, 290, 497.
— *Bret.*, II, 772.
Pirot. *Lyon*, 244.
— *Par.*, I, 1247.
— *Par.*, II, 737.
— *Par.*, III, 50.
Pirou. *Fland.*, 1061.
— *Vers.*, 27.
Pirouel. *Bourg.*, I, 1034.
Pirpou. *Par.*, III, 365.
Pirraimond. *Prov.*, I, 1287.
Pirville. *Prov.*, II, 620.
Pisani. *Prov.*, II, 527.
Piscart. *Rouen*, 632.
Piscatori. *Prov.*, I, 586, 816.
Piscatoris. *Prov.*, I, 900.
Pise (de). *Lorr.*, 233.
Pise (la). *Montp.-Mont.*, 210, 837.
Pison. *Montp.-Mont.*, 739, 748.
— *Par.*, I, 662.
Pissard. *Toul.-Mont.*, 1242.
— *Tours*, 870.
Pissaut. *Bourg.*, I, 1062.
Pisse (la). *Guy.*, 1094.
— *Poit.*, 1490.
Pisseleu. *Pic.*, 676, 677, 797.
Pissevier. *Fland.*, 586.
Pissonnet. *Tours*, 91.
Pissonnier. *Prov.*, II, 772.
Pissonnet. *Par.*, II, 1099.
Pissot. *Fland.*, 986.
Pist. *Poit.*, 141.
Pistie. *Prov.*, II, 292.
Pistoo. *Lorr.*, 49.
Pistre. *Montp.-Mont.*, 345, 1422, 1423.
Pitache. *Al.*, 713.
Pitard. *Al.*, 19, 48, 249, 470, 765, 769, 812, 859.
— *Caen*, 534.
— *La Roch.*, 418.
— *Tours*, 976.
Pitart. *Soiss.*, 262.
Pitat. *Champ.*, 98.
Pitault. *Poit.*, 1138.
Pitatouin. *Bret.*, I, 753.
Pitel. *Par.*, II, 1083.
Piterle. *Lyon*, 953.
Piteu. *Bret.*, II, 424.
Pithiviers. *Orl.*, 289.
Pitiot. *Lyon*, 649, 684.
Pitois. *Bourb.*, 91, 225.

Planquer (des). *Caen*, 762.
— *Fland.*, 626.
— *Pic.*, 792.
Planquois (le). *Rouen*, 128, 503.
Plans (des). *Montp.-Mont.*, 599.
Planson. *Par.*, I, 771.
· *Par.*, IV, 3, 8, 739.
Planta. *Dauph.*, 288, 291, 293.
Plantade. *Montp.-Mont.*, 4.
— *Toul.-Mont.*, 550.
Plantamour. *Bourg.*, I, 423, 1018.
Plantard. *Pic.*, 760.
Plantat. *Montp.-Mont.*, 650.
Plantavit. *Montp.-Mont.*, 291.
Planté. *Al.*, 811.
Plante. *Dauph.*, 496.
— *Prov.*, I, 1063.
Plante (la). *Fland.*, 1192.
Planteau. *Guy.*, 1114, 1115, 1116, 1122.
Planterose. *Béarn*, 18, 113.
— *Rouen*, 137, 543, 582, 719, 859, 907.
Plantier. *Bourg.*, I, 654.
— *Guy.*, 1199.
— *Montp.-Mont.*, 487, 599.
Plantier (du). *Dauph.*, 142.
Plantière. *Par.*, III, 272.
Plantin. *Montp.-Mont.*, 634.
— *Prov.*, II, 683, 804.
Plantis (des). *Guy.*, 1030.
Plantis (du). *Poit.*, 252, 875, 1003, 1545.
Plantou. *Rouen*, 483.
Plard. *Al.*, 1020.
Plarom. *Als.*, 125.
Plas (de). *Auv.*, 3.
— *Montp.-Mont.*, 991.
Plassan. *Guy.*, 203.
Plasse. *Prov.*, II, 337.
— *Toul.-Mont.*, 951, 980.
Plasse (de). *Lim.*, 159, 437.
Plasse (la). *Guy.*, 194, 795.
Plasserel. *Al.*, 884.
Plasses (des). *Lim.*, 267.
Plasson. *Guy.*, 636.
Plastre (du). *Bourg.*, I, 6.
— *Bourg.*, II, 294.
Plastrier. *Par.*, II, 1055.
— *Par.*, III, 428.
— *Rouen*, 1, 822, 849.
Plat. *Prov.*, II, 665.
Plat (du). *Par.*, I. 115.
Plat (le). *Tours*, 1123.
Platéa. *Toul.-Mont.*, 1383.
Platel. *Lorr.*, 356.

Platemont. *Fland.*, 338.
Platet. *Lyon*, 614.
Platevoet. *Fland.*, 378, 548, 811.
Platon. *Lyon*, 594.
Platz. *Als.*, 450.
Platz (des). *Toul.-Mont.*, 265.
Planche. *Prov.*, I, 931.
Plaux (de). *Auv.*, 565.
Plé. *Pic.*, 578.
Plebeau. *Par.*, I, 393.
Plegaven. *Toul.-Mont.*, 1111.
Pleineséve. *Rouen*, 66.
Pleignes (las). *Toul.-Mont.*, 1262.
Pleine (la). *Guy.*, 512, 977.
— *Toul.-Mont.*, 321.
Pleix (du). *Bourb.*, 466, 484.
— *Fland.*, 1352.
— *Guy.*, 180, 592.
— *Orl.*, 364.
— *Poit.*, 377, 538, 539, 794, 1211, 1457.
Plendoux. *Prov.*, I, 460.
Plessard. *Caen*, 200.
Plesse (la). *Al.*, 107, 109, 111, 115, 434, 632.
— *Bret.*, II, 907, 910.
Plesses (de). *Montp.-Mont.*, 919.
Plessier (du). *Bret.*, I, 12, 426.
— *Lorr.*, 599.
— *Par.*, IV, 529, 657,
— *Pic.*, 281, 848.
— *Soiss.*, 843.
Plessis. *La Roch.*, 304.
Plessis (du). *Al.*, 74, 403, 816, 1022.
— *Als.*, 279.
— *Bourb.*, 71.
— *Bourges*, 263.
— *Bret.*, I, 185, 443, 546, 573, 680, 855, 968.
— *Bret.*, II, 64, 153, 272, 396, 705, 1016.
— *Champ.*, 917.
— *Dauph.*, 228.
— *Fland.*, 1207, 1449.
— *Guy.*, 96, 844.
— *Lorr.*, 115, 599, 606, 657.
— *Orl.*, 90, 96, 160, 215, 252, 831, 833,
— *Par.*, I, 116.
— *Par.*, II, 131, 1164.
— *Par.*, III, 129, 558.
— *Pic.*, 104, 110, 342, 778.
— *Poit.*, 101, 465, 774, 1351, 1352, 1406, 1447, 1531.
— *Prov.*, I, 298, 643.
— *Prov.*, II, 20.

— *Prov.*, II, 402.
— *Soiss.*, 264.
— *Toul.-Mont.*, 892.
— *Tours*, 10, 64, 220, 918, 1033, 1038.
Poitevin (le). *Caen*, 228, 249, 268, 297, 315, 662, 688.
Poiveron. *Par.*, I, 1319.
Poitras. *Tours*, 56, 995.
— *Orl.*, 242.
Poitou. *Poit.*, 772, 1398, Province, 900.
Poitiers. *Vers.*, 177.
— Ville, 19, Corps de ville, 20, université, 581.
— *Guy.*, 39.
— *Bourg.*, I, 784, 1045, 1100, 1195.
Poitier. *Tours*, 668.
— *Soiss.*, 372.
— *Poit.*, 912.
— *Pic.*, 821.
Poivre (le). *Champ.*, 71, 700, 764, 873.
— *Lyon*, 409, 930.
Poivre (de). *Montp.-Mont.*, 304.
Poix (de). *Bourges*, 85, 233, 450.
— *Par.*, III, 270, 601.
— *Poit.*, 92, 891, 892.
Poize (le). *Fland.*, 698.
Poizé. *Tours*, 1040.
Pojon. *Orl.*, 547.
Pol (St-). *Auv.*, 316.
— *Pic.*, 736.
— *Toul.-Mont.*, 134.
Polaillon. *Montp.-Mont.*, 1560.
— *Par.*, I, 38.
— *Par.*, III, 14.
Polard. *Poit.*, 971.
Polastre. *Bourg.*, I, 649.
— *Toul.-Mont.*, 576.
Polastron. *Guy.*, 180.
— *Montp.-Mont.*, 1030, 1037, 1117, 1137.
— *Par.*, II, 841, 844.
— *Soiss.*, 226.
— *Toul.-Mont.*, 370, 1250.
Polat. *Bourg.*, I, 433.
Polet. *Bourg.*, I, 1152.
Polette. *Lyon*, 914.
Polhoel. *Pic.*, 605.
Poliac. *Par.*, III, 245.
Policard. *Guy.*, 205.
Polier. *Montp.-Mont.*, 587.
Polignac. *Par.*, II, 1182.
— *Rouen*, 1008.
Poligni. *Dauph.*, 141, 501.

Polignier. *Pic.*, 871.
Poligny. *Bourg.*, I, 703, 755, 1053, 1105.
Polin. *Al.*, 365, 774, 848.
Polini. *Lyon*, 522.
Polla. *Prov.*, I, 1302, 1303.
Pollard. *Par.*, III, 6, 251.
Pollart. *Bourges*, 1,
— *Par.*, I, 223, 902.
— *Par.*, II, 178, 1170.
— *Soiss.*, 723.
Pollatec. (le). *Bret.*, II, 541.
Polle. *Par.*, III, 300.
Pollet. *Bourg.*, I, 118.
— *Dauph.*, 437.
— *Fland.*, 55, 510, 776, 779, 1121.
— *Rouen*, 236, 559, 709, 765.
Polletière (la). *Al.*, 912.
Polliard. *Fland.*, 1434.
Polliart. *Par.*, II, 1036, 1234.
Pollin. *Caen*, 130.
Pollinchove. *Fland.*, 50, 200, 310, 674.
Polloud (de). *Dauph.*, 203.
Polly. *Bret.*, I, 172.
Poloticq (le). *Bret.*, II, 601.
Poluche. *Orl.*, 335, 340, 387, 439, 470, 478, 671.
Poly. *Bourg.*, I, 749.
Pomard. *Bourg.*, II, 176.
Pomadère. *Guy.*.....
Pomarède. *Toul.-Mont.*, 1125.
Pomeau. *Poit.*, 852.
Pomei. *Lyon*, 172.
Pomeirolle. *Toul.-Mont.*, 1075, 1083, 1087, 1377.
Pomerie. *Auv.*, 575.
Pomet. *Prov.*, I, 96, 109, 116, 117, 151, 1150, 1188.
— *Prov.*, II, 450, 453, 706.
Pomier. *Auv.*, 442.
— *Guy.*, 33, 76.
— *Montp.-Mont.*, 831.
— *Prov.*, II, 103.
Pomiez. *Toul.-Mont.*, 956.
Pommares. *Rouen*, 531.
Pomme. *Lim.*, 298.
Pomme (la). *Par.*, II, 46.
Pommé. *Béarn*, 102.
Pommelière (la). *Tours*, 1029, 1030.
Pommerais. *Rouen*, 909.
Pommerais (la). *Tours*, 1433.
Pommeray. *Poit.*, 248, 270, 520.
Pommeraye (la). *Bret.*, I, 518.
Pommeret. *Bret.*, I, 644.
— *Bret.*, II, 226, 399.

— *Caen*, 175, 230, 432, 605.
— *Champ.*, 357.
— *Dauph.*, 465, 586.
— *Fland.*, 199, 588, 590, 985, 1263, 1317, 1481, 1498.
— *Guy.*, 296, 401, 1094.
- *Lorr.*, 540.
— *Lyon*, 233, 235, 418, 615, 735.
— *Montp.-Mont.*, 77, 312, 348, 349, 430, 435, 1047, 1249.
— *Par.*, I, 218, 316, 395, 1273.
— *Par.*, II, 614.
— *Par.*, III, 472.
— *Par.*, IV, 54, 76.
— *Pic.*, 169, 559, 595, 637, 796.
— *Poit.*, 467, 481, 503, 514, 558, 758, 760, 765, 792, 846, 928, 1105.
— *Prov.*, I, 465, 594, 774, 950.
— *Prov.*, II, 363.
— *La Roch.*, 176.
— *Rouen*, 203, 212, 510, 562, 586, 702, 707, 718, 736, 893.
— *Soiss.*, 259, 715.
— *Toul.-Mont.*, 87, 97, 138, 481, 1338, 1475, 1484, 1488.
— *Tours*, 61, 67, 68, 83, 209, 263, 292, 546, 728, 895, 915, 931, 966, 1044, 1092, 1267, 1292, 1298, 1301, 1457, 1508, 1514.
Pontac. *Béarn*, 46. V.
— *Guy.*, 4, 6, 20, 22, 26, 59. 63, 167, 345, 368, 1006.
Pontagion. *Guy.*, 692.
Pontaignan. *Guy.*, 1160.
Pontaine. *Soiss.*, 606.
Pontais. *Bret.*, II, 389.
Pontamis. *Fland.*, 1247.
Pontamougeard. *Bourg.*, I, 688.
Pontamousson. *Lorr.*, 146. V.
Pontarlier. *Bourg.*, I, 1183.
Pontarsin. *Pic.*, 892.
Pontault. *Par.*, III, 516.
Pontaut. *Caen*, 794.
— *Montp.-Mont.*, 1221.
Pontavice. *Bret.*, I, 231, 689.
— *Caen*, 339, 507, 537, 538, 770.
Pontavier. *Tours*, 408.
Pontbréant. *Par.*, IV, 170.
Pontbriant. *Lim.*, 90.
Pontbuisson. *Al.*, 775.
Poncerot. *Vers.*, 128.
Pontchabert. *Lim.*, 357.
Pontchapelle. *Al.*, 11, 210.
Pontcharras. *La Roch.*, 175.
Pontchesne. *Poit.*, 525.
Pontevez. *Prov.*, II, 41, 471, 811.

Pontdauzége. *Toul.-Mont.*, 1435.
Pont de Cés. *Tours*, 1506. *Ville.*
Pont-de-Compiègne (de). *Par.*, IV, 268, 500.
Pont-de-l'Arche. *Rouen*, 186.
Pont-de-Marans (du). *Tours*, 507.
Pontdevaux. *Bourg.*, I, 537.
Pontdevelle. *Bourg.*, I, 374.
Pontduchasteau. *Auv.*, 144. V.
Ponte (de). *Vers.*, 25, 233.
Ponteaudemer. *Rouen*, 314.
Pontech. *Toul.-Mont.*, 1478.
Pontenet. *Bourg.*, II, 92.
Pontein. *Bourg.*, II, 267.
Pontet. *Fland.*, 203.
— *Tours*, 1163,
Pontèves. *Prov.*, I, 173, 180, 508, 547, 845, 948, 1118.
Pontfoux. *Caen*, 503.
Ponthault. *Al.*, 483, 1162, 1167.
Ponthieu. *Par.*, II, 178.
— *Par.*, III, 251.
— *Pic.*, 261, 610, 658, 764.
— *La Roch.*, 71.
Pontho. *Bret.*, II, 860.
Ponthon. *Par.*, II, 601, 624.
— *Pic.*, 816.
Ponthos. *Bret.*, I, 630.
Pontier. *Bourg.*, I, 1098.
— *Montp.-Mont.*, 135.
— *Prov.*, I, 83, 994.
— *Toul.-Mont.*, 650.
Pontifroy. *Lorr.*, 606. *Ab.*
Pontieux. *Lim.*, 296.
— *Poit.*, 1112.
Pontis (de). *Dauph.*, 506.
Pontis. *Par.*, II, 463.
— *Prov.*, I, 308, 848.
Pontivy. *Bret.*, I, 641.
Pont-le-Roy. *Prov.*, I, 630.
Pontmarin. *Fland.*, 400.
Pontmouret (du). *Rouen*, 674.
Pontois (le). *Bret.*, I, 287, 338.
— *Bret.*, II, 156, 198.
Pontoise. *Guy.*, 121, 847.
— *Tours*, 46, 316, 1519.
Ponton. *La Roch.*, 227.
Pontonnerce. *Par.*, II, 929.
Pontonnier. *Prov.*, I, 359.
Pontot. *Soiss.*, 679.
Pontou. *Guy.*, 1162.
Pontous. *Bourg.*, I, 281, 343.
Pontoux. *Prov.*, I, 1413.
Pontplancoet (de). *Bret.*, I, 551.
Pontprouin (du). *Bret.*, II, 431.
Pontrevé. *Pic.*, 384, 578, 608.

Pontrobert. *Auv.*, 550.
Pontrobert (du). *Bret.*, ii, 433.
Ponts (des). *Bourb.*, 264.
— *Dauph.*, 529.
Pont-Sainte-Marie. *Guy.*, 928.
Pont-Saint-Pierre (du). *Lyon*, 72, 73, 86, 498, 502.
Pontus. *Lyon*, 959.
Pontval *Bret.*, i, 106, 175, 518, 882.
— *Bret.*, ii, 181, 224, 773.
Pontville. *Rouen*, 378, 750.
Ponty. *La Roch.*, 257.
Pontz (de). *Champ.*, 582, 585.
Poôt. *Fland.*, 1156.
Popal. *Lyon*, 236.
Popelard. *Bourg.*, ii, 83.
Popelineau. *La Roch.*, 297.
Popillon. *Bourb.*, 3, 267.
Popineau. *Bourges*, 284, 287, 288.
Popinier. *Bourges*, 453.
Popinot. *Par.*, iii, 354.
Poppé. *Fland.*, 1212.
Popperinghe. *Fland.*, 1085. *V.*
Poppet. *Fland.*, 253.
Populus. *Par.*, ii, 983, 1180.
Poquelin. *Par.*, i, 117, 228.
Poquet. *Al.*, 887.
— *Par.*, iii, 473.
— *Tours*, 914, 974.
Poquières. *Bret.*, i, 734.
Porc (le). *Rouen*, 443.
Porcaro. *Bret.*, i, 15, 723.
Porcelet. *Montp.-Mont.*, 528, 914, 1310.
Porcelle. *Fland.*, 364.
Porcelly. *Par.*, i, 559.
Porchaiance. *Lorr.*, 86.
Porchebon. *Poit.*, 1159.
Porcher. *Bourges*, 253, 451.
— *Guy.*, 830.
— *Par.*, i, 56, 214, 707.
— *Par.*, ii, 525.
— *Par.*, iv, 628.
— *Poit.*, 1212, 1304.
Porcher (le). *Bret.*, i, 231.
— *Bret.*, ii, 268.
Porchère. *Poit.*, 779.
Porcheret. *Bourg.*, ii, 340.
Porcheron. *Bourges*, 142.
— *Lyon*, 420.
— *Orl.*, 916.
— *Par.*, iv, 627.
— *Par.*, ii, 1013, 1244.
— *Poit.*, 90, 312, 857, 903, 1411.
— *Tours*, 688.
Porchery. *Par.*, ii, 764.

Porchon. *Par.*, i, 1251.
— *Par.*, ii, 74.
Porci. *Lorr.*, 147.
Porcon. *Bret.*, 694, 843.
— *Bret.*, ii, 88.
Porcq (le). *Pic.*, 670, 740, 767, 770, 773, 776.
Porée. *Bret.*, ii, 504, 507, 509, 729, 997.
— *Bret.*, i, 81, 83, 692, 814, 915, 919.
Poressot. *Bourg.*, ii, 62.
Poret. *Al.*, 83, 327, 601, 604, 853.
— *Caen*, 368, 460, 457, 458, 694, 716, 784.
— *Par.*, ii, 536.
— *Rouen*, 258, 879.
Porlier. *Par.*, i, 298.
— *Par.*, ii, 411, 1087, 1102.
— *Par.*, iii, 454.
Porquelle. *Fland.*, 454.
Porquet. *Fland.*, 181, 1061.
— *Pic.*, 816, 817.
Porquier (le). *Caen*, 697.
Porlodée. *Guy.*, 144.
Porrade. *Prov.*, i, 591, 628, 1058, 1060.
— *Prov.*, ii, 82.
Porral. *Lyon*, 770.
— *Montp.-Mont.*, 698.
Porre. *Prov.*, i, 194, 1306.
Porreau. *Bourges*, 237, 393.
Porreault. *Poit.*, 441.
Porret. *Bourg.*, ii, 221, 280.
Porrey. *Bourg.*, i, 1140.
Porri. *Prov.*, i, 578, 644, 660, 670.
Porrier. *Bourg.*, ii, 226, 228.
Porsinoguer. *Bret.*, ii, 261.
Port (du). *Bourg.*, i, 398.
— *Bourg.*, ii, 283, 284, 286.
— *Dauph.*, 94, 154, 189.
— *Lim.*, 233, 274.
— *Lyon*, 75, 82, 135, 500.
— *Par.*, i, 214, 821, 936, 953, 1098.
— *Prov.*, i, 1357.
— *Prov.*, ii, 149.
— *La Roch.*, 139, 263.
— *Soiss.*, 170.
— *Toul.-Mont.*, 1286.
— *Tours*, 914, 973.
— *Vers.*, 191.
Porta. *Montp.-Mont.*, 144.
Portail. *Par.*, i, 1201.
— *Par.*, iii, 43, 71, 76, 78, 218, 515.
— *Tours*, 709, 713, 1509.

Portail (du). *Al.*, 287, 1251.
— *Als.*, 151.
—, *Guy.*, 806, 819.
— *Orl.*, 234.
Portais. *Bret.*, I, 480.
— *Bret.*, II, 557, 558.
Portal. *Auv.*, 52.
— *Montp.-Mont.*, 75, 505, 569, 599, 885, 1212, 1423.
— *Par.*, I, 1249.
— *Toul.-Mont.*, 320, 561, 562, 1104.
Portal (du). *Bret.*, II, 998.
— *Poit.*, 919.
— *Tours*, 1005.
Portalés. *Montp.-Mont.*, 45, 97, 660, 858.
Portalis. *Prov.*, I, 42, 58, 60, 61, 160, 1178, 1191.
Portalon. *Montp.-Mont.*, 265.
Portanier. *Lyon*, 622.
Portart. *Orl.*, 541.
Porte. *Prov.*, I, 977, 1185.
— *Prov.*, II, 207, 609.
Porte (de). *Prov.*, I, 1353.
Porte (la). *Al.*, 479, 588, 639.
— *Als.*, 905.
— *Auv.*, 55, 224.
— *Béarn*, 161.
— *Bourb.*, 199.
— *Bourges*, 23, 76, 77, 78.
— *Bourg.*, I, 4, 119.
— *Bourg.*, II, 317.
— *Bret.*, I, 185, 261, 753.
— *Caen*, 431.
— *Dauph.*, 25, 247.
— *Fland.*, 422, 958.
— *Guy.*, 51, 55, 420, 674, 866, 920, 1044, 1171, 1198, 1205.
— *Lim.*, 47.
— *Lorr.*, 78, 384.
— *Lyon*, 10.
Montp.-Mont., 1168, 1214.
— *Orl.*, 233.
— *Par.*, I, 11, 239, 280, 328, 895, 921, 1006, 1029, 1136, 1144, 1160, 1243, 1257.
— *Par.*, II. 169, 216, 446, 551, 887, 1264.
— *Par.*, III, 125, 393, 394.
— *Pic.*, 96, 386, 496, 708, 739, 861, 866.
— *Poit.*, 163, 292, 404, 555, 668, 739.
— *Prov.*, II, 461, 569.
— *La Roch.*, 114, 173, 178, 179, 195, 214, 306, 375.

— *Rouen*, 384, 589, 665, 677.
— *Soiss.*, 531, 722.
— *Toul.-Mont.*, 32, 458, 505, 703, 889, 1285, 1308, 1312, 1469, 1477.
— *Tours*, 754, 755, 758, 922, 948, 951, 1194, 1459, 1479, 1481, 1482.
Porteau. *Par.*, I, 1144.
— *Poit.*, 379, 1236, 1294.
— *La Roch.*, 24.
Porteau (du). *Bret.*, II, 1069.
Porteaux (des). *Als.*, 555.
Portebise. *Bret.*, I, 491.
Portebize (de). *Tours*, 506.
Portepin. *Auv.*, 271.
— *Guy.*, 79.
Porter. *Bret.*, II, 443.
Porteret. *Bourg.*, I, 683.
Portes. *Guy.*, 889.
— *Poit.*, 539.
— *Toul.-Mont.*, 1466.
Portes (de). *Champ.*, 157.
— *Montp.-Mont.*, 710.
Portes (des). *Al.*, 141, 316, 404, 412, 538, 1043.
— *Als.*, 587.
— *Bret.*, I, 409, 890, 895.
— *Dauph.*, 110, 196.
— *Lyon*, 675.
— *Par.*, I, 1244.
— *Poit.*, 1214.
— *Rouen*, 800.
— *Tours*, 774, 1472.
Portessan. *Montp.-Mont.*, 975.
Portgust. *Fland.*, 1442.
Portier. *Bourg.*, I, 648, 1068, 1228.
— *Bret.*, II, 432, 436.
— *Prov.*, I, 159, 1223, 1227, 1230.
— *La Roch.*, 283.
Portier (le). *Al.*, 302, 314, 456, 541, 835, 1206.
— *Tours*, 291.
Portois. *Fland.*, 70, 592.
Portonnier. *Prov.*, II, 767.
Portzheim. *Lorr.*, 176, 286, 336, 344.
Portzmoguer. *Bret.*, I, 296.
Posque. *Bourb.*, 547.
Possac. *Montp.-Mont.*, 745.
Possel. *Prov.*, I, 2, 19, 98.
— *Prov.*, II, 491.
Posset (du). *Tours*, 1188.
Posté. *Al.*, 1032.
Poste. *Champ.*, 431.
Postel. *Al.*, 109, 117, 440, 444, 632, 633, 635, 639, 640.
— *Caen*, 442, 455, 583, 694.
— *Fland.*, 982.

Pra (de). *Boury.*, i, 221, 793, 1251.
Pra (du). *La Roch.*, 146.
Prache. *Montp.-Mont.*, 767.
— *Pic.*, 649.
Pracomtal. *Bourb.*, 255.
— *Par.*, iii, 36.
Pracos. *Par.*, ii, 1098.
Pradal. *Lyon*, 432.
— *Toul.-Mont.*, 82, 96, 658.
Pradan. *Dauph.*, 464.
Pradault. *Lim.*, 423.
Prade. *Prov.*, ii, 660.
Prade (la). *Guy.*, 1129, 1227.
— *Toul.-Mont.*, 1253.
Pradé. *Par.*, i, 1020.
Pradeaux (des). *Lim.*, 461.
Pradel. *Auv.*, 584.
— *Fland.*, 1244.
— *Lyon*, 20, 622.
— *La Roch.*, 147.
Pradel (de). *Montp.-Mont.*, 659, 760, 795, 802, 1315.
Pradelle. *Tours*, 817.
Pradelle (la). *Lim.*, 424.
Pradelles. *Toul.-Mont.*, 556, 1144, 1145, 1170, 1389.
Prades. *Montp.-Mont.*, 1178. V.
— *Toul.-Mont.*, 732, 764.
Prades (de). *Auv.*, 78, 80, 419, 432.
Pradet (du). *Lim.*, 400.
Pradeville. *Auv.*, 394.
Pradier. *Montp.-Mont.*, 686, 687, 688.
— *Toul.-Mont.*, 250, 1062.
Pradignat. *Lim.*, 422.
Pradillon. *Guy.*, 900.
Pradines. *Montp.-Mont.*, 296.
— *Par.*, ii, 1275.
— *Toul.-Mont.*, 139, 278, 1106, 1177.
Pradmas. *Lim.*, 459.
Pradon. *Auv.*, 251.
— *Prov.*, ii, 665.
Pradou (du). *Tours*, 637.
Prady. *Toul.-Mont.*, 660.
Praele (du). *Al.*, 170.
Pragelier. *Lim.*, 297.
Prai. *Toul.-Mont.*, 523.
Praie (la). *Lyon*, 91, 108, 367.
Prailly. *Par.*, iii, 134.
Praire. *Lyon*, 333.
Pralard. *Lyon*, 667.
Pralon. *Lyon*, 16.
Prampart. *Bret.*, i, 776.
Prandière. *Lyon*, 1034.
Praneus. *Montp.-Mont.*, 432.
Pranier. *Lorr.*, 626.
Pransigny. *Bourg.*, i, 873.

Prarond. *Montp.-Mont.*, 457.
Pras (de). *Prov.*, i, 1125, 1126.
Praslin. *Lorr.*, 622.
Prat. *Dauph.*, 30, 531.
— *Prov.*, ii, 679, 697.
Prat (de). *Bourg.*, ii, 10.
Prat (du). *Auv.*, 424.
— *Dauph.*, 18, 529.
— *Guy.*, 845, 943, 944, 995, 1033, 1141, 1199, 1201.
— *Lyon*, 140.
— *Montp.-Mont.*, 513, 536, 1250.
— *Par.*, i, 1140.
— *Par.*, ii, 568, 622, 797.
— *Pic.*, 812.
— *Toul.-Mont.*, 186, 461, 486, 535, 618, 947, 1154, 1310, 1329, 1348, 1351, 1448, 1484.
— *Vers.*, 1
Prats (des). *Toul.-Mont.*, 442.
Pratz de Meuillan. *Toul. - Mont.*, 1447. V.
Praud. *Prov.*, ii, 767.
Prauger. *Pic.*, 127.
Pravieux. *Lyon*, 813.
Pravoux. *Lyon*, 767.
Praye (la). *Bourg.*, i, 275.
Pré (de). *Bourg.*, ii, 627.
Pré (du). *Al.*, 147, 461, 729, 862.
— *Als.*, 23, 145, 240, 1006.
— *Auv.*, 509.
— *Bourb.*, 86.
— *Bourg.*, i, 423, 1186, 1223.
— *Bourg.*, ii, 100, 333, 484.
— *Bret.*, ii, 399, 789, 806.
— *Caen*, 57, 95, 96, 194, 711.
— *Dauph.*, 130.
— *Fland.*, 313, 517, 979.
— *Guy.*, 178, 1071.
— *Lim.*, 220.
— *Lyon*, 40, 297, 686.
— *Montp.-Mont.*, 119.
— *Orl.*, 354, 466.
— *Par.*, i, 790, 952, 1137.
— *Par.*, ii, 936, 978, 1087, 1178, 1215.
— *Par.*, iii, 127, 433.
— *Par.*, iv, 589, 738.
— *Pic.*, 714.
— *Prov.*, ii, 452, 627.
— *Rouen*, 265, 369, 382.
— *Toul.-Mont.*, 1211.
— *Tours*, 303, 508.
Préau. *Bourb.*, 41, 208.
— *Fland.*, 283, 323.
— *Par.*, i, 242.

Prout. *Prov.*, I, 1268.
Prouterie (la). *Par.*, II, 302.
Proutteau. *Tours*, 839.
Prouvenza. *Par.*, II, 1092.
Prouvère. *Al.*, 777, 1172.
Prouvi. *Lorr.*, 333.
Prouvier. *Bourg.*, I, 960.
Prouville. *Fland.*, 962, 967.
— *Lorr.*, 492.
Prouvin. *Prov.*, II, 424, 430.
Proux. *Guy.*, 1164.
— *Poit.*, 1335, 1366.
Proux (le). *Tours*, 1091.
Provençal. *Bret.*, I, 295.
— *Prov.*, II, 130, 177, 587, 588.
Provence. *Prov.*, I, 437.
Provenchère. *Orl.*, 352, 359, 386, 434, 474, 475.
Provereau. *Bourb.*, 171.
Provin. *Prov.*, I, 106.
Provins. *Par.*, IV, 298.
— *Prov.*, I, 1430.
Provost. *Bret.*, I, 356, 400.
Provost (le). *Bret.*, I, 606.
Proyelle. *Fland.*, 1503.
Prozelle. *Par.*, I, 473.
Prucques. *Fland.*, 325.
Prudant. *Prov.*, I, 1036.
Prudeau. *Lim.*, 375.
Prudent. *Tours*, 319.
Prud'homme. *Al.*, 1092, 1183.
— *Als.*, 1074.
— *Bret.*, II, 472, 1104.
— *Fland.*, 65, 100, 342, 361.
— *Par.*, I, 496.
— *Par.*, II, 719.
— *Par.*, III, 287, 410, 445.
— *Pic.*, 147.
— *Poit.*, 1210.
— *Rouen*, 1355.
— *Tours*, 647, 948, 1107.
Prudhomme (le). *Lorr.*, 55, 417.
Prudhommeau. *Tours*, 296, 1218.
Pruel. *Poit.*, 496.
Pruel (de). *Bourg.*, I, 649.
— *Toul.-Mont.*, 875.
Prugue. *Guy.*, 319, 320, 329, 332, 346, 384, 976.
Pruilante. *Prov.*, I, 552.
Prüille. *Guy.*, 124.
Pruines (de). *Toul.-Mont.*, 1171.
Prun. *Toul.-Mont.*, 1483.
Prunay. *Orl.*, 808.
Prune (la). *Toul.-Mont.*, 69, 510, 1048.
Pruneau. *Poit.*, 487.

Prunelay. *Orl.*, 182, 263, 687, 688, 989.
— *Par.*, IV, 555.
Prunelle. *Orl.*, 618.
— *Par.*, III, 187.
Prunes. *Toul.-Mont.*, 960.
Prunet. *Montp.-Mont.*, 812, 912.
— *Par.*, II, 765.
— *Par.*, III, 411.
Prunier. *Bourb.*, 568.
— *Caen*, 604.
— *Dauph.*, 108, 109, 141, 177, 412.
— *Par.*, II, 844, 990.
— *Prov.*, I, 759.
— *La Roch.*, 257.
— *Rouen*, 935.
— *Tours*, 1341.
Pruslai. *Al.*, 1001.
Prusse. *Orl.*, 390.
Pruville. *Dauph.*, 552.
Pucelle. *Par.*, II, 1203, 1230.
— *Par.*, III, 140.
— *Soiss.*, 568.
Puch. *Guy.*, 1068.
— Puchot. *Rouen*, 40, 43, 47, 106, 498, 508, 509, 583, 596, 648, 680, 686, 707, 977.
Puech. *Fland.*, 6.
— *Lorr.*, 309.
— *Montp.-Mont.*, 69, 852.
— *Prov.*, II, 294.
— *Toul.-Mont.*, 764.
Puechréchaut. *Toul.-Mont.*, 742.
Puel (de). *Montp.-Mont.*, 1055.
— *Toul.-Mont.*, 1130, 1165.
Puels (du). *Guy.*, 808.
Puetel. *Als.*, 1015.
Pugeault. *Bourg.*, I, 284.
— *Bourg.*, II, 133.
Puget. *Lyon*, 92.
— *Montp.-Mont.*, 1023.
— *Prov.*, I, 426, 537, 787, 963.
— *Prov.*, II, 332, 387, 634, 725.
— *Toul.-Mont.*, 110, 193, 846, 847.
Puget (du). *Bourg.*, I, 195, 292, 1047.
— *Bourg.*, II, 138.
— *Bret.*, I, 417.
— *Fland.*, 1409.
— *Pic.*, 810.
— *Prov.*, I, 1364.
Pugin. *Bret.*, II, 620, 637.
Pugnau. *Guy.*, 44.
Pugnère. *Prov.*, I, 222, 1350, 1381, 1382.
Pugnerel. *Prov.*, I, 496.
Pugnier. *Montp.-Mont.*, 1102, 1104.

Pui (du). *Al.*, 786.
— *Bourges*, 145, 198, 527.
— *Champ.*, 156, 180, 452, 589.
— *Dauph.*, 20, 65, 66, 159, 176, 232, 334, 356, 388, 394, 464, 465, 474, 554.
— *Fland.*, 202, 584, 1124, 1207, 1229, 1258.
— *Guy.*, 106, 227, 408, 502, 624, 630, 780, 811, 849, 883, 941, 993, 1005, 1027, 1055, 1087, 1088, 1089, 1130, 1132, 1170, 1205, 1207.
— *Lorr.*, 8, 10, 144, 158, 482.
— *Lyon*, 207, 236, 253, 559, 603, 616, 665, 799, 866, 868, 978, 1021, 1033.
— *Montp.-Mont.*, 316, 367, 676, 828, 1216.
— *Par.*, I, 282, 372, 373, 374, 388, 744, 1080, 1223, 1224, 1247, 1390.
— *Poit.*, 285, 500, 561, 786, 840, 948, 1002, 1054, 1201, 1459.
— *La Roch.*, 244, 312, 194.
— *Toul.-Mont.*, 126, 197, 272, 504, 515, 576, 645, 646, 748, 858, 1029, 1068, 1086, 1101, 1211, 1232, 1319, 1477.
— *Tours*, 205, 726, 1061.
Pui (St-). *Toul.-Mont.*, 1200. V.
Puibergeon (de). *Tours*, 205.
Puiblon. *Poit.*, 1275.
Puibusque. *Toul.-Mont.*, 332, 858.
Puic (du). *Pic.*, 491, 677, 678.
Puichaud. *Poit.*, 1391.
Puichemin. *Poit.*, 1082.
Puichon. *Pic.*, 725.
Puidorat. *Prov.*, II, 486.
Puigornet. *La Roch.*, 241.
Puigros. *Dauph.*, 484, 496.
Puiguyon. *Poit.*, 1035, 1380, 1427.
Puilagarde. *Toul.-Mont.*, 930. V. 1069.
Puilaroque. *Toul.-Mont.*, 930. V.
Puilaurens. *Toul.-Mont.*, 857. V.
Puilevesque. *Toul.-Mont.*, 1017. V.
Puilhot. *Als.*, 306.
Puilon. *Par.*, II, 716.
Puilon (le). *Bret.*, II, 367.
Puimalie. *Guy.*, 1073.
Puimin. *Poit.*, 640, 1294.
Puiminault. *Bourges*, 521.
Puimlro. *Béarn*, 73, 157.
Puimirol. *Guy.*, 1137.
Puimissons. *Toul.-Mont.*, 1070.
Puiniot. *Poit.*, 610.
Puinotredame. *Tours*, 656. V.
Puiolas. *Montp.-Mont.*, 502.

Puirousset. *Poit.*, 144, 210, 490, 1190, 1211.
Puis. *Pic.*, 102, 144, 499, 727.
Puis (du). *Als.*, 321.
— *Bourg.*, I, 124, 272, 436, 1072.
— *Prov.*, I, 413, 433, 557, 669, 675, 770, 834.
— *Rouen*, 63, 149, 247, 254, 349, 401, 795, 1239, 1348.
— *Soiss.*, 256, 369, 817, 858.
Puisaie. *Al.*, 225, 261, 265, 345, 1037, 1128, 1223.
Puisard. *Tours*, 1172.
Puisaye. *Bret.*, I, 693.
Puissant. *Champ.*, 557, 601, 621.
— *Dauph.*, 15.
Puissentus. *Toul.-Mont.*, 1211.
Puiverdier. *Orl.*, 153.
Pujo. *Guy.*, 257, 383.
Pujol. *Guy.*, 320, 840, 843.
— *Montp.-Mont.*, 11, 60, 72, 1074, 1250. Voy. *Fizes*.
— *Par.*, I, 258.
— *Par.*, II, 446.
— *Toul.-Mont.*, 427, 431, 475, 501, 512, 514, 706, 930, 980, 1115, 1123, 1240, 1474.
Pujols. *Guy.*, 829, 901, 995.
Pujos. *Guy.*, 147.
— *Toul.-Mont.*, 1252, 1300.
Puleu. *Par.*, III, 152.
Pulignieux. *Lyon*, 175, 294, 637, 644, 665.
Pulleu. *Par.*, I, 383.
— *Par.*, II, 717.
— *Rouen*, 57.
Pulleux. *Pic.*, 750.
Pumichel. *Prov.*, I, 513.
— *Prov.*, II, 270, 273.
Punget. *Bourges*, 593.
Punex (le). *Prov.*, I, 643.
Pupier. *Lyon*, 672, 809, 1306.
Pupil. *Lyon*, 109, 110.
Puquery. *Fland.*, 1449.
Purés (de). *Lyon*, 31, 512.
Puret. *Champ.*, 735.
Purpan. *Toul.-Mont.*, 201.
Purseigle. *Bourb.*, 408.
Pusey. *Bourg.*, I, 1080, 1081.
Pusque (de). *Dauph.*, 561.
Pussai. *Par.*, I, 553.
Pussi. *Caen*, 79.
Pussort. *Par.*, II, 713.
— *Par.*, III, 233.
Pusterle. *Montp.-Mont.*, 880.
Putrié. *Tours*, 1444.

Puttecoste. *Al.*, 32, 34, 1165.
Puttois. *Al.*, 1172.
Putz. *Lorr.*, 281, 331.
Puveteil. *Lyon*, 1005.
Puvetis. *Lyon*, 1007.
Puy (du). *Bourb.*, 288, 289.
— *Bourg.*, II, 300, 304.
— *Bret.*, I, 465.
— *Bret.*, II, 998.
— *Lim.*, 145, 178, 394, 401, 431, 434, 478.
— *Orl.*, 183, 656.

— *Par.*, II, 80, 298, 607, 633, 708, 1140, 1267.
— *Par.*, III, 7, 10, 197, 297, 356, 400, 495.
— *Vers.*, 23, 208.
Puyau. *Béarn*, 155, 159.
Puyau (du). *Par.*, I, 1225.
Puydufou. *Par.*, II, 857.
Puyfoyard. *Lim.*, 289.
Puylata. *Bourg.*, II, 20.
Puys (du). *Par.*, IV, 586, 588, 615, 686.

Q

Quach. *Toul.-Mont.*, 1470.
Quactione. *Pic.*, 195.
Quai (de). *Poit.*, 1101.
Quaireau. *Prov.*, I, 1155.
Quanquery. *Par.*, I, 1162.
Quantitau. *Guy.*, 1046.
Quarente *Vers.*, 226.
Quarré. *Bourg.*, I, 29, 30, 32, 34, 60, 205, 273, 280, 294, 295, 297, 298, 335.
— *Bourg.*, II, 25, 41, 108, 491, 509.
— *Par.*, I, 811.
Quarrée. *Pic.*, 146.
Quartier. *Bourb.*, 457.
— *Bourg.*, I, 875.
— *Par.*, I, 1376.
Quatrebarbes *Bret.*, I, 276, 504.
— *Par.*, II, 535.
— *Tours*, 82, 123, 427, 431, 545, 1405.
— *Vers.*, 14.
Quatrebœufs. *Tours*, 732.
Quatrefages. *Poit.*, 1555.
Quatrehommes. *Par.*, I, 1310.
— *Par.*, II, 1113.
Quatrepuis. *Al.*, 68, 571.
Quatresols. *Par.*, III, 98.
— *Par.*, IV, 99.
Quay. *Bourg.*, II, 632.
Quay (le). *Bret.*, II, 610.
Qué (de). *Montp.-Mont.*, 988.
Quéant. *Fland.*, 970.
Québriac. *Bret.*, I, 911.
Queckebille. *Fland.*, 715, 716, 735.
Quegain. *Bourg.*, I, 605.
Quehen. *Bret.*, II, 958.
Queheri. *Tours*, 1474, 1475.
Queila (du). *Guy.*, 1109.
Queilar. *Prov.*, I, 478.
Queilas. *Montp.-Mont.*, 507.

Queille (la). *Auv.*, 8, 396.
— *Montp.-Mont.*, 1034, 1035.
— *Toul.-Mont.*, 339, 1255.
Queiras. *Bourg.*, I, 867.
— *Dauph.*, 601. V.
— *Montp.-Mont.*, 1309.
Queissat. *Guy.*, 801.
Quela. *Rouen*, 462.
Quelain. *Par.*, I, 871.
Quelen. *Bret.*, I, 101, 197, 374, 472, 473, 549, 700, 703.
— *Bret.*, II, 147, 581.
— *Par.*, III, 105, 550.
Quelier. *Par.*, II, 1104.
Quelin. *Par.*, II, 1219.
— *Tours*, 1269.
Quellenec (du). *Bret.*, I, 718.
Quellerie. *Pic.*, 168.
Quellier. *Tours*, 893.
Quelo. *Bret.*, II, 297.
Quelque (de). *Pic.*, 329.
Quemener. *Bret.*, I, 654, 900.
Quemereuc. *Bret.*, I, 630.
Quémet. *Lyon*, 176.
Quemi (de). *Soiss.*, 56.
Quempel. *Bret.*, I, 674.
Quemper. *Bret.*, I, 247, 974.
Quénard. *Orl.*, 969.
Quenau. *Poit.*, 181.
Queneau. *Bourg.*, II, 582.
— *Bret.*, II, 839.
Quenec. *Bret.*, II, 1027.
Quenelle. *Soiss.*, 11.
Quenequin. *Pic.*, 777.
Quengo. *Bret.*, I, 12, 13, 33.
Quénin. *Prov.*, II, 135, 161.
Quenneville. *Champ.*, 535.
— *Par.*, I, 119.
Quenouville. *Rouen*, 431.

Quentin. *Al.*, 375.
— *Caen*, 716.
— *Champ.*, 874.
— *Fland.*, 1023, 1203.
— *Par.*, I, 772. 809, 1023.
— *Par.*, II, 54, 382, 915, 974, 1154.
— *Par.*, III, 305, 390.
— *Rouen*, 683, 691.
— *Tours*, 12, 206, 484.
— *Vers.*, 2, 19, 295.
Quentin (St-). *Al.*, 907.
— *Auv.*, 388.
— *Bourb.*, 446, 551.
— *Caen*, 24, 72.
— *Champ.*, 81, 144, 160, 244.
— *Orl.*, 726.
— *Par.*, IV, 246, 247.
— *Par.*, II, 1027.
— *Poit.*, 97, 1052, 1451.
— *Rouen*, 752.
Quenu. *Pic.*, 701.
Quer (de). *Bret.*, I, 214.
Queralbant. *Bret.*, I, 527, 528.
Queranrou. *Bret.*, II, 195.
Quérard. *Bret.*, II, 386, 387.
— *Champ.*, 335.
Quéraud. *Bret.*, II, 557.
Querboudet. *Bret.*, I, 723.
Quercadi. *Bret.*, 906.
Quercy. *Orl.*, 687.
Querecques. *Pic.*, 716.
Querelles. *Montp.-Mont.*, 14, 590.
Quereric. *Bret.*, I, 244.
Querespert. *Bret.*, 958.
Queret. *Al.*, 707.
— *Bret.*, II, 776, 994.
Quergof. *Bret.*, II, 621.
Quergu. *Bret.*, I, 560.
Querguesec. *Bret.*, I, 206.
Quergurelen. *Bret.*, 558.
Quérière. *Al.*, 232, 233.
Quériot. *Lyon*, 675.
Queriot. *Bret.*, II, 667.
Queriou. *Bret.*, II, 780.
Quermellec. *Bret.*, I, 9.
Quermenguy. *Bret.*, II, 160.
Quermeur. *Bret.*, I, 662, 830.
Quernegus. *Bret.*, I, 525.
Querouart. *Par.*, II, 1230.
Querouvat. *Pic.*, 789.
Quéroy (du). *Lim.*, 22.
Querquelen. *Bret.*, I, 338, 540, 704.
Querrec. *Bret.*, II, 582.
Querreye. *Poit.*, 207.
Quers. *Bourg.*, II, 1153.
Quersaliou. *Bret.*, I, 199.

Querven. *Bret.*, I, 349.
— *Par.*, I, 201.
Querveno. *Bret.*, I, 733.
Querver. *Fland.*, 1473.
Quervolis. *Par.*, II, 804.
Quesmas. *Par.*, I, 1249.
Quesnai. *Al.*, 871.
Quesnai (du). *Caen*, 407.
— *Prov.*, II, 291.
Quesnay (du). *Par.*, IV, 259.
— *Pic.*, 749.
Quesne (du). *Al.*, 301.
— *Caen*, 103, 520.
— *Fland.*, 894.
— *Par.*, I, 1109, 1253.
— *Pic.*, 674.
— *Prov.*, I, 98.
— *La Roch.*, 69, 200.
— *Rouen*, 254, 284, 287, 289, 290,
     291, 300, 301, 304, 308, 311, 517,
     540, 569, 599, 1217, 1218, 1235,
     1238.
Quesne (de). *Soiss.*, 465, 720.
Quesne (le). *Rouen*, 9, 131, 561, 777,
     863.
Quesnel. *Caen*, 217, 233.
Quesnel (du). *Al.*, 55, 542, 790, 875.
— *Fland.*, 1038, 1468.
— *Par.*, I, 102, 1385.
— *Pic.*, 611.
— *Rouen*, 194, 395, 586, 1132.
Quesnet (du). *Soiss.*, 110, 299.
Quesnoi. *Prov.*, II, 480.
Quesnoi (du). *Caen*, 338, 612.
— *Fland.*, 26, 116, 875.
— *Rouen*, 434, 1222.
Quesnoi (le). *Fland.*, 1335. *V.*
Quesnoy. *Pic.*, 327.
Quesnoy (du). *Par.*, I, 316.
— *Par.*, II, 70.
Quesse (de). *Par.*, IV, 243.
Quétaut. *Bourg.*, I, 762, 936.
Queteneau. *Poit.*, 1353.
Quetier. *Bret.*, I, 272, 424.
Quetil. *Caen*, 268, 512, 772.
Quets. (des). *Par.*, III, 373.
Quêu (le). *Al.*, 87.
Queue (la). *Par.*, II, 222, 228.
Queuron. *Caen*, 320.
Queux (de). *La Roch.*, 104.
Queux (le). *Bourg.*, II, 254.
— *Champ.*, 95.
— *Par.*, I, 1341.
— *Par.*, II, 596.
— *Par.*, IV, 23.
— *Soiss.*, 814, 569.

Queval. *Fland.*, 1150.
— *Rouen*, 894.
Quevauvilliers. *Pic.*, 752.
Quevilly. *Par.*, III, 429.
Quibel. *Rouen*, 896.
Quiblier. *Lyon*, 521.
Quidebeuf. *Al.*, 955.
Quidu. *Bret.*, II, 604.
Quiellet. *Bourg.*, II, 566.
Quiem (le). *Par.*, I, 1387.
Quien. *Lorr.*, 608.
Quiennot. *Pic.*, 817.
Quieru (le). *Caen*, 362.
Quieu (le). *Fland.*, 418, 790, 851.
— *Pic.*, 9.
Quieze (la). *Vers.*, 207, 210.
Quignon. *Pic.*, 85, 397, 587, 709.
Quilfistre. *Bret.*, I, 125.
Quiliguien. *Bret.*, II, 526.
Quillardet. *Bourg.*, I, 250, 313.
— *Bourg.*, II, 80, 339.
Quilleau. *Caen*, 225.
— *Rouen*, 131.
Quillebeuf. *Rouen*, 117.
Quilleri. *Bourges*, 256.
Quillet. *Al.*, 321, 347, 1114.
— *Bret.*, II, 902.
— *Par.*, II, 615.
— *Soiss.*, 458.
Quilleval. *Fland.*, 748.
Quilliet. *Soiss.*, 558, 644.
Quillot. *Bourg.*, II, 62, 350.
Quimper. *Bret.*, I, 1. V.
Quimperle. *Bret.*, I, 687. V.
Quin. *Bourb.*, 291.
Quiu (le). *Par.*, I, 253.
— *Par.*, III, 536.
Quinaut. *Par.*, II, 245.
Quincarnon. *Al.*, 110, 113, 436.
— *Guy.*, 384.
— *Rouen*, 380.
Quincé. *Al.*, 481.
— *Bret.*, II, 550.
Quincy. *Als.*, 23, 1023.
Quineau. *Orl.*, 789.
Quinemont. *Tours*, 712, 714.
Quinery. *Bourg.*, II, 313.
Quiney. *Bourg.*, I, 430 (?).

Quingey. *Bourg.*, I, 1106.
Quinghen. *Fland.*, 396.
Quingue. *Als.*, 611.
Quinnebel. *Rouen*, 803.
Quinnebeuf. *Rouen*, 34.
Quinodel. *Lorr.*, 287.
Quinoi. *Poit.*, 1100.
Quinot. *Bourg.*, I. 923.
— *Champ.*, 109, 463.
— *Vers.*, 218.
Quinquedou. *Fland.*, 1228.
Quinquempoix. *Champ.*, 903.
Quinquet. *Bourges*, 71.
— *Par.*, II, 1040.
— *Soiss.*, 7, 9, 11, 23, 192, 209, 229,
458, 650, 834, 835.
Quinquiet. *Par.*, IV, 38.
Quinsac. *Bourges*, 378.
Quinson. *Dauph.*, 201, 207.
— *Lyon*, 25, 168, 312, 740.
— *Par.*, I, 93.
Quinssard. *Als.*, 1014.
Quintaine. *Caen*, 211.
Quintanadoine. *Al.*, 627.
— *Rouen*, 733.
Quintard. *Poit.*, 329.
Quintel. *Bret.*, II, 679.
Quintis *Guy.*, 1171.
Quintin. *Bret.*, I, 57, 647, 665, 946,
949.
— *Bret.*, II, 43, 522.
— *Guy.*, 1116.
— *Montp.-Mont.*, 114.
Quintinie (la). *Par.*, I, 1231.
Quiquebeuf. *Par.*, I, 134.
— *Par.*, III, 183, 438.
Quiqueran. *Prov.*, II, 80, 121.
Quiquery. *Toul.-Mont.*, 707.
Quirin (St-). *Lorr.*, 568. Pr.
Quirit. *Tours*, 20, 35.
Quirot. *Bourg.*, I, 76, 572, 687, 694.
Quiton. *La Roch.*, 189.
Quitteville. *Rouen*, 191.
Quivy. *Fland.*, 1353, 1497.
Quoy (de). *Montp.-Mont.*, 642.
Quoy (le). *Als.*, 121.
— *Par.*, I, 1299.
— *Soiss.*, 379, 391, 783.

R

Rabache. *Pic.*, 700, 710.
— *Tours*, 842.
Rabani. *Auv.*, 465.

Rabar. *Guy.*, 77, 227, 361.
Rabart. *Par.*, II, 988.
Rabasse. *Prov.*, I, 446, 803.

Raffée. *Pic.*, 501.
Raffel. *Prov.*, II, 143.
Raffelin. *Par.*, I, 530.
Raffelis. *Prov.*, I, 208, 384.
Raffier. *Bourb.*, 554, 610.
Raffin. *Bourg.*, I, 457.
— *Champ.*, 256.
— *Guy.*, 307, 1132.
— *Orl.*, 865.
— *Montp.-Mont.*, 200, 502.
Rafflon. *Par.*, II, 1229.
Raffon. *Par.*, III, 412.
Raffrai. *Tours*, 949, 974.
Raffy. *Par.*, II, 790.
— *Par.*, III, 367.
— *Toul.-Mont.*, 1043, 1267.
Rafin. *Prov.*, II, 577, 579.
Rafinie (la). *Toul.-Mont.*, 276, 392.
Raflé (le). *Bret.*, II, 18.
Raflin. *Champ.*, 360.
— *Lyon*, 77, 134.
Ragareu. *Par.*, I, 776,
Ragaud. *Bret.*, I, 159, 162, 175, 177.
Ragaut. *Bourges*, 289.
Ragé (de). *Lorr.*, 321.
Ragecourt. *Lorr.*, 229, 401.
Ragereau. *Par.*, I, 684.
Rages (des). *Poit.*, 1485.
Raget. *Pic.*, 378.
— *Prov.*, II, 712.
Ragmet. *Bourg.*, I, 1242.
Ragois (le). *Lorr.*, 619.
— *Par.*, I, 9, 212, 820, 917, 1222, 1238.
— *Par.*, II, 931.
— *Pic.*, 886.
Ragon. *Bourges*, 29.
— *Bret.*, II, 558.
— *Lyon*, 139.
Ragonneau. *Poit.*, 499.
— *Tours*, 185.
Ragot. *Bourg.*, II, 348.
— *Par.*, III, 322.
— *Poit.*, 392, 767.
— *Rouen*, 40.
— *Tours*, 887.
— *Vers.*, 192.
Ragoul. *Montp.-Mont.*, 406.
Ragu. *Bourges*, 384, 406.
Raguaine. *Al.*, 348, 409, 427, 779.
Ragueau. *Bourges*, 37, 104, 110, 162, 236, 333, 404, 406, 421.
Ragueneau. *Guy.*, 20, 249.
— *Par.*, III, 338.
— *Poit.*, 1438, 1454.
— *Toul.-Mont.*, 233.

Raguenet. *Par.*, I, 205.
— *Par.*, IV, 567.
Raguenne. *La Roch.*, 300, 301.
Raguerre. *Soiss.*, 262.
Raguideau. *Bret.*, II, 146, 467, 559.
Raguier. *Par.*, II, 15, 1012.
Raguin. *Als.*, 1063.
— *Tours*, 1061.
Raguinneau. *Tours*, 1148.
Raguiot. *Par.*, II, 502.
Raguit. *Poit.*, 540.
Ragusse. *Prov.*, I, 1253. *M.*
Rahault. *Par.*, I, 513.
— *Par.*, II, 543.
Rahier. *Bret.*, II, 749, 754.
— *Par.*, IV, 18, 164.
— *Tours*, 1443.
Rahier (le). *Lorr.*, 341.
— *Par.*, II, 1209.
Rahon. *Auv.*, 440.
— *Bourg.*, I, 787.
Rai. *Dauph.*, 310.
— *Lyon*, 304, 436, 452, 530, 663.
— *Toul.-Mont.*, 194.
Rai (de). *Pic.*, 255, 202.
Raibaud. *Prov.*, I, 1132, 1149, **1358**, 1383, 1384, 1399, 1407.
— *Prov.*, II, 107, 743.
— *Toul.-Mont.*, 572.
Raibaut. *Vers.*, 192.
Raibert. *Prov.*, I, 1386.
Raigade. *Toul.-Mont.*, 991.
Raige. *Orl.*, 39.
Raignac. *Toul.-Mont.*, 490.
Raignier. *Poit.*, 1142.
Raillard. *Bourg.*, I, 766, 1067.
— *Bourg.*, II, 379.
Raillaune. *Prov.*, I, 1015.
Raidet. *Prov.*, I, 942.
Raimbaud. *Bourg.*, II, 281, 293.
— *Prov.* II, 232.
Raimbaudière. *Bret.*, I, 401.
Raimbault. *Tours*, 61, 967.
Raimbert. *Prov.*, I, 217, 240.
Raimbourg. *Rouen*, 922.
Raimon. *Lyon*, 98.
Raimond. *Al.*, 735.
— *Auv.*, 120, 166, 295.
— *Bourg.*, I, 222, 482, 942, 1281.
— *Bourg.*, II, 96, 246, 310.
— *Dauph.*, 167, 429, 583.
— *Fland.*, 1466.
— *Guy.*, 16, 32, 85, 286, 303, 311, 424, 434, 439, 464, 516, 668, 821, 845, 878, 879, 1009, 1063, 1103.

— *Lyon*, 105, 327, 551, 552, 669.

— *Montp.-Mont.*, 38, 305, 384, 823, 929, 1213.

— *Par.*, I, 842, 928, 1246.

— *Par.*, II, 531, 798.

— *Par.*, III, 115, 239, 383.

— *Poit.*, 84, 558.

— *Prov.*, I, 502, 1006, 1095, 1110, 1130, 1357, 1453, 1454.

— *Prov.*, II, 276, 288.

— *Toul.-Mont.*, 85, 93, 113, 136, 482, 547, 814, 961, 1129, 1222.

Raimondet. *Bourg.*, I, 1279, 1280.

Raimondier. *Poit.*, 1105.

Raimondin. *Prov.*, I, 721, 884.

Raimondis. *Lyon*, 443.

— *Prov.*, I, 95, 170, 171, 197, 250, 540, 1015, 1264.

— *Prov.*, II, 516.

Raimonenc. *Prov.*, II, 724.

Raimonneau. *Par.*, III, 429.

Raimont. *La Roch.*, 116, 216.

Raimont. *Tours*, 1072.

Rain. *Bourg.*, I, 1258.

— *Par.*, III, 531.

— *Toul.-Mont.*, 763.

Rainal. *Montp.-Mont.*, 1283.

— *Par.*, II, 1056.

— *Par.*, III, 595.

Rainal. *Toul.-Mont.*, 64, 1066, 1077, 1092, 1097, 1379. Voy. *Reinal*.

— *Vers.*, 72.

Rainaldi. *Montp.-Mont.*, 422.

— *Toul.-Mont.*, 1077, 1097.

Rainard. *Prov.*, I, 1130.

Rainart. *Tours*, 925.

Rainaud. *Montp.-Mont.*, 182, 717, 718.

— *Prov.*, I 250,, 277, 352, 418, 707, 930, 1000, 1127, 1194.

— *Prov.*, II, 220, 224, 278, 299, 352, 358, 690.

— *Toul.-Mont.*, 518.

Rainaude. *Prov.*, I, 1216.

Rainaudi. *Prov.*, I, 1130.

Raince. *Par.*, II, 622, 656.

Raincheval. *Pic.*, 788.

Raine (de). *Tours*, 404.

Raineau. *Par.*, III, 416.

Raines (de). *Fland.*, 1045.

Raines (des). *Auv.*, 211.

Rainier. *Toul.-Mont.*, 1085, 1158. Voy. Reinier.

Rains. *Par.*, IV, 195.

Rainssant. *Par.*, II, 1213.

Rainville. *Caen*, 722.

Rais (du). *Par.*, IV, 9, 749.

Raisin. *Par.*, II, 999, 1227.

Raison. *Bret.*, I, 114, 262.

— *Bret.*, II, 205, 892.

— *Soiss.*, 359.

— *Tours*, 774.

Raisonnet. *Bourg.*, I, 674.

Raisse (de). *Fland.*, 835.

Raisson. *Prov.*, I, 23, 28, 165, 1215, 1231.

Raistre. *Bret.*, II, 599.

Raiti (de). *Poit.*, 42, 63.

Raiti. *Soiss.*, 840.

Raizon. *Poit.*, 180, 225.

Rajalot. *Toul.-Mont.*, 630.

Rajat. *Lyon*, 1033.

Rajaud. *Bourg.*, I, 346.

Rajot. *Bourg.*, II, 27, 43.

Raley. *Bourg.*, II, 363.

Ralinard. *Tours*, 1119.

Rallet. *Bret.*, I, 241.

Rallier. *Bret.*, I, 9.

— *Tours*, 954.

Rallu. *Par.*, I, 842.

— *Par.*, II, 279.

— *Vers.*, 149.

Ram (de). *Fland.*, 1246.

Rama (la). *Bourb.*, 158, 175, 354.

— *Champ.*, 297.

Ramadier. *Vers.*, 113.

Ramagua. *Toul.-Mont.*, 1478.

Ramaille. *Bourg.*, I, 244.

— *Boury.*, II, 66.

Ramart. *Par.*, IV, 504.

Ramasson. *Bourg.*, I, 1257.

Ramault. *Fland.*, 1077.

Ramault (des). *Fland.*, 0000.

Rambaud. *Guy.*, 1075.

— *Lyon*, 12, 152, 422, 424, 939.

— *Montp.-Mont.*, 754, 755.

— *Prov.*, I, 652.

— *Toul.-Mont.*, 16.

Rambaudière (la). *Bret.*, II, 645.

Rambault. *Par.*, III, 131.

— *Poit.*, 498, 1478, 1483.

Ramberge. *Poit.*, 246.

Rambert. *Al.*, 596.

— *Prov.*, I, 1195. A. 1287.

— *Toul.-Mont.*, 368.

Ramberville. *Poit.*, 631.

— *Lorr.*, 373.

Rambervillers. *Lorr.*, 568. V.

Rambouillet. *Par.*, I, 55, 386, 1024.

— *Par.*, II, 509, 884.

Rambour. *Champ.*, 277, 354.

— *Soiss.*, 197.

— *La Roch.*, 360, 368.
— *Soiss.*, 633.
Raoul (des). *Tours*, 1131.
Raoulais. *Bret.*, II, 502.
Raouls (des). *Bret.*, II, 813, 1080.
Raoult. *Fland.*, 834, 836.
— *Par.*, I, 1274.
— *Pic.*, 633, 815.
Raoulx. *La Roch.*, 315.
Raousset. *Prov.*, II, 16, 125, 127, 131, 132, 140, 469, 471, 472.
Raousset (de). *Prov.*, I, 379, 891.
Raoux. *Prov.*, II, 170, 695, 707.
— *Toul.-Mont.*, 582.
Rapaillon. *Poit.*, 455.
Rapé. *Par.*, II, 610.
Rapelet. *Soiss.*, 795.
Rapet. *Guy.*, 1010.
Raphaelis. *Prov.*, I, 206, 535, 693, 890, 892, 959, 964, 966, 1301, 1303.
— *Prov.*, II, 521, 593.
Raphel. *Prov.*, II, 524.
Raphelin. *Tours*, 526.
Raphelis. *Prov.*, I, 171, 176, 187, 204.
Raphellis (de). *Tours*, 99.
Rapi. *Fland.*, 1487.
Rapiat. *Poit.*, 1548.
Rapidel. *Toul.-Mont.*, 817.
Rapilli. *Caen*, 337.
Rapin. *Bourg.*, I, 817, 927.
— *Bourg.*, II, 32.
— *Par.*, III, 331.
— *Montp.-Mont.*, 1017.
— *Toul.-Mont.*, 337.
Rapinat. *Champ.*, 10, 34.
Rapine. *Bourb.*, 47, 54, 81, 288.
Rapouël. *Lorr*, 603.
Rapouel. *Par.*, I, 65.
Rappe. *Fland.*, 695, 1180.
Rappelet. *Pic.*, 843.
Rappet. *Lyon*, 387.
Raquet. *Par.*, I, 1266, 1267.
— *Soiss.*, 219, 223, 646.
Raquet (du). *Poit.*, 1293.
Raquois. *Rouen*, 384.
Ras. *Guy.*, 913.
Ras (de). *Fland.*, 1460.
Rascas (de). *Prov.*, I, 502, 577, 845, 909.
Rasclé. *Bourg.*, I, 1081, 1175.
Rasibus. *Prov.*, II, 657.
Rasières (des). *Fland.*, 633.
Rasle. *Bourg.*, II, 610.
— *Champ.*, 215.

— *Orl.*, 32, 557, 792.
— *Par.*, II, 653.
— *Par.*, III, 575.
Rasoir. *Fland.*, 251, 252, 257.
Raspal. *Prov.*, II, 657.
Raspaud. *Toul.-Mont.*, 1482.
Raspide. *Toul.-Mont.*, 395.
Rasplandz. *Toul.-Mont.*, 605.
Rasque (de). *Prov.*, I, 177.
Rasquin. *Fland.*, 1467, 1473, 1478.
Rasse. *Pic.*, 134.
Rassent. *Al.*, 243.
— *Par.*, II, 860, 1050.
Rasset. *Soiss.*, 317, 338, 496, 514, 840.
Rasseteau. *Poit.*, 1442, 1446, 1470.
Rassinne. *La Roch.*, 164.
Rasson. *Fland.*, 315.
Rassus. *Auv.*, 157, 439.
Rast. *Montp.-Mont.*, 344.
Rastel. *Prov.*, I, 300.
Rastinhac. *Toul.-Mont.*, 1127.
Rastion. *La Roch.*, 296.
Rastit. *Prov.*, I, 494, 508, 956, 957.
Rastoil. *Bourb.*, 154.
Rastoin. *Montp.-Mont.*, 1348.
— *Prov.*, II, 746.
Rastouin. *Prov.*, I, 11.
Rastoux. *Prov.*, II, 359.
Rat. *Bourges*, 461.
— *Lyon*, 109, 133, 502, 917.
— *Montp.-Mont.*, 602.
Rat (le). *Par.*, II, 682, 777, 877, 967.
— *Par.*, III, 331.
— *Par.*, IV, 749.
— *Prov.*, II, 457.
Ratabon. *Par.*, I, 345.
— *Par.*, III, 160.
Rataboul. *Toul.-Mont.*, 629, 1184.
Ratauret. *Lyon*, 637.
Rataut. *Lim.*, 239.
Rateau. *Guy.*, 676.
Rateau (du). *Tours*, 78.
Rathamhaussen. *Als.*, 26, 30, 35, 239, 248, 273, 274, 275, 771, 780, 788, 792.
Rathier. *Champ.*, 526, 534.
Ratier. *Caen*, 37.
— *Dauph.*, 201.
— *Guy.*, 350, 911, 1135.
— *La Roch.*, 176.
Ratlige. *Bret.*, II, 833.
Raton. *Lyon*, 46.
Ratonis. *Tours*, 601.
Ratouin. *Bret.*, I, 339.
Ratte. *Bourg.*, I, 700.

— Montp.-Mont., 6, 8, 56, 60.
Ratte (la). Par., III, 152.
Ratteau. Bourg., I, 750.
— Par., IV. 503.
Rau (de). Pic., 707.
Rauch. 460, 933, 1010.
Raucheer. Als., 343.
Raucourt. Bourg., I, 732.
— Lorr., 125.
— Orl., 348, 423, 952.
Raude. Bourb., 554.
Raudet. Bourg., II, 581.
Raudot. Bourg., I, 165.
— Bourg., II, 411.
— Par., I, 447.
— Par., III, 551.
Rauffreville. Rouen, 449.
Raulais. Bret., II, 840.
Raules. Pic., 358.
Raulet. Prov., I, 676.
— Toul.-Mont., 812.
Raulin. Champ., 406.
— Fland., 187, 444.
— Lorr., 154, 605, 681.
— Rouen, 215.
Raulsy. Toul.-Mont., 532.
Rault. Poit., 789, 1536.
Rauques (de). La Roch., 416.
Rausaveras. La Roch., 183.
Rauville. Caen, 457.
Ravachol. Lyon, 89.
Ravaing. Toul.-Mont., 870.
Ravallet. Caen, 297, 306.
— La Roch., 101.
Ravarein. Par., I, 1103.
Ravari. Toul.-Mont., 716.
Ravarin. Lyon, 627.
Ravary. Par., IV, 641.
Ravat. Lyon, 110, 833.
Ravateau. Bourb., 406.
Ravaud. Tours, 1446.
Ravaudière. Al., 1034, 1040.
Ravault. Lorr., 218, 652.
— Orl., 42, 395.
— Par., I, 1350.
— La Roch., 205.
Ravaux. Prov., I, 320.
— Soiss., 479.
Raveau. Poit., 1066.
Ravel. Auv., 6.
— Montp.-Mont., 1211.
— Prov., I, 651, 1041, 1042, 1427, 1441.
— Prov., II, 251, 310, 312, 698.
— Toul.-Mont., 250.
Ravelais (la). Bret., II, 991.

Ravelingau. Fland., 215.
Ravelingue. Par., II, 814.
Ravelli. Prov., I, 1172, 1224.
— Prov., II, 260, 271, 364.
Raveneau. Orl., 593, 680.
— Par., II, 501.
— Par., III, 392.
— Poit., 711, 1425.
— Tours, 1530.
Ravend. Caen, 47, 255, 256, 745.
Ravenel. Bret., I, 13, 732, 755.
— Bret., II, 553, 900.
— Champ., 622.
— Lorr., 56.
— Par., I, 311, 1112.
— Par., III, 374.
— Poit., 465, 1499.
Raveni. Pic., 389.
Ravent. Bret., II, 424.
Raverchon. Bourg., I, 1277.
Ravert (de). Prov., II, 360.
Ravet. Bourb., 324.
Raveton. Al., 227, 328, 431.
Ravety. Bourg., II, 42.
Ravidal. Auv., 267.
Ravier. Bourges, 414.
— Bourg., I, 264, 663, 994.
— Champ., 613.
— Dauph., 122.
— Lorr., 645.
— Lyon, 675.
Ravière. Par., I, 527.
— Par., II, 1061.
Ravignan. Par., II, 1134.
Ravilhon. Par., I, 376.
Ravineau. Champ., 57, 63.
— Par., IV, 275.
Ravinet. Bourg., I, 63, 337, 467.
Ravion. Orl., 577, 583.
— Par., III, 307.
Raviot. Bourg., I, 1256.
— Bourg., II, 93, 479.
Ravissac. Montp.-Mont., 1250.
Ravisy. Bourb., 420.
Ravoir (du). Tours, 1385.
Ravot. Bourges, 333, 470.
— Champ., 369, 701.
— Par., I, 225, 1122.
Ray. Bourg., I, 127, 249.
— Fland., 978.
Ray (le). Bret., II, 141, 798, 803.
Raye. Poit., 1283.
Raye (de). Tours, 938.
Rayer. Orl., 937, 947.
— Par., I, 482.
— Tours, 1085.

— *La Roch.*, 182.
— *Rouen*, 445, 600, 1385.
— *Tours*, 42, 245, 612, 636, 948, 1140.
Renard (le). *Al.*, 1215.
Renard Fuchsemberg. *Champ.*, 160.
Renardet. *Bourg.*, II, 303.
Renardière. *Tours*, 87, 985.
Renau. *Al.*, 1230.
Renaud. *Bourb.*, 281, 312, 343, 386, 404.
— *Bourges*, 290, 455.
— *Bret.*, I, 273.
— *Bret.*, II, 282, 456, 505, 593, 645, 850.
— *Lyon*, 121, 424, 614, 726, 757, 800, 946.
— *Par.*, I, 1310.
— *Par.*, II, 465, 653, 693.
— *Par.*, III, 390.
— *Prov.*, II, 791, 824.
— *La Roch.*, 141, 177, 285.
Renaudeau. *Poit.*, 1484.
Renaudet. *La Roch.*, 180, 205, 227, 381.
Renaudin. *Lim.*, 12.
— *Par.*, II, 652.
— *Par.*, III, 514.
— *Poit.*, 955, 1380.
— *La Roch.*, 251.
— *Tours*, 644.
Renaudie. *Lim.*, 341.
Renaudot. *Par.*, II, 518.
Renaudou. *Bourges*, 526.
Renault. *Caen*, 453, 482, 612.
— *Lorr.*, 640, 692 *bis.*
— *Poit.*, 69, 185, 187, 203, 460, 532, 573, 611, 772, 1135, 1225.
— *Rouen*, 33, 524.
— *Soiss.*, 7, 69.
— *Tours*, 376, 547, 632, 885, 899, 988, 1090.
Renazé. *Tours*, 1306.
Renbaud. *La Roch.*, 433, 437.
Réné. *Lorr.*, 147.
— *Poit.*, 265.
— *Tours*, 1283.
Reneaume. *Montp.-Mont.*, 950.
— *Orl.*, 504.
Renebeau. *La Roch.*, 314.
Renec. *Bret.*, II, 61.
Renel. *Bourg.*, I, 409, 417.
Reneleau. *Poit.*, 1299, 1378.
Reneteau. *La Roch.*, 436.
Reneurel. *Par.*, II, 1241.
Reneuve. *Soiss.*, 464, 465.

Renier. *Caen*, 154.
— *La Roch.*, 150, 351.
Renier (du). *Orl.*, 784.
Renin. *Fland.*, 1479. V.
Rennefort. *Al.*, 659.
Rennel. *Lorr.*, 145, 218, 245, 469.
Rennepont. *Champ.*, 593.
Rennes. *Al.*, 1064.
— *Bret.*, I, 3. V.
Renneval. *Vers.*, 293.
Renneville. *Prov.*, II, 33, 602.
— *Rouen*, 14.
Renoire. *Poit.*, 493.
Reuon. *Poit.*, 18, 1077.
Renou. *Orl.*, 798, 812, 908.
— *Poit.*, 849.
— *Tours*, 59, 570, 914, 950, 1008, 1200, 1334.
Renouard. *Al.*, 363, 1052.
— *Bourges*, 109.
— *Bret.*, I, 166, 475, 476.
— *Fland.*, 533.
— *Lim.*, 271, 379.
— *Montp.-Mont.*, 349.
— *Orl.*, 358, 393.
— *Par.*, I, 254, 796, 883, 1391.
— *Par.*, II, 463, 647, 738.
— *Par.*, III, 303, 478.
— *Pic.*, 391.
— *La Roch.*, 343.
— *Vers.*, 305.
Renouf. *Caen*, 556.
— *Vers.*, 180.
Renoul. *Caen*, 396.
— *Prov.*, I, 1039.
Renourd. *Prov.*, II, 778.
Renoust. *Orl.*, 62.
Renoux. *Prov.*, I, 790, 963,   9, 1104, 1295, 1310.
— *Prov.*, II, 422, 521, 727, 803.
Renouyer. *Montp.-Mont.*, 1432.
Renson. *Fland.*, 1471.
Rente (la). *Bourg.*, II, 614.
Renti. *Soiss.*, 358, 464.
Rentier. *Prov.*, I, 1200, 1396.
Renty. *Orl.*, 216, 816.
Rentz. *Als.*, 820.
— *Par.*, II, 975.
Renuamont. *Lorr.*, 308, 309.
Renusson. *Champ.*, 171, 172, 512.
— *Tours*, 261, 1093, 1478, 1479, 1485.
Renvillée. *Tours*, 1032.
Réolle (la). *Guy.*, 912. V.
Repaire (de). *Guy.*, 515.
Repaire (du). *Lim.*, 315.

Repas. *Bourg.*, I, 143.
— *Bourg.*, II, 236, 391.
Repassard. *La Roch.*, 289.
Repaus. *Bourg.*, II, 344.
Repellin. *Dauph.*, 71.
Repin. *Poit.*, 57.
Repy. *Bourg.*, II, 269.
Requier. *Prov.*, I, 655, 735, 761.
Requier (le). *Al.*, 773.
Requestat. *Auv.*, 503.
Requiston. *Prov.*, I, 1096.
Resch. *Als.*, 123, 881.
Resli. *Al.*, 631, 684.
Reslut. *Orl.*, 861.
Resne (le). *Caen*, 562.
Resnel. *Al.*, 1062.
— *Caen*, 580, 597.
Resnel (du). *Rouen*, 50, 160, 501, 672, 686.
Resnier. *Poit.*, 561.
— *La Roch.*, 175.
Resolières. *Toul.-Mont.*, 1189.
Respin. *Fland.*, 843.
Respingez. *Lim.*, 362.
Ressaire. *Bourg.*, II, 108.
Ressedoul. *Poit.*, 1326.
Resseguerie (la). *Toul.-Mont.*, 966.
Resseguier. *Lim.*, 52.
— *Toul.-Mont.*, 19, 117, 276, 821, 949, 1087, 1261.
Resson. *Dauph.*, 551.
— *Lyon*, 549.
Restaurand. *Prov.*, II, 110.
Restaurant. *Montp.-Mont.*, 242, 520, 923, 1434.
Reste. *Toul.-Mont.*, 962, 998.
Reste (du). *Bret.*, II, 970, 1001.
Restouble. *Montp.-Mont.*, 807.
Restre (le). *Tours*, 512, 882, 1273.
Retail (du). *Poit.*, 700.
Retard. *Pic.*, 766.
— *Soiss.*, 837.
Reteau. *Soiss.*, 49.
Retel. *Par.*, IV, 86, 806.
Retondeur. *Par.*, I, 1151.
Rettever. *Als.*, 468.
Retz. *Bourg.*, II, 219.
Retz (de). *Montp.-Mont.*, 333, 379, 424, 1352.
Retz (du). *Fland.*, 147, 337, 339, 773, 799, 1261.
Reu (du). *Lyon*, 615.
Reubens. *Fland.*, 680.
Reud. *Bourg.*, I, 590, 605.
Reuderard. *Als.*, 637.
Reugny. *Bourb.*, 91.

— *Vers.*, 127.
Reuillard. *Prov.*, II, 683.
Reulant. *Lorr.*, 285.
Reumont. *Lorr.*, 349, 611.
Reuntz. *Als.*, 437.
Reussi. *La Roch.*, 182.
Reusson. *Prov.*, II, 793.
Revangé. *Bourb.*, 2, 20, 150, 267.
Revault. *Poit.*, 356.
Revaux. *La Roch.*, 163.
Reveau. *Poit.*, 452, 838, 1341.
Reveil. *Bret.*, II, 576.
Reveillault. *La Roch.*, 192, 193, 389.
Reveillé. *Tours*, 610, 1033.
Revel. *Als.*, 779.
— *Dauph.*, 16, 52, 172.
— *Lyon*, 412, 955.
— *Montp.-Mont.*, 765.
— *Prov.*, II, 523, 830.
— *Toul.-Mont.*, 559, 573.
Revelière. *Tours*, 917.
Revelin. *Lyon*, 754.
Revellois. *Pic.*, 377.
Révérand. *Soiss.*, 706.
Reverchon. *Lyon*, 932.
Reverdi. *Poit.*, 1066.
— *Tours*, 103, 531, 831, 856, 1158, 1279.
Reverdin. *Toul.-Mont.*, 1121.
Reverdis. *La Roch.*, 66.
Reverdit. *Prov.*, II, 509.
Reverdy. *Bourb.*, 19.
— *Bourg.*, II, 269.
— *Lyon*, 667.
Reverend. *Fland.*, 181.
Révérend. *Par.*, III, 509.
Reveroni. *Lyon*, 106, 145, 442.
Reversat. *Montp.-Mont.*, 19, 425, 426, 832, 867 1517.
— *Toul.-Mont.*, 845 (?)
Reversé. *Par.*, II, 479.
Revertegat. *Prov.*, I, 29.
Revert. *Prov.*, I, 389, 436, 1165, 1206.
— *Prov.*, II, 784.
Revi. *Soiss.*, 666.
Reviers. *Caen*, 52, 212.
— *Orl.*, 211.
Revignan. *Guy.*, 499.
Revignes. *Poit.*, 441.
Revilase. *Dauph.*, 55, 415, 502, 506, 512, 513.
Revillon. *Orl.*, 861.
Revily. *Toul.-Mont.*, 220.
Revirard. *Bourg.*, II, 68.
Revol. *Bret.*, I, 166, 248.
— *Bret.*, II, 727.

Riniel. *Par.*, iii, 330.
Ringard. *Pic.*, 598.
Ringaut. *Toul.-Mont.*, 87.
Ringére. *Poit.*, 840, 889.
Ringler. *Als.*, 301, 467, 468.
Ringller. *Poit.*, 1021, 1033.
Ringuier. *Fland.*, 535.
Rinot. *Caen*, 633.
Rinnillier. *Par.*, i, 729.
Rinsart. *Soiss.*, 358.
Rio. *Bret.*, ii, 185, 604.
Riobière. *Bourb.*, 325.
Rioblanc. *Bourb.*, 536.
Riocreux. *Toul.-Mont.*, 19.
Riois (le). *Bourg.*, ii, 157.
Riol (des). *Auv.*, 182.
Riolant. *Par.*, iii, 1256.
Riolé. *Montp.-Mont.*, 429.
Rioleau. *Poit.*, 168.
Riolet. *Bourg.*, i, 152, 466.
— *Toul-Mont.*, 1119.
Riollet. *Bourg.*, ii, 234.
Riollan. *Tours*, 68, 584.
Riols. *Toul.-Mont.*, 576.
Riols (de). *Montp.-Mont.*, 1271.
Riom. *Auv.*, 97. V.
— *Bourg.*, ii, 336.
Rion (de). *Champ.*, 257, 716.
— *Dauph.*, 180.
Riot. *Poit.*, 877, 889.
Riotour. *Prov.*, ii, 799.
Riotte. *Par.*, iv, 263, 563.
Riou. *Bret.*, i, 573, 574.
Riou. *Par.*, iii, 336.
— *Poit.*, 373, 1242.
Riou (de). *Lim.*, 465.
Riouffe. *Prov.*, i, 999.
Rioulen. *Bret.*, i, 549.
Rioult. *Al.*, 6, 31, 1177.
— *Par.*, i, 104, 469, 561, 883.
— *Par.*, ii, 518.
— *Par.*, iii, 227.
— *Vers.*, 54.
Riousset. *Prov.*, ii, 650.
Rioux. *Bret.*, ii, 601.
Rioux (des). *Lyon*, 13, 124, 504.
Rioux (du). *Bourb.*, 6, 18.
Ripart. *Par.*, iv, 546, 570.
Ripaud. *Prov.*, ii, 631.
Ripault. *Caen*, 195, 204, 229.
— *Par.*, i, 1118.
Ripé (de). *La Roch.*, 115.
Ripe (la). *Bourges*, 265, 267.
Ripert. *Dauph.*, 332, 347, 467.
— *Prov.*, i, 2, 21, 26, 42, 179, 278, 495, 605, 818, 835, 1022, 1192, 1217.

— *Prov.*, ii, 33, 42, 460, 602, 653, 672, 678, 692.
Ripoche. *Rouen*, 870.
— *Tours*, 970.
Ripotte. *Lyon*, 910.
Ripoux. *Bourb.*, 269.
Rippier. *Par.*, i, 979.
Riquart. *Als.*, 613.
Riquebourg. *Pic.*, 624.
Riquebusc. *Fland.*, 1236.
Riquemard. *Bourg.*, ii, 138.
Riquers. *Fland.*, 461.
Riquet. *Fland.*, 29.
— *Poit.*, 34.
— *Toul.-Mont.*, 109, 173, 890.
Riqueti. *Dauph.*, 504.
— *Par.*, i, 68.
— *Prov.*, i, 467, 561, 596, 678, 707.
Riquety. *Par.*, iii, 16.
Riqueur, *Vers.*, 15.
Riquier. *Al.*, 834, 838.
— *Prov.*, ii, 365.
— *Toul.-Mont.*, 808.
Riquinel. *Bret.*, ii, 560.
Riquiston. *Prov.*, ii, 396.
Ris. *Bourg.*, i, 411.
— *Par.*, i, 246.
Ris (de). *Bret.*, ii, 290.
— *Rouen*, 649.
Ris (du). *Bourges*, 442.
— *Poit.*, 918.
Ris (le). *Pic.*, 793.
Risbourg. *Fland.*, 651.
Riselle. *Toul.-Mont.*, 343. V.
Rison. *Bret.*, i, 522.
Rispaud. *Prov.*, ii, 558.
Riss. *Als.*, 619, 796, 797, 831, 890.
Rissan. *Guy.*, 311.
— *Par.*, i, 156.
Risseul. *Fland.*, 938.
Ritter. *Als.*, 702.
Rivagerie (la). *La Roch.*, 398.
Rivail (du). *Dauph.*, 152.
Rival. *Lyon*, 795, 982.
Rival (du). *Guy.*, 1087.
Rivaliére (la). *Dauph.*, 66.
— *Lyon*, 1007.
Rivalin. *Poit.*, 1189.
Rivals, *Montp.-Mont.*, 176, 178.
— *Toul.-Mont.*, 516, 567, 855, 857, 859, 1308, 1312.
Rivart. *Fland.*, 1135, 1434, 1438.
Rivasson. *Guy.*, 1113.
Rivau (de). *Tours*, 981.
Rivau (du). *Guy.*, 129.
— *Poit.*, 919, 1004.

Robeische. *Tours*, 926.
Robelin. *Bourb.*, 410, 420.
— *Bourg.*, i, 30, 646, 902, 1252.
— *Fland.*, 192.
— *Pic.*, 269, 739.
Robelot. *Bourg.*, i, 229, 480.
— *Lorr.*, 623.
Roberby. *Bourg.*, i, 1275.
Roberdau. *Als.*, 904.
Roberday. *Par.*, iii, 529.
Roberdé. *Orl.*, 476.
Roberdeau. *Par.*, i, 1375.
Roberge. *Par.*, i, 1136, 1176.
— *Par.*, iii, 175.
Roberie. *Guy.*, 907.
Roberre. *Par.*, ii, 43.
Robert. *Bourb.*, 411, 412.
— *Bourges*, 69, 129, 287, 323, 420.
— *Bourg.*, i, 275, 322, 441, 524.
— *Bourg.*, ii, 43, 241, 534, 564.
— *Bret.*, i, 183, 253, 279, 313, 640, 819, 830.
— *Bret.*, ii, 416.
— *Champ.*, 39, 249, 335.
— *Dauph.*, 168, 169.
— *Fland.*, 622.
— *Guy.*, 301, 801.
— *Lyon*, 28, 656, 1044.
— *Montp.-Mont.*, 244, 620, 767, 1033.
— *Par.*, i, 79, 113, 162, 167, 173, 515, 823, 837, 874, 890, 917, 942, 1148, 1149, 1169, 1336.
— *Par.*, ii, 314, 499, 541, 603, 647, 707, 1051, 1120.
— *Par.*, iii, 222, 324, 416, 451, 472, 485, 486, 489, 511.
— *Par.*, iv, 34, 35, 36, 198, 775.
— *Pic.*, 864.
— *Poit.*, 85, 178, 216, 222, 229, 231, 373, 374, 375, 380, 438, 455, 622, 980, 1154, 1176, 1231, 1233, 1237, 1238, 1240, 1244, 1245, 1517, 1518.
— *Prov.*, i, 222, 223, 409, 666, 776, 808, 933, 945, 947, 1016, 1397.
— *Prov.*, ii, 369, 543, 696.
— *La Roch.*, 140, 158, 255, 366, 375.
— *Rouen*, 686, 785, 843.
— *Soiss.*, 462.
— *Toul.-Mont.*, 155, 234, 400, 494, 553, 632, 652, 697, 704, 858, 859, 1076, 1220, 1304.
— *Tours*, 307, 1069, 1131, 1144, 1192, 1203, 1211, 1528.
— *Vers.*, 231.
Robert (le). *Montp.-Mont.*, 24.

Robertet. *Bourges*, 382, 407.
Roberti. *Lorr.*, 316 *bis*.
— *Pic.*, 187, 746.
— *Prov.*, ii, 427.
— *Toul.-Mont.*, 574, 714.
Roberts (des). *Lorr.*, 661.
Roberty. *Bourg.*, i, 835.
Robette. *Fland.*, 341, 653.
Robichon. *Al.*, 716, 727, 1154.
— *Bourb.*, 201.
— *Orl.*, 733.
— *Poit.*, 48.
Robidan. *Tours*, 1322.
Robien. *Bret.*, i, 103, 317, 458, 461, 628, 706.
— *Bret.*, ii, 149, 768.
Robillard. *Al.*, 240, 582, 604.
— *Caen*, 570, 723.
— *Champ.*, 38.
— *Fland.*, 542, 763, 764, 1452.
— *Guy.*, 109, 905, 1020.
— *Orl.*, 72, 347.
— *Par.*, iii, 466.
— *Prov.*, i, 1027.
— *Rouen*, 155.
— *Tours*, 28, 1368.
— *Vers.*, 21, 108.
Robillart. *Bret.*, i, 911.
— *Bret.*, ii, 508.
— *Par.*, ii, 941.
Robillaud. *Prov.*, i, 1027.
Robin. *Bourb.*, 463, 487.
— *Bourges*, 231, 242, 275, 445.
— *Bourg.*, ii, 244, 276, 277, 312, 373.
— *Bret.*, i, 179.
— *Bret.*, ii, 472, 681.
— *Champ.*, 202, 357, 507, 537, 838.
— *Dauph.*, 252, 455, 593.
— *Fland.*, 697, 1495.
— *Lim.*, 381.
— *Lorr.*, 267.
— *Montp.-Mont.*, 21, 493, 901.
— *Orl.*, 378.
— *Par.*, i, 289, 1314.
— *Poit.*, 31, 513, 773, 808, 851, 1173, 1211, 1218, 1221, 1386, 1413, 1550.
— *Prov.*, i, 478.
— *La Roch.*, 314.
— *Rouen*, 487.
— *Tours*, 161, 207, 726, 853, 867, 1086, 1136, 1248, 1347.
Robinault. *Bret.*, ii, 71, 421.
Robine. *Al.*, 1102.
Robineau. *Bret.*, i, 509, 575, 576.

— *Par.*, I. 993, 1007, 1056.
— *Par.*, II, 937.
— *Par.*, III, 319, 484, 523.
— *Poit.*, 60, 206, 242.
— *Prov.*, I, 415.
— *Soiss.*, 222.
Robinet. *Bourb.*, 122.
— *Bourg.*, I, 535.
— *Bret.*, II, 1087.
— *Guy.*, 459, 507, 666.
—. *Lyon*, 221.
— *Par.*, II, 504.
— *Par.*, III, 328.
— *Par.*, IV, 551.
— *Poit.*, 1397.
— *La Roch.*, 376.
Robinière (la). *Bourg.*, I, 1222.
— *Poit.*, 572.
Robinot. *Bret.*, II, 781.
— *Par.*, II, 1.
— *Par.*, III, 363.
— *Par.*, IV, 80, 801.
Robiou. *Bret.*, I, 257.
— *Bret.*, II, 267, 755.
Robins. *Prov.*, II, 128.
Robitaille. *Fland.*, 1235.
Robiqué. *Prov.*, II, 527.
Roblastre. *Par.*, IV, 385, 587.
— *Soiss.*, 626.
Robles (des). *Fland.*, 100.
Roboli. *Prov.*, I, 450.
Robouan. *Poit.*, 1111.
Robuste. *Caen*, 51.
— *Lim.*, 361.
Rocabay. *Bret.*, II, 429.
Rocafort. *Lyon*, 447.
Rocart. *Lim.*, 74, 81, 87.
Rocas. *Prov.*, I, 1124.
— *Tours*, 364, 1145.
Rocbillard. *La Roch.*, 211.
Rocca (de). *Bourg.*, I, 726.
Roch. *Als.*, 411.
— *Prov.*, II, 660.
Rochai. *Tours*, 1233.
Rochain (du). *Auv.*, 221.
Rochais. *Par.*, I, 1235.
— *Poit.*, 1168.
— *Tours*, 1370.
Rochaix. *Auv.*, 491.
Rochambaut. *Orl.*, 457.
Rochambault. *Poit.*, 1421.
Rochard. *La Roch.*, 299.
— *Tours*, 637.
Rochart. *Poit.*, 487, 495, 500, 644, 1429.
Rochas (du). *Bourg.*, II, 279.

Rochas. *Prov.*, II, 743.
Rochat. *Prov.*, II, 719.
Roche. *Bourg.*, II, 15, 378.
— *Guy.*, 117, 119, 135, 175, 498, 847, 877, 852, 944, 1022, 1037.
— *Lim.*, 22.
— *Lyon*, 674, 675, 897, 929, 944, 946.
— *Montp.-Mont.*, 346, 494, 533, 704, 724, 725, 525, 805, 1093, 1417.
— *Orl.*, 824.
— *La Roch.*, 237.
— *La Roch.*, 239.
— *Tours*, 1163.
Roche (de). *Bret.*, I, 899.
Roche (la). *Al.*, 244.
— *Auv.*, 199, 421, 429, 461.
— *Bourb.*, 106, 110, 116, 125, 126, 519, 597.
— *Bourges*, 255, 258, 274.
— *Bourg.*, I, 107, 144, 415.
— *Bourg.*, II, 130, 206.
— *Bret.*, I, 691.
— *Bret.*, II, 235, 079, 778.
— *Champ.*, 302.
— *Dauph.*, 350.
— *Lorr.*, 409, 544, 597.
— *Lyon*, 121, 214, 382, 630.
— *Montp.-Mont.*, 55, 67, 874, 1144, 1165.
— *Orl.*, 32, 332.
— *Par.*, I, 60, 1100.
— *Par.*, II, 331, 1096.
— *Pic.*, 545, 767, 822.
— *Poit.*, 375, 606, 703, 1508.
— *Prov.*, I, 624, 932, 1049, 1180, 1221.
— *La Roch.*, 227.
— *Rouen*, 931.
— *Soiss.*, 362.
— *Toul.-Mont.*, 10, 15, 23, 61, 99, 188, 602, 891, 977.
— *Tours*, 235, 813, 852, 889, 890, 1134.
— *Vers.*, 81, 102.
Rocheaimon (la). *Bourges*, 125.
— *Montp.-Mont.*, 423.
Rocheaimond (la). *Bourb.*, 333, 362, 363, 533, 576, 605.
— *Guy.*, 453, 455, 457, 458.
Rocheaimont (la). *Vers.*, 58.
Rocheandry (la). *Lim.*, 362.
Rocheazère. *Bret.*, II, 149.
Rochebernard (la). *Bret.*, I, 4. V.
— *Prov.*, II, 435.
Rochebillard (la). *Bret.*, I, 523.

— *Auv.*, 22, 222, 539.
— *Lyon*, 219, 227.
— *Par.*, III, 284.
— *Poit.*, 39, 273, 1379, 1381, 1420.
— *La Roch.*, 161, 327.
— *Tours*, 404, 645, 962.
Roche-St-André (la). *Bret.*, I, 172.
— *Poit.*, 252, 253.
— *Bret.*, II, 335.
Roches-Herpin (des). *Bourges*, 137.
Rochet. *Bourg.*, I, 595, 639, 1033.
— *Poit.*, 565.
Rochet (du). *La Roch.*, 401.
Rocheteau. *Poit.*, 1109.
Rochetifagne (la). *Rouen*, 891.
Rocheton. *Par.*, IV, 623.
— *Poit.*, 1400.
Rochette. *Auv.*, 16, 37, 43, 50, 67, 69, 132, 290, 400, 401, 436, 442, 444.
— *Bourg.*, II, 355.
— *Dauph.*, 164.
— *Lim.*, 383.
— *Lyon*, 300, 657, 1022.
— *Par.*, I, 697.
Rochette (la). *Al.*, 1204.
— *Montp.-Mont.*, 369, 371, 376, 437, 1255.
— *Pic.*, 848.
Rochettes (des). *Poit.*, 375, 1250.
Rocheux. *Par.*, I, 320.
Rocheville. *Bret.*, II, 1011.
Rochi. *Toul.-Mont.*, 1064.
Rochier. *Bourges*, 427.
— *Poit.*, 22.
— *Toul.-Mont.*, 459.
Rochier (de). *Montp.-Mont.*, 1247.
Rochin. *Al.*, 1130.
— *Tours*, 1241.
Rochon. *Als.*, 844.
— *Auv.*, 61.
— *Bourb.*, 526.
— *Fland.*, 1299.
— *Lim.*, 43.
— *Orl.*, 957.
— *Par.*, I, 373, 420.
— *Par.*, III, 405.
Rochouard (la). *La Roch.*, 448.
Rocole. *Lorr.*, 254.
Rocoules. *Par.*, I, 749.
Rocourt. *Al.*, 660.
— *Pic.*, 683.
Rocquembach. *Als.*, 216.
Rocque (la). *Pic.*, 822.
Rocques (de). *Bourb.*, 115.

Rocquet. *La Roch.*, 409, 415.
Rocquigni. *Pic.*, 337.
Rodais *Bret.*, II, 1068.
— *La Roch.*, 7.
Rodarel. *Guy.*, 872, 1016.
— *Par.*, II, 83.
Rodat. *Toul.-Mont.*, 280, 1163, 1176.
Rodave. *Guy.*, 827.
Rodde. *Auv.*, 428.
Rodde (la). *Pic.*, 267.
Rode. *Lyon*, 528.
Rode (la). *Bourg.*, II, 146, 158.
— *Guy.*, 1153.
— *Montp.-Mont.*, 1259.
Rodelle (le). *Bret.*, I, 281, 349.
Roder. *Als.*, 249.
Rodes. *Prov.*, I, 1082.
— *Toul.-Mont.*, 1469.
Rodes (de). *Bourges*, 502.
— *Bourg.*, I, 396.
— *Fland.*, 230.
— *Montp.-Mont.*, 385.
— *Orl.*, 50, 550, 552, 1003.
Rodet. *Par.*, III, 384.
Rodez. *Montp.-Mont.*, 1085. V.
Rodiel. *Toul.-Mont.*, 528.
Rodier. *Bourg.*, II, 354.
— *Montp.-Mont.*, 201, 835, 1320.
— *Poit.*, 504, 1499.
— *Prov.*, I, 151.
— *Toul.-Mont.*, 527.
— *La Roch.*, 114, 269.
Rodoan. *Fland.*, 1305.
Rodolet. *Lyon*, 532.
Rodolosse. *Toul.-Mont.*, 192.
Rodon. *Dauph.*, 337.
Rodorel. *Montp.-Mont.*, 1107.
Rodouan. *Champ.*, 774.
— *Lorr.*, 14, 160.
Rodriguès. *Guy.*, 125.
Roedlin. *Als.*, 231.
Roel. *Toul.-Mont.*, 1308.
Roello (du). *Bret.*, I, 120.
Roére. *Lyon*, 683.
Roère (la). *Orl.*, 768.
Roesse. *Rouen*, 247.
Roez (de). *Fland.*, 1439.
Roffay. *Poit.*, 660, 1473.
Roffinie (la). *Auv.*, 586.
Roffray. *Poit.*, 237.
Roffignac. *Lim.*, 134, 310, 400.
Rogeau. *Pic.*, 602.
Roger. *Al.*, 431, 971.
— *Bourb.*, 203, 408.
— *Bourges*, 5, 99, 240.
— *Bourg.*, II, 18, 67, 205, 564.

Roinville. *Caen*, 29.
Roinette. *Par.*, III, 147.
Roirand. *Poit.*, 257, 686.
Roire. *Lyon*, 753.
Roire (de). *Toul.-Mont.*, 15.
Rois (des). *Auv.*, 358.
— *Bourg.*, I, 17.
— *Lyon*, 445.
Roisin. *Fland.*, 50, 298, 299, 319.
Roissy. *Par.*, II, 441.
Roiver. *Prov.*, I, 1195. B.
Rojot. *Par.*, III, 278.
Rol. *Guy.*, 369.
Roland. *La Roch.*, 80, 420.
Role. *Pic.*, 732.
Rolichon. *Lyon*, 176, 442.
Rolin. *Bourb.*, 606.
— *Champ.*, 136, 486.
— *Orl.*, 503.
— *Par.*, I, 199.
— *Par.*, III, 7.
— *Poit.*, 28.
Rolinde. *Par.*, I, 892.
Rolins (des). *Bourb.*, 430, 444.
Roll. *Als.*, 122, 708.
Rolland. *Auv.*, 159.
— *Bourb.*, 84.
— *Bourges*, 65, 112, 175, 459, 490.
— *Bourg.*, I, 1135, 1136, 1250.
· *Bret.*, I, 606, 607, 615, 623, 885.
— *Champ.*, 18, 19, 50, 87, 339, 362, 363, 457, 458, 698.
— *Dauph.*, 29, 124, 478, 481.
— *Guy.*, 101, 852, 1060.
— *Lyon*, 25, 133, 216, 622, 690, 785.
— *Montp.-Mont.*, 772.
— *Par.*, I, 862, 890, 965, 1051, 1122.
— *Par.*, II, 521, 537, 662, 664, 680, 741, 767, 775, 877, 878, 879, 1021, 1053.
— *Par.*, III, 204, 233, 422, 458, 566, 577.
— *Par.*, IV, 50, 347.
— *Prov.*, I, 329, 395, 652, 917, 982, 1006, 1066.
— *Prov.*, II, 266, 340, 365, 540, 798.
— *Rouen*, 829, 838.
— *Soiss.*, 466, 500, 541.
— *Toul.-Mont.*, 20, 313, 664, 678, 706, 1045.
— *Tours*, 573, 981, 1524.
— *Vers.*, 123, 161.
Rollandi. *Prov.*, II, 568.
Rollandin. *Prov.*, I, 821.
Rollant. *Bret.*, 442, 528, 540, 961, 1003, 1088.

Rollat. *Auv.*, 133.
— *Bourb.*, 20, 38, 110, 236, 327, 513, 555.
Rolle. *Guy.*, 161.
— *Par.*, III, 425.
Rellé. *La Roch.*, 302.
Rolleau. *Poit.*, 1377.
— *Toul.-Mont.*, 1292.
Rollet. *Als.*, 204, 955.
— *Auv.*, 4, 11, 14, 129, 351, 352, 363, 403.
— *Bourg.*, I, 15, 1170, 1268.
— *Bourg.*, II, 40, 162, 358, 491, 629.
— *Bret.*, I, 227.
— *Bret.*, II, 951.
— *Caen*, 82.
— *Champ.*, 408.
— *Lorr.*, 418.
— *Lyon*, 626, 971.
— *Par.*, I, 340.
— *Rouen*, 907.
— *Toul.-Mont.*, 23, 25, 1298.
— *Tours*, 1195.
Rollet (du). *Al.*, 369.
Rolli. *Lorr.*, 492.
Rollier. *Bourg.*, I, 1040.
Rollin. *Bourges*, 504.
— *Bourg.*, II, 501.
— *Lorr.*, 125.
— *Lyon*, 17, 123, 211, 724, 780, 855.
— *Pic.*, 663.
Rollinde. *Par.*, II, 559, 654.
Rollon. *Bret.*, I, 607, 610.
Rollot. *Bourb.*, 395, 396.
— *Dauph.*, 256.
— *Par.*, I, 36.
— *Par.*, II, 868.
Rolon. *Lorr.*, 680.
Rolwague. *Als.*, 434.
Romade (la). *Auv.*, 591.
Romagère (la). *Guy.*, 445, 462, 423, 918.
Romagne. *Tours*, 926.
Romain. *Bret.*, II, 443.
— *Champ.*, 408.
— *Par.*, II, 651.
— *Pic.*, 410.
— *Poit*, 1463.
— *Rouen*, 893, 1222.
— *Tours*, 894, 916.
Romain (le). *Caen*, 667.
Romain (St-). *Poit.*, 1464.
Romainville. *Caen*, 218.
— *Fland.*, 781.
— *Orl.*, 219, 832.

Romalet. *Guy.*, 373, 965.
Roman. *Prov.*, I, 448, 469, 674, 676, 722, 974, 976, 979, 1016, 1101, 1102.
Roman (de). *Lyon*, 605.
Romance. *Champ.*, 322.
— *Vers.*, 266.
Romanet. *Auv.*, 110.
— *Bourg.*, I, 1196.
— *Dauph.*, 595.
— *Lim.*, 13, 109, 120, 312.
— *Lyon*, 55.
— *Par.*, II, 678, 795.
— *Pic.*, 3, 376, 850.
— *Prov.*, I, 1330.
Romani. *Prov.*, I, 937, 1099.
— *Prov.*, II, 416, 580.
Romans. *Dauph.*, 264. V.
Romat. *Guy.*, 149, 887.
Rombau. *Fland.*, 1451.
Rombeck. *Fland.*, 33.
Rombi. *Fland.*, 1190, 1495.
Romblai (de). *Pic.*, 805.
Rombois. *Par.*, IV, 261.
Rombout. *Fland.*, 189.
Rome. *Auv.*, 163.
— *Bret.*, I, 514.
— *Bret.*, II, 524.
— *Montp.-Mont.*, 365.
— *Prov.*, I, 653.
Rome (de). *Prov.*, II, 49.
Romé. *Rouen*, 96, 263, 487, 646, 665, 667.
Rome (St-). *Montp.-Mont.*, 314.
— *Toul.-Mout.*, 295. Voy. Avessens.
Romecourt. *Lorr.*, 149, 157.
Romegat. *Prov.*, I, 197, 997.
Romei. *Prov.*, I, 470.
Romel. *Als.*, 478.
Romelin. *Bret.*, II, 216.
Romergat. *Prov.*, II, 515.
Romet. *Al.*, 279.
Romette. *Bourb.*, I, 920, 1120.
Romier. *Lyon*, 523.
Romieu. *Bret.*, II, 519.
— *Lyon*, 438, 640.
— *Montp.-Mont.*, 485, 643, 1369.
— *Prov.*, I, 534, 557.
Romieu (de). *Prov.*, II, 314, 633.
— *Tours*, 892.
Romigny. *Par.*, II, 182.
Romille. *Bret.*, I, 230.
Romilley. *Tours*, 389, 394.
Romilli. *Caen*, 465.
Romilly. *Montp.-Mont.*, 624.
— *Par.*, I, 35.

Romme. *Dauph.*, 617.
Rommecourt. *Bourg.*, I, 155, 651.
— *Bourg.*, II, 257.
— *Champ.*, 170, 291.
Rommer. *Als.*, 388.
Rommier (du). *Bourg.*, I, 863.
Romond. *Prov.*, II, 110, 113, 292, 306, 601.
Romoules. *Prov.*, I, 558.
Romp. *Als.*, 506.
Rompler. *Als.*, 427.
Roms. *Fland.*, 1086.
Ronan. *Bourg.*, II, 352.
Ronat. *Montp.-Mont.*, 369.
Ronce (la). *Al.*, 953.
— *Bourg.*, I, 288.
— *Bourg.*, II, 399.
— *Bret.*, II, 206.
— *Par.*, I, 1050.
Roncerai. *Tours*, 954, 1142.
Ronceray. *Bret.*, II, 904, 1110.
Roncherolles. *Caen*, 31.
— *Par.*, II, 88.
— *Rouen*, 256, 407, 408, 1134, 1356.
Roncheval. *Lyon*, 676.
Ronci. *Soiss.*, 39, 291, 311.
Roncourt. *Lorr.*, 49, 125.
Rond (du). *Lorr.*, 96, 316.
Ronde. *Par.*, I, 1201.
Ronde (la). *La Roch.*, 158.
Rondeau. *Al.*, 1003.
— *Bourb.*, 200, 202, 605.
— *Par.*, III, 292, 410.
— *Pic.*, 527.
— *Poit.*, 521, 1279.
— *La Roch.*, 166.
— *Rouen*, 54, 832, 877.
— *Tours*, 809, 1001, 1170, 1184, 1360.
Rondei. *Guy.*, 1042.
Rondel. *Bret.*, II, 277, 675, 680, 796.
— *Rouen*, 858.
— *Toul.-Mont.*, 527.
Rondelac. *Lim.*, 358.
Rondelet. *Par.*, I, 420.
Rondelot. *Par.*, II, 656.
Rondet. *Lyon*, 113, 529, 1046.
Rondey. *Bourg.*, 1081.
Rondière. *Bret.*, I, 561.
Rondiers (des). *Bret.*, I, 127, 823.
Rondin. *Bourges*, 135.
— *Champ.*, 557, 560.
— *Orl.*, 760.
Rondot. *Bourg.*, 226.
Ronel. *Lorr.*, 130, 131.
Rongère. *Al.*, 1107.

Ronjon. *Lyon*, 225.
Ronkell. *Als.*, 476.
Ronnai. *Al.*, 1080.
Ronnat. *Auv.*, 576.
Ronquerole (de). *Vers.*, 307.
Ronquières. *Toul.-Mont.*, 1108.
Ronsai (du). *Tours*, 1282.
Ronsard. *Orl.*, 236.
— *Tours*, 45.
Ronsens. *Toul.-Mont.*, 361.
Ronty. *Bourg.*, I, 466.
— *Par.*, III, 140.
Ronville. *Fland.*, 1383.
Ronzis. *Lyon*, 767.
Rooguer. *Als.*, 661.
Ropidie. *Poit.*, 571.
Ropp (de). *Als.*, 158.
Roquan (la). *Toul.-Mont.*, 1266.
Roquant (le). *Montp.-Mont.*, 1033, 1063, 1126, 1220.
Roquart. *Poit.*, 459, 1112, 1120.
— *Prov.*, II, 466.
Roque. *Bourb.*, 128.
— *Par.*, II, 803.
— *Par.*, III, 225.
Roque (de). *Montp.-Mont.*, 142, 251.
Roque (la). *Al.*, 239, 247, 1130, 1140.
— *Als.*, 303, 1019.
— *Auv.*, 205, 493, 531, 536.
— *Béarn*, 115.
— *Bourb.*, 125.
— *Caen*, 144, 148, 356, 461, 540, 543, 564, 586, 608, 715.
— *Guy.*, 29, 89, 364, 548, 717, 1008, 1009.
— *Montp.-Mont.*, 358, 677, 893, 894, 1334.
— *Par.*, I, 1102, 1308.
— *Par.*, IV, 387.
— *Poit.*, 1222.
— *Prov.*, I, 755, 915, M. 1065.
— *Rouen*, 55, 76, 156, 364, 465, 722, 1297.
— *Toul.-Mont.*, 327, 498, 656, 1276.
— *Tours*, 410, 1190.
Roquebouillac. *Als.*, 695.
Roquebouillac (la), *Toul.-Mont.*, 22, 27, 249.
Roquebrun. *Prov.*, II, 321.
Roquebrune. *Toul.-Mont.*, 1467.
Roquefeuil. *Als.*, 388.
— *Lim.*, 169.
— *Montp.-Mont.*, 7, 42, 311, 420, 600, 1040.
— *Par.*, I, 1388.
— *Toul.-Mont.*, 1124, 1149, 1162.

Roquefort. *Lorr.*, 261.
— *Montp.-Mont.*, 408, 1177.
— *Prov.*, I, 725.
— *Toul.-Mont.*, 40, 205, 606, 664, 1014, 1316, 1375.
Roquejeoffre. *Guy.*, 720, 731, 832.
Roquelaure. *Auv.*, 22, 118, 248.
— *Montp.-Mont.*, 604, 1034.
— *Par.*, II, 646, 899.
— *Toul.-Mont.*, 1245, 1312.
Roqueli. *Prov.*, I, 1087.
Roquemaure. *Prov.*, I, 1043.
Roquemaucel. *Montp.-Mont.*, 1010.
Roquemaurel. *Toul.-Mont.*, 1048.
Roquemback. *Als.*, 216, 483, 849, 930.
Roquemont. *Montp.-Mont.*, 1357.
Roquemore. *Montp.-Mont.*, 561. V.
Roquepersin (la). *La Roch.*, 274.
Roquepine. *Guy.*, 915.
— *Par.*, IV, 263.
Roqueplan. *Montp.-Mont.*, 679.
Roques. *Toul. - Mont.*, 6, 37, 244, 626, 683, 692, 708, 735, 999, 1096, 1239, 1305, 1330, 1344, 1467.
— *Tours*, 1132.
Roques (de). *Bret.*, I, 176.
— *Fland.*, 802.
Roquet. *Par.*, II, 703, 804.
— *Pic.*, 709.
— *Poit.*, 718.
Roquette. *Guy.*, 698, 828, 836, 1025.
— *Montp.-Mont.*, 203, 1120, 1205.
— *Orl.*, 490.
— *Par.*, I, 10, 750.
— *Par.*, II, 124.
— *Rouen*, 23, 842.
— *Toul.-Mont.*, 18, 115, 285, 305, 479, 1109.
Roquette (la). *Guy.*, 7, 1146.
— *Montp.-Mont.*, 1057.
Roquevert. *Soiss.*, 698.
Roqui. *Toul.-Mont.*, 122.
Roquier. *Bourges*, 130.
— *Prov.*, II, 823.
— *Toul.-Mont.*, 68.
Roquigni. *Pic.*, 771.
— *Rouen*, 205, 206, 221, 224, 458.
Rormé (de). *Lorr.*, 342.
Rortais (de). *Poit.*, 232, 233, 261, 376, 388, 618, 626, 1219, 1242, 1252.
Ros (de). *Fland.*, 906.
Rosa. *Als.*, 814.
Rosanges. *Bret.*, II, 1001.
Rosay. *Bourg.*, I, 1193.

Rostanger. *Montp.-Mont.*, 1183.
Rostani. *Prov.*, I, 1014.
Rosteau. *Par.*, I, 678.
Rostegni. *Guy.*, 171.
Rosticelle. *Bourb.*, 478.
Rostin. *Fland.*, 1403.
Rostolan. *Prov.*, I, 444, 923.
Rot (le). *Tours*, 760, 1379.
Rotange. *Par.*, I, 746.
Rotfonchse. *Als.*, 758.
Roth. *Als.*, 10, 120, 180, 581, 666, 934, 1004.
Rothberg. *Als.*, 941, 948, 966.
— *Bourg.*, I, 802.
Rothelin. *Als.*, 856
Rothiacole. *Als.*, 397.
Rothouchs. *Als.*, 2.
Rothschatz. *Als.*, 919.
Rotier. *Fland.*, 1456.
Rotière (la). *Champ.*, 490.
Rotisset. *Soiss.*, 503.
Rotisseurs de Metz (les). *Lorr.*, 562. *Communauté.*
— de Verdun. *Lorr.*, 668.
Rôtisseurs (les). *Poit.*, 816. *Communauté.*
Rotolp. *Montp.-Mont.*, 316.
— *Toul.-Mont.*, 340, 532, 534, 650, 860.
Roton. *Lorr.*, 416, 520.
Roton (de). *La Roch.*, 29.
Rotondi. *Montp.-Mont.*, 285.
Rotours (des). *Al.*, 91, 96, 585, 590, 1103.
— *Caen*, 384, 457, 723.
Rotrou. *Al.*, 1062.
— *Par.*, II, 154, 665.
— *Par.*, III, 152.
— *Par.*, IV, 61, 66, 756.
— *Poit.*, 965.
Rotté. *Orl.*, 725, 741, 743.
Rottembourg. *Als.*, 159, 249, 486, 782.
Rottes. *Toul.-Mont.*, 1310.
Rottier. *Als.*, 389.
Rotton. *Bret.*, II, 511.
Rotureau. *Tours*, 1182.
Rotzpletz. *Als.*, 172, 506.
Rouaing (de). *Toul.-Mont.*, 1317.
Rouairon. *Bourb.*, 508, 520.
Roualle. *Caen*, 432.
— *Par.*, I, 1245.
— *Par.*, II, 223.
Rouanne. *Auv.*, 533.
Rouard. *Fland.*, 1113.
— *Par.*, I, 16.

— *Prov.*, I, 527, 924.
— *Tours*, 1116.
Rouaud. *Bret.*, I, 490, 723.
Rouaudais (la). *Bret.*, II, 1009.
Rouaudiéres. *Tours*, 1089.
Rouault. *La Roch.*, 279.
— *Poit.*, 257, 1296, 1399, 1463.
Roubaix. *Fland.*, 53, 109, 150.
Roubaud. *Montp.-Mont.*, 1439.
— *Prov.*, I, 248, 523, 760, 798, 949, 997, 1053, 1054, 1308, 1309, 1310, 1311, 1385, 1392, 1426, 1449.
— *Prov.*, II, 93, 305, 805, 824.
Roubeau. *Prov.*, II, 429.
— *Tours*, 620.
Roubert. *Guy.*, 1081.
Roubi. *Champ.*, 882.
Roubière. *Prov.*, I, 886.
Roubin. *Montp.-Mont.*, 520, 780.
— *Prov.*, I, 885, 1369, 1385.
Roubineau. *Toul.-Mont.*, 339.
Roubion. *Prov.*, I, 186.
Roubre. *Prov.*, II, 515.
Roucels (de). *Lorr.*, 179, 386.
Rouch. *Als.*, 662.
— *Toul.-Mont.*, 1092.
Rouch (de). *Montp.-Mont.*, 20, 759, 764, 1477.
Rouche. *Al.*, 1230.
Roucher. *Bourg.*, II, 501.
— *Poit.*, 1373.
Rouchére. *Al.*, 1004.
Rouchet. *Prov.*, II, 707.
Rouchon. *Guy.*, 1097.
— *Prov.*, II, 556, 562, 563.
— *Toul.-Mont.*, 1212.
Rouci. *Champ.*, 240, 428.
Roucy. *Soiss.*, 298, 547, 597.
Roudaire. *Auv.*, 393.
Roudeau. *Poit.*, 1099.
Rouden. *Prov.*, I, 954.
Roudeoux. *Bourb.*, 308, 312, 314.
Rouderon. *Auv.*, 389.
Roudes. *Guy.*, 831.
Roudier. *Lorr.*, 236.
— *Montp.-Mont.*, 142.
— *Prov.*, I, 521.
Roudière. *Par.*, I, 1171.
Roudil. *Montp.-Mont.*, 930.
Roudin. *Orl.*, 745.
Roudon. *Bret.*, II, 262.
Roudot. *Par.*, II, 528, 545, 1076.
Roue (la). *Bret.*, I, 937.
— *Lyon*, 22, 71, 162, 475, 1052.
— *Tours*, 1375.

Roue (de). *Toul.-Mont.*, 1339, 1353.
Rouéde (la). *Auv.*, 521.
Rouell. *Als.*, 891.
Rouen. *Rouen*, 12, 13, 225, 253, 653, 681.
Rouer. *Bourges*, 269.
— *Par.*, i, 248.
— *Tours*, 379.
Rouére (la). *Lyon*, 641.
Rouëre (la). *Par.*, ii, 1012, 1232.
Rouéroet. *Fland.*, 1004.
Rouet. *Prov.*, ii, 707.
Rouet (du). *Toul.-Mont.*, 632.
Rouetz. *Montp.-Mont.*, 818.
Rouey. *Par.*, i, 1058, 1132.
Rouff. *Als.*, 472.
Rouffe. *Fland.*, 1367.
Rouffignac. *Guy.*, 822.
Roufiac. *Toul.-Mont.*, 1324.
Roufié. *Poit.*, 568.
Rougane. *Bourb.*, 541, 562.
Rouge. *Bourg.*, ii, 578.
Rougé. *Par.*, i, 107.
— *Par.*, ii, 449.
— *Poit.*, 1468.
— *Toul.-Mont.*, 1285.
— *Tours*, 140.
— *Vers.*, 163.
Rougé (de). *Tours*, 112, 347, 532, 587.
Rouge (le). *Bret.*, i, 104, 557.
— *Bret.*, ii, 151, 266, 274, 529, 542.
— *Lorr.*, 634.
Rougeau. *Lyon*, 150, 554.
Rougemont. *Als.*, 493.
— *Bourg.*, i, 954.
— *Bourg.*, ii, 606.
— *Bret.*, ii, 317.
— *Pic.*, 803.
— *Tours*, 221, 225, 234, 748.
Rougeot. *Bourg.*, ii, 365.
— *Par.*, i, 324.
Rougeou. *Poit.*, 1394.
Rouger. *Guy.*, 918, 919, 921, 1085, 1090.
— *Tours*, 165, 1034.
Rougerolle. *Al.*, 977.
Rougeri. *Toul.-Mont.*, 538.
Rouget. *Auv.*, 510, 522.
— *Bourg.*, i, 693, 735, 921, 940.
— *Bourg.*, ii, 65.
— *Champ.*, 138.
— *Orl.*, 906.
— *Poit.*, 460, 483, 1022.
— *Prov.*, ii, 635.
— *La Roch.*, 413.

— *Toul.-Mont.*, 268, 1074.
Rougier. *Auv.*, 126, 132.
— *Bourb.*, 311, 312.
— *Poit.*, 104, 558, 993.
— *Prov.*, i, 1042, 1181.
— *La Roch.*, 18, 23.
— *Toul.-Mont.*, 578, 581.
Rougiez. *Prov.*, ii, 723. Marq.
Rougnac. *Poit.*, 123.
Rougnard. *Lyon*, 298, 455.
Rougnat. *Lim.*, 79.
Rougon. *Par.*, i, 283.
— *Pic.*, 539.
— *Prov.*, ii, 350, 388.
Rougrave. *Lorr.*, 323.
Rouhault. *Bret.*, ii, 174.
— *Par.*, ii, 383, 479, 991.
— *Par.*, iii, 44, 53, 56.
Rouhaut. *Par.*, i, 424.
Rouher. *Bourb.*, 13.
Rouhet. *Bourb.*, 590.
Rouhier. *Bourg.*, i, 571, 735, 1217.
— *Bourg.*, ii, 81.
— *Par.*, i, 565.
Roui (du). *Toul.-Mont.*, 1273.
Rouigay. *Bret.*, ii, 575.
Rouil (du). *Al.*, 429.
Rouilhan. *Montp.-Mont.*, 1124.
Rouilhaut. *Toul.-Mont.*, 1224, 1229.
Rouillard. *Caen*, 666.
— *Lyon*, 745.
Rouillé. *Lyon*, 44.
— *Par.*, i, 113, 126, 173, 175, 193, 517, 527, 731, 789, 804, 811, 813, 976, 985, 1324.
— *Par.*, ii, 281, 447, 548, 990.
— *Soiss.*, 562.
— *Tours*, 508, 803, 972.
Rouillé (le). *Al.*, 146, 158, 499, 537, 705.
Rouillet. *Par.*, i, 899.
— *Par.*, ii, 672.
— *Par.*, iii, 552.
Rouillie. *Soiss.*, 862.
Rouillon. *Al.*, 392.
— *Poit.*, 1140.
— *Tours*, 989.
Rouin. *Dauph.*, 209, 213.
Rouin (de). *Lorr.*, 100, 101, 188.
Rouîre. *Toul.-Mont.*, 574, 696.
Roujault. *Par.*, i, 809, 906.
— *Par.*, ii, 1203.
— *Par.*, iii, 129.
Roujon. *Lyon*, 955. Voy. Ronjon.
— *Par.*, ii, 664.
— *La Roch.*, 175.

— *Tours*, 839.
Roujoux. *Bret.*, ii, 1024.
— *Lyon*, 118, 358, 517.
Roulaud. *Als.*, 464.
Roulé. *Fland.*, 1160.
Rouleret. *Bret.*, i, 51.
Roulhac. *Guy.*, 124.
— *Lim.*, 111, 114, 126.
Roulhier. *Par.*, ii, 265, 855.
Roulin. *Al.*, 754, 1166, 1251.
— *La Roch.*, 128, 199, 202.
Roullant. *Bret.*, ii, 597.
— *Caen*, 573.
— *Champ.*, 342.
Roullault. *Poit.*, 1358, 1390.
Roullé. *Bret.*, i, 445.
Roulleau. *Bret.*, ii, 239.
— *Poit.*, 852, 1272.
— *La Roch.*, 430.
— *Tours*, 653.
Roullet. *Bret.*, ii, 276.
— *Pic.*, 642.
— *Tours*, 1339.
Roulliard. *Par.*, i, 1349.
Roullier. *Par.*, i, 794, 797, 905, 910.
Roulliére (la). *Poit.*, 1165.
Roullin. *Orl.*, 173.
— *Par.*, i, 676.
— *Poit.*, 174.
— *Tours*, 495, 694, 843.
Roullot. *La Roch.*, 288.
Roumare. *Rouen*, 1016.
Roumaud. *Prov.*, ii, 305.
Roume. *Bourg.*, ii, 358.
Roumoulin. *Bret.*, ii, 536.
Rounivus. *Prov.*, ii, 348.
Rouoré. *Toul.-Mont.*, 588.
Rouph. *Bourg.*, ii, 315, 627.
Rouquet. *Guy.*, 1082.
Rouquier. *Toul.-Mont.*, 1088.
Roure (du). *Montp.-Mont.*, 527, 532, 1244, 1308. Voy. Beauvoir et Grimoard.
Rourent (du). *Bourg.*, ii, 479.
Rouseau. *Bret.*, ii, 969.
Rouslin. *La Roch.*, 275.
Roussan. *Pic.*, 773.
Roussard. *Par.*, iii, 150.
Rousse. *Par.*, iv, 235.
— *Pic.*, 815.
— *Prov.*, i, 103, 574.
— *Prov.*, ii, 762.
— *Rouen*, 112.
— *Toul.-Mont.*, 1317.
— *Tours*, 1137.

Rousseau. *Al.*, 229, 286, 963, 1051, 1052, 1058.
— *Bourb.*, 147, 169, 389, 476, 618.
— *Bourges*, 2, 58, 266, 277, 368, 387, 430.
— *Bourg.*, i, 247, 251, 479, 1059, 1253.
— *Bourg.*, ii, 93, 248, 326, 332.
— *Bret.*, i, 153.
— *Bret.*, ii, 1077.
— *Fland.*, 98, 257, 298, 783, 1358.
— *Guy.*, 801, 1166.
— *Lim.*, 269.
— *Lorr.*, 628.
— *Orl.*, 340, 345, 350, 389, 416, 549, 575, 584, 746, 827.
— *Par.*, i, 37, 129, 351, 449, 569, 956, 961, 980, 1077, 1143, 1201.
— *Par.*, ii, 81, 120, 606, 785, 1177.
— *Par.*, iii, 314, 365, 478, 560.
— *Poit.*, 26, 30, 45, 54, 66, 82, 163, 358, 477, 512, 560, 802, 872, 897, 911, 952, 957, 1174, 1176, 1205, 1272, 1277, 1349.
— *Prov.*, i, 699.
— *La Roch.*, 202, 280, 363, 396, 373.
— *Rouen*, 127.
— *Soiss.*, 6, 195, 197, 199, 242, 271, 301, 512, 708, 853.
— *Toul.-Mont.*, 923.
— *Tours*, 45, 62, 103, 117, 177, 387, 502, 527, 533, 542, 586, 759, 891, 909, 930, 945, 955, 997, 1026, 1028, 1090, 1133, 1136, 1138, 1326, 1328, 1438, 1512, 1516, 1522.
— *Vers.*, 100, 112, 149, 195, 198, 288.
Rousseau (du). *Lim.*, 15, 72, 79, 273.
Rousseau (le). *Bret.*, i, 698, 705, 719.
Rousseaux. *Lyon*, 226.
Rousseaux (des). *Par.*, iii, 310.
— *Par.*, iv, 425.
Roussel. *Al.*, 247, 330, 471, 483, 626, 641, 806, 903, 1135, 1169.
— *Als.*, 845.
— *Auv.*, 70, 275, 410, 576.
— *Bourb.*, 24, 29, 268.
— *Bourg.*, i, 763, 868, 886, 945, 951, 1023, 1027, 1057, 1063, 1090, 1145, 1161, 1259, 1260.
— *Bret.*, i, 333.
— *Caen*, 455, 719, 723.
— *Champ.*, 30, 174, 175, 176, 336, 359, 682.
— *Fland.*, 28, 194, 338, 615, 1166.
— *Guy.*, 349.

— *Champ.*, 549.
— *Par.*, III, 149.
— *Pic.*, 731.
— *Prov.*, I, 1147.
Rouvilliers. *Par.*, III, 521.
Rouvillois (le). *Par.*, I, 403.
Rouvin. *Prov.*, I, 1271.
Rouvrai. *Al.*, 1016.
— *Tours*, 431.
Rouvraie (la). *Al.*, 451, 619.
Rouvran. *Par.*, IV, 705.
Rouvray. *Bourg.*, I, 469.
— *Par.*, I, 764.
— *Par.*, III, 342.
Rouvroi. *Fland.*, 95, 351.
— *Rouen*, 1330.
— *Soiss.*, 294, 652.
Rouvroy. *Montp.-Mont.*, 588.
— *Par.*, II, 220, 507, 578, 977.
— *Par.*, IV, 401, 535.
— *Pic.*, 175.
Roux. *Auv.*, 123, 219, 272, 354, 356, 411, 443, 503.
— *Bourb.*, 146, 415.
— *Bourg.*, I, 263, 265, 1235.
— *Bourg.*, II, 152, 171, 536, 566.
— *Bret.*, I, 959.
— *Dauph.*, 38, 77, 82, 89, 127, 199, 326, 391, 537, 568, 588, 632.
— *Guy.*, 384, 906, 918, 921, 959, 1023, 1060.
— *Lyon*, 476.
— *Par.*, II, 800.
— *Par.*, IV, 558.
— *Pic.*, 53, 405, 551, 661, 712, 719.
— *Poit.*, 298, 444, 492, 768, 773, 880, 1316, 1343, 1397.
— *Prov.*, I, 596, 736, 788, 812, 816, 828, 987, 1021, 1037, 1052, 1056, 1078, 1091, 1093, 1095, 1153, 1203, 1267, 1272, 1282, 1431, 1458.
— *Prov.*, II, 38, 227, 253, 303, 359, 379, 507, 519, 557 563, 579, 611, 671, 694.
— *La Roch.*, 341, 349, 433.
— *Toul.-Mont.*, 79, 339, 466, 517, 562, 844, 1158, 1159, 1237.
— *Vers.*, 213, 228.
Roux (de). *Dauph.*, 181, 500, 503, 564, 641 ?
— *Fland.*, 1505.
— *Montp.-Mont.*, 13, 20, 23, 168, 332, 468, 480, 588, 814, 828, 874, 955, 1412, 1414.
— *Prov.*, I, 178, 297, 300, 358, 390,

391, 392, 396, 422, 443, 843, 853, 858, 1069.
Roux (du). *Bourb.*, 302.
— *Bourges*, 326.
— *Lim.*, 111.
— *Par.*, II, 51.
— *Par.*, IV, 86, 302.
— *Soiss.*, 366, 367.
Roux (le). *Al.*, 865, 1080, 1229.
— *Als.*, 219, 553, 627.
— *Bourg.*, I, 349, 465, 468, 919.
— *Bourg.*, II, 157.
— *Bret.*, I, 101, 183, 354, 538, 670, 956, 963.
— *Bret.*, II, 157, 209, 211, 1014, 1111.
— *Caen*, 45, 68, 71, 73, 77, 223, 247, 252, 262, 272, 289, 412, 439, 454, 583, 753,
— *Champ.*, 511.
— *Fland.*, 1044, 1462.
— *Lorr.*, 131, 616.
— *Orl.*, 44, 376, 388, 758.
— *Par.*, I, 66, 99, 409, 412, 453, 727, 1081, 1120, 1214.
— *Par.*, III, 72, 76, 149, 255, 384, 575.
— *Par.*, IV, 80.
— *Poit.*, 220, 240, 262, 388, 1144.
— *Prov.*, I, 848.
— *Rouen*, 5, 27, 41, 93, 131, 218, 282, 439, 545. 591, 656, 713, 714, 715, 721, 735, 912, 918, 1156, 1170, 1191, 1371.
— *Soiss.*, 473.
— *Toul.-Mont.*, 1118.
— *Tours*, 11, 18, 157, 175, 237, 542, 829, 979, 1109, 1110, 1132, 1135, 1477, 1521, 1530.
— *Vers.*, 15, 26, 204.
Rouxel. *Al.*, 330.
— *Bret.*, II, 449, 915, 940.
— *Bourg.*, I, 954.
— *Caen*, 573.
— *Par.*, I, 395.
— *Par.*, II, 440, 871, 918, 919.
Rouxelin. *Caen*, 54, 133, 564, 609.
— *Lyon*, 96.
— *Par.*, II, 523, 593, 950.
— *Par.*, IV, 396.
Rouxtargues. *Prov.*, II, 153.
Rouyer. *Par.*, III, 365.
Rouyer (le). *Bret.*, I, 184.
Rouzau. *Toul.-Mont.*, 815.
Rouzault. *Lyon*, 796.
Rouzé (du). *Rouen*, 1371.

Ruest. *Als.*, 193, 194.
Ruet. *Lyon*, 335.
— *Par.*, III, 379.
Ruette. *Par.*, I, 90.
Ruf. *Guy.*, 818.
Ruf (St-). *Dauph.*, 292. Ab.
Ruffack. *Als.*, 351. V.
Ruffalat. *Prov.*, II, 770.
Ruffat. *Toul.-Mont.*, 1223.
Ruffé. *Par.*, III, 330.
Ruffec. *Lim.*, 432.
Ruffelet. *Bret.*, I, 819, 937, 940.
Ruffi. *Prov.*, I, 590.
Ruffia. *Orl.*, 280.
Ruffié. *Bourb.*, 389.
Ruffier. *Lyon*, 157, 435, 949.
— *Montp.-Mont.*, 66, 1429.
— *Par.*, IV, 536, 794, 804.
Ruffin. *Bourg.*, II, 217.
— *Tours*, 1484, 1486.
Rufflai (du). *Rouen*, 11, 72, 968.
Rufflat. *Guy.*, 559.
Rufflay. *Bret.*, II, 950.
Ruflay (du). *Bret.*, I, 127, 625, 659.
Ruffrai. *Al.*, 1005, 1061.
Rufin. *Montp.-Mont.*, 928.
Rugi. *Lorr.*, 397.
Rugret. *Bret.*, II, 94.
Ruibanis. *Toul.-Mont.*, 1438.
Ruillé. *Bret.*, II, 552.
Ruin. *Par.*, III, 124.
Ruinat. *Dauph.*, 394.
— *Par.*, II, 626.
Ruineau. *Bourb.*, 539.
Ruisol. *Guy.*, 77.
Ruisseau (du). *Bourb.*, 411, 491.
— *Lyon*, 933.
Ruisseaux (des). *Champ.*, 889.
Ruit. *Pic.*, 174.
Ruiter. *Prov.*, II, 485.
Rulaut. *Par.*, I, 21.
Rullaut. *Lorr.*, 238, 629.

Rulleau. *Guy.*, 832.
Rullier. *Poit.*, 767, 842.
Rume (de). *Bourges*, 128.
Rumet. *Pic.*, 271.
Run (le). *Bret.*, II, 210.
Runes. *Par.*, II, 1154.
Runes (des). *Par.*, IV, 250.
Rung. *Als.*, 498, 923.
Runne (de). *Pic.*, 405, 684, 721.
Runnes. *Rouen*, 533.
Ruo. *Bret.*, II, 855.
Ruob. *Als.*, 468.
Ruolo (de). *Lyon*, 14.
Rup (de). *Vers.*, 30.
Rupalli. *Par.*, I, 623.
Rupalon. *Poit.*, 715.
Rupé. *Tours*, 1161.
Rupière. *Rouen*, 241, 294.
Rupin. *Guy.*, 724.
Ruse. *Champ.*, 274.
Ruset. *Bret.*, I, 815.
Rusque. *Prov.*, I, 262, 1355.
Russau. *Prov.*, I, 424.
Russeau (du). *Bourg.*, II, 159.
Russel. *Bourg.*, I, 1159.
Russi. *Caen*, 370.
Russon, *Dauph.*, 253.
— *Tours*, 1155.
Rustaing. *Lorr.*, 213, 405, 650.
Rusteau. *Par.*, II, 92.
Rutan (de). *Fland.*, 1356.
— *Lorr.*, 17, 161, 405, 457, 666.
Rutaut. *Par.*, II, 925.
Ruth. *Als.*, 429.
Ruthie (de). *Montp.-Mont.*, 1186.
Rutty. *Bourg.*, I, 698.
Ruyan. *Par.*, III, 58, 60,
Ruyant. *Pic.*, 809.
Ruyelle (la). *Fland.*, 550.
Ruzé. *Par.*, II, 384, 851.
Ruzé (de). *Tours*, 1126.
Ruzet. *Prov.*, I, 688.
Rye (du). *Par.*, III, 115.

S

Sabagés. *Toul.-Mont.*, 668.
Sabaros. *Guy.*, 349.
Sabard. *Toul.-Mont.*, 279.
Sabardin. *Bourges*, 506.
Sabateau. *Bourges*, 414.
Sabater. *Toul.-Mont.*, 1480, 1481.
Sabateri. *Toul.-Mont.*, 495, 1120, 1296.

Sabateris. *Prov.*, I, 597.
Sabatier. *Bourges*, 58.
— *Bret.*, I. 547.
— *Lyon*, 784.
— *Prov.*, I, 987, 1149, 1218, 1224.
— *Prov.*, II, 76, 91, 150, 155, 160, 287, 678, 780.
— *Toul.-Mont.*, 178, 658, 660, 1016.

1084, 1091, 1166, 1192, 1277, 1280, 1298, 1390.

Sabattier, *Montp.-Mont.*, 12, 258, 628, 644, 648, 730, 805, 943.

Sabazan. *Toul.-Mont.*, 345.

Sabin. *Prov.*, I, 691.

Sabine. *Caen*, 115.

— *Par.*, II, 551.

Sabinet. *Par.*, IV, 328.

— *Soiss.*, 566, 785.

Sablé. *Tours*, 1396. V.

Sabliére (la). *Montp.-Mont.*, 145, 148.

— *Par.*, I, 277.

Sablon. *Auv.*, 27, 350, 354.

— *Par.*, III, 386.

Sablonniéres (des). *Orl.*, 347.

Sablons (des). *Tours*, 1127.

Sabo. *Prov.*, I, 1455.

Sabot. *Lyon*, 41, 103, 606.

Sabotiers (les). *Poit.*, 527. *Commu-nauté.*

Saboureau. *Poit.*, 486, 898, 1135.

Saboureux. *Vers.*, 144.

Sabourin. *Guy.*, 74, 83.

— *Poit.*, 72, 359, 618, 624, 764, 793, 968, 1073, 1127.

Sabouroux. *Guy.*, 350.

Sabout. *Montp.-Mont.*, 356, 405.

Sabran. *Montp.-Mont.*, 14.

— *Prov.*, I, 181, 270, 426, 523, 584, 589, 709, 851, 1090.

— *Prov.*, II, 395, 422, 462, 475, 482.

Sabre. *Bourg.*, II, 293.

Sabré. *Guy.*, 697.

Sabrevois. *Al.*, 642.

— *Orl.*, 163, 257, 265, 943.

— *Par.*, I, 356.

Sabrier. *Prov.*, I, 539.

Sabrulet. *Prov.*, II, 841.

Sac (le). *Bourges*, 405.

Sacco. *Prov.*, I, 536.

Sache. *Prov.*, I, 1392.

Sacher. *Bourg.*, II, 186.

— *Poit.*, 147, 152, 791, 829.

Sachet. *Poit.*, 216, 217.

Sachi. *Pic.*, 35, 37, 49, 63, 64, 81, 381, 391, 392, 394, 403, 446, 622, 688.

Sachmarter. *Fland.*, 1066.

Sachot. *Par.*, III, 536.

— *Poit.*, 1149.

Sachs. *Als.*, 275, 284, 337.

Saconnay. *Lyon*, 32.

Saconnins. *Bourb.*, 275.

Sacquepée. *Pic.*, 22, 432, 468.

Saint-Sacrement (le). Religieuses de Nancy. *Lorr.*, 112.

— de Ramberviliers. *Lorr.*, 510.

— de Toul. *Lorr.*, 104.

Sacriste. *Guy.*, 580, 1004.

Sacy. *Par.*, I, 291.

Sacy (de). *Soiss.*, 780.

Sade (de). *Prov.*, II, 126, 688.

Sadier. *Bourg.*, II, 343, 551.

Sadin. *Lyon*, 852.

Sadirac. *Guy.*, 1004.

— *Montp.-Mont.*, 1132.

Sadirant. *Guy.*, 99.

Sadoc. *Par.*, I, 1133.

Sadosky (de). *Pic.*, 149.

Sadot. *Par.*, III, 560.

Sadou. *La Roch.*, 379.

Sadoul. *Toul.-Mont.*, 1013.

Sadourni. *Auv.*, 183. 302.

Sadron. *Bourges*, 423.

Saffalin. *Prov.*, I, 929.

Saffange. *Lyon*, 371.

Saffin. *Guy.*, 403.

Saffort. *Béarn*, 106.

Saffrai. *Caen*, 167, 183.

Saffran. *Par.*, III, 474.

Saffray. *Al.*, 105.

Saffre. *Bourg.*, II, 68.

Saffré. *Bret.*, II, 175.

Saffren. *Béarn*, 113.

Saffy. *Orl.*, 504.

Sage. *Bourb.*, 608.

— *Guy.* 907.

— *Par.*, I, 1047.

Sage (le). *Al.*, 710, 812, 1107, **1185**, 1190, 1206.

— *Bourg.*, I, 265.

— *Bret.*, I, 21.

— *Bret.*, II, 679, 1008.

— *Champ.*, 413.

— *Fland.*, 1209, 1210.

— *Par.*, IV, 623.

— *Pic.*, 819.

— *Poit.*, 1008.

— *Soiss.*, 462.

— *Tours*, 1119, 1364.

Sagé. *Toul.-Mont.*, 1295.

Sageron. *Guy.*, 401.

Sagés (du). *Guy.*, 175, 852, 1013, 1066.

Saget. *Béarn*, 100.

— *Bourges*, 284.

— *Bourg.*, I, 345, 466.

— *Bourg.*, II, 24, 492.

— *Bret.*, I, 980.

— *Bret.*, II, 376, 379.

Salardie. *Toul.-Mont.*, 1047.
Salas. *Montp.-Mont.*, 621.
Salasse. *Bret.*, I, 272.
Salat. *Bourges*, 31, 392.
— *Guy.*, 941.
Salaun. *Bret.*, I, 320, 647.
— *Bret.*, II, 81, 540, 711.
Salavert. *Toul.-Mont.*, 740.
Salbert. *La Roch.*, 119, 212, 400.
Salcede. *Par.*, III, 210.
Saldaigne. *Par.*, II, 633.
Salées. *Toul.-Mont.*, 1454.
Saleine (la). *Orl.*, 222.
— *Par.*, I, 561.
Saleman. *Toul.-Mont.*, 677.
Salemard. *Lyon*, 30.
Salernes. *Al.*, 911.
Salers. *Auv.*, 578, 591.
Sales (de). *Tours*, 428.
Salettes. *Béarn*, 18, 73.
— *Guy.*, 1194.
Salier. *Bourg.*, I, 65.
— *Prov.*, II, 282.
— *Tours*, 378.
Saliéres. *Bourg.*, I, 573.
Saliés. *Béarn*, 34, 90.
Salignac. *Poit.*, 101.
Saligni. *Champ.*, 220, 235.
Salingant. *Rouen*, 791.
Salingarde. *Toul.-Mont.*, 1054.
Salinier. *Toul.-Mont.*, 101, 637.
Salinis. *Béarn*, 102.
Salins. *Bourg.*, I, 574, 718, 782, 907.
Salins (de). *Lorr.*, 7, 246, 622.
Salis. *Guy.*, 51, 712.
Salival. *Lorr.*, 289. *Abb.*
Salive. *Lyon*, 648.
Salivet. *Bourg.*, I, 770.
Salla. *Prov.*, I, 1445.
Salla (la). *Soiss.*, 647.
Sallade. *Prov.*, I, 643, 830.
Sallaine (de). *Tours*, 287.
Sallamanca. *Lorr.*, 329.
Sallano. *Par.*, I, 642.
Sallart. *Par.*, I, 701.
Salle. *Lyon*, 663.
— *Prov.*, I, 561, 570, 1195 *a*, 1241.
Salle (de). *Toul.-Mont.*, 3, 336, 521, 546, 607, 802.
— *Tours*, 946.
Salle (la). *Auv.*, 150, 306, 418, 421, 423, 427, 432, 537, 540, 556.
— *Béarn*, 14, 73, 102, 105, 109, 111, 112, 119, 124, 131, 134, 138, 157.
— *Bourg.*, I, 444.
— *Bourg.*, II, 489.

— *Bret.*, II, 457, 531, 573.
— *Champ.*, 44, 49, 95, 321, 688, 700, 858.
— *Fland.*, 1485.
— *Guy.*, 16, 93, 255, 257, 347, 515, 520, 699, 863, 916, 927, 1077, 1149, 1153.
— *Par.*, I, 20, 150, 161, 240, 302, 935, 1023, 1389.
— *Par.*, II, 658.
— *Par.*, III, 312.
— *Pic.*, 519.
— *Poit.*, 568.
— *Prov.*, II, 477.
— *La Roch.*, 193, 396.
— *Rouen*, 825, 1394.
— *Vers.*, 187, 245.
Sallé. *Bourges*, 33, 407.
— *Bourg.*, II, 334.
— *Bret.*, I, 273.
— *Champ.*, 480.
— *Fland.*, 554, 644, 840.
— *Par.*, I, 805, 925, 949.
— *Par.*, II, 145, 160.
— *Par.*, III, 200.
— *Pic.*, 384.
— *Poit.*, 996.
Sallebert. *La Roch.*, 184.
Sallebray. *Par.*, IV, 567.
Sallecton. *Guy.*, 921.
Sallemart. *Dauph.*, 202, 444.
Sallembier. *Fland.*, 256, 358, 776, 777, 1010, 1266.
Sallenac. *Toul.-Mont.*, 1328.
Sallengre. *Fland.*, 878, 1451, 1454.
Salleneuve. *Bourb.*, 327.
Sallernes. *Prov.*, I, 1247.
Salles. *Al.*, 812.
— *Béarn*, 6.
— *Guy.*, 643.
— *Lyon*, 1003.
— *Par.*, I, 115, 964, 1199.
— *Par.*, II, 1235.
— *Poit.*, 652, 1416.
Salles (de). *Auv.*, 537.
— *Montp.-Mont.*, 209, 333, 334, 773, 844, 958, 1079, 1174.
— *Par.*, IV, 335.
— *Toul.-Mont.*, 35, 523, 654, 692, 1348.
Salles (des). *Bret.*, I, 270, 418.
— *Bret.*, II, 59.
— *Champ.*, 632.
— *Lorr.*, 6.
Sallet. *Al.*, 209, 213, 591.
— *Fland.*, 311.

Sart (du). *Champ.*, 296, 297, 888.
— *Fland.*, 92, 294, 342.
— *Par.*, III, 467.
— *Rouen*, 245, 280.
— *Soiss.*, 299, 746.
Sart (le). *Fland*, 277, 318, 357, 1268.
— *Par.*, I, 1262.
Sartesse (la). *Béarn*, 114.
Sartiges. *Auv.*, 583, 590.
Sarton. *Bourges*, 392.
Sartre. *Lyon*, 673.
— *Par.*, II, 682, 726, 761.
Sartre (de). *Montp.-Mont.*, 56, 270.
Sartrel. *Montp.-Mont.*, 797.
Sarzat. *Poit.*, 1043.
Sasis. *Fland.*, 486.
Sassai (de). *Tours*, 231.
Sassé (de). *Tours*, 197.
Sassenage. *Dauph.*, 23, 24, 141, 221, 457.
Sassenaye. *Vers.*, 157.
Sasserie. *Tours*, 1153.
Sassey. *Bourg.*, II, 356.
Sassi (de). *Prov.*, II, 520.
Sassuet (la). *Lorr.*, 313.
Sassy. *Prov.*, I, 172, 1395.
Satabin. *Bret.*, II, 524.
Sateher. *Tours*, 1373.
Satier. *Toul.-Mont.*, 933, 939.
Sattier. *Bourg.*, I, 806.
Sattler. *Als.*, 546, 564, 703.
Saturnin (St-). *Auv.*, 220.
Satzerat. *Toul.-Mont.*, 1470.
Saubarne. *Rouen*, 835.
Saubat. *Guy.*, 165, 309, 530, 595.
Saubert. *Montp.-Mont.*, 848.
Saubinet. *Toul.-Mont.*, 467.
Saubois. *Bret.*, II, 399.
Saubolle. *Toul.-Mont.*, 1281, 1300.
Saucamart. *Rouen*, 1339.
Sauche (de). *Montp.-Mont.*, 645.
Sauchère. *Poit.*, 575, 671.
Saudalle. *Caen*, 688.
Saudelet. *Poit.*, 258, 1295.
Saudet. *Montp.-Mont.*, 1422.
Saudhers. *Als.*, 174, 218, 230.
Saudras. *Champ.*, 883.
Saudrat. *Als.*, 634.
Saudray. *Bret.*, II, 402, 445.
Saudraye (la). *Bret.*, I. 707, 987.
Saudubois. *Tours*, 571.
Saueillange. *Auv.*, 174. V.
Sauflieu (St-). *Soiss.*, 412.
Saufourche. *Guy.*, 816.
Saugé. (*Prieuré*). *Poit.*, 901.
Saugentis. *Toul.-Mont.*, 328.

Sauger. *Bourb.*, 48.
— *Orl.*, 424.
— *Par.*, I, 222, 561.
— *Rouen*, 835.
Saugère (la). *Tours*, 153, 426, 428, 530, 1272.
Saugerie (la). *Orl.*, 396.
Saugeron. *Al.*, 1023, 1257.
— *Guy.*, 108, 1063.
Sauginel. *Guy.*, 1215.
Saugnac. *Guy.*, 881.
Sauguier. *Pic.*, 517.
Sauguirat. *Toul.-Mont.*, 1131.
Sauguis. *Béarn*, 20.
Saugy. *Par.*, IV, 637.
Saujard. *Par.*, I, 1084.
Saul (de). *Prov.*, I, 1055.
Saulai. *Tours*, 894.
Saulau. *Toul.-Mont.*, 637.
Saulaye (la). *Bret.*, I, 887.
Saulcières (de). *Bourg.*, II, 232, 576.
Saule. *Béarn*, 132.
— *Bourg.*, I, 745.
Saule (de). *Dauph.*, 469.
Saulière. *Guy.*, 435.
— *La Roch.*, 111.
Saulieu. *Bourb.*, 20, 55, 454.
— *Bourges*, 331.
— *Par.*, I, 466.
Saulieu (St-). *Champ.*, 426, 800.
Saullière. *Al.*, 1250.
Saulnier. *Bourg.*, I, 1166.
— *Bourg.*, II, 413.
— *Lim.*, 268, 376, 423, 431.
— *Lorr.*, 59.
— *Poit.*, 1102, 1217.
— *La Roch.*, 321, 327, 336.
— *Soiss.*, 719.
Saulnier (du). *Auv.*, 135, 179, 570.
Saulnier (le). *Bret.*, II, 566, 703, 908.
Sauls. *Montp.-Mont.*, 518.
Saulsoir. *Pic.*, 806.
Sault. *Prov.*, II, 67.
Sault. (du). *Bret.*, II, 275, 681.
— *Dauph.*, 505.
— *Guy.*, 11, 74, 81, 344, 378, 582, 583, 701, 782, 1069.
— *Lim.*, 273.
— *Par.*, II, 256, 724.
— *Par.*, III, 430.
— *La Roch.*, 194, 200, 231.
— *Rouen*, 776.
Sault (le), *Bret.*, I, 291.
Saulx. *Bourb.*, 179, 409.
— *Bourg.*, I, 124, 240, 328.

Savignon. *Prov.*, t, 542, 562.
Savigny. *Par.*, iii, 469.
Savin. *Bret.*, i, 310.
— *Montp.-Mont.*, 965.
— *Par.*, ii, 406.
— *Poit.*, 951, 1089, 1235, 1291.
Savin (St-). *Poit.*, 411, 860, 990. *Ab.*
Savinas. *Par.*, i, 1223.
Savine. *Champ.*, 488.
Savines. *Montp.-Mont.*, 1122, 1135.
Savoie. *Dauph.*, 584.
Savoin. *Prov.*, i, 1093.
Savois. *Toul.-Mont.*, 3.
Savoiset. *Par.*, iii, 134.
Savonnière. *Par.*, ii, 59.
Savonnières. *Par.*, i, 915, 1033.
— *Prov.*, i, 539.
Savonnières (de). *Tours*, 137, 241, 294, 308, 347, 601, 1411, 1511, 1528.
Savornin. *Prov.*, i, 278.
Savot. *Bourg.*, ii, 99, 479, 583.
— *Par.*, i, 357, 403.
Savouret. *Soiss.*, 679.
Savournin. *Prov.*, i, 611, 1092, 1392.
— *Prov.*, ii, 311.
Savoye. *Orl.*, 318.
— *Par.*, i, 250.
— *Par.*, iii, 51.
Saxe. *Als.*, 458, 473.
— *Bret.*, ii, 422, 724.
— *Prov.*, i, 830.
Saxée. *Orl.*, 911.
Saxer. *Als.*, 449.
Saxi. *Prov.*, ii, 90, 646.
Saxu. *Rouen*, 787.
Saxy. *Par.*, i, 1130.
Saye (de). *Lim.*, 364.
Sayette (la). *Poit.*, 335.
Sayve. *Bourg.*, i, 318, 321, 325.
— *Bourg.*, ii, 111, 534.
Sazilli. *Tours*, 192.
Sbouski. *Prov.*, i, 539.
Scacht. *Fland.*, 221.
Scador. *Fland.*, 1062.
Scaglia. *Dauph.*, 212.
— *Par.*, i, 493.
Scaille. *Fland.*, 1458.
Scalberge. *Orl.*, 191.
Scambeher. *Als.*, 1040.
Scarion. *Poit.*, 254.
Scaron. *Bourges*, 46.
— *Par.*, i, 208.
— *Par.*, ii, 1090.
Scarron. *Lyon*, 500.
— *Orl.*, 554, 817.

— *Soiss.*, 160.
Scauron. *Poit.*, 1056.
Scavel (du). *Lyon*, 818.
Scellier. *Pic.*, 32, 37, 147, 279, 463.
Scepeaux (de). *Tours*, 95, 138, 140, 143, 145, 429, 435, 443, 520, 1271.
Schabler. *Als.*, 455, 469.
Schach. *Als.*, ...
Schacperoman. *Fland.*, 977, 978.
Schade. *Als.*, 418.
Scharff. *Lorr.*, 693.
Schaffembourg. *Lorr.*, 683.
Schaffner. *Als.*, 84.
Schal. *Als.*, 1043.
Schard. *Als.*, 1009.
Scharoot. *Fland.*, 1100.
Schattenmain. *Als.*, 12.
Schatzler. *Par.*, ii, 915.
Schatz. *Als.*, 272, 463.
Schaub. *Als.*, 510.
Schauvimbourg. *Lorr.*, 273.
Schavembourg. *Als.*, 72, 167, 676, 839, 920.
Schawinan. *Als.*, 462.
Schedel. *Als.*, 396.
Scheffer. *Als.*, 265, 1030.
Scheffmacher. *Als.*, 90, 309, 904, 956.
Scheibel. *Als.*, 480.
Scheid. *Als.*, 286.
Scheck. *Als.*, 376.
Schelestat. *Als.*, 353. V.
Schell. *Als.*, 472, 495, 1027.
Schellniger. *Als.*, 241, 385.
Schelmacker. *Als.*, 568.
Schemitz. *Par.*, ii, 1228.
Schemmann. *Als.*, 488.
Scheneck (de). *Lorr.*, 267.
Scheneckbocker. *Als.*, 295.
Schenher. *Als.*, 464.
Scheppelin. *Als.*, 148, 206, 225, 702.
Scherb. *Als.*, 680, 858, 1057, 1068.
Scherer. *Fland.*, 120.
Scheton (de). *Poit.*, 427.
Schettman. *Als.*, 616.
Scheumacker. *Als.*, 501.
Scheurer. *Als.*, 878, 879.
Scheurling. *Als.*, 77.
Schevacker. *Als.*, 563.
Scheveichard. *Als.*, 381.
Schevendemann. *Als.*, 479.
Schever. *Als.*, 455, 465, 488, 492, 1058, 1096.
Schevre. *Als.*, 989.
Schielin. *Als.*, 926.
Schick. *Als.*, 691.

Schilling. *Als.*, 722, 925.
Schinckel. *Fland.*, 68, 210, 232, 1105.
Schirck. *Als.*, 961.
Schittier. *Als.*, 281.
Schlei. *Als.*, 1031.
Schlitz. *Als.*, 1051.
Schlisueque. *Als.*, 932.
Schlitzorg. *Als.*, 399.
Schmauf. *Als.*, 44.
Schmid. *Als.*, 74, 163, 292, 439, 451, 454, 483, 484, 677, 689, 690, 698, 774, 893, 983, 985.
Schmider. *Als.*, 579.
Schmidlin. *Als.*, 509.
Schmidman (de). *Soiss.*, 153.
Schmitzbourg. *Als.*, 19, 20.
Schmouek. *Als.*, 480.
Schmureck. *Als.*, 1033.
Schneider. *Als.*, 40, 173, 174, 426, 459, 1046, 1065.
Schneilin. *Als.*, 511.
Schneuber. *Als.*, 488.
Schocamker. *Fland.*, 1176.
Schodt (de). *Fland.*, 1176.
Schoell. *Als.*, 433.
Schoff. *Als.*, 121, 161.
Schofferter. *Als.*, 984.
Schollenberg. *Als.*, ...
Scholtis. *Lorr.*, 682.
Schombeck. *Als.*, 95, 690.
Schonaw. *Als.*, 207.
Schoukart. *Als.*, 431.
Schoulter. *Als.*, 512, 660, 1090.
Schuelin. *Als.*, 193.
Schuermans. *Pic.*, 491.
Schuevi. *Lorr.*, 618.
Schulmeisser. *Als.*, 38.
Schultris. *Als.*, 211.
Schumer. *Als.*, 811.
Schunring. *Als.*, 818.
Schuttelare. *Fland.* 217.
Schutz. *Als.*, 13, 1072.
Schuvenster. *Tours*, 45.
Schvag. *Als.*, 294, 441, 443.
Schwaller. *Als.*, 210.
Schwartz. *Als.*, 476, 1055.
Schweig. *Als.*. 452.
Schweighenser. *Als.*, 397.
Schwende. *Als.*, 795.
Schwengsfeur. *Als.*, 393.
Schwert. *Als.*, 659.
Schwilgué. *Als.*, 92, 708.
Schwingre. *Als.*, 735.
Sciette. *Tours*, 907, 950.
Scoffier. *Bourges*, 194, 456.
Scorailles. *Vers.*, 17.

Scorailles (de). *Bourb.*, 595.
— *Bourg.*, I, 279.
— *Bourg.*, II, 138, 149, 167, 176.
Scorbiac. *Guy.*, 170.
Scordet. *Bourg.*, I, 1106.
Scorjon. *Fland.*, 65, 314, 400, 605, 977, 978, 991, 995, 1314.
Scot. *Al.*, 174, 350.
— *Bret.*, I, 626.
— *Orl.*, 91, 208.
— *Rouen*, 70, 647, 701, 703, 710, 1223.
— *Tours*, 232, 1050.
Scotte. *Pic.*, 322, 348.
Scouin. *Par.*, II, 1272.
Scourjon. *Par.*, II, 1254.
Scouvion. *Pic.*, 100, 112, 701, 720, 839.
Scribe. *Pic.*, 398.
Scudery. *Par.*, II, 208.
Scupel. *Als.*, 463, 565.
Séas. *Prov.*, I, 1425, 1426.
Seautrier. *Prov.*, I, 1202.
Seaux (des). *Bret.*, I, 195.
Sebastiane. *Prov.*, II, 52, 60.
Sébastien (St-). *Montp.-Mont.*, 923.
Sébastien. *Soiss.*, 776.
Sébéré. *Bret.*, I, 916.
Sebert. *Montp.-Mont.*, 1422.
— *Rouen*, 829.
Sebes. *Toul.-Mont.*, 724.
Sébille. *Champ.*, 7.
Sebille. *Guy.*, 831.
— *Tours*, 1008.
Sebire. *Par.*, II, 1078, 1085.
Sebire. *Rouen*, 288, 298.
Sebisins. *Als.*, 445.
Sebollin. *Prov.*, I, 638, 660.
Sébouville. *Par.*, IV, 250.
Sebouville. *Rouen*, 1333, 1345.
Sec (le). *Al.*, 52, 183, 233, 407, 543, 650, 1175.
Secart. *Rouen*, 12.
Séchamp. *Lorr.*, 147.
Seché. *Bret.*, II, 474.
Sechenot. *Par.*, III, 507.
Sechère (le). *Lim.*, 389.
Sèches (de). *Montp.-Mont.*, 1115.
Sécillon. *Bret.*, I, 858, 859.
Second. *Prov.*, I, 64, 1158.
Secondat. *Guy.*, 72, 298, 299, 624.
Secousse. *Par.*, I, 1160, 1205.
— *Par.*, III, 181.
Sécoux. *Par.*, IV, 475, 694.
Secq (le). *Par.*, I, 296, 992.
— *Par.*, II, 459.

— *Montp.-Mont.*, 1069, 1072, 1073.
— *Toul.-Mont.*, 647, 1307, 1322.
Seré (le). *Bret.*, I, 667.
Sereau. *Orl.*, 717.
— *Poit.*, 386.
Serecin. *Pic.*, 804.
Seren. *Montp.-Mont.*, 825.
— *Prov.*, I, 679, 817.
— *Prov.*, II, 370, 801.
Serenon. *Prov.*, I, 1205.
Serent. *Bret.*, II, 763.
Serezin, *Tours*, 145, 294, 1273, 1525.
Sergent. *Bourges*, 32.
— *Fland.*, 187.
— *Orl.*, 125, 490.
— *Pic.*, 131, 198, 658, 660, 754, 757.
— *Soiss.*, 462.
— *Tours*, 1412.
Sergeres. *Bourb.*, 61, 62, 455.
Sergetiers. *Poit.* (*Communauté*). 436,
  545, 549, 568, 705, 716, 719, 799,
  931, 1025, 1058, 1510, 1544, 1545.
Seriac. *Toul.-Mont.*, 1334.
Serian. *Toul.-Mont.*, 1063.
Seribes. *Toul.-Mont.*, 1418.
Sericourt. *Par.*, I, 257.
— *Pic.*, 849.
Serie. *Montp.-Mont.*, 1286.
Serieck. *Fland.*, 777, 778, 792.
Serier. *Fland.*, 1171.
Series. *Auv.*, 568.
— *Prov.*, I, 623.
Serignac, *Montp.-Mont.*, 1060.
— *Toul.-Mont.*, 1200, V. 1234.
Serignan. *Prov.*, I, 719.
Serignol. *Toul.-Mont.*, 91, 560.
Serillac. *Poit.*, 919.
— *Toul.-Mont.*, 1257.
— *Tours.* (*Communauté*). 257.
Serin. *Poit.*, 270.
— *Toul.-Mont.*, 98, 751.
Serinchamps. *Lorr.*, 485.
Serinin (St-). *Montp.-Mont.*, 1052.
Seris (de). *Béarn*, 115.
Serisolle. *Prov.*, I, 1049.
Serizier. *Par.*, II, 497, 628.
— *Par.*, III, 475.
— *Soiss.*, 539.
Serlan. *Par.*, III, 121.
Serlant. *Poit.*, 425.
Sermage. *Bourg.*, I, 730, 734.
Sermanton. *Poit.*, 112, 339.
Serment. *Dauph.*, 405.
— *Par.*, II, 91.
Sermenti. *Lim.*, 250.
Sermonnet. *Als.*, 401.

Sermet. *Bourg.*, I, 562.
— *Prov.*, I, 797.
— *Prov.*, II, 188, 191, 728, 734, 735,
  748.
Sermitte. *Bret.*, II, 1133.
— *Prov.*, II, 390.
Sermoise. *Par.*, I, 1402.
Sernaut. *La Roch.*, 194.
Serneau. *Tours*, 1192.
Sermin (St-). *Toul.-Mont.*, 80.
Sernoire. *Pic.*, 569.
Seron. *Par.*, I, 450.
— *Par.*, IV, 79.
Seronne. *Al.*, 161, 413.
Serordet. *Prov.*, II, 770.
Seros. *Bourg.*, I, 718.
Serot. *Caen*, 688.
— *Soiss.*, 722.
Serouge. *Par.*, I, 393.
Seroux. *Par.*, IV, 1.
Serpàudaye (la). *Bret.*, I, 848.
Serpes. *Montp.-Mont.*, 1062.
Serpes (de). *Champ.*, 288, 346.
Serpin. *Bret.*, I, 879.
— *Bret.*, II, 748.
Serqueil. *Lorr.*, 541.
Serrant. *Bret.*, I, 223, 316, 317, 785,
  890.
Serras. *Montp.-Mont.*, 1565.
Serrat. *Prov.*, I, 216, 233, 247.
Serre. *Bourb.*, 617.
— *Lim.*, 248.
— *Lorr.*, 100, 101, 115, 456.
— *Prov.*, II, 611, 818.
Serre (de). *Lyon*, 37, 278, 358, 498.
  636, 657, 737.
— *Par.*, III, 396.
— *Pic.*, 702.
— *Tours*, 1044.
Serre (du). *Guy.*, 32.
— *Prov.*, I, 88, 282, 315, 328, 573,
  641, 790, 1280, 1328, 1422.
Serre (la). *Als.*, 272,
— *Guy.*, 108, 759, 858, 866, 1181.
— *Lorr.*, 546.
— *Montp.-Mont.*, 41, 811.
— *Poit.*, 1076.
— *La Roch.*, 238.
— *Toul.-Mont.*, 239, 265, 400, 506,
  554, 602, 1177, 1381.
Serré. *Fland.*, 1020, 1207.
— *Lorr.*, 157.
— *Par.*, I, 430, 981, 1022.
Serrée (la). *Lyon*, 1016.
Serreau. *Al.*, 1127.
Serres (de). *Auv.*, 7.

Siffredy. *Als.*, 306.
— *Bourg.*, I, 574.
Sigalle. *Guy.*, 907.
Sigallin. *Prov.*, II, 462.
Sigallon. *Prov.*, I, 1325.
Sigalloni. 1304, 1325.
Sigalloux. *Prov.*, II, 511.
Sigarel. *Bret.*, I, 271.
Sigaud. *Dauph.*, 223, 261, 417.
— *Montp.-Mont.*, 371.
— *Prov.*, I, 603, 1328.
Sigaudi. *Prov.*, I, 360.
Sigault. *Bourg.*, II, 15, 57, 506.
— *Par.*, III, 162.
Sigay. *Bret.*, I, 184.
Sigean. *Montp.-Mont.*, 1489.
Sigel. *Als.*, 1002.
Sigenaud. *Als.*, 691.
Signac. *Guy.*, 714.
Signal. *Als.*, 695.
Signe. *Prov.*, II, 496.
Signe (le). *Pic.*, 382.
Signeret. *Prov.*, II, 586.
Signet (du). *Al.*, 174.
Signi. *Caen*, 346.
— *Soiss.*, 503, 625.
— *Tours*, 235.
Signier. *Soiss.*, 145, 337.
Signon. *Tours*, 820.
Signoret. *Bret.*, II, 392.
— *Prov.*, I, 1391.
Signy. *Poit.*, 657.
Sigogne. *Tours*, 1010.
Sigogne (de). *Prov.*, II, 473.
Sigogné. *Tours*, 206.
Sigoigne. *Tours*, 1486.
Sigoin. *Dauph.*, 518.
— *Prov.*, I, 302, 320, 321, 322.
— *Prov.*, II, 618.
Sigongue. *Orl.*, 795.
Sigonne. *Tours*, 1476.
Sigonneau. *Tours*, 295.
Sigot. *Champ.*, 544.
Sigoville. *Caen*, 85.
Silaine. *Champ.*, 633, 635.
Silbérard. *Als.*, 447.
Silbert. *Prov.*, I, 935.
Sillebon. *Bourg.*, II, 75.
Silguy. *Bret.*, II, 261, 262.
Siliol. *Montp.-Mont.*, 1429.
Sillans. *Al.*, 409, 478.
— *Caen*, 132.
Sillard. *Bret.*, I, 889.
Sillat. *Lyon*, 124.
Sillegues. *Béarn*, 122.
Siller. *Als.*, 717.

Silleron. *Bourges*, 453.
Sillet (du). *Bourg.*, I, 552, 930.
Silleur (le). *Al.*, 250, 251.
— *Tours*, 1120, 1121.
Silli. *Rouen*, 1159.
Sillimant. *Bourg.*, I, 11.
Sillol. *Dauph.*, 320.
Silly. *Orl.*, 348.
— *Als.*, 211.
Silva. *Guy.*, 133, 909, 1143, 1145.
— *Prov.*, II, 390.
Silvabelle. *Prov.*, II, 373.
Silvecanne. *Lyon*, 23.
— *Montp.-Mont.*, 55.
— *Par.*, II, 323, 604.
— *Prov.*, I, 449, 910, 939.
— *Prov.*, II, 582, 139.
Silvestre. *Bourg.*, II, 571.
— *Bret.*, II, 505.
— *Dauph.*, 560, 567, 568.
— *Guy.*, 1020.
— *Lyon*, 1024.
— *Par.*, I, 514.
— *Prov.*, II, 37, 607, 608.
Silvi. *Prov.*, I, 777, 884, 933, 982, 992, 1008, 1107.
— *Prov.*, II, 240, 248, 276, 307, 548, 650, 662.
Simandi. *Toul.-Mont.*, 1182.
Simard. *Orl.*, 745, 755.
Simart. *Bourg.*, I, 1042, 1140.
— *Guy.*, 799, 1011.
Simay. *Prov.*, I, 962.
Simcon. *Prov.*, I, 745.
Siméon. *Lorr.*, 122.
— *Lyon*, 808.
Simfray. *Par.*, III, 358.
Simian. *Dauph*, 591.
— *Montp.-Mont.*, 344.
— *Prov.*, I, 749, 1052, 1276.
— *Prov.*, II, 516, 351.
Simiane. *Dauph.*, 9, 136, 195, 329, 330.
— *Montp.-Mont.*, 578.
— *Par.*, I, 71, 239.
Simianne. *Prov.*, I, 718, 914, 1023, 1028. M.
Simion. *Prov.*, I, 950.
Simionis. *Prov.*, I, 992, 993.
Simiot. *Prov.*, I, 477, 1009.
Simon. *Al.*, 324, 568, 827, 906, 1098.
— *Als.*, 201, 206, 394, 575, 681, 1004.
— *Bourges*, 376.
— *Bourg.*, I, 57, 87, 321, 334, 471, 962, 1179.

Soulés. *Guy.*, 849.

Soulet. *Bourges*, 283, 284.

— *Par.*, I, 597, 1006, 1236.

— *Par.*, II, 663.

— *Par.*, III, 241.

— *Poit.*, 1144.

Souliagou. *Toul.-Mont.*, 974.

Soulié. *Toul.-Mont.*, 87, 501, 1280, 1292, 1302, 1314, 1328.

Soulier. *Auv.*, 363.

— *Montp.-Mont.*, 200, 440, 1326.

Soulier (du). *Poit.*, 403, 545, 723, 1420.

Souliers. *Par.*, II, 516, 1089.

— *Prov.*, II, 355, 599.

Soullac. *Guy.*, 432.

Soullaud. *Poit.*, 1276.

Soulle (du). *Poit.*, 1486.

Soullebien. *Caen*, 763.

Soulliat. *Guy.*, 1093.

Soullier (du). *Guy.*, 866.

Souillière. *Guy.*, 655.

Soulliles. *Prov.*, I, 695.

Soulmare. *Rouen*, 821.

Soulmontier. *Par.*, III, 378.

Souloise. *Lim.*, 172.

Soulon. *Guy.*, 37.

Soulot. *Rouen*, 851.

Soulz. *Als.*, 66. V.

— *Béarn*, 36.

Soumac. *Champ.*, 344.

Soumard. *Caen*, 677.

Soumart. *Bourges*, 456.

Soumart (de). *La Roch.*, 99.

Souner. *Als.*, 376.

Soupat (du). *Als.*, 134.

Soupetz (de). *Montp.-Mont.*, 1109.

Souplet. *Fland.*, 1171.

— *Par.*, IV, 808.

Sourbie. *Montp.-Mont.*, 1427.

Sourbière. *Montp.-Mont.*, 1429.

Sourbromie. *Als.*, 1090.

Sourd (le). *Bourg.*, II, 160.

— *Par.*, I, 1226.

— *Par.*, II, 484, 849.

— *Par.*, III, 132.

— *Tours*, 1387, 1400.

Sourdeau. *Fland.*, 263.

— *Poit.*, 1350.

— *Tours*, 1004.

Sourdeval. *Rouen*, 823.

Sourdille. *Tours*, 423, 440.

Sourdis. *Toul.-Mont.*, 1046, 1047, 1055, 1062, 1070.

Sourdon. *Rouen*, 885.

Sourgeon. *Prov.*, I, 1163.

Souriteau. *Poit.*, 527, 1446.

Sourse. *Prov.*, I, 368.

Soursin. *Prov.*, I, 630.

Souslefour. *Par.*, IV, 248.

Souslemontier. *Par.*, IV, 3, 12.

Sousmain. *Tours*, 811.

Sousmarmont. *Par.*, IV, 796.

Soussai (de). *Tours*, 322.

Sousselier. *Bourg.*, I, 338.

— *Bourg.*, II, 77, 82.

Sousset. *Poit.*, 1479.

Sousson (de). *Tours*, 347.

Soustre. *Lim.*, 479.

Sout. *Par.*, II, 673.

Soutag. *Als.*, 575, 879.

Souterene. *Toul.-Mont.*, 16.

Soutouli. *Toul.-Mont.*, 1188.

Soutter. *Fland.*, 236.

Souveille. *Toul.-Mont.*, 1267.

Souverainpré. *Als.*, 436.

Souvert. *Bourg.*, I, 325.

— *Bourg.*, II, 86.

Souvigeon. *Auv.*, 395.

Souvigné. *Tours*, 317.

Souvigni. *Al.*, 30, 559, 768.

Souvigny. *Poit.*, 901.

Souville. *Poit.*, 1222.

Souvré. *Al.*, 211.

— *Par.*, II, 737.

Souvroulhe. *Toul.-Mont.*, 411.

Souy. *Par.*, IV, 806.

Souzelles. *Tours*, 300.

Soyer. *Par.*, II, 67.

— *Pic.*, 609, 706.

— *Poit.*, 784, 1300.

— *Rouen*, 548.

Soyeret. *Bourg.*, II, 269.

Spag. *Als.*, 582.

Spaldin. *Fland.*, 190.

Spanheim. *Par.*, II, 998.

Spannat. *Fland.*, 469.

Spans. *Prov.*, II, 373.

Sparron. *Lyon*, 557.

Spart. *Als.*, 1090.

Spech. *Als.*, 335.

Spechardt. *Als.*, 481.

Speindler. *Als.*, 649.

Spellebout. *Fland.*, 713.

Spendon. *Par.*, III, 386.

Sperelli. *Prov.*, I, 630.

Spierre. *Fland.*, 1123.

Spifame. *Par.*, I, 398.

Spillard. *Fland.*, 1088.

Spilleben. *Fland.*, 1100.

Spilman. *Als.*, 286, 442, 460, 644.

Spineinsfeldt. *Als.*, 1086.

Sublet. *Rouen*, 1324, 1330.
Subligeau. *Fland.*, 1016.
— *Tours*, 833, 1052.
Subra. *Toul.-Mont.*, 404.
Subrecasse. *Toul.-Mont.*, 1299.
Subsol. *Toul.-Mont.*, 737.
Subtil. *Caen*, 719.
— *Par.*, I, 964.
— *Par.*, II, 1152.
Suc (de). *Toul.-Mont.*, 730.
Succa (de). *Fland.*, 317.
Succard. *Montp.-Mont.*, 824, 832.
Suchet. *Prov.*, I, 107, 923, 924, 950.
Suchon. *Orl.*, 429.
Sucre (de). *Fland.*, 264, 280, 321, 960.
Sucy. *Als.*, 188, 189.
Sudel. *Pic.*, 22.
Suderie (la). *Montp.-Mont.*, 1125.
Sudre. *Auv.*, 354.
— *Guy.*, 801.
— *Montp.-Mont.*, 774.
Sudregauzi. *Toul.-Mont.*, 220.
Sudriac. *Montp.-Mont.*, 1032.
— *Toul.-Mont.*, 1221.
Sudrie (la). *Lim.*, 129.
— *Toul.-Mont.*, 1021, 1038.
Suduirand. *Lyon*, 284, 710, 903.
Sueil (du). *Prov.*, I, 1158.
Suelling. *Fland.*, 209.
Suère (de). *Toul.-Mont.*, 1187, 1221, 1494.
Suetin. *Par.*, II, 62.
Sueur (le). *Al.*, 208, 477, 574.
— *Caen*, 6, 82, 83, 145, 169, 415, 459, 599, 605, 651.
— *Orl.*, 181.
— *Par.*, I, 254.
— *Pic.*, 847.
— *Rouen*, 459, 488, 723, 750, 794, 1285.
— *Soiss.*, 401, 686, 759, 848.
Suffize. *Dauph.*, 347.
— *Montp.-Mont.*, 448.
Suffren. *Prov.*, I, 385.
— *Prov.*, II, 2, 11.
Suffret. *Prov.*, I, 1319, 1320, 1321.
Suger. *Als.*, 83.
— *Champ.*, 83, 142, 525.
Sugni. *Soiss.*, 198.
Sugy. *Par.*, III, 524.
Suhard. *Caen*, 10, 13, 19, 27, 32, 35, 37, 423, 683.
— *Rouen*, 22, 770.
— *Tours*, 918, 1384.
Suhart. *Al.*, 1237, 1251.

Suidre. *La Roch.*, 320.
Suidreau. *Bourg.*, I, 4.
Suillac. *Prov.*, I, 431.
Suing. *Fland.*, 1262.
Suiragol. *Montp.-Mont.*, 610.
Suirot. 92, 145, 148, 153, 155, 223, 347, 595, 1082, 1125, 1166.
— *Tours*, 532.
Suisse. *Als.*, 657.
Suit (St-). *Pic.*, 376.
Sullin. *Par.*, III, 372.
Sully. *Par.*, II, 600.
Sulmare. *Rouen*, 827, 846.
Sulpice. *Par.*, II, 1014.
Sulpice (St-). *Poit.*, 1471.
Sunaron. *Prov.*, II, 776.
Suneon. *Prov.*, II, 783.
Supeley (St-). *La Roch.*, 209.
Superi (St-). *Toul.-Mont.*, 971.
Supernielle. *Béarn*, 132.
Suplet (St-). *Rouen*, 44.
Suplici. *Toul.-Mont.*, 162.
Surant. *Poit.*, 408.
Surat. *Par.*, I, 1163.
— *Par.*, III, 479.
Surblé. *Caen*, 453.
Sureau. *Par.*, III, 124.
— *Poit.*, 557, 1494.
— *Soiss.*, 344.
Suret. *Als.*, 594.
Surget. *Bourg.*, I, 560.
— *Caen*, 735.
Surguier. *Guy.*, 1170.
Surian. *Prov.*, I, 470, 765, 1025.
Surieu. *Dauph.*, 263.
Surin. *Caen*, 20.
— *Vers.*, 23.
Surlandet (de). *Tours*, 271.
Surle. *Prov.*, I, 614.
Surlemont. *Orl.*, 699.
Surmain. *Bourg.*, I, 342, 343.
— *Bourg.*, II, 80.
Surmon. *Bourg.*, I, 843.
Surmont. *Al.*, 267, 973, 1024, 1104, 1252.
— *Fland.*, 65, 91, 104, 140, 317, 529.
Surnel. *Par.*, I, 381.
Surney. *Par.*, II, 12.
Surques (de). *Fland.*, 414, 421, 840, 976.
Surrat (de). *Pic.*, 215.
Surtainville. *Caen*, 308.
Surville. *Dauph.*, 67, 98.
— *Montp.-Mont.*, 1246.
— *Par.*, 1174.
Survodi. *Prov.*, II, 797.

Susanne. *Rouen*, 3, 98, 210, 216, 232, 233, 1074.
Sussat, *Guy.*, 860.
Sussaye (de). *Bret.*, II, 335.
Sust (de). *Prov.*, II, 794.
Sustros. *Prov.*, II, 786.
Sutaine. *Champ.*, 690.
Suter. *Als.*, 166.
Sutton. *Prov.*, I, 818.
Suty. *Bourg.*, I, 699.

Suys (de). *Lorr.*, 369.
Suzanne. *Prov.*, 289.
Suzanneau. *Poit.*, 616, 1269.
Suzannet. *Poit.*, 183, 617, 633,1147.
Suzar. *Als.*, 951.
Suze. *Soiss.*, 104, 853.
Suze (la). *Pic.*, 821.
Suzemont. *Lorr.*, 652.
Suzilli. *Tours*, 623.
Suzineau. *Bret.*, II, 477.

T

Tabar. *Al.*, 763.
Tabaret. *Dauph.*, 400.
Tabari. *Pic.*, 505, 509, 522, 532.
— *Soiss.*, 542, 543.
Tabaril. *Al.*, 795.
Tabarin. *Poit.*, 1517.
Tabaut. *Bourges*, 85, 191, 441, 444.
Tabeau. *Par.*, III, 166.
Taboi. *Al.*, 1228.
Tabol. *Prov.*, I, 986.
Taboué. *Par.*, III, 467.
Tabouet. *Bourges*, 127.
Tabour. *Par.*, I, 1253.
— *Prov.*, II, 2, 6.
Tabouret. *Bourg.*, I, 329.
— *Bourg.*, II, 74, 89, 101.
— *Champ.*, 607, 615, 659.
— *Rouen*, 493, 523.
Tabourier. *Orl.*, 608.
Tabourot. *Bourg.*, II, 42.
— *Bourg.*, I, 80, 464, 1242.
Tac (du). *Bret.*, II, 398, 399.
Tache (la). *La Roch.*, 169.
Tachel. *Rouen*, 1395.
Tachereau. *Bret.*, I, 450.
— *Par.*, I, 232, 1110.
— *Poit.*, 896.
— *Tours*, 10, 20, 843, 854, 856, 783, 1410.
Taconnet. *Bourg.*, II, 614.
— *Par.*, III, 269.
— *Par.*, IV, 748.
Tacquet. *Fland.*, 360, 365.
Tadés. *Prov.*, I, 1314.
Taffin. *Fland.*, 22, 906, 974, 996, 1003.
— *Pic.*, 145, 191, 194.
Taffinot. *Bourg.*, I, 80.
Taffoureau. *Par.*, IV, 519, 658.
Taffu. *Orl.*, 768.
— *Tours*, 26, 1240.

Tafignon. *Champ.*, 119.
Tages. *Guy.*, 317.
Taglan. *Als.*, 677.
Tagnier. *Champ.*, 866.
Tagny. *Bourg.*, II, 611.
Tagueret. *Pic.*, 727.
Tahureau. *Tours*, 269.
Taignier. *Al.*, 618.
— *Tours*, 386.
Taignou. *Fland.*, 880.
Tailland. *Montp.-Mont.*, 1437.
Taillanderie (la). *La Roch.*, 177.
Taillandier. *Als.*, 301.
— *Auv.*, 447.
— *Lyon*, 365, 653.
— *Par.*, II, 210, 302.
— *Rouen*, 818.
Taillandiers. *Poit.*, 549. *Communauté.*
Taillant. *La Roch.*, 413.
Taillard. *Bourg.*, I, 1061.
— *Bret.*, II, 1041.
— *Par.*, II, 99.
— *Par.*, IV, 568.
Taillardat. *Auv.*, 387.
Taillardouire. *Prov.*, I, 1402.
Taillart. *Bret.*, I, 604, 609, 620.
Taillas (de). *Prov.*, II, 484.
Taillasson. *Toul.-Mont.*, 500.
Taille (la). *Orl.*, 286, 289, 296, 297, 983, 1023.
— *Par.*, II, 929.
— *Poit.*, 167, 1125.
Taillebot. *Par.*, II, 85.
— *Rouen*, 248, 258, 260, 268, 927.
Taillefer. *Bret.*, II, 997.
— *Caen*, 524.
— *Guy.*, 582, 648, 654, 992, 1080, 1081, 1175.
— *Poit.*, 374, 1245.
— *Toul.-Mont.*, 651, 751.

Testard. *Bret.*, ii, 446, 687.
— *Guy.*, 54, 649, 920.
— *Par.*, i, 308 (?), 1310.
— *Tours*, 503, 879.
Testart. *Champ.*, 795.
— *Lim.*, 2.
—• *Par.*, iii, 481.
— *Par.*, iv, 219.
— *Soiss.*, 162.
Testas. *Fland.*, 1384.
— *Guy.*, 826, 912, 1043.
Testat. *Lyon*, 931.
Testaut. *Lim.*, 429.
Teste. *Bourg.*, i, 950.
— *Lyon*, 659, 959.
Testebout. *Par.*, ii, 60, 104, 105.
Testefolle. *Poit.*,, 647.
Testefort. *Bourg.*, ii, 363.
— *Par.*, i, 761.
Testenoire. *Bourg.*, ii, 349.
— *Lyon*, 784.
Testonnat. *Prov.*, i, 35.
Testori. *Prov.*, ii, 529.
Testory. *Toul.-Mont.*, 495.
Testot. *Bourg.*, i, 167.
Testu. *Als.*, 730.
— *Fland.*, 1031.
— *Montp.-Mont.*, 1182.
— *Par.*, i, 886, 1082, 1180.
— *Par.*, iv, 250, 567.
— *Pic.*, 610.
— *Soiss.*, 305.
— *Tours*, 29.
Testu (le). *Caen*, 647.
— *Bret.*, i, 753.
— *Rouen*, 876.
Te'ard. *Par.*, ii, 1147.
Tétard. *Prov.*, i, 151.
Tétel. *Champ.*, 109, 134, 374.
Teterel. *Rouen*, 559, 578.
Tetin. *Prov.*, i, 698.
Tetten. *Fland.*, 1246.
Teuftel (de). *Pic.*, 691.
Teugnot. *Bourg.*, i, 873.
Teuil (du). *Als.*, 119.
Teule (la). *Toul.-Mont.*, 1117.
Teulére (la). *Toul.-Mont.*, 1244.
Teulier. *Toul.-Mont.*, 697, 764, 1025, 1173.
Teulon. *Guy.*, 1040.
Teureau. *Bourg.*, ii, 373.
Teurlot. *Bourg.*, i, 218.
Teuse (de). *Champ.*, 729.
Teutzen. *Lorr.*, 276.
Teuvard. *Orl.*, 945.
Teuvenois. *Bourg.*, ii, 338.

Teuvenon. *Bourg.*, i, 693.
Teux. *Toul.-Mont.*, 1348.
Tévache. *Fland.*, 297.
Tevenau. *Rouen*, 1375.
Teveinier. *La Roch.*, 172.
Tevenin. *La Roch.*, 233.
— *Tours*, 899.
Texandier. *Lim.*, 257, 311, 417.
Texier. *Bourb.*, 351, 524, 525.
— *Bret.*, ii, 1040, 1074.
— *Dauph.*, 477.
— *Guy.*, 169, 397, 1120.
— *Lim.*, 363.
— *Montp.-Mont.*, 266.
— *Orl.*, 86, 114, 209, 500, 544, 618, 620.
— *Par.*, i, 1171, 1257.
— *Par.*, ii, 1133, 1214, 1220.
— *Poit.*, 18, 48, 85, 103, 429, 430, 431, 456, 460, 505, 776, 984, 1004, 1070, 1077, 1139, 1169, 1202, 1213, 1314, 1328, 1363.
— *Soiss.*, 171.
— *Vers.*, 270.
Texier (le). *Bourg.*, i, 200.
— *Bret.*, i, 162.
— *Par.*, iii, 127.
Texier d'Hautefeuille. *Lorr.*, 250.
Texiéres. *Lim.*, 123.
Textor. *Als.*, 915.
Textoris. *Auv.*, 531, 545, 561.
Tezé. *Tours*, 918.
Tezenet. *Prov.*, i, 1395.
Thainet. *Lyon*, 263.
Thais. *Bourges*, 139, 143.
— *Par.*, i, 924.
Thais de la Tour. *Lorr.*, 206.
Thalour. *Tours*, 934.
Thanne. *Als.*, 91. V.
Tharin. *Bourg.*, i, 595, 626.
Thaumas. *Bourges*, 15, 117, 407. V. Thomas.
Thaye. *Orl.*, 786.
— *Tours*, 749.
Théard. *Tours*, 558, 1193.
Théas. *Prov.*, i, 213, 214, 237, 1382.
Theaudrie. *Poit.*, 777.
Théault. *Bourges*, 257.
Thébaudin. *Tours*, 1101.
Thébault. *Bourges*, 413, 473.
— *Bret.*, i, 406, 621.
Thébaut. *Bret.*, ii, 376, 385, 849, 1088.
— *Poit.*, 117, 150, 160.
Thébert. *Tours*, 1175.
Theis. *Dauph.*, 409.

Thiraud. *Prov.*, II, 9.
Thiraut. *Al.*, 1105.
Thire (de). *Caen*, 732.
Thirel. *Par.*, I, 1165.
— *Par.*, II, 135.
Thiri. *La Roch.*, 300.
Thiriat. *Par.*, IV, 337.
Thiriet. *Lorr.*, 289, 294, 295, 472.
Thirion. *Lorr.*, 637.
— *Orl.*, 740.
Thiron. *Al.*, 839.
— *Lim.*, 362.
Thirou (du). *Al.*, 245.
Thiroux *Bourg.*, II, 180, 614.
— *Par.*, I, 1081.
— *Pic.*, 686.
Thisson. *Als.*, 409.
Thisy. *Lyon*, 973. V.
Thiville. *Orl.*, 218, 526.
Thoard. *Prov.*, I, 774.
Thobris. *Pic.*, 725, 726.
Thoinard. *Orl.*, 314, 317, 333, 346, 348.
Thois (du). *Bret.*, II, 50.
Thoisy. *Bourg.*, I, 149.
— *Bourg.*, II, 232, 238.
Thollet. *Orl.*, 271.
Thollon. *Prov.*, II, 500.
Tholomé. *Lyon*, 36, 225.
Tholssac. *Caen*, 438.
Tholozan. *Dauph.*, 114, 170, 518, 566.
Thoman. *Als.*, 869, 885.
Thomas. *Al.*, 1050.
— *Als.*, 951.
— *Auv.*, 157, 455.
— *Bourb.*, 386, 437.
— *Bourges*, 138, 241, 257, 393, 408.
— *Bourg.*, I, 31, 42, 52, 325, 1283.
— *Bourg.*, II, 26, 52, 60, 174, 507, 553.
— *Bret.*, I, 120, 420, 587, 596, 600, 625, 930, 966.
— *Bret.*, II, 457, 464, 583, 584, 838, 839, 840.
— *Caen*, 76, 75, 103, 115, 296, 313, 446, 729, 749.
— *Champ.*, 674, 719, 877.
— *Dauph.*, 43.
— *Fland.*, 875, 1351.
— *Guy.*, 136.
— *Lim.*, 54, 65, 68, 79, 270.
— *Lorr.*, 533, 597, 652.
— *Lyon*, 524, 614, 659, 675, 685, 771, 939.
— *Montp.-Mont.*, 410, 486, 805, 1339.

— *Par.*, I, 521, 535, 1011, 1035, 1122, 1310.
— *Par.*, II, 213, 221, 258, 547, 549.
— *Par.*, III, 262, 386, 526, 531.
— *Par.*, IV, 281.
— *Poit.*, 66, 106, 251, 337, 494, 1182, 1185, 1478.
— *Prov.*, I, 6, 8, 63, 82, 99, 173, 378, 390.
— *Prov.*, II, 32, 44, 247, 283, 391, 441, 582, 602, 752, 753.
— *La Roch.*, 135, 199, 227, 317, 362, 363.
— *Rouen*, 68, 272, 406, 492, 507, 546, 718, 849, 1326, 1362.
— *Soiss.*, 257, 730.
— *Tours*, 77, 89, 129, 845, 1274, 1338.
— *Toul.-Mont.*, 153, 218, 567, 906, 915, 916.
— *Vers.*, 52.
Thomas (St-). *Fland.*, 1441.
— *Lorr.*, 63.
Thomasseau. *Par.*, III, 427.
— *Poit.*, 1085, 1230, 1289.
— *Tours*, 936, 1512.
— *Bret.*, II, 316, 448.
Thomasset. *Poit.*, 240, 243, 374, 1248.
Thomassi. *Prov.*, II, 151.
Thomassière (la). *Lyon*, 370.
Thomassin. *Bourg.*, I, 638.
— *Bourg.*, II, 216, 614.
— *Champ.*, 176, 293.
— *Fland.*, 20.
— *Lorr.*, 18, 19, 20, 123, 162, 344, 437, 542.
— *Par.*, I, 1174.
— *Par.*, II, 189.
— *Prov.*, I, 318, 381, 429, 439, 449, 568, 620, 681, 893, 896, 983, 1023.
— *Vers.*, 16.
Thomassy. *Bourg.*, I, 565.
— *Montp.-Mont.*, 314.
Thomé. *Bret.*, I, 33.
— *Dauph.*, 14, 133.
— *Lyon*, 11, 17, 20, 24, 51, 109, 144, 161, 521, 554, 830.
— *Montp.-Mont.*, 429.
— *Par.*, II, 650, 843, 917.
— *Par.*, IV, 92.
— *Prov.*, I, 1348.
— *Prov.*, II, 607.
Thomer. *Par.*, II, 874.
Thomier. *Lim.*, 362.
Thomin. *Als.*, 530.
— *Par.*, I, 481, 1077, 1309.

Thon (du). *Caen*, 140, 492, 615.
Thonbareau. *Prov.*, ii, 530.
Thoni. *Al.*, 902.
Thonier. *Par.*, i, 1169.
Thonneins. *Guy.*, 1133, 1134.
Thoos. *Fland.*, 674.
Thopie. *Prov.*, ii. 330.
Thorame. *Prov.*, i, 947.
Thore. *Guy.*, 398.
Thoré. *Lorr.*, 664.
— *Par.*, iii, 280, 306.
Thoreau. *Bourg.*, ii, 31, 109.
— *Bret.*, i, 560.
— *Orl.*, 683.
— *Poit.*, 25, 38, 67, 327, 584, 826.
Thorel. *Bourg.*, ii, 50.
— *Lorr.*, 395, 600, 664.
— *Lyon*, 106.
— *Rouen*, 7, 33, 481, 767, 1151, 1164.
Thori. *Tours*, 1510, 1515.
Thorigné. *Poit.*, 568.
Thorin. *Orl.*, 677, 1004.
— *Poit.*, 822, 1507, 1518.
Thoron. *Par.*, i, 825.
— *Prov.*, i, 138, 338, 429, 491, 551, 846.
Thorot. *Bourg.*, i, 865.
Thory. *Orl.*, 335.
Thosse (de). *Pic.*, 331, 811.
Thou (de). *Bourges*, 15.
— *Bourg.*, i, 1011.
— *Par.*, ii, 309, 1167.
Thouair. *Caen*, 733.
Thouand. *Montp.-Mont.*, 131.
Thouard. *Orl.*, 456.
— *Poit.*, 982.
— *Prov.*, ii, 360.
Thouars. *Poit.*, 269, 1309, 1423. V.
Thouars (de). *Champ.*, 792.
Thouï. *Toul.-Mont.*, 1483.
Thouin. *Par.*, iii, 460.
— *Poit.*, 457, 1085.
Thouldet. *Prov.*, i, 804.
Thouret. *Par.*, ii, 406.
— *Par.*, iv, 550.
Thouri. *Al.*, 1163.
Thouron. *Par.*, i. 1262.
— *Prov.*, ii, 182.
Thouzeau. *Par.*, ii, 485.
Thouzé. *Tours*, 1261.
Thouvenin. *Bret.*, ii, 448.
Thouvant. *Bourg.*, ii, 300.
Thuault. *Orl.*, 551.
Thubeauville. *Pic.*, 304, 830.
Thubière. *Montp.-Mont.*, 295, 298.
Thubières. *Par.*, iii, 93, 100.

Thubines. *Toul.-Mont.*, 290.
Thuet. *Par.*, ii, 922.
Thuilleau. *Par.*, i, 729.
Thuillier. *Orl.*, 813.
— *Par.*, ii, 653.
— *La Roch.*, 410.
— *Soiss.*, 240, 609.
Thuinot. *Bourg.*, i, 871.
— *Par.*, ii, 85.
Thuit. *Rouen*, 782.
Thumeri. *Lorr.*, 183, 295.
— *Rouen*, 310.
Thuneron. *Prov.*, ii, 783.
Thumery. *Par.*, i, 906.
— *Par.*, ii, 205, 388.
Thunin. *Prov.*, i, 1457.
Thuot. *Bourg.*, ii, 365.
— *Par.*, iv, 572.
Thureau. *Par.*, ii, 403.
Thuret. *Al.*, 230, 450, 1145.
Thuri. *La Roch.*, 73.
Thurin. *Par.*, ii, 96.
Thurotte. *Pic.*, 708.
Thuveigni. *Champ.*, 669.
Tiadet. *Bourg.*, i, 1150.
Tianges (des). *Bret.*, ii, 542.
Tiard. *Prov.*, ii, 319.
Tibaud. *Tours*, 1134, 1139.
Tibaudière (la). *Tours*, 94, 885.
Tibaudot. *Par.*, i, 821.
Tibaudrie (la). *La Roch.*, 217.
Tibère. *Lorr.*, 539.
Tibergeau. *Tours*, 249.
Tichedor. *Toul.-Mont.*, 1488, 1489.
Ticquet. *Par.*, i, 531, 673, 1020, 1071.
— *Par.*, iv, 132.
Ticquette. *Pic.*, 394, 694, 699.
Tiebefon. *Lim.*, 182.
Tiébessé. *Guy.*, 260.
Tieffroi. *Rouen*, 860.
Tiéfou. *Fland.*, 290.
Tiefry. *Fland.*, 985.
Tieis. *Toul.-Mont.*, 859.
Tienne. *Bourg.*, i, 434.
Tierce. *Par.*, iii, 145.
— *Rouen*, 74, 822.
Tiercelet. *Champ.*, 162.
— *Par.*, ii, 247.
— *Par.*, iii, 116.
Tiercelin. *Al.*, 275, 276, 1023, 1129.
— *Bourb.*, 133.
— *Bret.*, ii, 338.
— *Pic.*, 300.
— *Poit.*, 283.
Tierou. *Fland.*, 872.

Tiers (du). *Poit.*, 71.
Tierse. *Prov.*, II, 763.
Tiersonnier. *Par.*, IV, 130, 136.
Tiersot. *Bourg.*, II, 367.
Tiessé. *Rouen*, 867, 907.
Tieuloy (de). *Montp.-Mont.*, 1310, 1340.
Tiffaine. *Fland.*, 30.
Tiffaud. *Toul.-Mont.*, 128, 143.
Tiffenin. *Poit.*, 559.
Tiffon. *Lyon*, 143, 654, 674.
— *Toul.-Mont.*, 875.
Tiffomeau. *Poit.*, 1212.
Tiffonnet. *Par.*, III, 188.
Tige. *Lorr.*, 482.
Tiger. *Tours*, 1159.
Tigné. *Tours*, 613.
Tihévery. *Guy.*, 883.
Til (de). *Béarn*, 114
Til (du). *Guy.*, 687.
— *Lyon*, 214, 215, 925.
— *Montp.-Mont.*, 318.
— *Toul.-Mont.*, 152, 196.
Tilhac. *Toul.-Mont.*, 1244.
Tilhart. *Orl.*, 1016.
Tilhaut. *Guy.*, 111, 911.
Tilbol. *Guy.*, 907.
— *Toul.-Mont.*, 160.
Tillard. *Lyon*, 1036.
Tilleste. *Pic.*, 239, 246, 274, 275, 295, 254, 425, 452, 453, 473, 750.
Tillet de Motart. *Pic.*, 35.
Tillet (du). *Al.*, 79.
— *Guy.*, 134, 1132.
— *Lim.*, 359.
— *Montp.-Mont.*, 1107.
— *Par.*, I, 773, 909, 982, 1030.
— *Par.*, II, 275, 547.
— *Par.*, IV, 75, 455.
— *Poit.*, 651.
— *Toul.-Mont.*, 252, 1015.
Tilleul (du). *Rouen*, 317.
Tilli. *Al.*, 114, 297, 1201, 1243.
— *Caen*, 315.
— *Lorr.*, 475.
— *Rouen*, 378, 408, 441, 533, 1357.
Tellier (le). *Poit.*, 427.
Tillieu (du). *Par.*, I, 852.
Tilloi (du). *Champ.*, 737.
— *Pic.*, 583.
Tillois. *Bourges*, 276.
Tillon. *Lorr.*, 471.
Tilloy (du). *Fland.*, 197.
Tilly. *Bret.*, II, 704, 1028.
— *Par.*, IV, 396.
Tilorier. *Par.*, III, 370.

— *Soiss.*, 315.
Timbrune. *Guy.*, 680.
— *Toul.-Mont.*, 950, 1407.
Timerais. *Al.*, 1078.
Timon. *Prov.*, I, 637.
Timonet. *Bourg.*, I, 1183.
Timont. *Lyon*, 650, 940.
Tinarage. *Toul.-Mont.*, 348.
Tinardy. *Montp.-Mont.*, 275.
Tinel. *Guy.*, 693.
— *Montp.-Mont.*, 808.
Tinellis. *Prov.*, II, 83.
Tinelly. *Montp.-Mont.*, 540, 938.
Tinent. *Al.*, 321, 322.
Tinguy. *Poit.*, 630, 684, 685, 737, 738, 1248.
Tinseau. *Bourg.*, I, 597.
Tintiniac. *Bret.*, I, 212, 363, 842.
Tiossays. *Bret.*, II, 837, 845.
Tiphaine. *Par.*, III, 361.
Tiquerville. *Rouen*, 1218.
Tiquet. *Par.*, II, 514.
Tiran. *Prov.*, I, 485, 623, 613, 1083, 1231.
Tiranni. *Prov.*, I, 321.
Tirani. *Toul.-Mont.*, 502.
Tirant. *Par.*, III, 496.
— *Poit.*, 1019.
Tirant (le). *Orl.*, 136.
Tiraqueau. *Par.*, II, 1126.
— *Poit.*, 117.
Tirard. *Lorr.*, 310.
— *Par.*, III, 490.
Tircuir. *Lyon*, 215.
Tiré. *Poit.*, 914.
Tirefort. *Bret.*, I, 653, 654.
— *Toul.-Mont.*, 544.
Tirel. *Al.*, 627.
— *Als.*, 956.
— *Bret.*, II, 400, 558, 559.
— *Caen*, 558.
— *Rouen*, 110, 286, 1227.
Tirel (du). *Als.*, 119.
— *Tours*, 219.
Tiremant. *Par.*, I, 530.
Tirement. *Champ.*, 606, 624,
Tirmois. *Al.*, 4, 8, 25, 44, 54, 184, 477, 532, 548, 564, 581, 785, 1042, 1172, 1174.
Tiremois. *Par.*, I, 520.
— *Rouen*, 593, 650, 688.
Tiremon. *Guy.*, 1123.
Tiret. *Bourg.*, I, 1141.
— *Par.*, III, 292.
Tirment. *Par.*, III, 118, 274, 401.
Tirmont. *Par.*, II, 576.

Tirode. *Bourg.*, i, 1168.
Tiron. *Par.*, iii, 290,
— *Rouen*, 729, 817.
Tirot. *Bret.*, ii, 1029.
Tiroux. *Bourg.*, i, 269, 272, 274.
Tisnard. *La Roch.*, 66.
Tisné (du) *Par.*, i, 261.
Tison. *Par.*, ii, 241.
— *Poit.*, 466.
— *La Roch.*, 112.
— *Rouen*, 278.
Tissandier. *Auv.*, 55, 582.
— *Bourb.*, 514.
— *Toul.-Mont.*, 263, 589, 989.
Tissannier. *Toul.-Mont.*, 618, 625.
Tissard. *Soiss.*, 558.
Tissart. *Orl.*, 810.
— *Par.*, ii, 814.
— *Vers.*, 57.
Tissenei. *Guy.*, 829.
Tisserand. *Bourg.*, i, 346, 610.
— *Bourg.*, ii, 49, 505, 509.
— *Champ.*, 200.
Tisserands de Marville (les). *Lorr.*,
   672. *Communauté.*
— de Metz. *Lorr.*, 393.
— de Luxembourg. *Lorr.*, 684.
— de Rembervilliers. *Lorr.*, 686.
— de Th onville. *Lorr.*, 689.
— de Toul. *Lorr.*, 105.
— de Verdun. *Lorr.*, 673.
— de Vic. *Lorr.*, 570.
Tisserans. *Poit.*, 344, *Communauté.*
   398, 544, 552, 568, 809, 861, 931.
Tisserant. *Lyon*, 938.
— *Par.*, ii, 233.
— *Par.*, iii, 596.
Tisserant (le). *Par.*, ii, 233.
Tis-eré. *Toul.-Mont.*, 784.
Tisset. *Montp.-Mont.*, 795.
Tisseur. *Lyon*, 178.
Tissier. *Bourges*, 264.
— *Bourg.*, ii, 256, 377.
— *Lorr.*, 184.
— *Prov.*, i, 1455.
Tisson. *La Roch.*, 164.
Tissot. *Bourg.*, i, 1251.
— *Lyon*, 166, 294.
— *Pic.*, 208.
— *Toul.-Mont.*, 589.
Tissu. *Par.*, i, 745.
Titaire. *Rouen*, 260.
Titelouze. *Pic.*, 231.
Titeux. *Champ.*, 508.
Titou. *Par.*, i, 184, 517, 928, 930,
   1019, 1032, 1104.

Tonnac. *Toul.-Mont.*, 993.
Tivolei. *Dauph.*, 166.
Tixier. *Auv.*, 152, 379.
— *Bourb.*, 198.
— *Bourges*, 325, 444.
— *Bourg.*, i, 269.
— *Bret.*, ii, 312.
— *Lyon*, 180.
— *La Roch.*, 349.
— *Vers.*, 212.
Tizon. *Bret.*, i, 245.
— *Bret.*, ii, 772.
— *Lim.*, 75.
Tkint. *Fland.*, 148.
Toc (du). *Par.*, i, 1023.
Tocin. *Par.*, i, 66.
Tocque. *Rouen*, 867.
Tocqué. *Tours*, 985.
Tocquet. *Lyon*, 49, 54.
Tocqueville. *Rouen*, 1090.
Tocquiny. *Lyon*, 835.
Todt. *Als.*, 1046.
Tœil. *Poit.*, 847.
Toiffié. *Prov.*, i, 1448.
Toille (la). *Toul.-Mont.*, 1325,
Toillier (du). *Orl.*, 162.
Toinard. *Par.*, iii, 310.
Toirin. *Bret.*, ii, 1117.
Toison. *Par.*, ii, 981.
Toison (la). *Bourg.*, i, 34, 44, 270,
   275, 311, 318.
— *Bourg.*, ii, 43, 166, 187, 375.
Toit (du). *Fland.*, 104, 158, 570.
Toilot. *Bourg.*, i, 786.
Tolède. *Bourges*, 18.
— *Guy.*, 126.
Tolin. *Lyon*, 537.
Tolincourt. *La Roch.*, 76.
Tollemcr. *Al.*, 292, 444.
— *Rouen*, 214, 323, 334, 1265.
Tolleron. *Par.*, ii, 521.
Tollet. *Al.*, 1049.
— *Rouen*, 933.
Tollon. *Prov.*, i, 1261.
Tollu. *Poit.*, 1411.
Tolosan. *Prov.*, i, 904, 969, 972.
Tolosani. *Toul.-Mont.*, 4.
Tombarelli. *Prov.*, i, 1370.
Tondart. *Lyon*, 556.
Tondeurs (les) de Metz. *Lorr.*, 616.
   Communauté.
Tondu. *Bourges*, 48.
— *Bourg.*, ii, 205.
Tondut. *Montp.-Mont.*, 603.
Tongas. *Montp.-Mont.*, 1449.
Tonion. *Prov.*, i, 1425.

Tonnard. *Dauph.*, 61.

Tonnelier. *Bourb.*, 49, 64, 279, 412, 414, 416, 458, 460, 473.

— *Tours*, 783, 1521.

Tonnelier (le). *Al.*, 1150.

— *Orl.*, 62, 647.

— *Par.*, I, 479, 498, 540, 781, 869, 1213.

— *Par.*, II, 256, 385, 556, 563.

— *Par.*, III, 201, 234, 557, 561.

Tonnelier (le) Breteuil. *Pic.*, 271.

Tonneliers (les) de Metz. *Lorr.*, 243, *Communauté.*

— de Rembervillers. *Lorr.*, 686.

— de Verdun. *Lorr.*, 669.

Tonnemin. *Lorr.*, 54.

Tonnerre. *Par.*, IV, 448.

Tonnetot. *Rouen*, 1242.

Tonnier. *Par.*, II, 1124.

Tonson. *Rouen*, 43, 59, 687, 762.

Top. *Fland.*, 738.

Topin. *Bourg.*, I, 33, 93.

Toquet. *Bourg.*, I, 962.

Toraille. *La Roch.*, 151.

Toran. *Bret.*, I, 921.

Torasse. *Bourges*, 112.

Toraval. *Bret.*, II, 1135.

Torcapel. *Al.*, 771.

Torcat. *Prov.*, I, 820.

Torchard. *Tours*, 356.

Torchart. *Poit.*, 597.

Torchebeuf. *Par.*, IV, 498.

Torchefelon. *Bourg.*, I, 196.

— *Dauph.*, 76, 206.

Torches (de). *Montp.-Mont.*, 140, 1271.

Torchet. *Champ.*, 452, 879.

— *Soiss.*, 142.

Torchon. *Bourges*, 114, 173.

— *Pic.*, 709.

— *Tours*, 550.

Torci. *Champ.*, 226.

— *Rouen*, 208, 455, 866, 1233.

Torcol (le). *Bret.*, I, 359.

Torcy. *Bourb.*, 87.

— *Bourg.*, II, 261.

— *Par.*, I, 1328.

— *Par.*, II, 1127.

— *Par.*, III, 96.

Torcy (de). *Pic.*, 262.

Tordereau. *Fland.*, 11, 57, 243, 250, 264, 1022.

Tordot. *Bourg.*, II, 345.

Torel. *Bret.*, II, 592.

Torent. *Par.*, III, 319.

Torenti. *Auv.*, 565.

Toret. *Par.*, IV, 347.

Toret (le). *Bourg.*, II, 249.

Torgan. *Montp.-Mont.*, 141.

Torillon. *Toul.-Mont.*, 888.

Torin. *Rouen*, 855.

Toris. *Fland.*, 699.

Tori-son. *Guy.*, 39, 1060.

Tornant (du). *Prov.*, I, 99.

Tornel. *Prov.*, I, 1273.

Tornon. *Par.*, II, 482.

Torpanne. *Tours*, 1019.

Torquetil. *Caen*, 365.

Torre (la). *Fland.*, 213, 302, 1268.

Torrent. *Auv.*, 32.

— *Lyon*, 102.

Torrillon. *Fland.*, 605.

Tors (le). *Bourg.*, I, 158.

— *Par.*, IV, 573.

Torson. *Toul.-Mont.*, 560.

Tort. *Champ.*, 345.

Tort (de). *Toul.-Mont.*, 1436, 1438.

Tort (le). *Al.*, 697.

— *Bret.*, II, 1084, 1102.

— *Tours*, 880.

Tortal. *Dauph.*, 343.

Tortali. *Guy.*, 77, 110, 253.

Tortel. *Prov.*, I, 85, 1226.

Tortereau. *Par.*, I, 612.

Torteval. *Caen*, 603.

Tortillière. *Vers.* 126.

Tortillon. *Auv.*, 477.

Tortouval. *Pic.*, 763.

Tortreau. *Poit.*, 519, 1206.

Toru. *Poit.*, 1361.

Toscano. *Bret.*, I, 880.

Toshé. *Tours*, 868.

Tostes. *Guy.*, 300.

Tosville. *Caen*, 379.

Tot (du). *Caen*, 437.

— *Rouen*, 432, 539, 666.

— *Soiss.*, 591.

Totaillet. *Toul.-Mont.*, 1234.

Touari. *Rouen*, 51.

Touay. *Poit.*, 923.

Toubeau. *Bourges*, 27, 327.

— *Par.*, I, 1226.

Toublanc. *Bret.*, I, 170.

—. *Tours*, 905, 911, 959, 1262.

Toublet. *Bret.*, I, 811.

Toucas. *Montp.-Mont.*, 1291.

— *Prov.*, I, 103, 123.

Touchais. *Bret.*, II, 399.

— *Rouen*, 1094.

— *Tours*, 886.

Touchard. *Guy.*, 629.

— *Lim.*, 426.

— *Par.*, iv, 621.
— *Pic.*, 97, 402, 429, 691.
— *Poit.*, 96, 238, 296, 406, 559, 1156, 1552.
— *Prov.*, i, 471, 552, 650, 842, 954, 1364.
— *Prov.*, ii, 81, 335, 593.
— *La Roch.*, 93, 100.
— *Rouen*, 406.
— *Toul.-Mont.*, 93, 192, 275, 389, 471, 851, 1035, 1037, 1181, 1255, 1270, 1275, 1341, 1463.
— *Vers.*, 67.
Tourailles. *Orl.*, 646.
Touraine. *Bret.*, ii, 34.
— *Caen*, 447, 507.
— *Par.*, i, 1396.
Touraud. *Bourb.*, 21.
Tourbié. *Bourg.*, i, 982.
Tourbeille (la). *Guy.*, 139.
Tourbes. *Montp.-Mont.*, 712.
Tourcet. *Bourb.*, 152.
Tourcoin. *Fland.*, 361. V.
Tourcourpiteau (la). *La Roch.*, 399.
Tourdan. *Toul.-Mont.*, 1259.
Tourdières. *Toul.-Mont.*, 814.
Tourelle (la). *Auv.*, 212.
Touren. *Guy.*, 977.
— *Prov.*, i, 1363.
Touret. *Par.*, i, 1143.
— *Prov.*, ii, 309.
— *Soiss.*, 856.
Tourette. *Lim.*, 422.
— *Par.*, i, 703.
Tourette (la). *Béarn*, 85.
Tourettes (des). *Tours*, 1515.
Tourgois. *Tours*, 1282.
Tourgrise (la). *Al.*, 180.
Touri. *Caen*, 368.
Tourlaville. *Caen*, 2.
Tourmont. *Par.*, i, 941, 1200.
— *Vers.*, 5.
Tournai. *Fland.*, 923 V.
— *Soiss.*, 14.
Tournaire. *Guy.*, 634, 1021.
— *Prov.*, ii, 221.
Tournais. *Montp.-Mont.*, 355, 571.
Tournatoire. *Prov.*, i, 989.
Tournatori. *Prov.*, ii, 321.
Tournaut. *Poit.*, 278.
— *Soiss.*, 847.
Tournay. *Par.*, i, 46, 368.
— *Par.*, iii, 348.
Tourneau. *Par.*, i, 354.
Tourneleu. *Al.*, 32, 810.
Tournebulle. *Champ.*, 223, 228, 884.

— *Lorr.*, 53.
Tournebut. *Caen*, 362, 709.
— *Rouen*, 343.
Tournée. *Tours*, 393.
Tournefort. *Prov.*, i, 942.
Tournel, *Prov.*, i, 1266.
Tourneli. *Al.*, 396, 412.
Tournelle (la). *Bourb.*, 489.
— *Bourg.*, i, 187.
— *Par.*, ii, 987, 1142, 1143, 1144.
— *Par.*, i, 518.
Tournély. *Par.*, i, 42.
Tournemine. *Bret.*, i, 18.
— *Vers.*, 56.
Tournemire. *Auv.*, 84.
— *Orl.*, 883.
— *Toul.-Mout.*, 469, 554, 867, 1071.
Tournemouche. *Bret.*, i, 57.
Tourneporte. *Tours*, 1143.
Tournereau. *Tours*, 8.
Tourneroche. *Lorr.*, 684.
Tourneur (le). *Al.*, 707, 976, 1130.
— *Bret.*, ii, 28, 77, 176, 384, 486.
— *Par.*, i, 558, 649, 720.
— *Par.*, ii, 1245.
— *Par.*, iv, 587.
— *Poit.*, 93, 96, 587, 1425.
— *La Roch.*, 226.
— *Tours*, 950, 1095, 1119.
Tourneurs. *Communauté. Poit.*, 716.
Tourneux (le). *Bret.*, i, 158, 159, 513.
— *Tours*, 551, 886, 895.
Tournezy. *Montp.-Mont.*, 659.
— *Prov.*, i, 685.
Tourni. *Rouen*, 854.
Tournier. *Bourg.*, i, 1279.
— *Guy.*, 1154.
— *Lyon*, 213, 226, 479, 563, 642.
— *Montp.-Mont.*, 857.
— *Par.*, i, 1087.
— *Prov.*, i, 10, 17, 19, 625, 1131, 1209, 1245.
— *Prov.*, ii, 378, 423, 424, 446.
— *Rouen*, 376.
— *Toul.-Mont.*, 128, 444, 720, 842.
— *Tours*, 8, 1370, 1371.
— *Vers.*, 286.
Tournière. *Caen*, 3, 105.
— *Prov.*, i, 865, 1082, 1428.
— *Prov.*, ii, 424, 657.
Tourniol. *Bourb.*, 302, 308, 663.
Tournion. *Rouen*, 1181.
Tournois. *Champ.*, 744.
— *Orl.*, 389.
— *Par.*, iv, 220.

— *Poit.*, 85, 151, 166, 315, 493, 661.

Tusson. *Poit.*, 672, 1061. Rel.

Tusteau. *Poit.*, 1192.

Tutault. *Poit.*, 109, 631.

Tutelle. *Pic.*, 749.

Tuvache. *Rouen*, 788.

Tuxil. *Dauph.*, 564.

Tuyart. *Bret.*, II, 454.

Tuzet. *Prov.*, I, 695.

U

Ubac. *Prov.*, I, 1142.

Ubalde (d'). *Prov.*, I, 565.

Ubelman. *Als.*, 580.

Uberti (d'). *Lorr.*, 40.

Ucel (d'). *Montp.-Mont.*, 1246.

Uche. *Bret.*, II, 437.

Uchon (d'). *Orl.*, 49, 314, 456, 498.

Udalrickopp. *Als.*, 62.

Udin. *Bret.*, I, 901.

Uffles (d'). *Bourg.*, I, 550.

Ugla. *Montp.-Mont.*, 613.

Uguet. *Bret.*, I, 17.

— *Bret.*, II, 109.

Ul. *Als.*, 861.

Ulin. *Als.*, 919, 955.

Ulliac. *Bret.*, II, 419.

Ully (d'). *Soiss.*, 654.

Ulm (d'). *Als.*, 205.

Ulmer. *Als.*, 913.

Ulmes (d'). *Guy.*, 1143.

Ulmes (des). *Bourb.*, 65, 222, 391.

— *Bourges*, 66.

Ulrick. *Als.*, 40, 456, 613, 630, 807, 1041.

Undegau. *Pic.*, 325.

Union chrétienne (l'). *Poit.*, 337. *Relig.*

Union. *Prov.*, I, 1182.

Unoy. *Bret.*, II, 773.

Urai. *Fland.*, 1066.

Urais. *Pic.*, 393, 582.

Uraud. *Prov.*, II, 452.

Uraux. *Fland.*, 164.

Urbain. *Par.*, IV, 175.

— *Tours*, 1472.

Urbelize. *Poit.*, 1061.

Ure (d'). *Par.*, I, 231.

Urevin, *Par.*, I, 918.

Urude. *Prov.*, II. 280.

Urfé. *Vers.*, 199.

Urgoet. *Bret.*, II, 686.

Urgueil. *Toul.-M nt.*, 1253, 1254.

Urideau. *Poit.*, 1098.

Urien. *Bret.*, II, 482.

Uriet. *Poit.*, 1509.

Uriest. *Poit.*, 557.

Urignaud. *Poit.*, 444, 1277, 1399.

Urinte. *Fland.*, 1175.

Urôs (de). *Fland.*, 1101.

Uroy. *Toul.-Mont.*, 626.

Urre (d'). *Dauph.*, 277, 319, 320, 329, 337, 340, 342, 353, 354, 468.

— *Lyon*, 607, 710.

— *Pic.*, 821.

— *Toul.-Mont.*, 311.

Ursand. *Prov.*, II, 829.

Ursin. *Orl.*, 349.

Ursinus. *Als.*, 471.

Urselines (les) de Metz. *Lorr.*, 563. Ouv.

— *Poit.*, 106, 171, 714, 945, 1423.

Ursüel (d'). *Caen*, 248, 258, 263, 267, 310, 445.

Ursy. *Montp.-Mont.* , 309. V. de Chours.

Urtebie (d'). *Guy.*, 376, 377.

Urtebize. *Poit.*, 1090.

Urteux. *Pic.*, 776.

Urtières (d'). *Dauph.*, 407.

Urtis. *Prov.*, I, 806.

Urvoix. *Poit.*, 616.

Urvoy. *Bret.*, I, 126, 594, 600, 625.

— *Bret.*, II, 78.

Ussel (d'). *Auv.*, 220.

— *Bourb.*, 131, 204.

— *Bourges*, 307.

— *Lim.*, 397.

Usson (d'). *Bret.*, I, 280.

— *Montp.-Mont.*, 1070, 1082, 1445.

— *Poit.*, 463.

— *Vers.*, 279.

Uston (d'). *Toul.-Mont.*, 417, 891.

Utre. *Prov.*, II, 48.

Utzman. *Als.*, 342.

Uzard. *Guy.*, 819.

Uzelle (d'). *Par.*, I, 551.

Uzés. *Montp.-Mont.*, 561. **V.**

Uzès. *Guy.*, 803.

Uzille. *Bret.*, I, 377, 589.

V

Va (le). *Tours*, 1515.
Vaas. *Tours*, 1531.
Vaast. *Pic.*, 794.
Vàast (St-). *Fland.*, 291, 292, 284.
— *Par.*, I, 1269.
— *Pic.*, 800.
Vabois. *Par.*, III, 135.
Vabres. *Orl.*, 251.
— *Montp.-Mont.*, 1041, 1518.
— *Toul.-Mont.*, 27, 137, 543.
Vacant. *Lorr.*, 648.
Vacelet. *Bourg.*, I, 531, 926.
Vache. *Guy.*, 1008.
— *Prov.*, II, 497.
Vache (du). *Dauph.*, 54, 121, 209, 255.
Vache (la). *La Roch.*, 36.
— *Rouen*, 496.
Vache (le). *Fland.*, 1184, 1457.
Vaché (le). *La Roch.*, 305.
Vachenc. *Prov.*, I, 487.
Vacher. *Bourges*, 459.
— *Bourg.*, I, 347.
— *Bourg.*, II, 312.
— *Lyon*, 742.
Vacher (le). *Al.*, 1078.
— *Bret.*, II, 560, 1071.
— *Champ.*, 738, 757.
— *Lim.*, 347.
— *Orl.*, 680.
— *Par.*, I, 147, 234, 391, 517, 691, 1202, 1219.
— *Par.*, II, 166, 323.
— *Par.*, III, 563.
— *Tours*, 300, 346, 348, 355, 533, 713, 1084.
Vachère. *Lyon*, 450.
Vachereau. *Par.*, II, 962.
Vaçhères. *Prov.*, II, 629.
Vacherie. *Lim.*, 414.
Vacherie (la). *Poit.*, 1042, 1107.
Vacheron. *Lyon*, 27, 89, 907.
Vacherot. *Bourg.*, II, 358, 556.
— *Par*, III, 344.
Vachet, *Fland.*, 1160.
Vachier. *Auv.*, 56, 71, 286, 431.
— *Bourb.*, 573.
— *Dauph.*, 233, 332.
— *Lyon*, 467.
— *Montp.-Mont.*, 1246.
— *Prov.*, I, 829.

— *Prov.*, II, 114, 138, 551, 578, 627 795, 796.
Vachières (de). *Prov.*, II, 628.
Vachon. *Dauph.*, 8, 26, 56, 151, 173, 187, 247.
— *Lyon*, 370.
Vachonne. *Par.*, IV, 390.
Vaci. *Prov.*, I, 31.
Vacon. *Bret.*, II, 584.
— *Prov.*, I, 107, 151, 401, 907, 1174, 1263.
Vacon. *Prov.*, II, 420.
Vacque. *Prav.*, I, 742.
Vacquerie (la). *Fland.*, 1008.
Vacquet. *Lyon*, 624.
Vacquetière (la). *Al.*, 904.
Vacquette. *Pic.*, 375, 380.
— *Prov.*, I, 1403.
Vasquez. *Toul.-Mont.*, 388, 1409, 1477, 1479.
Vacquier. *Montp.-Mont.*, 875, 907, 1141.
Vadal. *Montp.-Mont.*, 1352.
Vadenay. *Par.*, II, 1256.
Vadier. *Poit.*, 858.
Vaerneuvick. *Fland.*, 429.
Vage (de). *Tours*, 354.
Vageot. *Bourg.*, II, 506.
Vager. *Prov.*, II, 543.
Vaginay. *Lyon*, 45, 234, 314.
Vagnart, *Lorr.*, 667.
Vagnon. *Rouen*, 530.
Vague. *Prov.*, I, 801.
— *Prov.*, II, 269.
Vahaye. *Tours*, 667.
Vahaye (de). *Tours*, 284, 392.
Vaigne (le). *Par.*, I, 1226.
Vaigneur (le). *Rouen*, 363, 368.
Vaignon. *Rouen*, 661.
Vail. *Bret.*, II, 1019.
Vaillac. *Montp.-Mont.*, 5, 1168.
— *Par.*, IV, 506.
— *Toul.-Mont.*, 1083.
Vaillac (de). *Bourges*, 311.
Vaillan. *Lorr.*, 26, 167, 353, 533.
Vaillant. *Al.*, 116, 244, 1128.
— *Bourb.*, 416, 474, 485.
— *Bourges*, 227, 466.
— *Bourg.*, I, 302, 304, 344, 957.
— *Bourg.*, II, 24, 98, 361, 377.
— *Champ.*, 726.

Valleran. *Prov.*, I, 153.
Vallerian. *Prov.*, I, 797.
Valleriol. *Prov.*, II, 85.
Valleroi. *Lorr.*, 456.
Vallerot. *Bourg.*, I, 296.
Vallery. *Bourb.*, 396.
Valles. *Par.*, I, 955, 961, 1013, 1213, 1224.
Valles (de). *Al.*, 949.
Vallet. *Al.*, 630, 801.
— *Auv.*, 373, 314.
— *Bourb.*, 564.
— *Bourg.*, I, 1174, 1179.
— *Bourg.*, II, 504.
— *Bret.*, II, 666, 970.
— *Dauph.*, 394.
— *Lyon*, 389.
— *Orl.*, 493.
— *Par.*, I, 706, 732, 1251.
— *Par.*, II, 240.
— *Pic.*, 648, 730, 846.
— *Poit.*, 484, 562, 596, 1001.
— *Rouen*, 4, 856, 1005.
— *Tours*, 415, 989.
Valleton. *Bret.*, I, 163, 773.
— *Lyon*, 171, 786, 969.
— *Montp.-Mont.*, 1245.
Vallette. *Bourb.*, 288.
— *Par.*, II, 1272.
— *Prov.*, I, 210, 747, 878, 879, 1370.
— *Prov.*, II, 478, 636.
— *Tours*, 616, 1005, 1204.
Valleville. *Prov.*, II, 436.
Vallevier. *Auv.*, 300.
Vallier. *Bourg.*, I, 106, 107, 108, 112.
— *Dauph.*, 237, 566.
— *Guy.*, 255, 1095.
— *Lim.*, 379.
— *Lorr.*, 655.
— *Par.*, I, 224, 445, 800.
— *Prov.*, II, 662.
Vallière. *Par.*, II, 1143.
— *Prov.*, I, 976.
— *Prov.*, II, 686.
Vallière (de). *Tours*, 598, 619.
Vallibour. *Montp.-Mont.*, 12.
Vallin. *Lyon*, 470.
— *Orl.*, 421, 437.
— *Par.*, I, 13, 591.
— *Par.*, II, 680.
— *Par.*, III, 517.
— *Par.*, IV, 556.
Vallins. *Bourg.*, II, 216.
Valliquerville. *Rouen*, 241.
Vallognes. *Caen*, 278. V.
Vallois. *Bret.*, II, 739, 1052.

— *Orl.*, 561, 1005, 1006.
— *Par.*, I, 158, 1077, 1280
— *Par.*, II, 520, 611, 1144, 1207, 1239.
— *Par.*, III, 81, 100.
— *Pic.*, 820, 888.
— *Poit.*, 1338, 1381.
— *Tours*, 170, 1005, 1006, 1021.
— *Vers.*, 247.
Vallois (de). *Bret.*, I, 184.
Vallois (le). *Al.*, 21, 22, 69, 73, 165, 187, 212, 239, 310, 358, 399, 477, 566, 571, 573, 593, 812.
— *Caen*, 37, 100, 103, 155, 415, 422, 462, 649, 663, 744, 792.
— *Rouen*, 155, 549, 684, 887.
Vallon. *Auv.*, 345, 353.
— *Bourg.*, II, 234, 249.
— *Bret.*, II, 577.
— *Par.*, I, 1202.
— *Par.*, II, 5, 999.
— *Par.*, III, 401.
— *Par.*, IV, 127, 132, 136.
— *Prov.*, II, 495.
— *Vers.*, 211.
Valloris. *Pic.*, 642.
Vallot. *Bourb.*, 45.
— *Bourg.*, I, 94, 317, 327, 339.
— *Bourg.*, II, 20, 62, 92.
— *Champ.*, 714.
— *Lyon*, 95, 757.
— *Or.*, 723.
— *Par.*, II, 274, 893.
— *Par.*, III, 85.
Vallou. *Orl.*, 627.
Vallouin. *Lorr.*, 644.
Vally. *Bourg.*, II, 57.
Valmont. *Al.*, 459, 1214.
— *Als.*, 146.
Valoi (du). *Pic.*, 780.
Valois. *Lorr.*, 480.
Valois (de). *Fland.*, 1500.
— *Tours*, 1358.
Valois (le). *Tours*, 388.
Valon. *Bourg.*, I, 38, 41, 89.
— *Champ.*, 749.
Valons. *Soiss.*, 222, 458.
Valory. *Bret.*, II, 213, 214.
— *Fland.*, 377, 423.
Valory (de). *Tours*, 169, 608.
Valorz (de). *Tours*, 757.
Valot. *Poit.*, 167.
Valoux. *Guy.*, 1029.
— *Lyon*, 17, 66, 466, 474, 759.
Valouze. *Vers.*, 209.
Valozière. *Par.*, I, 245.

Vandime. *Rouen*, 28.
Vandiquet. *Fland.*, 1301.
Vandixmude. *Fland.*, 461.
Vandole. *Pic.*, 679.
Vandraghe. *Fland.*, 185.
Vandrebais. *Fland.*, 1164.
Vandrebeck. *Fland.*, 1162.
Vandrecoutre. *Fland.*, 1077.
Vandrefosse. *Fland.*, 1162.
Vandremarle. *Fland.*, 1168.
Vandremoutz. *Als.*, 636.
Vandrenesse. *Fland.*, 1070.
Vandressart. *Fland.*, 1154.
Vands (de). *La Roch.*, 206.
Vanel. *Montp.-Mont.*, 497, 512.
— *Par.*, ii, 282, 432, 675.
Vanel (du). *Pic.*, 631, 635, 757, 760.
Vanelle. *Fland.*, 1129, 1375.
— *Lyon*, 482, 955.
Vanempel. *Fland.*, 717.
Vanerai. *Champ.*, 2.
Vaneuse. *Par.*, ii, 789.
Vangermez. *Fland.*, 73.
Vanghen. *Als.*, 693.
Vangrasier. *Fland.*, 1155.
Vangrol. *Par.*, i, 1125.
Vanheis. *Par.*, i, 345.
Vanheuille. *Fland.*, 1116.
Vanhilsen. *Fland.*, 694.
Vanhorn. *Fland.*, 59.
Vanhoue. *Fland.*, 757, 767.
Vanhoucle. *Fland.*, 1177.
Vanhouque. *Fland.*, 222.
Vanhout. *Fland.*, 221, 966.
Vanhoutte. *Pic.*, 155.
Vanhucmen. *Fland.*, 59.
Vanhulse. *Fland.*, 352.
Vanier. *Bret.*, ii, 392.
— *Par.*, iii, 147.
— *Tours*, 770.
Vanier (le). *Caen*, 786.
— *Tours*, 1201, 1362.
Vaniny. *Lyon*, 116, 514, 717.
Vanjuglante. *Fland.*, 1239.
Vankeulen. *Bret.*, i, 500.
— *Bret.*, ii, 795.
Vanlaer. *Fland.*, 105, 135, 139, 155, 156, 314.
Vanlierde. *Fland.*, 870.
Vanlile. *Fland.*, 1104.
Vanlire. *Fland.*, 471.
Vanloemel. *Pic.*, 207.
Vanmarcke. *Fland.*, 1119.
Vanmuster. *Fland.*, 184.
Vanne (St-). *Lorr.*, 367. *Ab.*
Vannes. *Bret.*, i, 119. V.

Vannes (de). *Poit.*, 1387.
Vannesson. *Bourg.*, i, 1025, 1031.
Vannet. *Als.*, 624.
— *Bourg.*, i, 725, 726.
Vanneur. *Als.*, 1092.
Vannier. *Fland.*, 1461.
— *Orl.*, 963.
Vannieukerele. *Fland.*, 1077.
Vannin. *Als.*, 626.
Vannoise. *Bret.*, ii, 594.
Vannot. *Bourg.*, i, 1170.
Vannoy. *Fland.*, 393, 1122, 1261.
Vanolles. *Par.*, ii, 698.
Vanoptal. *Par.*, i, 1107.
Vanpierre. *Fland.*, 52.
Vanpoelle. *Fland.*, 264.
Vanpouille. *Fland.*, 200.
Vanreminghe. *Fland.*, 1091, 1168, 1169.
Vanricard. *Fland.*, 529.
Vanrode. *Fland.*, 152, 225.
Vanrulen. *Fland.*, 905.
Vansai (de). *Tours*, 279, 283.
Vansassen. *Fland.*, 727.
Vansachore. *Lyon*, 145.
Vantenac. *Guy.*, 813.
Vanthienen. *Fland.*, 55, 135, 139, 140.
Vantier. *La Roch.*, 148.
Vantine. *Fland.*, 795, 956.
Vantran. *Fland.*, 1491.
Vantroux. *Par.*, i, 327.
Vanuelen. *Fland.*, 182, 1073, 1147.
Vanvelesteren. *Fland.*, 463.
Vanvernick. *Fland.*, 1156, 1160.
Vanwesbus. *Fland.*, 114, 167.
Vanwichs. *Fland.*, 228.
Vanzeller. *Fland.*, 346, 1125.
Vaquerel. *Par.*, i, 1170.
Vaquier. *Guy.*, 193, 328, 854.
— *Prov.*, i, 258, 266, 1392.
— *Toul.-Mont.*, 551, 766.
Var (de). *La Roch.*, 332.
Varachaut. *Lim.*, 122.
Varade. *Par.*, iv, 463.
Varadier. *Prov.*, ii, 85.
Varage. *Prov.*, i, 606, 1358.
Varages. *Prov.*, ii, 532.
Varai. *Champ.*, 51.
Varaignes. *Toul.-Mont.*, 204.
Varalte. *Rouen*, 776.
Varanchant. *Prov.*, i, 1018.
Varanguien. *Pic.*, 708.
Varanhieu. *Toul.-Mont.*, 1065.
Varde (la). *Al.*, 376, 377, 632.
Vareille. *Lyon*, 671.

Vassant. *Al.*, 624.
— *Par.*, II, 54, 107.
— *Lorr.*, 600.
Vassat. *Soiss.*, 275.
Vassau. *Bourg.*, I, 613, 907, 1015.
Vassault (le). *Poit.*, 206.
Vassaux. *Poit.*, 1143.
Vassaux (de). *Soiss.*, 191, 364, 368, 717.
Vasse. *Al.*, 758, 964.
— *Fland.*, 1039.
— *Par.*, I, 523, 698.
— *Rouen*, 1163.
Vassé. *Orl.*, 164, 656.
— *Par.*, I, 124, 379, 1195.
— *Par.*, II, 580, 985, 1155.
— *Poit.*, 23, 56.
— *Prov.*, I, 614.
— *Tours*, 213, 641, 644, 1513.
Vassel. *Caen*, 600.
Vasselin. *Par.*, I, 708.
Vasselot. *Poit.*, 339, 408, 988, 989, 1039.
Vasserot. *Toul.-Mont.*, 792, 807.
Vasset. *Par.*, I, 522.
— *Vers.*, 308.
Vasseur (le). *Al.*, 19, 346, 1004.
— *Bourg.*, I, 188.
— *Bret.*, I, 550.
— *Caen*, 694.
— *Champ.*, 264.
— *Orl.*, 240, 363, 723.
— *Par.*, I, 128, 290, 714, 905, 1197, 1260.
— *Par.*, II, 134, 524, 811, 911, 915, 1076, 1080.
— *Par.*, III, 137, 321, 460, 532.
— *Par.*, IV, 338.
— *Pic.*, 114, 190, 219, 280, 407, 497, 539, 554, 734, 748, 749, 755, 758.
— *Poit.*, 843.
— *Prov.*, I, 532, 1141, 1142.
— *La Roch.*, 355.
— *Rouen*, 31, 210, 224, 230, 746, 862, 1169.
— *Soiss.*, 411, 459, 702, 794.
— *Tours*, 1092.
— *Vers.*, 18, 50, 113, 124, 196.
Vassi. *Al.*, 73, 306.
— *Caen*, 36, 167, 226, 614.
— *Tours*, 920.
Vassière. *Par.*, I, 1334.
Vassincourt. *Lorr.*, 100.
Vassinhac. *Champ.*, 153, 267, 270, 271, 411.
Vasson. *Champ.*, 745.
— *Par.*, III, 130.

Vassor (le). *Orl.*, 333, 338, 358, 364, 365, 439, 467, 649, 661, 694, 795, 1022.
— *Par.*, II, 928.
— *Par.*, IV, 235.
Vast. *Orl.*, 817.
Vastel. *Rouen*, 931.
Vasteoy. *Par.*, II, 682.
Vataire. *Orl.*, 279, 280.
Vataire (de). *Par.*, IV, 468.
Vatas. *Toul.-Mont.*, 305.
Vatbois. *Par.*, I, 500, 1337.
— *Par.*, III, 249.
— *Rouen*, 816.
Vatel. *Caen*, 443.
— *Par.*, III, 163, 334, 350, 465.
Vatelet. *Als.*, 751.
— *Poit.*, 27.
Vatelot (de). *Tours*, 729.
Vatenai. *Champ.*, 222.
Vatier. *Par.*, IV, 730.
Vatiloud. *Al.*, 1148.
Vatin. *Bourg.*, I, 1148.
Vatoy. *Bret.*, I, 278.
— *Par*, III, 470.
Vatrain. *Bret.*, II, 1089.
Vatrix. *Pic.*, 141.
Vattelot. *Al.*, 235, 238, 240, 241.
Vattier. *Champ.*, 339.
Vau (de). *Orl.*, 768.
— *Prov.*, II, 260.
Vau (du). *Bret.*, II, 807.
— *Par.*, I, 474, 602, 812, 952, 1090, 1163.
— *Poit.*, 269, 634.
— *Toul.-Mont.*, 174.
— *Tours*, 22, 174, 803, 840, 857, 1031, 1047, 1263, 1278.
Vau (la). *Par.*, II, 509.
Vau (le). *Tours*, 1521.
Vaubarnevelt. *Guy.*, 270.
Vaubelin. *Par.*, II, 605.
Vauberche. *Bret.*, II, 39.
Vaubert. *Par.*, I, 513, 1124.
— *Rouen*, 711.
Vaubertrand. *Lyon*, 621, 638.
Vaublsmen. *Fland.*, 734.
Vauborel. *Bret.*, I, 85, 477.
— *Al.*, 251.
— *Caen*, 280, 524, 525, 532, 538, 540, 795.
Vaucel. *Pic.*, 676.
Vaucelle. *Rouen*, 394, 379.
Vaucelles. *Poit.*, 1428.
Vaucenai (de). *Tours*, 102.
Vauchassade. *Bourb.*, 573. 575.

Vauchelles. *Rouen*, 837.
Vaucher. *Bourg.*, I, 291.
— *Bourg.*, II, 530.
— *Champ.*, 91, 446, 861.
— *Lorr.*, 269.
Vaucherot. *Bourg.*, I, 234, 1090, 1269.
Vauchier. *Bourg.*, I, 565, 1247.
Vauclair. *Als.*, 919.
Vauclerc. *Orl.*, 738.
Vaucleret. *Bourg.*, I, 899.
Vauclerois. *Champ.*, 105.
— *Lorr.*, 262, 319.
Vaucocourt. *Guy.*, 1128, 1133.
Vaucoubeil. *Lim.*, 330.
Vaucorbel. *Par.*, I, 119, 147.
Vaucoret. *Par.*, I, 1268.
Vaucouleur. *Bret.*, II, 942, 1131.
— *Champ.*, 660. V.
Vaucouleurs. *Bret.*, I, 98, 203, 204, 213, 747, 884.
Vaucourt. *Pic.*, 822.
Vaudelet. *Tours*, 182.
Vauderanne. *Orl.*, 791.
Vauderet. *Bourg.*, I, 830.
Vaudetart. *Par.*, IV, 206.
Vaudin. *Als.*, 393.
— *Par.*, I, 1343.
— *Par.*, IV, 402.
Vaudiol. *Montp.-Mont.*, 1451.
Vaudoré. *Als.*, 212.
— *Par.*, IV, 297.
Vaudorne. *Al.*, 759.
Vaudray. *Bourg.*, I, 236.
— *Bourg.*, II, 489.
Vaudremont. *Bourg.*, I, 205.
Vaudrey. *Bourg.*, I, 774, 1075.
Vaudricourt. *Pic.*, 87, 461.
— *Rouen*, 459.
Vaudroy. *Bourg.*, I, 236.
Vaudry. *Bourg.*, II, 39.
Vauferier (du). *Bret.*, I, 405, 570.
Vaufleury. *Caen*, 533, 539.
Vaugart (de). *Prov.*, II, 554.
Vaugaugout. *Lim.*, 355.
Vaugelade. *Poit.*, 556.
Vaugelas. *Poit.*, 899.
Vaugelet. *Dauph.*, 229, 444.
Vaugien. *Poit.*, 1208.
Vaugier. *Prov.*, II, 655, 656.
Vaugines. *Dauph*, 145.
Vaugirault. *Poit.*, 608.
— *Tours*, 276, 345.
Vaugirault (de). *Tours*, 580, 586.
Vaugour. *La Roch.*, 413.
Vaugué. *Par.*, II, 962.
Vauguion. *Al.*, 580.

Vaujani. *Dauph.*, 181.
Vaujolly. *Orl.*, 870.
Vaujoup. *La Roch.*, 347.
Vaul (du). *Pic.*, 238.
Vaulaine (la). *Tours*, 1013.
Vaulaire. *Prov.*, I, 655.
Vaulegou (de). *Tours*, 891.
Vaulicher. *Par.*, IV, 273.
Vaultier *Soiss.*, 675.
Vaulx (de). *Soiss.*, 122, 212.
Vaumartel. *Al.*, 1104.
Vaumesle. *Al.*, 16, 17, 88, 565, 750, 762, 815.
— *Caen*, 532.
Vaumorin. *Tours*, 401, 1183.
Vaunichet. *Champ.*, 742.
Vaunot. *Als.*, 133.
Vaupilière (la). *Bourges*, 246.
Vauquelin. *Al.*, 46, 48, 77, 80, 82, 85, 104, 215, 216, 310, 478, 858, 859, 873, 877, 978.
— *Caen*, 53, 65, 159, 161, 324.
— *Par.*, I, 519, 1270.
— *Par.*, II, 1140.
— *Rouen*, 54, 300, 445.
Vauquet. *Pic.*, 642.
— *Soiss.*, 304, 340, 489, 523.
Vauquier. *Rouen*, 1112.
Vaurai (de). *Champ.*, 731.
Vauranse. *Fland.*, 1082, 1148, 1157.
Vaure (de). *Dauph.*, 242, 292.
Vaurigault. *La Roch.*, 191.
Vaurion. *Lyon*, 781.
Vauroger. *Rouen*, 1124, 1125.
Vaurs. *Montp.-Mont.*, 1169.
Vausange. *Bret.*, II, 378.
Vaussé. *Poit.*, 948.
Vausserre. *Dauph.*, 61, 188, 640.
Vaussin. *Bourg.*, I, 154, 156, 162, 241.
Vautherin. *Bourg.*, I, 1029. 1218.
Vauthier. *Bourg.*, I, 74, 327.
— *Bourg.*, II, 61, 105, 110.
— *Champ.*, 201, 372.
— *Orl.*, 197.
Vauthiery. *Vers.*, 227.
Vautier. *Bourb.*, 111.
— *Caen*, 5, 12, 18, 20, 25, 227, 252, 310, 423, 651.
— *Lorr.*, 649.
— *Lyon*, 279.
— *Par.*, II, 295.
— *Par.*, IV, 210, 552, 770.
— *Rouen*, 581, 604, 786, 1265, 1293.
Vautier (le). *Al.*, 773.
Vautongre. *Lim.*, 225.

Veillet. *Bourg.*, I, 401
— *Bret.*, II, 571.
— *Guy.*, 266.
— *Lorr.*, 47.
— *Par.*, I, 1051.
— *Poit.*, 458.
Veillon. *Poit.*, 489, 496, 520, 673.
Veilon. *Tours*, 113.
Veine (la). *Bourb.*, 51, 56, 75.
Veines. *Dauph.*, 28, 292.
Veirac. *Montp.-Mont.*, 375.
— *Prov.*, I, 1281.
Veire. *Lyon*, 43.
Veire (de). *Auv.*, 529.
Veire (la). *Montp.-Mont.*, 1306.
Veirebrousse. *Auv.*, 524.
Veiret. *Montp.-Mont.*, 1331.
Veiroles. *Auv.*, 257.
Veisie (de). *Montp.-Mont.*, 675.
Veisse (la). *Als.*, 17.
Veissière. *Prov.*, I, 1320.
Veissière (la). *Auv.*, 425, 496, 531, 547.
Veix (de la). *Lim.*, 455.
Véjus. *Bourg.*, I, 992, 1038.
Vel (de). *Montp.-Mont.*, 353.
Velain. *Soiss.*, 799.
Velain (le). *Al.*, 233, 455, 611, 612, 622, 623, 630, 698, 1139.
Vélar. *Fland.*, 1258.
Vélard (du). *Bret.*, I, 85.
Velard. *Par.*, I, 501.
Velin. *Dauph.*, 235, 436.
Veline. *Prov.*, I, 1061.
Vellain (le). *Rouen*, 74, 312, 1229.
Vellard. *Orl.*, 142, 552.
Velle (de). *Bourg.*, I, 161.
— *Par.*, II, 1108.
Vellena. *Bret.*, II, 830.
Veller. *Bret.*, I, 357, 358, 981.
Vellin. *Prov.*, I, 560, 602, 669, 913, 1028.
Vemart. *Fland.*, 1162.
Venaire. *Auv.*, 342.
Venancier. *Poit.*, 563.
Venant. *Fland.*, 629, 847.
— *Par.*, I, 1262.
Venant (de). *Pic.*, 167.
Venant (St-). *Pic.*, 200.
Venard. *Par.*, III, 135.
— *Tours*, 1011.
Venault. *Poit.*, 469, 567, 695, 696, 833.
Venavide. *Pic.*, 179.
Venbredeubec. *Tours*, 957.
Venbuzelar. *Tours*, 957.

Vence. *Prov.*, I, 229. V.
Vence (de). *Prov.*, II, 477, 484.
Venderetz. *Rouen*, 276, 967, 1170.
Vendes. *Caen*, 154, 420, 499, 501, 603.
— *Rouen*, 360.
Vendeuil (de). *Pic.*, 835.
Vendeur (le). *Bret.*, I, 898.
Vendosme. *Fland.*, 898, 1386.
— *Par.*, II, 892.
Venel. *Montp.-Mont.*, 119.
— *Prov.*, I, 398, 524.
— *Prov.*, II, 293, 723, 841.
Venescamp. *Fland.*, 1238.
Veneur (le). *Bret.*, I, 591, 627, 938.
— *Bret.*, II, 76, 543, 1007.
— *Caen*, 360.
— *Par.*, II, 1196, 1204.
— *Rouen*, 56, 408.
Venez. *Toul.-Mont.*, 733.
Veni. *Auv.*, 78, 110, 390.
Venier. *Par.*, I, 294.
Venier (le). *Bret.*, I, 364, 419.
— *Guy.*, 854.
Veninq. *Prov.*, I, 1420.
Venis. *Fland.*, 1168.
Venissy. *Bourg.*, II, 38.
Venldre (de). *Pic.*, 224.
Venois (le). *Al.*, 120, 775, 1214.
Venois. *Caen*, 28, 153, 180, 400.
— *Rouen*, 35, 1164.
Venon. *Lim.*, 235.
Venon. *Poit.*, 1319, 1543.
Venot. *Bourg.*, II, 100, 158, 166, 176.
— *Tours*, 110.
— *Par.*, I, 624.
Venriez. *Toul.-Mont.*, 1068.
Vent (le). *Soiss.*, 31, 42, 486, 502, 509.
Ventabren. *Prov.*, I, 492. Village.
Ventaillac. *Dauph.*, 471.
Vente. *Al.*, 1221.
Venteton. *Poit.*, 392, 394, 537.
Ventenac. *Bourges*, 430.
Ventenat. *Bourb.*, 322.
Ventes (de). *Dauph*, 78, 238.
Ventes (des). *Par.*, IV, 166.
Ventillac. *Auv.*, 588.
Vento (de). *Prov.*, I, 532, 544, 576, 625, 628.
Ventre. *Prov.*, I, 989, 1110, 1151.
— *Prov.*, II, 233.
— *Toul.-Mont.*, 409.
Ventron. *Prov.*, I, 811.
Venture (de). *Prov.*, I, 568, 708, 709.

Ver (de). *Toul.-Mont.*, 42.
Ver (le). *Rouen*, 142, 435, 608, 716, 754, 932.
Verac. *Lim.*, 461.
Veran. *Prov.*, I, 1017.
Vérand. *Pic.*, 787.
Verani. *Par.*, III, 469.
Veras. *Poit.*, 550.
Verbois. *Toul.-Mont.*, 255, 257.
Verbrout. *Fland.*, 1150.
Verchant. *Montp.-Mont.*, 655, 869.
— *Par.*, I, 664.
Verchere. *Bourg.*, I, 435, 437.
— *Lyon*, 750, 817, 951.
Vercheron. *Lyon*, 672.
Verdache. *Prov.*, II, 270.
Verdalle, *Guy.*, 1147.
— *Poit.*, 1036.
Verdalles. *Bourb.*, 567, 575.
Verdan. *Lyon*, 76, 307, 921.
Verdeghans. *Fland.*, 327, 492, 650.
Verdeguier. *Montp.-Mont.*, 709.
Verdelet. *Bourg.*, II, 82.
— *Lyon*, 437.
Verdelier. *Montp.-Mont.*, 1439.
Verdelin. *Guy.*, 915.
— *Prov.*, I, 1123.
— *La Roch.*, 109.
— *Toul.-Mont.*, 1349.
Verderi. *Guy.*, 828.
Verdet. *Prov.*, II, 556, 696.
Verdicq. *Bourg.*, II, 313.
Verdier. *Al.*, 820, 1011.
— *Auv.*, 166, 539.
— *Bourb.*, 292.
— *Bret.*, I, 281.
— *Dauph.*, 209.
— *Fland.*, 161, 166.
— *Guy.*, 375, 961, 988.
— *Lim.*, 466.
— *Par.*, I, 23, 641, 1232.
— *Par.*, III, 442.
— *Prov.*, I, 927.
— *Prov.*, II, 82, 148, 156.
— *Toul.-Mont.*, 707, 953, 1139, 1141, 1150, 1153.
— *Tours*, 108, 125, 133, 533, 534, 568, 591, 892, 908.
Verdier (du). *Bourges*, 51, 381.
— *Lim.*, 344.
— *Lyon*, 979.
— *Montp.-Mont.*, 946, 1159.
— *Par.*, II, 355.
— *Tours*, 95, 496, 500, 521, 550.
Verdière. *Fland.*, 132, 810, 811.
Verdigny. *Bourb.*, 456.

Verdiguier. *Toul.-Mont.*, 486.
Verdiliac. *Poit.*, 570, 1554.
Verdillin. *La Roch.*, 327.
Verdin. *Bourg.*, I, 301, 302, 304.
— *Par.*, III, 416.
— *Poit.*, 561.
Verdines. *Auv.*, 469.
Verdon. *Bourges*, 89.
— *Tours*, 517, 931.
Verdonnet. *Auv.*, 467.
Verduc. *Bret.*, I, 285.
Verdun. *Bourg.*, I, 764.
— *Caen*, 513, 520, 532, 533, 594, 781, 786, 790.
— *Guy.*, 47.
— *Lorr.*, 519. Ev. 86. V.
— *Lyon*, 605, 624.
— *Orl.*, 441.
— *Par.*, II, 1102.
— *Prov.*, II, 435.
— *Toul.-Mont.*, 205, 399, 1286.
Verdure (la). *Fland.*, 20, 56, 845.
— *Pic.*, 731.
Verduron. *Montp.-Mont.*, 28.
Verdusan. *Pic.*, 815.
Verduzan. *Guy.*, 286, 1066.
— *Montp.-Mont.*, 1027, 1111, 1113, 1114.
Vère. *Poit.*, 1426.
Vereau. *Par.*, II, 352.
Véreau. *Poit.*, 548.
Verel. *Caen*, 614.
— *Par.*, III, 347.
— *Par.*, IV, 130, 566.
Vererux. *Fland.*, 1247.
Veret. *Bret.*, I, 806.
Véret. *Poit.*, 1388.
Vereux. *Soiss.*, 789,
Vergé. *Lyon*, 112, 726, 731.
Vergée (la). *Par.*, III, 359, 457.
Vergelin. *Prov.*, I, 1210.
Verger (du). *Als.*, 166, 193.
— *Auv.*, 123.
— *Bret.*, I, 184, 477, 729, 784, 855.
— *Bret.*, II, 482, 484, 488, 836, 1018.
— *Champ.*, 569.
— *Fland.*, 967.
— *Lyon*, 1030.
— *Montp.-Mont.*, 400, 401, 768, 830.
— *Orl.*, 73, 470.
— *Par.*, IV, 469.
— *Poit.*, 179, 254, 441, 871, 1295, 1419, 1539.
— *Toul.-Mont.*, 497, 536, 550, 987, 1204, 1321, 1329.
— *Tours*, 391, 1513.

Vergeron. *Guy.*, 1191.
Vergers. *Guy.*, 1218.
Vergers (des). *Par.*, iv, 13, 175.
Verges (de). *Béarn*, 13.
Verges (des). *Bourb.*, 321.
Vergeses. *Montp.-Mont.*, 353, 471.
Vergeur. *Par.*, ii, 198.
Vergeur (de). *Prov.*, ii, 471.
Vergeur (le). *Bret.*, ii, 854.
— *Champ.*, 46, 66, 141.
— *Orl.*, 40.
Verghelle. *Fland.*, 115, 510.
Vergier. *Poit.*, 1038.
Vergier (du). *Bret.*, i, 361, 644, 682, 687, 688.
— *Guy.*, 251, 370.
— *La Roch.*, 227.
Vergis. *Prov.*, ii, 249.
Vergnas. *Lim.*, 112.
Vergnaud. *Bourb.*, 408.
Vergnault. *Poit.*, 973, 1458.
— *Tours*, 190, 1287.
Vergne. *Pic.*, 529.
Vergne (de). *Toul.-Mont.*, 1434.
Vergne (la). *Al.*, 655.
— *Guy.*, 20, 24, 49, 125, 222, 245, 428, 671, 821, 976, 1093, 1178.
— *Lim.*, 149, 151, 290, 357.
— *Lyon*, 177, 716.
— *Montp.-Mont.*, 68, 865.
— *Par.*, 1, 443, 451, 1125.
— *Par.*, ii, 354, 1089.
— *Poit.*, 547, 548, 550, 855, 883, 923, 948, 1484, 1552.
— *Prov.*, 1, 431.
— *La Roch.*, 187.
— *Vers.*, 39.
Vergnes. *Auv.*, 529.
Vergnes (des). *Bourb.*, 393.
— *Poit.*, 855.
Vergnet. *Guy.*, 926.
Vergnettes (des). *Rouen*, 744.
Vergniol. *Toul.-Mont.*, 516.
Vergnon. *Guy.*, 925.
— *Poit.*, 538.
Vergoin. *Guy.*, 168.
Vergot. *Bret.*, ii, 1024.
Vergoumary. *Lyon*, 925.
Verguens. *Prov.*, ii, 246, 467, 754.
Verguettes (des). *Rouen*, 372.
Verguignac. *Toul.-Mont.*, 669.
Verguin. *Prov.*, 1, 30, 43.
Verhague. *Bourg.*, 1, 553.
— *Fland.*, 1237.
Verhille. *Fland.*, 477.
Veri. *Poit.*, 796, 1431.

Vériaux. *Lim.*, 392.
Veriet. *Poit.*, 1221.
Verignols. *Bourg.*, 1, 326.
Verignon. *Par.*, iii, 425.
Verilot. *Lorr.*, 36.
Verinas. *Champ.*, 896.
Verine (la). *Vers.*, 19.
Vérineau. *Poit.*, 316, 1186.
Verines. *Bourges*, 82, 449.
Véring. *Als.*, 410.
Verinne. *Auv.*, 558.
Vérité. *Par.*, iii, 195.
— *Tours*, 728, 1080, 1084.
Verjus. *Als.*, 566.
— *Bourg.*, 1, 440.
— *Par.*, iv, 406.
— *Prov.*, 1, 1352.
Verlaine. *Lorr.*, 264.
Verlange. *Lorr.*, 489.
Verliac. *Toul.-Mont.*, 8, 68, 489.
Verlinck. *Fland.*, 903.
Vermalle. *Montp.-Mont.*, 357.
Vermanton. *Dauph.*, 35, 126.
Vermeil. *Guy.*, 1173
Vermeille. *Fland.*, 1488.
Vermeulen. *Fland.*, 356, 513.
Vermillière (la). *Prov.*, ii, 468.
Vermondière (la). *Al.*, 917.
Vernade (la). *Soiss.*, 105, 235.
Vernage. *Pic.*, 504.
Vernai. *Caen*, 181 185, 403, 614.
— *Lyon*, 147, 633, 1012.
— *Soiss.*, 283.
— *Tours*, 1454.
Vernaie (la). *Poit.*, 1263.
Vernaison. *Auv.*, 6, 12.
— *Orl.*, 377, 758.
Vernajoul. *Montp.-Mont.*, 1068.
Vernas. *Par.*, 1, 474.
Vernassal. *Prov.*, 1, 624.
Vernat. *Auv.*, 564, 567.
— *Bourg.*, 1, 414.
— *Lyon*, 744, 857.
Vernaude, *Guy.*, 1080.
Vernay. *Par.*, 1, 1263.
Vernay (du). *Par.*, iv, 545.
— *Bourg.*, 1, 123.
Verne. *Lyon*, 289, 1028.
Verne (du). *Bourb.*, 15, 53, 91, 409, 493.
— *Bourg.*, 1, 288.
Verne (la). *Auv.*, 481.
— *Bourg.*, 1, 76, 773.
— *Bourg.*, ii, 79.
— *Montp.-Mont.*, 1038, 1088.
— *Toul.-Mont.*, 216, 235, 285, 286,

Vezecque. *Fland.*, 710.
Vezelizo. *Lorr.*, 466.
Vezet. *Toul.-Mont.*, 670.
Vezi. *Toul.-Mont.*, 932, 941.
Veziale. *Toul.-Mont.*, 1474.
Vezian. *Montp.-Mont.*, 15.
— *Toul.-Mont.*, 28, 590.
Veziau. *Guy.*, 1120.
Vezien. *Poit.*, 21, 53, 549, 555, 698, 925, 1507.
Vezin. *Guy.*, 314.
Vezinet. *Toul.-Mont.*, 299.
Vezinier. *Orl.*, 879.
Vezins. *Toul.-Mont.*, 1099, 1174.
Vezins (de). *Prov.*, II, 461, 477.
Vezons. *Bourg.*, I, 145, 151.
Vezons (de). *Bourg.*, II, 251, 581.
Vezou. *Par.*, IV, 290.
Vezoul. *Bourg.*, I, 781.
Vial. *Bret.*, II, 182.
— *Dauph.*, 75, 89, 112, 490, 567.
— *Lyon*, 607, 810, 819, 924, 1035.
— *Prov.*, I, 1002.
— *Prov.*, II, 262, 331, 573.
— *Rouen*, 589.
Viala. *Dauph.*, 526.
— *Montp.-Mont.*, 588, 857, 1565.
— *Toul.-Mont.*, 668, 1133.
Vialard. *Auv.*, 285, 300, 426.
— *Par.*, IV, 64, 376, 377.
— *Soiss.*, 699.
— *Toul.-Mont.*, 509.
Vialart. *Par.*, I, 1260.
— *Par.*, II, 1174.
Vialet. *Prov.*, I, 646.
Vialette. *Montp.-Mont.*, 328, 1202.
— *Toul.-Mont.*, 942, 952, 969.
Vialez. *Montp.-Mont.*, 265.
Vialière (la). *Poit.*, 288.
Vialis. *Fland.*, 1472.
— *Lyon*, 57, 109, 426, 471, 766.
Vialle (la). *Auv.*, 185, 388, 452, 472.
— *Lim.*, 324.
Viallet. *Bourg.*, I, 404, 425.
— *Bourg.*, II, 283.
— *Lyon*, 936.
— *Par.*, I, 1381.
— *Par.*, II, 560.
— *La Roch.*, 134.
Vialrière (la). *Tours*, 197, 199.
Vialon. *Lyon*, 239.
Viamont (le). *Bret.*, II, 836.
Vian. *Prov.*, I, 8, 16, 495, 1243.
— *Prov.*, II, 17.
Vianden. *Lorr.*, 177. Ville.
Viane (de). *Lim.*, 67.

Viane (la). *Bourg.*, II, 609.
Vianes. *Montp.-Mont.*, 829.
Vianés. *Toul.-Mont.*, 40, 1291.
Vianey. *Toul.-Mont.*, 603.
Viange (de). *Lorr.*, 467.
Viani. *Prov.*, II, 246.
Viannet. *Lyon*, 660.
Viany. *Prov.*, I, 408, 907, 1397, 1322.
Viard. *Als.*, 80.
— *Bourb.*, 213.
— *Bourg.*, I, 169, 107, 110.
— *Bourg.*, II, 96, 159, 202, 572, 612, 613, 625.
— *Lyon*, 666.
— *Par.*, I, 59, 240, 554.
— *Par.*, II, 77.
Viarde (la). *Fland.*, 339.
Viart. *Bret.*, II, 391.
— *Champ.*, 613.
— *Lorr.*, 15, 101, 125, 151, 160, 162.
— *Lyon*, 515.
— *Par.*, IV, 240, 440, 573.
— *La Roch.*, 94.
Vias. *Guy.*, 837.
Vias (de). *Prov.*, I, 762, 1060.
Viau. *Bourb.*, 285, 483.
— *Bourg.*, I, 227.
— *Bret.*, I, 165, 173, 180, 308, 918.
— *Bret.*, II, 476, 486, 1109.
— *Orl.*, 237, 715.
— *Poit.*, 460, 565, 571, 1342, 1399.
— *Tours*, 397.
Viaud. *La Roch.*, 360.
Viault. *Poit.*, 124, 430, 482, 960, 1004.
Viaut. *Guy.*, 147, 841.
Viaux (de). *Lyon*, 147.
Vibrad. *Montp.-Mont.*, 589.
Vic. *Auv.*, 569. V.
— *Bourb.*, 385.
— *Lorr.*, 289. V.
— *Montp.-Mont.*, 115, 653.
— *Rouen*, 257.
Vic (de). *Fland.*, 126, 163, 201, 216, 343, 489.
— *Par.*, II, 399.
— *Par.*, III, 98.
— *Toul.-Mont.*, 40, 133, 1077.
Vic (St-). *Toul.-Mont.*, 215.
Vicaire. *Al.*, 55.
— *Caen*, 560.
Vicalet. *Pic.*, 993.
Vicard. *Prov.*, I, 772.
Vicari. *Prov.*, II, 167, 659.
Vicherse. *Tours*, 654. V.

Villeros. *Lorr.*, 617.
Villeroux. *Toul.-Mont.*, 93.
Villers. *Al.*, 906.
— *Bourg.*, i, 160, 1029, 1039, 1106.
— *Champ.*, 275, 569, 785.
— *Fland.*, 288.
— *Orl.*, 535.
— *Par.*, i, 583, 782. 777.
— *Par.*, ii, 924.
Villers (de). *Pic.*, 7, 48, 51, 56, 65, 158, 368, 387, 393, 442, 563, 568, 693, 695, 790, 794.
— *Soiss.*, 697.
Villervieux (la). *Bret.*, ii, 1037.
Villesaillant. *Poit.*, 890. R.
Villesson. *La Roch.*, 16.
Villet. *Lyon*, 415.
— *Prov.*, i, 627.
— *La Roch.*, 93.
Villethebaut. *Bret.*, i, 220.
Villeton. *Dauph.*, 152.
Villette. *Al.*, 248.
— *Als.*, 16.
— *Bourg.*, i, 15, 1008.
— *Champ.*, 784.
— *Lyon*, 316, 936.
— *Montp.-Mont.*, 1012.
— *Par.*, ii, 130, 1164.
— *Soiss.*, 36, 150, 154, 305, 626.
Villette (de). *Orl.*, 159.
Villette (la). *Bourg.*, i, 457.
— *Bret.*, i, 230.
— *Dauph.*, 506.
— *Guy.*, 371.
— *Pic.*, 833, 836, 853, 854.
Villevault. *Lorr.*, 212.
Villevieille. *Bourg.*, i, 566.
— *Fland.*, 1501.
— *La Roch.*, 228.
Villexandre. *Prov.*, ii, 237.
Villezan. *Par.*, iv, 594.
Villi. *Caen*, 179, 598, 680.
— *Prov.*, i, 190.
Villiard. *Bourb.*, 408.
Villiers. *Al.*, 498, 698, 1076.
— *Bret.*, i, 726, 899.
— *Bret.*, ii, 448.
— *Champ.*, 148, 149, 225, 241, 576.
— *Fland.*, 1445.
— *Lyon*, 324.
— *Orl.*, 241, 818.
— *Par.*, i, 71, 750, 934, 956.
— *Par.*, ii, 1027, 1256.
— *Par.*, iii, 454.
— *Poit.*, 138, 171, 173, 482, 1126, 1201, 1482, 1536.

— *Prov.*, i, 957, 1147.
— *Rouen*, 1081.
— *Tours*, 294.
Villiers (de). *Là Roch.*, 68.
— *Soiss.*, 114, 812.
Tours, 117, 149, 265, 1531.
Villiers-Lafaye. *Bourg.*, 1, 232, 300, 568.
— *Bourg.*, ii, 16, 76, 176.
Villis (de). *Montp.-Mont.*, 942.
Villod. *Bourg.*, i, 128, 289.
— *Bourg.*, ii, 207.
Villoin. *Orl.*, 349, 540, 963.
Villois. *Par.*, iii, 136, 386.
Villome. *Champ.*, 735.
Villon. *Prov.*, ii, 834, 835.
Villot. *Auv.*, 411.
— *Bourges*, 100.
— *Bourg.*, ii, 52, 159, 348.
— *Par.*, i, 588, 852.
— *Par.*, iii, 273.
Villotte (de). *Lorr.*, 54.
Villoutrais. *Par.*, i, 601.
Villurbane. *Montp.-Mont.*, 76.
Vilmai. *Al.*, 1045.
Vilmain. *Orl.*, 207.
Vilmet. *Fland.*, 457.
Viltarre. *Soiss.*, 242.
Viltder. *Fland.*, 217.
Viltres (de). *Fland.*, 456.
Viluant. *Par.*, i, 877.
Vilvaut. *Par.*, ii, 532.
— *Par.*, iii, 578.
Vimar (de). *Tours*, 283.
Vimard. *Al.*, 950.
Vimenez. *Guy.*, 393, 622, 810.
Vimenot. *Bourg.*, i, 152.
Vimeur. *Par.*, i, 208.
— *Prov.*, i, 604.
Vimichal. *Lim.*, 1.
Vimont. *Al.*, 227, 306, 857, 865, 867.
Vimpff. *Als.*, 4.
Vin. *Lyon*, 751.
Vinaigriers. *Poit.*, 811. *Communauté.*
Vinais. *Tours*, 937.
Vinat. *Champ.*, 489.
Vinatier. *Guy.*, 884, 1147.
— *La Roch.*, 274.
Vinceneuil. *Poit.*, 1310, 1415.
Vincenot. *Par.*, ii, 169.
Vincens. *Fland.*, 1381.
— *Montp.-Mont.*, 447, 1242, 1413.
— *Prov.*, i, 937, 942, 1054, 1057, 1064.
— *Prov.*, ii, 77, 79, 102, 364, 366, 595, 605, 649, 664.

Vincent. *Bourb.*, 416, 417.
— *Bret.*, I, 544, 926.
— *Caen*, 570, 599.
— *Champ.*, 2.
— *Dauph.*, 46, 591.
— *Guy.*, 48, 87, 655, 889.
— *Lim.*, 5.
— *Lorr.*, 9, 158.
— *Lyon*, 458, 750, 839.
— *Orl.*, 365.
— *Par.*, I, 584, 838, 1307.
— *Par.*, II, 700.
— *Par.*, IV, 20.
— *Pic.*, 750, 757.
— *Poit.*, 97, 774, 1056, 1401.
— *Prov.*, I, 317.
— *Rouen*, 82.
— *Soiss.*, 325.
— *Toul.-Mont.*, 146, 617.
— *Tours*, 633, 916.
Vincent (St-). *Al.*, 889.
— *Champ.*, 98, 180.
— *Guy.*, 1044.
Vincenteau. *Poit.*, 1370.
Vincenti. *Montp.-Mont.*, 1248.
Vincheguerre. *Orl.*, 592, 683.
— *Par.*, IV, 2.
Vinchon. *Pic.*, 694.
Vincius. *Montp.-Mont.*, 1370.
Vinck (de). *Fland.*, 1153.
Vinconneau. *Tours*, 1156.
Vinde. *Orl.*, 577.
Vindé. *Toul.-Mont.*, 136.
Vineau. *Orl.*, 539.
Vineresgue. *Caen*, 639.
Vinet (du). *Champ.*, 729, 773.
Vinet. *Par.*, I, 1089.
— *Poit.*, 1257, 1258.
Vineux. *Par.*, II, 872.
Vingtain. *Dauph.*, 74, 389.
Vingtan. *Par.*, I, 1170, 1284.
Vingtans. *Par.*, III, 193.
Vingtdeniers. *Bret.*, II, 1019.
Vinials. *Toul.-Mont.*, 263.
Vinuis. *Fland.*, 1163.
Vinnetrie. *La Roch.*, 394.
Vinock. *Fland.*, 474.
Vinols. *Lyon*, 19, 473, 689, 789, 976.
Vinols (de). *Montp.-Mont.*, 1253.
Vinon. *Bourg.*, I, 1007.
Vinot. *Bourg.*, I, 276, 284, 1080.
— *Champ.*, 901.
— *Orl.*, 354, 358, 458.
Vinquenel. *Par.*, III, 200.
Vins. *Guy.*, 561, 721, 729, 1039.

— *Par.*, I, 51, 161 ? 561.
— *Par.*, II, 693.
— *Prov.*, II, 472. **M.**
Vins (de). *Pic.*, 811.
Vinsot. *Fland.*, 1136.
Vinssac. *Toul.-Mont.*, 1444. **V.**
Vintimille. *Prov.*, I, 438, 445, 530, 623, 639, 842.
— *Prov.*, II, 32, 504, 602.
Vinx (de). *Par.*, I, 1125.
Vinx. *Par.*, III, 486.
Vioblanche. *Poït.*, 1527.
Vioi. *Soiss.*, 481.
Vioille. *Lorr.*, 618.
Viokertzheim. *Als.*, 762.
Violain. *Prov.*, II, 290.
Violaine. *Fland.*, 1294, 1327.
— *Prov.*, II, 17.
Violand. *Als.*, 691, 730.
Violard. *Als.*, 728.
Viole. *Orl.*, 183.
— *Par.*, II, 537, 893.
Violé. *Tours*, 1368.
Violeau. *Poit.*, 1202, 1366.
Violet. *Bourg.*, II, 105.
— *Montp.-Mont.*, 1171.
Violette *Pic.*, 893.
— *Poit.*, 1117.
Violette. *Soiss.*, 601.
Violière. *Poit.*, 221.
Violle. *Al.*, 645, 657.
Viollé. *La Roch.*, 374.
Violleau. *Tours*, 1021.
Viollet. *Bourg.*, I, 6, 337, 650, 706.
— *Lyon*, 157, 626
— *Tours*, 1033.
Viollier. *Prov.*, II, 662.
Viols. *Montp.-Mont.*, 783, 1288.
Vion. *Al.*, 227, 651.
— *Dauph.*, 427.
— *Par.*, I, 958.
— *Par.*, II, 118, 382, 387.
— *Par.*, III, 195.
— *Par.*, IV, 119, 167, 370, 377, 383, 554.
— *Poit.*, 1283, 1295.
— *Rouen*, 116, 120, 121, 928.
Vionnet. *Als.*, 1049.
— *Lyon*, 431.
Viot. *Montp.-Mont.*, 1322.
— *Orl.*, 1022.
Viozot. *Lyon*, 228.
Vipart. *Rouen*, 217, 357, 361.
Virahel. *Toul.-Mont.*, 165.
Virai (de). *Prov.*, II, 448.
Virail (de). *Prov.*, I, 282, 291.

Vivez. *Montp.-Mont.*, 191.
Vivi. *Fland.*, 455.
Vivian. *Bourg.*, I, 1252.
Vivien. *Bourg.*, II, 224.
— *Bret.*, I, 88, 691, 692.
— *Bret.*, II, 111, 588, 592.
— *Caen*, 505, 719.
— *Fland.*, 1445.
— *Lyon*, 122, 128, 656.
— *Par.*, I, 237, 1041, 1381.
— *Par.*, II, 200.
— *Poit.*, 928.
— *Rouen*, 832.
Vivien (de). *Pic.*, 502.
Vivier. *Lim.*, 236.
— *Montp.-Mont.*, 559, 1043, 1048.
— *Poit.*, 262.
Vivier (du). *Al.*, 969.
— *Auv.*, 395.
— *Bourges*, 142, 232.
— *Bourg.*, I, 232.
— *Bourg.*, II, 59, 607.
— *Caen*, 25, 26, 292, 293.
— *Champ.*, 266, 469.
— *Dauph.*, 8, 124, 265, 269, 270, 303, 405, 552.
— *Fland.*, 809.
— *Lorr.*, 404, 612, 660.
— *Orl.*, 464.
— *Par.*, II, 375.
— *Par.*, IV, 77.
— *Pic.*, 733, 741.
— *La Roch.*, 309.
— *Rouen*, 365.
— *Soiss.*, 464, 570, 702, 796, 858.
— *Toul.-Mont.*, 409, 592, 808, 1430, 1465.
— *Tours*, 620, 1425.
Viviers. *Montp.-Mont.*, 1545. V.
Vivoirs. *Rouen*, 910.
Vivonne. *Poit.*, 453, 561, 916.
Vix. *Als.*, 983.
Vixouse. *Auv.*, 553.
Vizdun. *Als.*, 39.
Vize (de). *Montp.-Mont.*, 1174.
— *Par.*, II, 562.
Vlaminck. *Fland.*, 33, 184.
Vocance. *Montp.-Mont.*, 441.
Vock (le). *Fland.*, 1261.
Vöesme. *Al.*, 67, 473.
Vogel. *Als.*, 70, 1095.
Vogier. *Bourb.*, 542.
Vogt. *Als.*, 605, 677, 899.
Vogtlin. *Als.*, 910.
Vogué. *Montp.-Mont.*, 443, 457.
Voguel. *Als.*, 694.

Voidier. *Bret.*, I, 217.
Voie (la). *Fland.*, 1279.
— *Guy.*, 269.
Voignat (le). *Bourg.*, II, 243.
Voigni. *Guy.*, 802.
Voigny. *Montp.-Mont.*, 1370.
Voile. *Als.*, 164.
— *Montp.-Mont.*, 1424.
Voille. *Bourges*, 10, 105, 310, 498.
— *Par.*, I, 80, 96, 119.
Voilleau. *Orl.*, 229.
Voilleaux (des). *Orl.*, 864.
Voillot. *Bourg.*, II, 370.
Voilot. *Bourg.*, I, 274.
Voineau. *Orl.*, 517.
— *Poit.*, 202, 609.
Voire. *Prov.*, II, 420.
Voirene. *Montp.-Mont.*, 1244.
Voiret. *Bourb.*, 331.
Voirette (la). *Lyon*, 1013.
Voirie (la). *Par.*, IV, 131.
— *Poit.*, 346, 348.
Voirier (le). *Soiss.*, 330, 521.
Voisambert. *Par.*, II, 349.
Voisaye (de). *La Roch.*, 217.
Voisenet. *Bourg.*, II, 368.
Voiset. *Bourb.*, 293.
Voisier. *Bourg.*, I, 1030.
Voisin. *Bourg.*, I, 913.
— *Bret.*, II, 430, 431.
— *Caen*, 428.
— *Fland.*, 873.
— *Guy.*, 104, 797, 807, 809, 1045.
— *Lyon*, 781.
— *Montp.-Mont.*, 168.
— *Orl.*, 212.
— *Par.*, I, 789, 796, 798, 875, 1215.
— *Par.*, III, 5, 409.
— *Rouen*, 46, 52, 53, 63, 485, 560, 562, 651, 666, 684.
— *Tours*, 30, 482, 853, 919, 948, 975, 1530.
Voisine. *Prov.*, I, 1220.
Voisines. *Par.*, IV, 257.
Voisins (de). *Toul.-Mont.*, 9, 557, 697, 769.
Voissane. *Dauph.*, 53, 159, 185.
Voissey. *Bourg.*, I, 1079.
Voitat. *Champ.*, 217.
Voiture (la). *La Roch.*, 427.
Voiturie. *Bourg.*, I, 970.
Voix (la). *Poit.*, 1246, 1437.
Voize (de). *Dauph.*, 161.
Volaige. *Tours*, 143, 155, 541, 556, 937.
Volaire. *Bourg.*, I, 1009.

W

Wacher. *Als.*, 905.
Wackrenier. *Fland.*, 135, 525, 526, 998.
Wacque. *Fland.*, 62, 324.
Wadans (de). *Lorr.*, 287.
Waels. *Fland.*, 731.
Waelscappel. *Fland.*, 729.
Waernies. *Fland.*, 348, 773.
Waescken. *Fland.*, 1249.
Wage. *Fland.*, 35.
Wagel. *Als.*, 632.
Wagman. *Als.*, 572.
Wagner. *Als.*, 448, 566, 804, 806.
Wagnon. *Fland.*, 116, 341.
Wagré. *Fland.*, 1040.
Waha (de). *Lorr.*, 282.
Wailli. *Pic.*, 732, 822.
Wailly. *Par.*, I, 328.
Wel. *Montp.-Mont.*, 99.
Wal (de). *Lor.*, 291.
Walart. *Pic.*, 821.
Walbert. *Pic.*, 196.
Walde (de). *Fland.*, 1147.
Waldemer. *Als.*, 919.
Waldt. *Als.*, 1080.
Walemes. *Fland.*, 1395.
Waleron. *Fland.*, 1487.
Walesse. *Bret.*, II, 428.
Walet. *Fland.*, 132.
Wallart. *Fland.*, 464.
Walle (de). *Fland.*, 1117, 1437.
Wallerant (de). *Lorr.*, 319.
Wallet. *Tours*, 1519.
Walleux. *Pic.*, 214.
Wallevint. *Fland.*, 1137, 1147, 1158, 1167.
Wallouin. *Fland.*, 1165.
Walmanshaustin. *Als.*, 20.
Walot. *Lorr.*, 442.
Walquenart. *Pic.*, 729.
Walrave. *Fland.*, 1123.
Wals. *Pic.*, 624.
Waltuer. *Als.*, 67, 332.
Waltz. *Als.*, 463.
Wamester. *Als.*, 1059,
Wandre. *Fland.*, 879.
Wangen. *Als.*, 8, 247, 251, 276, 760, 783, 786, 793.
Wanin. *Pic.*, 787.
Wanner. *Als.*, 376.
Wanquetin. *Fland.*, 17.

Wansin. *Pic.*, 214.
Wante. *Fland.*, 712.
Wapnart. *Fland.*, 789.
Wapner. *Als.*, 698.
Warde (le). *Pic.*, 589.
Wardenoir. *Fland.*, 1127.
Wardes (des). *Soiss.*, 489.
Warel. *Par.*, I, 1277.
— *Soiss.*, 8, 378, 704.
Warenghien. *Fland.*, 112, 168, 841.
Waresquel. *Fland.*, 314, 562, 767, 768.
Waresquiel. *Pic.*, 483.
Waret. *Soiss.*, 622.
Wargnier ou Warquier. *Pic.*, 697.
— *Soiss.*, 258.
Wargnies. *Fland.*, 1210.
Warlet. *Soiss.*, 700.
Warlope. *Fland.*, 122.
Warnant. *Fland.*, 973, 1319.
Warne. *Pic.*, 859.
Warneins. *Fland.*, 1170.
Warnet. *Soiss.*, 138, 422, 627, 660.
Warniel. *Soiss.*, 361.
Warnier. *Pic.*, 727.
Waroquier. *Soiss.*, 567.
Warré. *Pic.*, 258, 638.
Wartensey. *Als.*, 693.
Wasblé. *Pic.*, 396.
Wasières (de). *Fland.*, 99, 101, 144, 274, 340, 370, 397.
Wasquehal. *Fland.*, 132, 1124.
Wasselin. *Fland.*, 1157.
Wasservas (de). *Fland.*, 23.
Wast. *Pic.*, 372.
Wastin. *Fland.*, 760.
Watelet. *Champ.*, 143, 165, 718.
— *Soiss.*, 498.
Waten. *Fland.*, 1246. V.
Waterloo. *Fland.*, 1210.
Watier. *Fland.*, 816, 817, 1209.
— *Pic.*, 516, 517, 873, 888, 890, 892.
Watrignant. *Fland.*, 983.
Watrin. *Soiss.*, 653.
Watronville (de). *Lorr.*, 521 *bis*, 522, 678.
Wattecamp. *Fland.*, 595.
Wattepaste *Fland.*, 779.
Watteville. *Bourg.*, I, 614.
Waubert. *Soiss.*, 560.

Waubier. *Fland.*, 959.
Waude. *Fland.*, 882.
Waurans (de). *Soiss.*, 82, 789.
Wauras. *Par.*, IV, 3.
Waurechien, *Fland.*, 837, 971.
Waurin. *Fland.*, 20.
Wautier. *Fland.*, 1115, 1320, 1321, 1337, 1662.
Webecker. *Als.*, 697, 1064.
Weensang. *Als.*, 279.
Weber. *Als.*, 640, 669, 684, 833, 852
Wecglutz. *Als.*. 504.
Wech. *Als.*, 1061.
Wechstein. *Fland.*, 676, 1103.
Weckerlin. *Als.*, 226.
Wécourt (de). *Lorr.*, 126.
Wehel. *Als.*, 29.
Weibel. *Als.*, 865.
Weigan. *Als.*, 582.
Weiler. *Als.*, 87.
Weillez. *Fland.*, 1026.
Weilmin. *Lorr.*, 617.
Weimer. *Als.*, 396.
Weisse. *Als.*, 769, 977, 982, 1044.
Weissemberg. *Als.*, 256, 837, 838.
Weissembourg. *Als.*, 42. V.
Weissembroten. *Als.*, 194.
Weitzel. *Als.*, 865, 878.
Wel (de). *Lorr.*, 329.
Welder. *Als.*, 177.
Welens. *Fland.*, 144.
Weling. *Als.* (?)
Welle. *Fland.*, 726.
Wellemeins. *Fland.*, 1171.
Welper. *Als.*, 563, 661.
Welsch. *Als.*, 897.
Weltout. *Fland.*, 1018.
Wemel. *Fland.*, 585, 807, 1123.
Weneker. *Als.*, 281, 429.
Wennemor. *Als.*, 300.
Werbeck. *Als.*, 394.
Werbier. *Pic.*, 739.
Werbière. *Fland.*, 800.
Werlin. *Als.*, 712.
Wermeille. *Fland.*, 1340.
Wermoelen. *Fland.*, 569.
Werner. *Als.*, 131, 593, 982.
Wert (du). *Als.*, 2.
Wery. *Fland.*, 7, 10, 14, 242.
Wesnert. *Als.*, 465.
Westerloo. *Fland.*, 1033.
Wetchel. *Als.*, 440.
Wetzel. *Als.*, 504.
Wez (du). *Pic.*, 677, 671.
Whise. *Bret.*, I, 579.
Wiart. *Pic.*, 672, 772, 778.

— *Soiss.*, 125, 810.
Wibail. *Soiss.*, 862.
Wicar. *Fland.*, 1028.
Wicehhùùs. *Pic.*, 197.
Wickersheim. *Als.*, 239.
Wicquet. *Pic.*, 305, 310, 311, 350, 361, 668, 669.
Widebien. *Fland.*, 821.
Widebirn. *Pic.*, 120, 126, 172, 177.
Widenlescher. *Als.*, 1013.
Widtin. *Als.*, 439.
Wiéger. *Als.*, 453, 465.
Wieland. *Als.*, 1067.
Wiers. *Pic.*, 314, 321.
Wiestner. *Als.*, 967.
Wigant. *Als.*, 1045.
Wignacourt. *Fland.*, 120, 301, 969, 1013.
Wignacourt. *Pic.*, 789.
Wignier. *Pic.*, 351.
Wihag. *Als.*, 877.
Wilbert. *Pic.*, 709.
Wilde (de). *Fland.*, 223, 327, 1148, 1166.
Wildermouth. *Als.*, 300.
Wilfroy. *Soiss.*, 458, 558.
Wilhe. *La Roch.*, 6.
Wilkin. *Als.*, 1012.
Willai. *Fland.*, 190.
Willancourt (de). *Lorr.*, 290.
Willart. *Par.*, I, 649.
— *Tours*, 491.
Willaume. *Lorr.*, 42, 43, 134, 363, 505, 583, 626, 678.
— *Poit.*, 757.
Wille. *Fland.*, 901.
Willeaume. *Soiss.*, 27, 28, 29, 244.
Willecot. *Pic.*, 356, 674.
Willelme. *Als.*, 75, 626, 881, 907.
Willeman. *Als.*, 391, 503, 847.
Willemain. *Fland.*, 50, 770.
Willermaine. *Pic.*, 788.
Willemart. *Als.*, 624.
Willemain. *Als.*, 26.
Willemey. *Bourg.*, I, 854
Willemont. *Bourg.*, I, 1187.
Willems. *Fland.*, 1148, 1149.
Willeniet. *Fland.*, 1159.
Willeret. *Bourg.*, I, 1080.
Willerme. *Als.*, 990.
— *Bourg.*, I, 942, 1186, 1279, 1283.
Willesme. *Champ.*, 266.
Willeson. *Pic.*, 482.
Willet. *Bourg.*, I, 761, 1119.
Willeton. *Fland.*, 1124.
Williane. *Als.*, 62.

X

Y

Z

LISTE ALPHABÉTIQUE

Des Familles Nobles de France *qui ne se trouvent pas mention-*
nées dans l'Armorial général manuscrit de la Bibliothèque
impériale, mais qui sont désignées dans l'Indicateur Nobiliaire,
publié en 1818, par le président d'Hozier, comme pouvant être
enregistrées dans une nouvelle édition de l'Armorial général ou
Registres de la Noblesse de France.

A

Abarataquy (*dit de* (*Mandassagne*).
Abernaté (d').
Abert.
Aboville (d').
Abrial.
Absolut.
Achards (des).
Acloque Saint-André.
Acquet.
Acres (des).
Affaux (d').
Agaz ; *de Mercuez*.
Agar (d') ; *de Bus*.
Agay (d').
Agoust ou *d'Agoult*, *Agout*.
Agrain (d').
Aigrefeuille (d') ou *de Grefeuil, Grifeuil, Grafeuille, Grifoule*.
Aigues (des).
Aiguirande de Poligny ou Pouligny.
Aiguirande (d') ; *de la Croix*.
Ainval (d').
Aijon (d').
Alamijeon.
Alauzier.
Albiat (d').
Alessandri (Degli).
Aleyrac (d').
Alfieri.

Allemagne (d').
Alligrets (des).
Aloigny (d').
Aloue.
Alton (d').
Amade.
Amblart (d').
Ambrinez.
Ambrugeac (d').
Amelloy.
Amira.
Amoretti.
Amyot.
Amys.
Anceaume.
Ancherins (des).
Andelaw (d').
André d'Aubiera.
Andrea (San).
Andrée (d').
Andrehen.
Andréossy.
Anfernet (d').
Angiroux (d').
Anteroches (d').
Anthing.
Anthouard (d').
Antignate (d') ; *du Mesnil*.
Antignate (d') ; *de Traugzy*.
Anzerey.
Apelin (de l').
Apris (d').
Apvrieux (d').
Araquy (d').

Arbod.
Arborio.
Archer (l').
Archevêque (l').
Arcizar (d').
Arclais (d').
Ardilier.
Aremberg (d').
Argillière.
Armar (d').
Arnous.
Arthaud.
Artonin.
Arvieux.
Asinari.
Asseline.
Assier.
Assouleville (d').
Astin (d').
Atthalin.
Aubarbier
Aubelin.
Auber.
Auboutet.
Aubré.
Aucapitaine.
Auchy (d')
Audimar.
Audirac.
Augulhac (d').
Auguissola.
Aulbin.
Aulnai.
Aultier.
Aultry (d').
Appois.

Aurai (d'); *de Kerma-dio*.
Aurai (d'); *de St.-Poix*.
Ausoin (d'); ou *Dausoin*
Autancourt (d).
Authalin.
Autichamp (d').
Autié.
Autré.
Auviliers (d'):
Aux-Épaules.
Auxboux.
Auzac (d').
Auzaneau (d').
Auzi (d').
Auzillon (d').
Avalle.
Avaray (d').
Averoy (d).
Aversenne.
Avogarde (d').
Avrange (d'); *du Ker-mont*.
Avrange (d'); *d'Ange-ranville*.
Avrillot (des).
Avy (de Saint-).
Aymar.
Aymard.
Aymé.
Aymer (d').
Aymery.
Aymon; *de Franquiè-res*.
Aymon; *de Montespin*.
Azars (des).
Azem:
Azincourt (d').

B

Baboin.
Bacilli (de).
Baderon (de).
Baffier.
Bagest-Becker.
Bagien (de).
Baillevy (de).
Baillardel.
Baillon (de); *de For-ges*.
Baillon (de); *de la Salle*

Bainville (de).
Balazuc (de).
Baldelli.
Baldœuff.
Balguerie.
Baltus.
Balyat.
Banastre (de).
Banguls.
Baour.
Baragne-d'Hilliers.
Barandier (de).
Barangé.
Barante (Brugière de).
Barbanègre.
Barbeyrac (de).
Barbillat.
Barchou.
Barcos (de).
Bardel (de); *de Mon-trond*.
Bardel (de); *du Noyer*.
Bardenet.
Bardet.
Bardet; *de Bure*.
Bardi.
Bardin.
Bardin; *de la Salle*.
Bardon.
Bardonin (de).
Bardoul (de).
Barente.
Barentin (de).
Baretge (de).
Barey (de).
Barge (de la).
Baric.
Bariel.
Baril.
Barque (de).
Barreyre.
Bars (de).
Barthélemot-Sorbier
Barthonivat.
Bartier.
Bartoli (de).
Bartonier.
Baschi.
Basinière.
Bassetti.
Baste.
Bastoulh.
Baterel (de).
Battincourt (de).
Battuller.
Bauda.

Bauday.
Baudesse (de).
Baulme (de la).
Baulny (de).
Baurin (de).
Baussain.
Baussancourt (de).
Bauverlet:
Bauvière (de):
Bauyé:
Bavre (de).
Bayane (de).
Bayly (de).
Bazancourt.
Bazelles.
Beauchef.
Beaud.
Beaudean (de).
Beaufonds.
Beaugeard.
Beaulaincourt.
Beaunay (de).
Beauquaire (de).
Beauroire.
Beauterne.
Beausset.
Beauveau (de).
Beauvière (de).
Bécard.
Béchaud.
Bédene.
Bédoch.
Bédoyère (la).
Begnouf,
Bégonge.
Béjarry.
Belcourt.
Belderbusch.
Belhade (de).
Bélinaye (de la).
Bellabre.
Bellair.
Bellangers (de).
Bellavesne.
Bellezais (de).
Bellissen:
Bellissend,
Bellocq.
Benaist.
Benedetti.
Benevent (de).
Benié.
Bens.
Bérardé (de).
Berceur (le).
Berci (de).

Bère (de).
Bergevin.
Béril (de).
Berlhe.
Berlouet.
Bermon (de).
Bermondes (de).
Bermundes (de).
Bernardi.
Bernardi ; de Sigoyer.
Bernes.
Bernes (de); de la Gaye.
Berrac.
Berthemy.
Berthezenne.
Berthizy.
Bertholet-Campan.
Bertoletti.
Bertoul (de).
Bery (de).
Besancenet.
Besarnes (de).
Besombes.
Bessonnier (de).
Bethoulat (de).
Beugnot.
Beurard.
Beurmann.
Biancourt.
Biandrate.
Bicqueley.
Biélinski.
Bienaymé.
Biensan.
Bigarré.
Billiotti (de).
Birat (de).
Bizard.
Blachère.
Blanchardon (de).
Blaumont.
Blanquart-Bailleul.
Blein.
Blochausen (de).
Blom (de).
Blondin d'Abancourt.
Bloy (le); des Granges.
Bloy (le); de la Pernerie.
Bluget-d'Harmeville.
Blumenstein (de).
Boasne (de).
Bocaud (de).
Bochaton.
Bochdanowicz.

Bocholt (de).
Bocage (du).
Bodelin.
Boderu (de).
Bogès.
Boggiano.
Boidi-Ardizzoni.
Boisay.
Boisbaudri (du).
Boisclerc (de).
Boisguion (de).
Boisgourdan (de).
Boisdoré (de).
Boisneuf.
Boisrot.
Boissart (de).
Boisselot.
Boisture.
Boistinards.
Boistouzet (de).
Bommarchant (de).
Bonafos (de).
Bonald (de).
Bonardi-St.-Sulpice.
Bonavent.
Bonaventure.
Bondoire (de).
Bonfanti.
Bonnemaison.
Bonnetie (de).
Bonnille.
Bonniot (de).
Bonniot ou *Bonneau*, et Oddos ou Odé.
Boquenemer (de).
Borde-Rottier (de la).
Borde-Legoing (de la).
Bordesoult.
Boreau.
Borghèse-Bichi.
Borghgrave (de).
Borstel.
Bory.
Boscage (de); *voy.* Guillaumanche.
Bosfle (de).
Bosq (du).
Bosquerard (de).
Bossy.
Boston.
Bot-Deru (du).
Both.
Botrel.
Bouayse (du).
Bouays (du) ; *de la Bergassière*.

Boucaumont.
Bouchau.
Boucheporn.
Boucquel.
Boudens.
Bouffey (de).
Bouffle (de).
Bougainville.
Bougault.
Bougi (de).
Bouilh (de).
Bouilhac.
Bouillard (du).
Bouillerie (la).
Bouillonnet (du).
Boulaire.
Boulbène (de la).
Boulenger (le).
Bouleuc.
Boullongne (de).
Boulnois.
Bouly.
Bouracher (le).
Bouracher (le), *de Launay*.
Bourayne.
Bourdonée (de).
Bourgez (de).
Bourgoise.
Bourgongne (de).
Bourke.
Bourke ; de Mayo.
Bourlamaque (de): *Burlamaki*.
Bourzès (de).
Boussart.
Boutillac.
Bouyery (de).
Bouziès.
Boyard.
Boyeldieu.
Boylesve (de).
Boyveau.
Brabant.
Braco.
Bragelonge (de).
Braimié.
Bravard.
Brébeuf (de).
Brébeuf (de); *de Condé-sur-Vire*.
Breck.
Breissand.
Bresdoul (de).
Bressart.
Brestel (de).

Brethons.
Breul (du).
Brézal (de).
Briansiaux.
Briche (de).
Bridot (de).
Brignole (de).
Briguemault (de].
Brisoult.
Brochers (des).
Brochi.
Broglie (de).
Brohier.
Brossy (de la).
Broussier.
Browne.
Broyer (de).
Bruchard.
Brueil (du).
Bruelh (du).
Bruetteau-Ste-Suzan-
    ne.
Brueys.
Brueys (de) ; *Fromen-*
    teau.
Brueys (de) ; *de Font-*
    couverte.
Brugier (de).
Bruhier.
Brujas.
Brusset.
Bruys.
Bruzac (de).
Bryas (de).
Bucq (du).
Bucy (de).
Bugrard (de).
Buhau.
Bulliod.
Bulstrode.
Bunodière (de la).
Buonaparte (de).
Buq (du).
Burakowski.
Burggraff.
Burine.
Burtel (de).
Burthe (de la).
Buson.
Butler.
Butraud.
Buttafoco.
Buzelet (de).

C

Cabanel.
Cabarrus.
Cabau.
Cabieul.
Cachin.
Cacquerai (de).
Cadrès.
Cadudal.
Cafardel (de).
Cafarelli.
Cagniard.
Cailleux.
Cairou-Lamotte (de).
Calès.
Calet.
Calande ou *Calaude.*
Callet.
Callier.
Callières.
Camasse.
Cambier.
Cambour.
Came (de).
Caminade.
Camoisson.
Camon.
Campagnon.
Campbell.
Campbell ; *d'Archim-*
    benck.
Campy.
Camut.
Canesson.
Canïzy.
Cantinau.
Cantwel (de).
Caors.
Capitaut.
Cappelle.
Cappy.
Caqueray (de).
Caracciolo.
Caral..
Caraman (de) : *ou* Ri-
    quet.
Caraulie (de la).
Cardeillac. (de).
Cardillac (de); *voy.*
    de Cardeillac.
Cardonnel.
Carelli.
Carendeffez (de).
Carié.
Cariolis (de).

Carméjane.
Carnieux.
Carreau (de).
Carrey.
Carruel.
Carruel (de); *de la Ma-*
    ladrerie.
Carteau.
Cartel (le).
Caruyer (le).
Carvaignac.
Casabianca.
Casamajor.
Cassaignard.
Castanié.
Castarède.
Castellain.
Castellan.
Castellan (de); *du Bois.*
Castex.
Cathelineau.
Caton (de).
Caury (de).
Cauvigni.
Cavaletti.
Cavrois.
Cayre.
Cazalet.
Cazamajour (de).
Cazenauve (de).
Cazes (de Las-).
Céloran (de).
Cerise.
Certaines.
Certeuil (de).
Certieux (de).
Cervoni.
Chaban.
Chabestan (de).
Chaboulon.
Chabron ; *de Chassa-*
    gnolles.
Chabron (de); *de Rohac.*
Chadeau.
Chadenède (la).
Chagnain.
Chabannay (de).
Chailloux (de); *des Bar-*
    res.
Chailloux (de) ; *de*
    Fleury.
Chailly
Chalandar.
Chalenge (de).
Cham.
Chambaran (de).

Chambarlac.
Chamorin.
Champagnac (de).
Chancerel.
Chanez.
Chanront (de).
Chantepic (de).
Chanteray (de).
Chapais.
Chappedelaine (de).
Chappelle (de).
Chappelle (de la).
Chappou (de).
Chaptal.
Chapuisset.
Charas.
Chargère (de).
Charles-le-Roy.
Charnoter.
Charonier.
Charrane.
Charroy.
Chartener.
Chartongne (de).
Charvet.
Chasot.
Chassain.
Chasseriot.
Chassevaux.
Chassiron (de).
Chastan.
Chastenoi (de).
Châteaubourg (de).
Châteauneuf (de).
Châteauthieri.
Châteignier.
Châtel (de).
Châtelain.
Châtelet (de).
Châtenai (de).
Chaudot.
Chaudruc.
Chauffer.
Chaunar (de); *de Lan-zac.*
Chaunac (de); *de Mont-logis.*
Chavanat (de).
Chaveneau.
Chavignat.
Chazal.
Chazal (de); *de la Chas-sagne.*
Chedrois (de).
Chemery.
Cheminades (de).

Cheminart.
Chemineux.
Chenevrières.
Chenevrières (de); *de Sainte-Opportune.*
Cheppe (de).
Cherbreu.
Cheret.
Cherié (de).
Cherviel (de).
Chevardière (de la).
Chevessailles (de).
Cheyron (du).
Chieza (della).
Chigi.
Chillau.
Chiniac.
Chlopicki.
Chlusaviez.
Cholier.
Chouart.
Chouly.
Choux.
Chyvallet (de).
Ciceri (de).
Cillart.
Circourt (de).
Cisternai.
Clairain.
Clapowski.
Clarke.
Clary.
Clerc (le).
Clercy.
Clicquot.
Clicquot; *de Blervache.*
Clieu (de).
Clopied.
Clonard.
Cochelet.
Cochorn.
Cocborne (de).
Coethrieu (de).
Coffinhal.
Cohorn (de).
Coigne (de).
Colnier (des).
Collabaud.
Collaert.
Collasseau (de).
Colleux (le).
Collibeaux.
Colomban.
Colons (de).
Coltée.
Comargon (de).

Cominges.
Commelin.
Commerford (de).
Comyne.
Conchy (de).
Connor (O').
Connynck (de).
Conroux.
Contamine.
Contard.
Contet (de).
Cony.
Coppens.
Coq (le).
Coq (le); *de Sarens.*
Corbiers (de).
Corbigny.
Corcoral (de).
Corda.
Cordebeuf (de).
Cordival.
Cormette (de).
Corn (de).
Cornaro (de).
Cornillon.
Cornillon (de); *de Saint-Verge.*
Cornoy (de).
Coroller.
Corsin.
Corsino-Néri.
Corval (de).
Corvetto.
Cosmao.
Cossagne.
Cosseron.
Costaz.
Coston (de).
Cothereau.
Cothonnier (le).
Coton.
Cottard.
Cottart.
Cotty (de).
Couadelan (de).
Couasnon (de).
Coucourt.
Coucquault (de).
Couderc (de).
Coudron.
Coudroy.
Couctus (de).
Couffin.
Couin.
Coulomb.
Coulonge (de).

Couloumy.
Couraye.
Courdemanche (de).
Courgenouil.
Cournau (du).
Cournaud.
Couronnel.
Courseules (de).
Courtais (de).
Courtarvel (de).
Courten (de).
Courtilhe (de).
Courtorel (de).
Courvol (de).
Coustelier (le).
Coustellier (le).
Coutaix (de).
Couteulx (le).
Coutouly.
Coutrai (de).
Coynard.
Coypel.
Cramail.
Cramayel (de).
Creney.
Crendalle (de).
Crépy.
Crès (de).
Cressoles (de).
Crethé.
Crezolles (de).
Cristau (de Saint-)
Crocquet.
Croisoeil.
Crommelin.
Cronembourg (de).
Crousillac (de).
Croutelle (de).
Cruet (du).
Cucullet.
Cugno (de).
Cugnon (de).
Cugnot.
Cullon (de).
Cuming.
Cuntwel (de).
Curel.
Curial.
Curne (de la).
Curto.
Cuton (de).
Cuynat.
Cyr-Nuges (Saint-)
Cyr-Prevost (Saint-)

D

Dacbon.
Daclin.
Dadvisard.
Dahlmann.
Daine.
Dainville.
Dalbaret.
Dalbis.
Dalidan.
Dalpozzo.
Dalzace.
Dambray.
Daudasne.
Daneau.
Dangeron.
Dauguechin.
Danican.
Danisi.
Danjou.
Dannès (de).
Dantil.
Danture.
Daramont.
Darandel.
Darat.
Darberg.
Dardare.
Dardenne.
Darot.
Darquistade.
Darreguy.
Darricau.
Darrieule.
Dartaize.
Dartein.
Darthenay.
Darvieu.
Daskiewiez.
Dattel.
Daurier.
Daussi.
Dautay.
Dautrechaus.
Davillier.
Daymar.
Debby.
Decamp.
Decan.
Decrest.
Decury.
Dedon.
Deduit.
Deffand (du).
Deffrauer.

Degoucy.
Degrand.
Degremont.
Dein.
Deis.
Dejean.
Delage.
Delaling.
Delambre.
Delamanche.
Delattre.
Delaunay.
Delavau.
Delbauve.
Delcambre.
Deleissègues.
Delemud.
Delga.
Dellard.
Delley (de).
Delolm.
Delorme.
Delort.
Delpierre.
Delpla.
Delporte.
Demarçay.
Dembowski.
Demingeot.
Dennet.
Denniée.
Denow.
Dentzel.
Depontlion.
Depré.
Depreaudeau.
Dequesne.
Derengowski.
Dermoncourt.
Deroy.
Derville-Maleschard.
Dery.
Desailly.
Desaix.
Desbois.
Desboulets.
Desburéaux.
Descaffres.
Descault.
Deschamps-du-Mes-
  nil.
Desclaux.
Descorche-Ste.-Croix.
Descoudrées.
Desfossée.
Desgennes.

Deshommetrée.
Deshons.
Deslandes.
Desmier.
Desmaureaux.
Desner.
Despatyre.
Despiau.
Despouesser.
Desprez.
Desrieux.
Desrolines.
Desrousseaux.
Desroys.
Dessaix.
Dessaler.
Dessaulx.
Desvé (le).
Destauzia.
Détours.
Devaux.
Deverneilh.
Deveraux.
Devez.
Devezeau (de).
Deville.
Devos.
Devoulx.
Deydier.
Dianous.
Diant.
Didelot.
Didelot; de Signeu-
  les.
Dieudé.
Digneron.
Dispau.
Divat.
Dobrzicki.
Dode.
Doesnel.
Doguin.
Domagné (de).
Domeker.
Dominicy (de).
Doni.
Donnoghue (O').
Donodei (ancienne-
  ment Donadieu).
Dordelin.
Dorlau.
Dornes.
Dorsanne.
Dorsay.
Dorsenne.
Dosne.

Douence.
Douglas (de)
Douineau.
Douits (de).
Doulcet.
Doumerc.
Dounous.
Doussault.
Douzelot.
Douzenel.
Doyhenard.
Doynel.
Dragomanie.
Dreuille (de).
Druault.
Drude.
Drummond.
Dubor.
Dubouchage.
Dubouchet.
Duboyn.
Duchaud.
Duchêne.
Duchesne.
Duclaux.
Ducou.
Ducq (le).
Ducrest.
Dudevant.
Duffour.
Dufresne.
Duhamel.
Dujon.
Dulauloy ; voy. Ran-
  don.
Dulcat.
Dulong.
Dumanoir; voy. Du-
  val.
Dunias.
Dumas; de Polard.
Dumay.
Dumonceau.
Dumont.
Dumoustier.
Dunesne.
Dupart.
Dupas.
Duperré.
Dupin.
Duplein.
Duplessis.
Dupoy.
Dupré.
Dupuy.
Duranteau.

Durazzo.
Durival.
Durosnel.
Durutte.
Durye.
Dusillet.
Dussel.
Dussumier-Fonbrune.
Dutasta.
Duthoya.
Dutray.
Duval ; de la Croix.
Duval ; de Grenonville.
Duval-Dumanoir.
Duvergier.
Duveyrier.

E

Eblé.
Echalard (d').
Ecosse (d').
Ecuier (l').
Eimar.
Elbée (d').
Elmé (Saint-).
Emeriaux.
Enjobert.
Epinay (d').
Erembault.
Ernecourt (d').
Ernoult.
Errard (d').
Ervoil.
Esargues.
Escammyn (d').
Escanneviller (d').
Escasaux.
Escauville (d').
Escayrac (d'); voy.
  d'Escairac.
Eschassériaux.
Esclabissac (d').
Esconsalles (d').
Escorches (d').
Escotais (des).
Escoublant (d').
Escoulant.
Escravayat (d').
Esevelles (d').
Esmichel (d').
Esmonin.
Esmont.
Esneyer.
Esparbon (d').

Espence (d').
Espérichon (d').
Esperiès (d').
Espillet.
Espinassy (d').
Espinette (d').
Espinette (d'); *de Sau-cy*.
Esquincourt (d').
Estabenrath (d').
Estagniol (d').
Esterhazy (d').
Esterno (d').
Esteset (d').
Estivaux (d').
Estourbillon (l').
Estrès (d').
Etampes (d').
Etang (de l').
Etchegaray.
Etoile (de l').
Eulner.
Euzenou.
Evêque (l'); *de Mori-court*.
Evêque (l'); *de Pavilli*.
Evêque (de l'); *de la Tour-Couverte*.
Excelmans.
Expilli.
Eytier (d').

F

Fablet.
Fabrice.
Faige (de la).
Faige (de la); *de Cley-nes*.
Failly (de); *de Florent*.
Failly (de); *des Audi-gny*.
Faire (de la).
Falkenstein (de).
Fallette (de).
Falloize (de la) ; an-ciennement *de Sery*.
Farels (O').
Farez.
Farginel (de).
Fariaux.
Fariaux (de); *de Maul-de*.
Farigliano-Novello.
Farine.

Farradescher.
Fars (de).
Faucompré.
Faujas.
Faulcon (de).
Fauquembergue (de).
Fauquier.
Faurot.
Faury.
Fausson.
Fauvet.
Fauvre (le).
Faviers.
Faydel.
Fayn (de).
Fays (de).
Fazas (de).
Febvre (le).
Febvre (le); *de Chasles*.
Febvre (le); *de Dantzig*.
Febvre (le); *des Fon-taines*.
Febvre (le); *de la Mai-rie*.
Febvre (le); *de la Bou-laye*.
Febvre (le); *de Wadi-court*.
Febvre (le); *de la Barre*.
Febvre (le); *de Ladon-champ*.
Féligny (de).
Fénieu.
Ferari.
Féraudy (de).
Feray.
Fergaud.
Feri-Pisani.
Ferra (de).
Ferrar.
Ferrey.
Festart.
Feste.
Feuardent.
Feudrix; ou *Feudry*.
Feugré.
Feuillye.
Feuquières (de).
Ficatier.
Ficquelmont (de); ou *de Ficquemont*.
Fiereck.
Fileau.
Filipe.
Filippi.
Fillassiar.

Fillelle.
Finance (de).
Finat.
Finat.
Fineck (de).
Flameng.
Flayelle.
Fleurans.
Fleyres (de).
Florans (de).
Florinier (de).
Florit (de).
Flosse.
Foacier.
Foissi (de).
Follin.
Folye (de la).
Fon (de la); *du Fau*.
Fon (de la); *de la Per-rière*.
Fondzielcki.
Fontana.
Fontane.
Fontanelli.
Forgemol.
Foriet (de).
Formiger.
Formetz (de).
Fossa.
Fouconnet.
Foucques.
Foucquer (de).
Foullon (le); *de Perde-ville*.
Foullon (le); *de la Ri-vière*.
Fouler.
Fouler; *de Foulerland*.
Foulongne (de).
Fouquesolles (de).
Fourcheux.
Fourmont (de).
Fraissy (de).
Framboisier.
Framond (de).
Franceschi.
Francœur.
Fraucq.
Frappart.
Frassaus (de).
Frassaus (de); *de La-bergement*.
Frault.
Frêne (du).
Frenoye (de).
Freschon.

Fresia.
Fresia-d'Oglianico.
Frezals (de).
Friederichs.
Fririon.
Frohard (de) ; des Fon-
taines.
Frohard(de);deLamette
Froideville.
Froland.
Frossard.
Froudière.
Froulai (de).
Fruchare.
Fruglais (le).
Fruglaye (de la).
Fruglaye (de la); de
Kervent.
Fruict.
Fusselet (de).
Fust (de).
Futsun (de la).
Fyard.
Fyot.

G

Gaallon (de).
Gabia.
Gabillard.1
Gadouat.
Gailhard.
Gailhard; de Couteaux.
Gaillart.
Gaissart (de).
Galand.
Galandot.
Galateau.
Galbois.
Galéan (de).
Galeazzini.
Galicien.
Galiens (de).
Gallant.
Gallery.
Gallichet.
Gallonnyé (de).
Galté.
Galz (de).
Galzio.
Gamba.
Gambin.
Gandalfo.
Ganiare.
Gannel.

Garzoni-Venturi.
Gasselin.
Gatelier (le).
Gau.
Gaucour (de).
Gaudel.
Gaulme (de).
Gaulne.
Gaussart.
Gaynot (de).
Gelli.
Gélois (de).
Gémarys (de).
Gency.
Gendrier.
Genevières (de).
Gengoult.
Genibrouse (de).
Genneval.
Gentile.
Gouffre ou Geoffre (de).
Gérando (de).
Germay (de).
Gersy.
Géry.
Geuffronneau.
Ghevardesca (Della).
Ghigny.
Ghilini.
Gys.
Giambone.
Gibanel (de).
Gicquel.
Giemare
Giey (de).
Giffeugue.
Giniès (de).
Giorgi.
Giou (de).
Girards (de).
Giresse (de).
Girmont (de).
Girois (de).
Giulio.
Gland (de).
Glanderez (de).
Glappion (de).
Glet.
Goales (de) ; voy. le
Goualès.
Gobrecht.
Godins (des).
Godlewski.
Goetz.
Goeyte (de la).
Gohr (de).

Gojard.
Golven.
Gondallier (de).
Gordièges (de).
Gordon (de).
Gorman (O').
Gorneau.
Gorron (de).
Gossey (de).
Gothrin.
Goualès (le) ou le Goa-
lès.
Gouan.
Gouche (le).
Goucy (de).
Goueslard.
Goulhot.
Goullar.
Goupillière (de la).
Gourcy (de).
Gouré.
Gourei.
Goureuf (de).
Gourey (de).
Gourgaud.
Goussencourt.
Gouttard.
Gouvé (de).
Gouvion.
Gouvion-Saint-Cyr.
Gouyon.
Gouzel (de).
Goyt.
Graffart (de).
Graffeul.
Grailhe.
Grainbert de).
Granal (de).
Grandeau.
Grandemange (de).
Gravelles (de).
Graviers (des).
Greffulhe (de).
Grellet.
Grem.
Gremion.
Grépinet.
Griffolès (du).
Grignart.
Grimalvi.
Grimaut.
Grimouville (de).
Griois.
Groignard.
Groisne.
Grosbon.

Grouches (de).
Groulart.
Grundler.
Gruthier (de).
Gruy (de).
Guaisne. (de)
Guardia (de).
Guasco.
Gueffe (de).
Guenichon.
Guenifey.
Guérapin (de).
Guerdin.
Guergorlai (de).
Guerrande (de la).
Gueriff.
Guernel.
Guesle (de la).
Guesnet.
Guespereau.
Guestier.
Guestiers.
Gueulluy (de).
Guichanères (de).
Guijon (de).
Guillaumanche (de).
Guillaumin.
Guillemar.
Guillerault.
Guillermier.
Guillhemansen.
Guillhem (de).
Guillottou.
Guinebault.
Guiotz (des).
Gulitz.
Gumery (de).
Gumpertz (de).
Guraguin.
Gurber.
Guynemont.
Guyonnet (de).
Guyton-Morveau.

H

Habardière (la).
Haccourt (d') ; précé-
demment Lenain.
Hackmann.
Haéreau.
Haisdurant.
Haltmann.
Hamelinaye,
Hanache.

Hannecart.
Hannencourt (d').
Hannique ou Hannic-
que.
Hanotel.
Hanus.
Harispe.
Harmand-Hermann.
Harmensen.
Harpaillé.
Hascouët.
Harty.
Harvoin.
Hastel.
Hauberssart (d').
Haudanger (de).
Haudoire (de).
Haussay (de).
Haussy (de).
Hauteclocque (de)
Hautoy.
Hautpoul (d').
Hautpoul (d') ; de Sey-
re.
Haxo.
Hays (des).
Hazeville (de).
Hébrou ou Hepburne.
Herré (de).
Héguerty (d').
Heimrod (de).
Heimbert.
Héli.
Helledorff (de).
Hément (de).
Hemesse.
Hémond.
Hempel.
Henrigues.
Henriode.
Hérain (de).
Herbaut.
Hère (de) ou de Herre.
Héricy (d').
Heriot.
Hérissier (le).
Herte. (de).
Hertel.
Herts.
Herval.
Hervé- Chef-du-Bois.
Hervo (d().
Herwyn.
Hésbert (de).
Hescamps (de).
Hesmivy (d').

Hétéhau (de).
Heudei (de).
Heudelei.
Heup (le).
Heurtaumont (de).
Heurteloup.
Heusey.
Heyblot.
Hide.
Hier (d').
Hobacq.
Hobacq-d'Escabellard
Hoffmayer.
Hogendorf.
Hogguer.
Holker.
Hombres (d').
Homméel (du).
Hôpital.
Hopkins.
Horme (de l').
Horn.
Horric.
Hortet (d').
Hostager.
Hostalier.
Hottinguer.
Houcourt (d').
Houdan (le).
Houitte.
Houlière (de).
Houssemaine.
Houssaye (de la).
Huber.
Huc (d') ou Duc.
Hucy (d').
Huey (d').
Huilier (l').
Hullot.
Hureault.
Hurey (le).
Hurt.
Hussei (d').
Hutteau-d'Origny.
Hutteau.

I

Ideghen (d').
Indy (d').
Ingiliard.
Inguinbert (d').
Ippre (d').
Ismert.
Isnards (des).

Issoste (d').
Ivetot (d').
Ivoley (d').
Ivory (d').

J

Jableras.
Jablonowski.
Jaçau.
Jacobsen ou Jacobs.
Jacomet.
Jacqueminot.
Jaham.
Jaillard (de).
Jaillier.
Jallan.
Jallu.
Jammes.
Jan.
Janvre.
Jaquemart.
Jaques.
Jaquot.
Jauberthon.
Jaucour (de).
Jeanin.
Jeas (le).
Jeauffreau (de).
Jehannot.
Jerzmonowski.
Jessaint.
Jobard.
Johannès.
Joinville.
Jolis (le); *du Jonguay.*
Jolis (le); *de Villiers.*
Jomini.
Joncière.
Jorna (de).
Jores (de).
Jougleur (le).
Jourgnac.
Jours (des).
Jousbert.
Joyaut.
Jubé.
Juilhem.
Julliotte (de).
Junie (le).
Jupilles (de).
Jurien.
Jurien; *des Varennes.*

K

Kalbermatten.
Kasinowski.
Kenel.
Kenstinger.
Kepler.
Kérampuil (de).
Kérauguen (de).
Kergu (de).
Kerhours.
Kermann.
Kersaint.
Kersaintgilly (de).
Kerven (de).
Kirgener.
Kirvan.
Kist.
Kister.
Kliski.
Klopiski.
Kobylinski.
Kolecki.
Korezinscki
Kosietulski.
Kosinski.
Krasenski.
Kroszewski.
Kuhla (de) ou *de Sal-
   singen.*
Knhmann.
Kubezucki.

L

Laage ; *de la Bretollière*
Laage (de).
Laas (de).
Labassée.
Label.
Labitant.
Labroüe.
Labusquette.
Lachaire.
Lacs (des).
Lacuée.
Lacuil.
Ladoucette.
Ladouepe.
Ladroite.
Lafage.
Laffon.
Lanthe.
Lafitte.
Laguette.

Laidin.
Laiger.
Laiglehoust.
Laires (des),
Laitre (de).
Lallart.
Lallement.
Lamandé.
Lamerenx (de).
Lameth.
Lamiray.
Lamouroux (de) ; *de
   la Barde.*
Lamouroux (de), *de
   Plenesclot.*
Lamouroux (de) ; *de la
   Roquasson.*
Lanabère.
Lançay (de).
Lanchantin.
Landault.
Langeron.
Langlais; *de Prémorvan*
Langlais; *des Ousches.*
Lanjamet (de).
Lantour.
Lantourne (de).
Laparre.
Lapelin (de).
Lapeyre.
Laplane.
Lapoype.
Larchier.
Larcilly.
Larouski.
Larraton.
Larriateguy (de).
Larrony.
Larrousse.
Lasalcette.
Lascaris (de).
Lascazes (de).
Laslier.
Lassabathie.
Lassalle (de).
Lassime.
Lassocke.
Lasterie (de).
Latané.
Latenay (de).
Latreiche.
Latteur.
Laudasse.
Laujol.
Laujon.
Laulanie.

Laumond.
Launey (de).
Laurde.
Laurèche.
Laurencel (de).
Laurents (de).
Lauretan (de).
Lauthonie (de).
Lavardac (de).
Lavechef.
Laveoque (de).
Lay.
Lebel.
Lechnowski.
Ledard.
Ledin.
Ledrier.
Lefol.
Leguay.
Lelorgne.
Lemerer.
Lenglé.
Lenglentier.
Lenharé.
Lennep (de).
Lentaigne (de).
Lentzbourg (de).
Léopold.
Lepecq.
Lepie.
Lepin.
Lepinai (de).
Lépinau.
Lépine (de).
Lépineau.
Lepron.
Lerivins.
Lesbay.
Lescalier.
Lescarnelot.
Lesparda (de).
Lespinasse (de) ; *de Turny*.
Lespinasse (de) ; *du Passage*.
Lesseps.
Lessert (de).
Lestocq.
Lestorey.
Lettourgie.
Lestourny.
Lesuc.
Lesuire.
Lethus.
Leuzières (de).
Levreur (le).

Leymerie (de).
Leyritz.
Lhorme (de).
Libertat (de).
Lietinberg.
Liébert.
Liée (de).
Liepvre (du).
Ligniville.
Ligot (de).
Linch.
Lipowski.
Lisques.
Litaize.
Llarot.
Llobet.
Loaisel.
Locher.
Loisi.
Lombillion (de).
Lemellini.
Lonchamp.
Londeix (de).
Longeaux (de).
Lorencez.
Lorcet.
Lorier (le).
Loriglu (de).
Loski.
Louverval (de).
Louvois.
Louvot.
Lovardo.
Luberssac (de).
Lubienski.
Lucotte.
Luquas.
Lurion.
Luxer.
Lyonne (de).
Lyver.

M

Mabru.
Macdonald.
Machat.
Macquet.
Madec.
Madeleyne.
Maelcamp (de) *dit Mal-campo*.
Magran (de).
Magneux.
Maheult.
Maheust.

Mahiel (de).
Malliardor.
Mallier.
Maioul.
Maisonnave.
Majault.
Malarmé.
Malclercs (de).
Malcuit.
Malespine (de).
Malgasc.
Malhet.
Malhouët.
Malion.
Malle (de la).
Mallevouée (de).
Malos.
Malotau.
Maltzem (de).
Malval (de).
Malvende (de).
Mamachy (de).
Mamie (de la).
Manaud-Domenge.
Mannay (de).
Mannoury.
Manssel (de).
Manrieux (de).
Mantin.
Mappes.
Maquer.
Maranzin.
Marassé (de).
Marauzin.
Marbot.
Marconi.
Marcorelle.
Mardelle (de la).
Marée (de la).
Marendat (de).
Marets (des).
Marilhac.
Marionnelz.
Maritz.
Marizien.
Markowski.
Maroni.
Marquessac (de).
Marquets (des).
Marraud.
Marreaud.
Marrier.
Marsay (de).
Marsolan.
Martainville (de) ; *de Marcilly*.

Martainville (de); an-
ciennement le Pellé-
tier.
Marthod.
Marulaz.
Marx.
Marye.
Mascureau.
Masencome (de).
Masquin (de).
Masquinet.
Massary (de).
Massias.
Massias (de).
Mastiani.
Mathefelon (de).
Matheu-Bon-et-Comp-
ter
Mathivet.
Mattifas.
Maucomble.
Maucume.
Maudron.
Maujon (de).
Maulnoir.
Maurand.
Mauris.
Mavrinowski.
Maydieu.
Mayonade.
Mazancourt (de).
Mazzuchelli.
Méalet (de); de Cours.
Méalet (de); de Fargues.
Mecflet (de).
Méchin.
Méchinet (de).
Mecquenem (de).
Mecquet.
Méda.
Médart.
Médràno (de).
Megessier.
Meilet (du).
Meilheurat.
Meinadier.
Meirat (le).
Meckrenem.
Ménadier.
Ménal.
Menche.
Menez (du).
Mesignonnet.
Menil-Berard (du).
Mennais (de la).
Menneval.

Mennet (le).
Mercatel.
Mercerel (le).
Mercoyrel (de).
Mergaud.
Mergez.
Mergot (de); des Cours.
Mergot (de); de Vairie.
Mériage.
Merlher.
Merliers (des).
Mermet.
Mertrud.
Mertrus (de).
Mésange (de).
Mesgnil (du).
Mesniel (du).
Messeiné (de).
Messemy (de).
Mestadier.
Metaer (le).
Meulh.
Meung (de).
Meuziau.
Meynier (de).
Meyraud (auparavant
Hugaly).
Meyronnet.
Meyronnet; de Vellen-
gerode.
Mézières (de).
Michal.
Michal; de la Breton-
nière.
Michatowski.
Micoud.
Mière (le).
Mierolowski.
Mieulle.
Mignotte.-
Miguel.
Milberg.
Milosewitz.
Minault.
Miorcec.
Mirieu.
Miscault (de).
Miserac (de).
Missilier.
Moietier.
Molas.
Molen (de).
Molerat.
Molini (de).
Molitor.
Mollière.

Moloré.
Monaco (de).
Moncade.
Moncey.
Monda (de).
Mondagron (de).
Monduzer (de).
Monfort.
Monfrabeuf (de)
Monigault.
Monlien.
Monssures (de).
Montalt et Riu (de).
Montaron.
Montbeton (de).
Montbreton (de).
Montcalm (de).
Montchoisy.
Montcornet (de).
Monteuit.
Monduit.
Montessuy.
Montewis (de).
Monteynard (de).
Montfalcon.
Montgolfier.
Montguiot (de).
Montguyon (de).
Montiglio; d'Ottiglio.
Montiglio; de Ville-
neuve.
Montliant (de).
Montliart (de).
Montroud (de).
Montsaulmen. (de).
Monty (de).
Monyer.
Morandini.
Morangiès.
Morat.
Morceng de).
Morendière (la).
Morgues (de).
Morhier (le).
Morio.
Morisot.
Morlant (de).
Mortaigne (de).
Mortemart.
Mortenot.
Mortreux (de).
Mossel.
Motard.
Mouchel.
Moulat.
Mourre.

Mouysset.
Moyne (le); *de Baron.*
Moyne (le); *de Tal-
    houët.*
Moyne (le); *de Vernon.*
Moynier.
Moyrod.
Moysen.
Mozzi.
Mrozinski.
Msichowski.
Mun (de).
Murinais (de).
Mussan (de).
Mussen (de).
Muzy (de).
Mutreux.
Muyard.
Muyssart (de).
Myon (de).

N

Nagle.
Nagle (de).
Naglier (de).
Najac (de).
Najac (de): *de Saint-
    Sauveur.*
Nardon.
Narp.
Naldire.
Nauche.
Négro.
Neigre.
Nencini.
Nepvou (le).
Nérin.
Nervet.
Nervo (de).
Neville; *Noz.*
Neyon (de).
Niboyet.
Niceville (de).
Nicolais (de).
Nicolase.
Niescielski.
Nigon.
Nogerée (de).
Noïon (de).
Noirefontaine   (de);
    d'Ivor.
Noly.
Noos.
Norguet.

Norrigier (de).
Nossay (de).
Nottreu.
Nougarède.
Novel.
Novelet.
Nozié (de).
Nugault.
Nugues.
Nugues; *Saint-Cyr.*
Ny (le).

O

Oberkampf.
Odde ou Oddoz.
Odoard.
Offenstein.
Ofriel.
Ogilvy.
Olirmann.
Oppenort.
Orbay (d').
Orcisses.
Orey (d').
Ordener.
Ordioni.
Ordonneau.
Orgal (d'),
Orjault (d').
Orlandin ou *Orlandini.*
Ormancey.
Ornano.
Orsner (d').
Ortoman.
Oudenarde (d').
Oullembourg (d').
Oury.
Outrequin.
Ozeux (d').

P

Pacci.
Pacthod.
Pacthod.
Pagin.
Pailher.
Pailhout.
Payol.
Pallaviccini.
Palmarol.
Palombini.
Pancemont (Maynaud)

Pancevère (de).
Panevinon.
Panges (Songis de).
Pannolier.
Panon.
Panoton.
Papion.
Paporet.
Paravicini.
Paretteau.
Parguet.
Parseval.
Partounaud.
Parts.
Passot.
Pastey (de).
Pastol.
Pasture (de la).
Patigny.
Patoufleau.
Patunal (du).
Paudin; *St-Hippolyte.*
Paultre.
Pawelecki.
Payerne.
Payrebrune.
Paz (de).
Pazzi.
Péarron.
Pécauld.
Pechpeyrou (de).
Pehu (de).
Peiretti.
Peiron (del).
Pelagrue.
Peletier (le).
Pellegars (le).
Pelleport.
Pelluert (de).
Pemolier (de).
Penguern (de).
Penguern (de); *de Lis-
    le.*
Pensornon (de).
Pentrez (de).
Perchet.
Percin.
Percy.
Pereriel.
Peretton.
Pereymont.
Périchons (des).
Perquit.
Perregaux.
Perrève.
Perrez (de).

Perrinelle.
Perrois (des).
Persil (le).e
Pérussis (d) ou *Peruzzi.*
Pesquet-Deschamps.
Pessade.
Pesteils.
Petiet.
Pétigny (de).
Petist.
Peugnet.
Peyerimhof.
Peyrelongue.
Peyri.
Peyrière (la).
Peyrotte.
Peyrottes (de).
Peyrou.
Peyroux (du).
Peyroux (du) ; *de Plamont.*
Peyroux (du); *des Mazières.*
Peyrusse.
Peyssonnel.
Peytès (de).
Peselypeaux.
Philippe.
Philmain.
Piault.
Pic.
Picquenot.
Picton.
Pioux.
Piéren (de).
Pierrelée (de).
Pieyre.
Pigare (de).
Pignère.
Pihery.
Piis.
Pélissonnier.
Pinceloux.
Pinchinat.
Pinguern.
Pinoteau.
Pinthereau.
Pioch.
Piochard.
Pionsasco.
Pion.
Piston.
Pithou.
Pitoux (de).
Plainpel.

Planches.
Planelli.
Plauzonne-Marchand.
Pleineselve.
Plouzin.
Plunkett (de).
Poeydavant.
Poiloue.
Poinctès (de).
Poinsignon.
Poinsonnet.
Poinsot.
Poirson.
Poisle (du).
Poissonnier.
Poittevin.
Polhoy (de).
Pomelie (de la).
Pompéjac.
Ponctis (de).
Ponnot (de).
Ponson.
Ponsort (de).
Pontas.
Pontaubevoye.
Ponte.
Pontich et Selves.
Ponze (de).
Porcellets (des).
Porchier (de),
Porson.
Portait (du).
Portelance (de).
Porterie de la).
Poterin.
Pottin.
Pouchelon.
Pouchin.
Poudavigne - Beau - Bassin.
Poujare.
Pourailly.
Pourcheresse (de).
Pourtalès.
Pousardin.
Pouset.
Pousse.
Pouy (du).
Poyferré (de)
Praefke.
Prauger.
Préault (de).
Préi (du).
Prei (du) ; *du Bosc.*
Prelier.
Préteval.

Prévruguières.
Princey (de).
Procope-Couteaux.
Procquet.
Prospe (de).
Provana.
Prugnon.
Pucheu.
Puiffe (de).
Puiniet (de).
Pures (de).
Purgold (de).
Putha.
Puthon,
Pultierre.
Puzos.

Q

Quantéal (de).
Quatremère.
Quatresoux.
Quennot.
Queux (le).
Quérangal (de).
Querny.
Querqui.
Quéru (le).
Querviche.
Quesneau.
Quetard.
Quetigr (de).
Quevanne.
Queyrerie (de la).
Quiefdeville (de).
Quillel.
Quinetti.
Quinette; *de la Hoque.*
Quiot.

R

Rabelleau.
Radais.
Radet.
Raffeneau.
Raffront.
Raguet (de).
Raillane (de).
Raincourt (de).
Raity (de).
Ramas (de las).
Ramasseul (de).
Rambourt.

Rambuteau (de).
Ramesai (de),
Rameuf.
Ramezay (de).
Ramfreville (de).
Ramolino.
Ramond-Dutaillys.
Rampon.
Randenraedt (de); anciennement *Vander-la*.
Randin.
Ranfrai.
Ranibaud.
Raniéri.
Rapp.
Ratecki.
Rattier.
Ratton.
Raty.
Ratyé.
Raulers (de).
Raullin (de).
Rautours (de).
Raxis.
Rayne.
Razout.
Razout (de).
Razowski.
Réant.
Récalde (de).
Rechowiez.
Regnouard.
Régulski (Salk).
Reimondis (de).
Reinart.
Reinhard.
Remerevillet (de).
Rémigny (de).
Renaldy.
Renart.
Renauldon.
Renaut (de).
Rendu.
Renuel (de).
Rentières (de).
Rescare.
Résicourt (de).
Rets (du).
Reuilli.
Revêché.
Revest.
Reynaldi.
Reynier.
Reynier (de); *de [Reinach*.

Reyssan (de).
Rheinvald.
Rhemen (de).
Rhodes (de).
Ribeirei (de).
Ricaldon.
Riccé.
Richery (de).
Richoufz (de).
Richter.
Rignon.
Rihouey (de).
Rinuccini.
Rioufle.
Rioust.
Rippert.
Riretta.
Riston.
Ritay.
Riu.
Rivas.
Rivaud.
Rochambeau.
Rodesse.
Roederer.
Roemers.
Roettiers.
Rogery.
Roget.
Rogghe (de).
Roggieri.
Rogniat.
Roidot.
Roiraud (de).
Roize.
Romaud.
Romeuf.
Romigeoux (de).
Ronsay (du).
Ronti (de).
Roquart.
Roseaux (des).
Rosemont.
Roset.
Rosey.
Rosière (de).
Rossigneux.
Rostan.
Rothe (de).
Rostworowski.
Rosuguinin.
Rots (des).
Rou (du).
Rouaud.
Rouelle.
Rougeat (de).

Rouhette.
Rouier.
Rouot.
Rourkes.
Rouveraye (de la).
Rouvoire (de).
Rouvraye (de la).
Rouvrois.
Rouxeau.
Royat.
Royerf (de).
Royou.
Rudler.
Ruey (du).
Ruinart.
Ruis (de).
Ruolz.
Rusca.
Ruty.
Ryan.

S.

Saconin.
Sahuc.
Saiboues.
Saillenfert.
Sainctignon (de).
Saincton.
Sainson.
Sairas.
Saizieu.
Salamon.
Saleles.
Salha; *de Hônes*.
Salha (de); *Saint-Pée*.
Sallaynes (de).
Sallemard (de).
Salligny.
Salmatoris (de).
Salnoé.
Salomond (de).
Salons (de).
Salse (de).
Salvador (de).
Salviac (de).
Sanchely.
Sandras (de).
Sanlot.
Santodomingue (de).
Sanzillou (de).
Saonnet.
Sardain.
Sardos (de Saint).
Sargues (de).

Sarraire.
Sarrut.
Sars (de).
Sartine (de).
Saulzay.
Saulzet (du).
Sauret.
Sauret ; de Las Fons.
Saurin.
Sauset.
Sauveplanne (de).
Sauzéas.
Savare.
Savettier.
Schauenbourg.
Scheler.
Schiaffino.
Schirmer.
Schmidt.
Schmitz.
Schobers.
Schramm.
Schreiber.
Schulember , alias Schulembourgo.
Scilt.
Sclafer.
Scourion (de).
Sculfort.
Secretan.
Secretin.
Sédières (de).
Sédillot.
Ségantill (de).
Séguins (de).
Seitres (de).
Sellière.
Semellé.
Semonin.
Senehon.
Senetan.
Senevoi (de)
Sentier.
Sentout.
Sentuari.
Septiski.
Seraine (de).
Sérisi (de).
Sérocourt (de).
Serra.
Serra ; Saint-Michel
Servat.
Severolli.
Sezeur.
Shée.
Sibeud.

Simmer.
Simonneau.
Simony (de).
Siran.
Siriez.
Sirugue.
Sirvinges (de).
Sistrières.
Siyard.
Skarzynski.
Smette.
Sobirats (de).
Sochon.
Socrinski.
Soinis.
Solar ; de Villeneuve.
Solar (de).
Sombs (de).
Sommerviller (Mal - clerc de).
Semmièvre (de).
Sompsuis (de).
Songeon.
Songis.
Songts (de) ; de Pauges.
Sopranzi.
Sorbet.
Sosnowski.
Soufflier (de).
Soucham.
Souil (du).
Souilh.
Souillé (de).
Soulage.
Soulain.
Souet.
Souquet.
Soyez.
Sparre.
Spens (de).
Stabenrath (de).
Staffel.
Statin.
Starowolski.
Stassard (de).
Stavayf (de) et d'Esta- vayé.
Stawski.
Stockalper.
Stokowski.
Stretch.
Stringers (de).
Strozzi.
Stud (de).
Stuys.
Surirey.

Susleau (de).
Symon.

T

Tacquenet.
Tailhardat.
Taillefert.
Talange (de).
Talerand (de).
Talleyrand.
Tanoarn (de).
Tanquerel.
Tanquerey.
Tarbé.
Tarbé ; de Saint-Gar- douin.
Tarbé ; de Vaux-Clairs
Tardiron (de).
Taregiani.
Taschereau.
Tasques (de).
Tastes (de).
Teisseiré.
Tempest.
Tercier.
Terrail (du).
Terrats.
Terreyer.
Teruvelles (de).
Tesseiré.
Testosferg.
Testut-Delguo.
Teyssonnière (de la).
Thalouet.
Thanaron.
Thamiois (de).
Tharreau.
Theil.
Theil (du) ; de la Ro- chère.
Thélin (du).
Théri.
Thevenez.
Thibon.
Thiboult.
Thiboutot (de).
Thieffray.
Thiofriz.
Thiercelin.
Thimonet.
Thircuy (de).
Thiry.
Thisac (du).
Thiullier.

41

Thoinet.
Thomières.
Thonel.
Thoret.
Thourette.
Thoury (de).
Thueur (le).
Thuille (de la).
Thysebaert.
Tillette ; d'Achery.
Tillette ; de Buigny-
   Saint-Maclou.
Tillette ; de Mautort.
Tillette ; de Woarel.
Tindal.
Tixédor.
Tizart (de).
Tombe (des).
Tondreau.
Toulongeon (de).
Toulouze (de).
Tournyol.
Toussard (de).
Touttée.
Touvenot.
Touzac.
Touzalin.
Toytot.
Trablaine.
Traisignies (de).
Tranchelion (de).
Trappier.
Traullé.
Traverse (de).
Travot.
Trazeignies.
Treilhard.
Tremouil (du).
Trenqualye.
Treotochi.
Treouret (de).
Treuille.
Trevary.
Trezinoki.
Tridoulat.
Trigant.
Trinquelague.
Trobriand (de).
Trolong (de).
Trouyn.
Truguet.
Trulet.
Trupel.
Truppier.
Trustett (du).
Tschoudy (de).

Tullaie (de la).
Tugnot.
Tugny.
Tumeri (de).
Turcaud.
Turelle (de la).
Turge.
Turgy.
Turreau de Linières.
Tutel (de).
Twendt de Rosemberg

U

Udressier. (d')
Uhart (d).
Ulmet (d').
Umières (d').
Ursel (d').
Urvoi.
Urvoit.
Ulsault.
Utinger (d').

V

Vadicourt (de).
Vaines (de).
Valans (de).
Valavoire (de).
Valbrune (de).
Valen.
Valleaux (de).
Valori (de).
Valperga.
Van Rhemen.
Van Styrum.
Vandebergue.
Vandel.
Vander-Legen.
Vander Stichele.
Vander-Haegen.
Vander-Maesen.
Vander-Maeser.
Vanhavre.
Vanloo.
Vansay.
Vanssay (de).
Vareliand.
Varigny (de).
Varon.
Vassignac (de).
Vassy (de).
Vatable.

Vathaire (de).
Vatteville.
Vancet (du).
Vaudichon.
Vaudrai (de).
Vauferrier.
Vaugiraud (du).
Vaugrigneuse (de).
Vaujours (de).
Vankensbergen.
Vaulchier (de).
Vaulgrenaud.
Vaulserres (de).
Vaumerlen.
Vaurecum.
Vaurillon (de).
Vautré.
Vayeur.
Veaux.
Vefve (de la).
Veilande.
Veilliet.
Veissières (de la).
Vetut.
Vendeuit. (de).
Vendières (de).
Vendomois (de).
Venevelle (de).
Venière.
Venne (de la).
Venoix (de).
Verdelhan.
Verdelon (de).
Verhuel.
Verlhac (de).
Verrine (de).
Verron.
Verstolk.
Vertamy (de).
Verthamont (de).
Verzure.
Vétéris (de).
Veyer (le).
Veyrac (de).
Veytard.
Vezier (de).
Viaens (de).
Vialetes-Daignan.
Vialettes.
Viallanes.
Vianney.
Viart.
Vidalat-Tornier.
Vidrange (de).
Vien.
Vieujot-Descolin.

Vigent.
Vignes (de).
Vigoureau.
Villardi (de).
Villate.
Villaucourt (de).
Villavicencio (de).
Villecot (de).
Villemor (de).
Villeneufve (de).
Villepoix (de).
Villers-au-Tertre (de).
Villiains.
Villoutrei (de).
Vimal-Teyras.
Vimeux.
Vintimiglia-Lascaris.
Virgille (de).
Virvent (de).
Vischers.
Visconti-Prasca.
Vismm (de).
Vissac (de).
Vitale (San-).
Vitel (de).
Vitier.
Viviès.
Viville.
Vleughels.
Voiepierre (de la).
Vouillemont.
Voute.

Vrigny.
Vuailles.
Vuillefroy.

W

Wailsh.
Waimel.
Wale.
Wallche (de).
Wallin.
Walsh.
Walther.
Warinot.
Wasserot.
Wathiez.
Watrinque.
Wattier.
Wautré.
Wavrans (de).
Weber.
Wendorf.
Werlé.
Wierre (de).
Wimpffen.
Wisocki.
Witasse.
Woelenowski.
Wolowiez.
Wuarigny (de).
Wybiak.

Wyszinski.

Y

Ynor.
Yonques.
Yvan.
Yvendorff.
Yversen (d'); *de Saint-Fons.*
Yverson (d'); *d'Aussendes.*
Yviquel (d').

Z

Zalieski.
Zapffel.
Zaugiaconi.
Zebrzidowski.
Zickourki.
Zielonka.
Ziemechi.
Ziencowiez.
Zimmer.
Zubricki.
Zucchi.
Zubhein (de).
Zurdwyck.

LISTE ALPHABÉTIQUE

Des Noms des Familles *dont les généalogies ont été insérées dans l'ancienne édition in-folio de l'*Armorial général *de feu M. d'Hozier,* (10 vol. 1738-68.)

A

Abancourt (d').
Abbé (l').
Abillon (d').
Abonde (d').
Abot.
Abzac (d').
Aché (d').
Adonville (d').
Aguesseau (d').
Ailhaud (d').
Albertas (d').
Aldart (d').
Alès (d').
Alexandre.
Alichamp (d').
Allard (d').
Almeras (d').
Alogni (d').
Aloigny (d').
Alorge.
Aloue (d').
Aluye (d').
Amat.
Amblard (d').
Ambli (d').
Ancel (d').
Andigné (d').
Andras.
Andrault.
André (d').
Andrey.
Andrieu (d').
Anfrie.
Angennes (d').

Anglars (d').
Anglebernier (d').
Anglos (d').
Angos (d').
Angran.
Anjorran.
Anneville (d').
Anstrude (d').
Anthenaise (d').
Anthés.
Antin (d').
Antoine.
Antonnellé (d').
Aoréli.
Apchon (d').
Aprix.
Arbalesté.
Arboussier (d').
Arces (d').
Arci (d').
Arcussia (d').
Ardens (des).
Areres (d').
Argennes (d').
Argent (d').
Argoud (d').
Arlos (d').
Arlot.
Armand.
Arnaud.
Arnaud (d').
Arnoult (d').
Aroux (d').
Arrac (d').
Arras (d').
Arsonval (d').

Arthuys.
Artigues (d').
Arzac (d').
Assé (d').
Assi (d').
Astorg.
Aubaud.
Auber.
Auber (d').
Auberi.
Auberjon.
Aubert.
Aubeterre (d').
Aubourg (d').
Auboust.
Aubri.
Aubusson (d').
Audiffret (d').
Avesgo (d').
Avessens (d').
Auga (d').
Augeard.
Auget.
Aulède (d').
Aumale (d').
Aumont (d').
Aumont (d').
Aunai (d').
Autri (d')).
Aymini (d').
Azemar (d').

B

Baas (de).
Bachelier (de).

Bachelier (le).
Bachellé (le).
Bahuno (du).
Baillard.
Baillehache (de).
Bailleul (du).
Bailli.
Bainast (de).
Balathier (de).
Balay (de).
Ban (du).
Banne (de).
Barbançois (de).
Barbier (le).
Bardon.
Bardon (de).
Barentin.
Bargeton (de).
Barre (de la).
Barville (de).
Bas (le).
Bataille.
Batut (du).
Batz (de).
Batz (de).
Baudouin.
Baudouin.
Baudrand.
Bauyn.
Beaufranchet (de).
Beauharnois (de).
Beaujeu (de).
Beaulieu (de).
Beaupoil (de).
Beauregard (de).
Beauvais (de).
Becarie de Pavie (de).
Becel.
Begasson (de).
Begue (le).
Beguin.
Belleville (de); ancien-
  nement Harpedane.
Belot.
Bence.
Berard.
Béraud.
Béraud (de).
Berbier.
Bernard.
Bernard de Montessus
Bertengles (de).
Bertet (de).
Bertin.
Bessou (de).
Beurdelot (de).

Bezannes (de).
Bideran (de).
Biencour (de).
Bigos (de).
Bigot.
Bigot.
Bihan (de).
Billate.
Billault (de).
Billet.
Billi (de).
Billy (de).
Blaizel (du).
Blanchard.
Blanchet.
Bloi (de).
Blondel.
Bloquel.
Bodin.
Boilesve.
Bois (du).
Bois (du), dit de *Hoves*.
Boisgelin (du).
Boisot.
Boisse (de).
Boissieu (de).
Bollioud.
Bonchamp (de).
Boni.
Bonin.
Bonninière (de la).
Bonnot (de).
Bonvoust (de).
Bordes (de).
Borgne (le).
Borrel (de).
Bosredon (de).
Bot (du).
Boteuc (le).
Bouchart.
Boucher.
Boucher.
Bouet (de).
Bouex (du).
Boulon.
Bourdin.
Bourgevin.
Bourguignon.
Bourlier.
Boutet.
Boutillier (le).
Bouvier.
Braque (de).
Breda (de).
Bressey (de).
Bretagne.

Breton (le), ancienne
  ment Envrich.
Brettes (de).
Breuil (du).
Bridieu (de).
Brie (de).
Brillet.
Briois (de).
Briqueville (de).
Broc (de).
Brosses (des).
Brossier.
Bruet.
Brueys (de).
Brun (le).
Brunel.
Brunes de Mont-Louet
  (de).
Buat (du).
Buigni (de).
Buissy (de).
Buttet.

C

Caboche.
Cacheleu (de).
Cadrieu (de).
Cahors (de).
Caignet.
Cairon (de).
Calabre.
Calmeil (de).
Camelin.
Capendu (de).
Cappy.
Caquerai (de).
Carbonnières (de).
Cardon.
Carette.
Carlier (le).
Carrion (de).
Carvoisin (de).
Cassant (de).
Castillon (de).
Castillon (de).
Caulaincour (de).
Caylar (du).
Caze (de).
Cazenave (de).
Cerf (de).
Chabot (de).
Chaise (de la).
Challet (de).
Chalvet de Roche-
  monteix.

Chalvet (de).
Châlup (de).
Chambon (de).
Chamborant (de).
Chambre (de).
Champagne (de(.
Champs (des).
Chancel.
Chantelou (de).
Chapelle (de la).
Chappuis.
Chapt de Rastignac.
Charon.
Charri (de).
Charton.
Chassi (de).
Chastellard, anciennement d'Auterive.
Chastellier du Mesnil (de).
Chastenai (de).
Chatel (du).
Chavagnac (de).
Chaugi.
Chaussée (de la).
Chauvirei (de).
Chavigni (de).
Chebrou.
Chemin (du).
Chéri (de).
Chesne (du).
Chevalier.
Cheverue (de).
Chic (du).
Chieusses (de).
Chillaud (de).
Chourses (de).
Chrestien.
Claris (de).
Clautrier.
Clemens (de).
Clerc (le).
Cleri (de).
Clos de l'Estoile (du).
Clouet.
Clugni (de).
Coatarel (de).
Coetlosquet (du).
Coigni (de).
Collas.
Collin.
Colnet (de).
Combles (de).
Combys (de).
Compasseur (le).
Constantin.

Coppequesne (du).
Coquelin.
Coquet (de).
Corbière (de la).
Corneillan (de).
Costard (de).
Cotin.
Coucy (de).
Couraud.
Courrivaud (de).
Cours (de).
Courtin.
Courtoux (de).
Couvert (de).
Coux (de).
Crémainville (de).
Créqui (de).
Crespin (de).
Crest (du).
Croezer (de).
Croix (de la).
Croix (de la).
Croix (de la).
Cromot.
Cropte (de la).
Crugi (de).
Cuers (de).
Cuinghien (de).
Culon (de).
Cumont (de).
Cunchi (de).
Cursai (de).
Cussi (de).

D

Dagleu.
Damas.
Dampierre (de).
Danguy.
Daniel.
Danzel.
Dassier.
Davi.
Davoust.
Dauphin.
Dax.
Derzoffi.
Dexmier.
Diel.
Dio (de).
Dodart.
Donissan (de).
Donodei, anciennement Donadieu.

Dorat.
Doria.
Dornant.
Douai (de).
Doulcet (le).
Droullin.
Duc (le).
Duchat (le).
Durand.
Durat (de).
Durfort (de).

E

Eechaute (Van).
Eltouf (d').
Elvert (d')
Empereur (l').
Enfant (l').
Entraigues (d').
Erneville (d').
Escairac (d').
Escrots, anciennement Pelletier (d').
Escures (des).
Esmalleville (d').
Espagne (d').
Espie (d').
Espinchal (d').
Estelle (d').
Estievre.
Estresses, anciennement Roquet (d').
Eterno (d').

F

Fabre,
Fagnier.
Faire (de la).
Falantin (de).
Farci (de).
Farin.
Faulong (de).
Fay de Villiers (de).
Fay (du).
Fayet (de).
Fenis (de).
Fergeol (de).
Ferrières (de).
Fesques (de).
Fessier (le).
Fevre (le).
Ficte (de).

Fizicat.
Flavigny (de).
Flecelles (de).
Fleury (de).
Fleury (de).
Fontaines (de).
Fontanges (de).
Fontvielle (de).
Foucques (de).
Fougeret.
Four (du).
Fournas (de).
Fournier (le).
Fousteau.
Franc (le).
France (de).
Francs (des).
Fredi.
Fremont (de).
Fremyn.
Frevol (de).
Frotier.
Fuzée.

G

Gai.
Gailhac (de).
Gaillard.
Galichon.
Galliffet (de).
Gantés (de).
Garnier.
Garnier.
Garreau (du).
Garrigues (de).
Gaugy.
Gaulmyn.
Gayardon (de).
Gayon (de).
Gazeau.
Gellé.
Gendre (le).
Gendre (le).
Geoffroy (de).
Georges.
Gerin (de).
Gervain (de).
Gervais.
Gestart.
Gibot.
Gigaut.
Gillabos.
Gillebert.
Gilli.
Giove (de).

Girard.
Giraud.
Gislain (de).
Givés (de).
Gobelet.
Gosselin.
Gourjault.
Grange (de la).
Graveron (de).
Grenier.
Grimouard.
Gripière (de).
Gros.
Grouchy (de).
Gualy (de).
Guenant.
Guérin.
Guerri.
Guillaume.
Guillaume (de).
Guillier.
Guiscard (de).
Guislain (de).
Guistelle (de).
Guiton.

H

Hacqueville (de).
Haies (des).
Haincque.
Hallot (de).
Hamel.
Harambure (d').
Hardi.
Harpaille.
Hauteclaire , anciennement Couillaud.
Haye (de la).
Hennequin.
Herault.
Herbert.
Hercé (de).
Hesselin.
Heurtault.
Hocart et Hocquart.
Hodeneau.
Hommei (d').
Houssoie (de la).
Hozier (d').
Huchet.
Huet.
Hugo.
Hugon.
Hugues (d').

Huissel (d').
Humes (de).
Hurault.

J

Jambon (de).
James (de).
Jaquot.
Jarnage (de).
Jaubert (de).
Jaunai.
Jausselin de Brassey.
Jeune de Créquy (le).
Jmbaut.
Jouffrei.
Jourdain.
Joussineau.
Jsle.
Julianis (de).
Jullienne.

K

Kaerbout (de).
Kater (de).
Keeffe (O').
Kerboudel (de).
Kerhoent (de).
Kermel (de).
Klasten (de).

L

Laisné.
Laizer (de).
Lambert (de).
Lambilli (de).
Lamirault.
Lanci (de).
Lancrau (de).
Laneau (de).
Langle (de).
Languet.
Lardenois.
Larrard (de).
Larrey (de).
Lavaur (de).
Lavechef.
Lavier (de).
Laurencie (de la).
Laurens.
Laurents (des).

Laurés (de).
Lauris (de).
Law.
Lauzon (de).
Legier.
Leimarie (de).
Lerette (de).
Lériget (de).
Leshénaut.
Lespinay (de).
Lesquen.
Lestang (de).
Lestendart.
Liandras (de).
Ligni (de).
Limosin (de).
Lion (du).
Lisle (de).
Lissalde (de).
Livron.
Loëre (de la).
Loir.
Loisson.
Longueil (de).
Longueval (de).
Lopis (de).
Loras (de).
Lordat (de).
Lorgeril (de).
Lorme (de).
Louan (de).
Loubert (de).
Loupiac (de).
Louterel (de).
Loyac (de).
Luillier.
Lustrac (de).
Luthier.

M

Macé.
Macon (de).
Macquart.
Magueux.
Mai (de).
Maignol.
Mailli.
Malart.
Malbosc (de).
Malherbe (de).
Malvin (de).
Marandon.
Marchand.
Marches (de).

Mareschal.
Margat (de).
Marguérit (de).
Marin (de).
Marliave (de).
Marmande (de).
Marquet.
Martelière (de la).
Martonie (de la).
Mascarene.
Mascureau (de).
Maussabrée (de).
Mayet (de).
Mazade.
Meaune (de).
Mélet (de).
Mélet (de).
Mengin (de).
Menou (de).
Mercier (le).
Merle (du).
Merliers (des).
Mesgrigny (de).
Meulh.
Michel.
Michel (des).
Mière (le).
Mintier (le).
Mire (de la).
Moges (de).
Molières (de).
Mongeot (de).
Mons (de).
Monspei (de).
Mont (du).
Montagu (de).
Montbel (de).
Montdor (de).
Montfaucon (de).
Montfort (de).
Montigny (de).
Montillet (de).
Montmorillon (de).
Montreuil (de).
Montrond (de).
Mosnard (du).
Mouchet.
Mouchet (du).
Moulins (de).
Moulart.
Mung (de).
Musset (de).
Myre (de la).

N

Naturel (de).
Navier (de).
Neel.
Neut (les).
Nicolas.
Nicolau.
Nicolay et de Nicolay.
Nicole.
Noailles (de).
Noblet (de).
Noblet (de).
Nod (du).
Nogarède (de la).
Nompère (de).
Normand (le).
Normanville (de).

O

Offai (d').
Olivier.
Olivier.
Olymant.
Orglandes.
Orléans.
Oro (d').
Orry.
Orville (d').
Osmont (d').
Ostrel (d').
Oudan.
Oudet.
Ouvreleuil.

P

Pagès (de).
Paillot.
Palhasse.
Pandin.
Parchappe.
Parisot.
Pasquier.
Payan (de).
Peirou (del).
Pelet.
Pelet.
Pellas.
Pene.
Perenno (du).
Perrotin (de).
Pertuis.

Petit.
Phelypeaux.
Picot.
Pineton (de).
Piolenc.
Pitois.
Pivardière (de la).
Planche (de la).
Planques (des).
Plusbel.
Pluvié (de).
Pons (de).
Porte (de la).
Poterat.
Pouilli (de).
Poussemothe (de).
Pracomtal (de).
Prevost.
Prost.
Prunier.
Pugnet.
Puis (du

Q

Quarré.
Quélen (de).
Quemper.
Quesneau.
Quesnoi (du).
Quesnoy (du).
Quien (le).
Quieret.
Quincarnon (de).
Quinemont (de).
Quiqueran (de).

R

Racapé (de).
Raimondis (des).
Ramade (de).
Ramey.
Ranconnet (de).
Rastel (de).
Ravenel (de).
Réchignevoisin (de).
Recourt (de).
Redon (de).
Regnault.
Reidellet (de).
Reines (de).
Réméon (de).
Remond.

Remond de Modène (de).
Rètz de Bressolles (de)
Revilliasc (de).
Reynaud de Mons (de)
Ribier.
Richard.
Ridouet (de).
Riencourt.
Rieu (du).
Rigaud de Vaudreuil (de).
Rigollot (de).
Rigord.
Riom de Prolhiac (de)
Riquéty (de).
Robert.
Robin.
Roche (de la).
Roger de Campagnolle
Roi d'Hauterive (du).
Roi du Gué (le).
Roque (de la).
Roquigni (de).
Rosset (de).
Rouillé (le).
Roussel.
Roussel de Goderville (de).
Roux de Grobert (de).
Roux de Sainte-Croix (de).
Roux de Kerninon (le)
Roux (le).
Roy de Macey (le).
Rozet (de).
Rozières (de).
Ruaut.
Ruaux (des).
Ruel (du).
Ruyant.

S

Sacriste.
Saguez.
Saincric.
Saint-Belin (de).
Saint-Denis du Plessis Hugon et du Breuil (de).
Saint-Denis de la Touche (de).
Saint-Julien (de).
Saint-Just (de).

Saint-Martin (de).
Saint-Offange (de).
Saint-Pern (de).
Saint-Privé (de).
Saint-Quentin (de).
Sainte-Hermine (de).
Sainte-Marie (de).
Saisseval (de).
Salle (de la).
Salmon (de).
Salvert (de).
Sanguin.
Saporta (de).
Sariac (de).
Sartiges (de).
Saucières (de).
Saulieu (de).
Scépeaux (de).
Scot.
Séguier.
Semin.
Sénéchal de Kercado (le).
Senezergues (de).
Sentis (de).
Serre (de).
Serre de Saint-Roman (de).
Serre (de la).
Servaude (de).
Sesmaisons (de).
Seurre (le).
Sibert (de).
Sicard.
Silhouette (de).
Simon.
Sineti (de).
Solages (de).
Solier d'Audans (du).
Solier de Marcillac et de la Borie (du).
Sorber.
Sorci (de).
Soullié.
Soyres (de).
Strada (de).
Sudrie (de).
Sueur (le).
Sugni (de).
Surville (de).

T

Tahureau.
Talhouet (de).

Tardif.
Tartre (du).
Tascher (de).
Tellier (le).
Termes (de).
Tertre (du).
Tessières (de).
Testard (de).
Testu.
Teyssier.
Thezan (de).
Thibaud de Noblet (et) des Prez.
Thibault de la Pinière.
Thibault de la Carte.
Thibault de Guerchi (de).
Thier (de).
Thierry de Doure.
Thierry (de).
Thieuville (de).
Thiville (de).
Thonier.
Thorel.
Tillhet (de).
Tillet (du).
Tilli (de).
Tisseuil (du).
Tivolei (de).
Tonduti.
Tot (du).
Tour (de la).
Tourneur (le).
Toustain.
Treille (de).
Trémignon (de).
Trémon.
Trésor (le).
Tressemanes (de).
Trestondan (de).
Tricornot.
Trimond (de).
Tristan.
Troterel.
Trousset (du).
Truchis (de).

Tudert (de).
Tuffin.
Tugghe.
Tullaie (de la).
Tulles (de).
Tullières (de).
Turquier (le).

V

Vacher (le).
Vahais (de).
Vaillant (le).
Vaillant.
Vaissières (de la).
Val de Beaumontel (du).
Val de Dampierre (du)
Valat (de).
Valentin.
Valier (de).
Vallée.
Val de Bobigni (de).
Valles du Plessis.
Valois (le).
Vançai (de).
Van-Dam.
Vanel (de).
Vanolles, anciennement Vanholt.
Van-Rhemen.
Vaquerel.
Varange (de).
Vassan (de).
Vassart (de).
Vassaux ((de).
Vassé (de).
Vasseur (le).
Vauborel (de).
Vaucel (du).
Vaucelles (de).
Vaucenné (de).
Vauquelin.

Vay (de).
Vedier.
Veini (de).
Velaer (de).
Vellar (de).
Venel (de).
Veneur (le).
Veniard (de).
Ver (le).
Verdelham.
Verdelin (de).
Vergier (du).
Vergnette (de).
Verni (de).
Véron.
Viart.
Vicomte (le).
Vidal (de).
Viefville (de la).
Vigier.
Vignolles (de).
Villaines (de).
Villars (de).
Villeneuve (de).
Villette (de).
Vimeur (de).
Vinols (de).
Virieux (des).
Vossei (de).
Voyer (de).
Urvoi.
Warel (de).
Wasservas (de).
Watelet.

Y

Yon.
Yver.
Yversen (d').

Z

Zeddes (des).

FIN DU TOME SECOND
ET DERNIER.

ACHEVÉ D'IMPRIMER

Le 1ᵉʳ Août 1865.

POUR

Mᵐᵉ BACHELIN-DEFLORENNE

Libraire-Éditeur.

www.ingramcontent.com/pod-product-compliance
Lightning Source LLC
Chambersburg PA
CBHW050453270326

41927CB00009B/1719